教育部中小学名校长领航工程
齐鲁师范学院培养基地研修成果

中小学生健康素养的分析和对策研究

ZHONGXIAO XUESHENG JIANKANG SUYANG DE FENXI HE DUICE YANJIU

王蕾 著

中国社会出版社
国家一级出版社 · 全国百佳图书出版单位

图书在版编目（CIP）数据

中小学生健康素养的分析和对策研究 / 王蕾著. —北京：中国社会出版社，2020.12

ISBN 978 - 7 - 5087 - 6457 - 3

Ⅰ.①中… Ⅱ.①王… Ⅲ.①中小学生—健康教育—研究 Ⅳ.①G479

中国版本图书馆 CIP 数据核字（2020）第 235042 号

书　　名： 中小学生健康素养的分析和对策研究
著　　者： 王　蕾

出 版 人： 浦善新
终 审 人： 李　浩
责任编辑： 陈　琛

出版发行： 中国社会出版社　**邮政编码：** 100032
通联方式： 北京市西城区二龙路甲 33 号
电　　话： 编辑室：（010）58124835
销售部：（010）58124837
传　真：（010）58124837
网　　址： www.shcbs.com.cn
shcbs.mca.gov.cn
经　　销： 各地新华书店

中国社会出版社天猫旗舰店

印刷装订： 北京虎彩文化传播有限公司
开　　本： 170mm×240mm　1/16
印　　张： 25
字　　数： 400 千字
版　　次： 2020 年 12 月第 1 版
印　　次： 2020 年 12 月第 1 次印刷
定　　价： 98.00 元

中国社会出版社微信公众号

目　录

代　序

国庆长假的最后一天，接到了全国领航名校长、北京市东城区王蕾校长的电话，得知她所领衔的教育部重点规划课题——《中小学生健康素养的分析与对策研究》即将付梓了。当时，我正在参加一个齐鲁名师工作室的交流活动，当场介绍了王蕾校长的办学思想及其工作实践成就。这引发了在场校长和老师们的热议，也对我这位全国领航名校长导师“高看了起来”。

2018年的12月，我参加了教育部“国培计划”中小学名校长领航工程王蕾校长工作室授牌仪式。王蕾校长当时任职的北京市第一六六中学是一所百年老校，也是著名作家冰心等诸多近现代名人的母校，既有初中和高中，也有小学，是一个基础教育集团化单位。授牌仪式其实是一个现场推介研讨会，教育部有关领导专家、北京市区两级教育主管领导和教科研专家齐聚一堂，通过听课、座谈和讲座，围绕王蕾校长提出的“优化课堂教学供给，推动学生有效学习”研讨课堂改进和学校发展，探讨如何促进教师专业内涵发展，引领学生主动学习，全面提升教育教学质量。满满一天的考察与研讨，我们参观了学生植物种植楼顶实验室、国家大剧院的戏剧课程、中国科学院生物实验室学生探究基地，观摩了学科课堂，并听取了学校参与美国BSCS（生物科学课程研究所）高中生物教材首轮试教工作、中西教材合璧的研究和高中新教材试教任务的介绍。其间，我还了解到，学校不仅承担了教育部“信息时代青少年创新人才培养可持续发展的生态资源建设”和北京市“高中教学内容改革的实验研究”及“通过中学理科教学与科技活动相结合培养学生创新意识和实践能力的探索”等课题研究，还注重组织学生参加全国青少年科技创新大赛、Intel少年英才奖大赛、北京市银帆科技奖大赛、北京市金鹏科技奖大赛、Intel ISEF（英特尔国际科学与工程大奖赛）、土耳其国际环境奥林匹克竞赛和欧盟青少年科学家竞赛等活动，历年来有几十人次获得大奖，连续多次在市区中小学艺术节比赛中获话剧类一等奖和文体先进示范荣誉，等等。这其中的任何一项成绩，都值得总结或提升为一所学校的突出办学特色。这一切充分体现了这所学校的办学思想："科研领先、效率为本、全面育人、整体提高、发展特长、办出特色。"

那天给我印象颇深的还有另外一件事：王校长把与会专家领到了一间体操房，介绍说，我们学校强调落实"健康第一"，这是我们课程改革与创新的核心，除了常规的体育课，每位学生要学会一项能够贯穿终身的体育运动专长；此外，每位老师要学会本校体育组研发的一种办公健身操。随后，一位体育老师带领我们学习了这种乳胶带健身操。最后，王校长非常诚恳又不乏幽默地说，送每位嘉宾一个健身带，希望大家也能每天坚持锻炼，如果不能每天坚持，我还要收回健身带。王蕾校长以"健康第一"为旨归的课程改革，引发了与会专家的热议和深思：衡量现代学校教育教学质量的基本标准应该是什么？我国首份国家义务教育质量监测报告指出，当前学生心肺功能、速度素质达标率较高，但是肥胖、近视和睡眠不足问题较为突出，学生肺活量优秀率仅为三成，50 米跑优秀率只有两成，而初中生的近视率已经超过六成。国务院《关于基础教育改革与发展的决定》中明确提出基础教育要贯彻健康第一的思想，要切实提高学生体质健康水平。《"健康中国 2030"规划纲要》指出，健康是促进人的全面发展的必然要求，是经济社会发展的基础条件，是国家富强、民族振兴的重要标志；提出了"健康优先、改革创新、科学发展和公平公正"四大原则，并专门要求加大学校健康教育力度，将健康教育纳入国民教育体系，把健康教育作为所有教育阶段素质教育的重要内容，建立学校健康教育推进机制，构建相关学科教学与教育活动相结合、课堂教育与课外实践相结合、经常性宣传教育与集中式宣传教育相结合的健康教育模式。

王蕾校长说，十年来，学校每届领导班子都把"健康每一个学生"当成国家和民族的大业，坚持以引导学生达成"健康生活化的行为自觉"为学校课程研发和实施宗旨，以课题为依托，比较分析对影响学生健康素养的相关因素，从健康教育着手，科学分析、合理建议并持续跟进，开展知识传授与行为养成相互促进、课堂教学与实践课程相互协调研究，设计合理的健康教育模式和路径，在德智体美劳多元的课程综合化改革实践中，全面提升学生健康素养。没有评价，课程就不会落地。学校“健康第一”的具体措施不仅有体育教学改革和开展普及身心的健康教育，还运用“互联网+”对健康素养进行科学合理的监测评估，利用大数据分析影响中小学生健康素养的相关因素，动态地调整适合学生健康成长的教育策略。可以说，王校长课题团队的研究与实践，对提升中小学生健康素养进行了有益的开创性探索，形成了具有校本特色又有推广价值的学校健康教育模式，走出了一条为实现全面育人提供科学依据和策略的素质教育之路。

“为爱潺湲引步迟，不知行尽白云西。云深忘却来时路，吟断空山片月低。”南宋诗人陈均的这首诗好像在提醒我们，我们有些学校在追求升学率的“绑架”下，其教育教学已经“云深忘却来时路”，牺牲学生的身心健康换取博得家长追捧的分数，舍弃了让学生“全面发展”的许诺和使命。但把为学生提供优质学习资源和提升教师专业水平视为应然，将坚持落实“健康第一”视为办学根本，这正是王蕾校长作为全国领航名校长的不凡之处，也折射出其办学思想的科学理性和政治责任，焕发出了独特的教育价值理念和教育管理实践魅力。

王蕾校长打电话邀我为专著作序，非常客气地称我为“师傅”。其实，通过与王校长的交流，我受教颇多，因而始终将自己定位于一个学术秘书的角色，希望为她的办学思想和实践提供书面的阐释，将自己的学习体会与更多人分享，以引领和启发更多的育人者。祝愿王蕾校长在今后的探索和实践中取得更大成就，为中国特色教育管理理论与实践作出更大贡献！

李文军（执笔）　赵勇

2020 年 10 月 18 日

第一章　综　述

研究背景及研究目标

随着教育改革的不断推进，科学技术的飞速发展，提高学校教育质量成为时代的要求和家长的诉求。而学生的身心健康水平是影响学生成长、学业进步和终身发展的基础。《国家中长期教育改革和发展规划纲要（2010—2020年）》中明确：把保证“学生思想道德素质、科学文化素质和健康素质明显提高”确定为2020年我国教育事业战略发展目标，首次把学生健康素养放在与道德素养和科学文化素养同等的地位。

教育学家陶行知在《手脑相长歌》中，生动阐明了知行合一、手脑并用的教育理念：“人有两个宝，双手和大脑。双手会做工，大脑会思考。用手又用脑，才能有创造。”毛泽东说：“欲文明其精神，先自野蛮其体魄。”增强体质、强健体魄既是“为祖国健康工作50年”的根本保证，也是个人心智发展、成长成才的必要前提。

《中国学生发展核心素养》中提出了学生应具备的、能够适应终身发展和社会发展需要的必备品格和关键能力，综合表现为九大素养，身心健康素养被纳入其中。具体描述为：①珍爱生命。重点是理解生命意义和人生价值；具有安全意识与自我保护能力；掌握适合自身的运动方法和技能，养成健康的行为习惯和生活方式等。②健全人格。重点是能调节和管理自己的情绪；有积极的心理品质，自信自爱，坚韧乐观；积极交往，有效互动，建立和维持良好的人际关系等。③适性发展。重点是能正确判断与评估自我；依据自身个性和潜质选择适合的发展方向；有计划、高效地分配和使用时间与精力；具有达成目标的持续行动力等。

2016年，《“健康中国2030”规划纲要》首次提出了“《国家学生体质健康标准》达标优秀率25%以上”的目标。“中小学健康促进行动”进一步明确了到2022年和2030年，《国家学生体质健康标准》达标优良率至少达到50%和60%。

《中国教育现代化2035》《加快推进教育现代化实施方案（2018—2022年）》要求，树立健康第一的教育理念，深入实施健康中国战略，培养学生健康意识、观念和生活方式，提高学生健康素养。

2018年，习近平总书记在全国教育大会上指出，要把“培养德智体美劳全面发展的社会主义建设者和接班人”作为教育的首要任务，其中特别强调要树立健康第一的教育理念，着力培养学生的健全人格。帮助学生在体育锻炼中享受乐趣、增强体质、健全人格、锤炼意志。心理健康是身心健康的重要内容，是立德树人的必然要求。抓好心理健康教育，直接关系到中小学生健全人格的培养，对学生学习成绩、道德养成、人际交往、社会融入等都有直接而深远的影响。要站在贯彻党的教育方针、落实立德树人根本任务、促进社会和谐稳定的高度，将心理健康教育作为一项基础性、战略性工作，纳入整个育人工作统筹谋划，关注每一名学生心理状况，帮助学生养成健全的人格。

《中国教育现代化2035》《加快推进教育现代化实施方案（2018—2022年）》和《“健康中国2030”规划纲要》全方位界定了学校体育与健康工作的目标。强调牢固树立健康第一的教育理念，把健康教育融入学校教育教学各环节，关注师生生命全周期和健康全过程，深化学校健康教育供给侧改革，夯实健康教育课程设置与课时保障、丰富拓展健康教育载体、形式、途径、内容和方法，以高质量健康教育供给着力满足广大师生多元和个性健康需求，引导师生树立正确健康观、提升健康素养并形成健康行为和生活方式，培养德智体美劳全面发展的社会主义建设者和接班人。强调全面加强和改进学校卫生与健康教育工作，提升师生健康素养，是实施健康中国战略和推进健康中国建设、大力发展素质教育、促进学生德智体美劳全面发展和提高全民族健康素质的重要基础，对实施健康中国战略、推进健康中国建设和加快推进教育现代化、建设教育强国的重要意义。

对中小学生健康素养开展分析和研究，从健康教育着手，科学分析、合理建议、持续优化，引导学生达成“健康生活化”的行为自觉，这是教育工作者的使命，也是对学生健康和幸福负责的担当。

核心概念及文献综述

一、国内外关于健康素养核心概念的界定

（一）国外对健康素养概念的界定与研究

健康素养的提出和对健康素养解释最早是关于临床医学角度作出的定义。以1974年Simond S. K. 发表的一篇名为《健康教育和社会政策》文章为例，美国医学会从医患关系的临床角度出发，对健康素养进行了定义。目前在美国，比较公认健康素养的定义有两种，一个是2000年美国国家医学图书馆提出的健康素养是个体对健康信息和服务的获取、处理和理解后，对健康进行合理决策的能力。Nutbeam在2000年提出了“健康促进结局模型”（Outcome Model for Health Promotion），其测量指标包括与健康相关的知识、态度、动机、行为倾向、个人技能等。Klckbusch、Peerson和Saunders认为健康素养可以作为一项综合性结局指标来体现健康教育或促进的效果。Michael和Marks将这一观点应用于学校健康教育领域，认为考察学生健康素养是评价学校健康教育的一项重要任务。因此，通过适宜的测量工具，客观评价学生健康素养，可以更好地认识学生自身维护健康的能力，并评估学校健康教育的成果。美国《健康国民2010》确认了这一观点。另一个是WHD认为，“健康素养是人们的认知和社会技能，拥有这些技能的个体才能更好地获取和理解健康信息，并进行有效的利用来实现自我健康的维护和促进”。

美国学校开设了《健康与幸福》的课程，使用的教材对中小学生健康素养作了界定，认为中小学生健康素养包含四个关键方面：一是掌握基础的健康知识和基本的生活技能；二是能够获取、理解和处理基本的健康信息和服务；三是能够利用健康信息和服务，作出有利于提高和维护自身及他人健康的决策；四是能有成效地建立针对个人、家庭和社区的健康目标，并监测其实施情况。

苏联、加拿大、瑞士等国从公共卫生的角度，去探寻个体、环境以及所处社会对健康素养的影响。法国也是健康教育开展较早的国家之一，国际健康促进与教育联盟（International Union for Health Promotion and Education）总部设在法国巴黎，法国政府对该联盟提供了较大的支持。20世纪末期，澳大

利亚利用健康促进策略对健康教育事业的发展提供了更多的支持，在吸烟行为干预方面取得了明显的成绩。

（二）我国对健康素养概念的界定与研究

我国卫生行政部门规定将健康素养概念运用于临床实践，倾向于从公共卫生的视角进行研究，认为健康素养是影响整个社会发展的重要因素，是通过个人、社会以及政府共同努力才能够达到的目标。

“健康素养”概念的引入最早在2005年，由郭欣等人发表的《健康素养研究进展》文章中提出。2008年我国政府发布的《健康66条》中，将健康素养定义为“健康素养是个体能够获取和理解基本健康信息和服务，并对其应用并作出正确的判断和决定来维持和促进自己的健康”，这与上述的国际定义相一致。即第一，自身对健康知识的理解和认知能力；第二，有效利用健康素养知识维护自身健康。可以将健康素养划分为4个范畴：（1）基本的健康素养知识和理念；（2）科学素养；（3）公民素养；（4）文化素养。教育部2008年《中小学健康教育指导纲要》、卫生部和国家标准化管理委员会2011年颁布实施的《中小学健康教育规范（GB/T 18206—2011）》、卫生部2008年《中国公民健康素养基本知识与技能（试行）》等初步预设学生健康素养的内容范畴。

尹祚芊的研究指出，生活方式与人的健康有着密切的关联，黄丽雯等人（2008）在《珠海市学生健康素养调查分析》中指出：“健康素养是个体获得、处理和理解基本健康信息和服务以作出适当健康决策的能力。”张璐等人（2012）在《天津市某医学院校学生健康素养状况调查》中指出：“健康素养是指个体具有获取、理解和处理基本的健康信息和服务，并运用这些信息和服务作出正确判断和决定，维持和促进健康的能力，是评价健康教育效果的重要指标。”胡玉华认为中小学生群体健康素养概念界定为：“学生在学习健康知识和技能过程中逐渐发展起来的，具有获取、甄别和利用健康信息、产品和服务并作出正确决策的能力，以维护和促进自身及他人健康。”具体来说可以表述为四个关键方面。一是健康知识，即掌握维持身心健康必备的基础知识，包括生长与发育、青春期保健、疾病预防、食物与营养、安全用药、环境健康、心理与情绪健康、适应社会等知识，增进对成长过程中面临的健康问题的理解。二是健康技能，即掌握获取有效健康信息、产品和服务，实践健康行为等基本技能以促进健康，避免或减少健康风险。三是健康意识，即理解健康概念，倡导健康理念，树立正确的健康观念，科学对待健康问题，呈现积极向上的生活和学习态度。四是健康生活方式与行为，即养成健康的生活方式，包括均衡膳食、适量运动、拒绝烟草、酒精和毒品、善于心理调节、养成良好的个人卫生习惯和正确利用公共卫生服务等，作出有利于提高和维护自身健康的决策。

中国健康教育中心李英华认为，健康素养其实是指一种能力。即当我们遇到健康问题的时候，运用我们所掌握的健康知识和技能去应对健康问题的能力。目前主要从三个方面来考察一个人是否具备了健康素养：第一，是否具备了基本的健康知识和理念；第二，是否养成了健康的生活方式与行为；第三，是否具备了维护和促进健康的基本技能。也就是说我们考察一个人是否具备健康素养，主要从健康理念、健康知识、健康行为和健康技能等方面来进行综合的考评。

刘芳丽认为，构建贯穿全教育生涯的健康教育的意义在于，它着眼于帮助每一名学生更好地提高对健康的理解，树立对个体健康负责的责任意识，帮助儿童青少年从小发展各种认知能力和行为技能，获得促进健康所必需的能力，具备维护和促进健康的基本素养，理智地选择个人健康的生活方式和有效地使用各种健康服务资源，从而更好地应对未来的健康挑战，为其一生的健康奠定基础。

综合国内文献的研究，结合我校的历史文化和学生情况，我们认为健康素养因素主要包括基础健康指标、运动与健康、营养与健康、生活习惯与健康、特殊健康指标。针对本校的学生，我们确定了健康素养的六个维度，即生理与健康、营养与健康、运动与健康、心理与健康、生态与健康、文化与健康。其中，生理与健康：指人体的基本生命体征数据，包括身高、体重、血压、血氧、脉搏、心率、视力等，通过已量化的基础健康数据，统计出各个指标段学生整体健康分布情况，结合世卫组织的健康标准初步筛选出不在正常值范围内的学生，并进行重点关注。营养与健康：指人体健康与科学饮食的关系，通过量化的饮食与量化的生命体征（如 BMI 指数、人体成分分析等）分析出个人健康的合理饮食套餐，为学生营养改善提供科学依据，并对营养套餐实施后的效果及时进行科学监测与有效控制。以长期科学的测评统计数据为依据，不断完善营养套餐内容。运动与健康：通过量化的运动记录来反映学生健康状态，量化的数据主要有：台阶测试、握力、肺活量、仰卧起坐、坐位体前屈、跳绳、立定跳远、引体向上等。通过量化体育运动的结果来提高学生参与运动的积极性、针对性，即基础数据监测——根据监测结果，制订运动方案并组织训练——阶段性数据监测，进行方案微调——纵向跟踪评价学生科学运动的效果。心理与健康：以学生的精神压力、睡眠质量、脑疲劳程度、情绪状态、心理调节能力、抗干扰能力、放松能力、注意力等指标的检测评估以及对应能力的训练提升为研究内容。紧紧围绕学生的心智能力、适应能力、人际能力、成就能力。生态与健康：以培养学生爱护环境，保护空气、水资源等，适应复杂多变的自然环境为核心。文化与健康：文化决定行为取向，行为对健康产生正向和负向的影响。健康的生活方式体现了文化动机与目标，文化影响到人类的健康环境和健康责任。

二、国内外对健康素养相关因素的研究与探索

中小学时期是身体和心理发育的关键时期，也是健康素养评价以及干预的最佳时期。加强中小学生群体健康素养的监测和促进工作，研究影响和促进健康素养提升的相关因素，对提高中小学生对健康知识和技能的知晓和应用能力，对其自身维护整个生命周期的健康以及提高整个社会的健康水平具有重要的意义。

在国外，小学生健康素养指标与评估的研究，与儿童青少年群体相比，成人的健康素养评估工具已经比较成熟。美国已经开发了近 50 种健康素养评估工具，其中具有代表性的有成人医学语言阅读能力测试量表、美国国家成人素养评价、最新关键指标测量量表、健康活动素养量表等。但目前来讲，对青少年健康素养评估主要以《国家健康教育标准》为框架。在国内，《中国居民健康素养调查问卷》是进行各类人群健康素养评估的主要依据，参考《中小学生健康教育指导纲要》以及国外相关的量表来进行小学生健康素养的调查是主要的方式。

本书认为，在学校健康教育背景下，中小学生健康素养指向是一种保持和促进健康的综合能力，体现在拥有维护健康的知识、理念、技能和有益于健康的行为方式上。我们开展了以本校中学和小学部学生为样本的案例研究，研制中小学生健康素养评估的关键性指标体系，依据监测指标项目，完善量化自我健康教育中心建设，开展健康素养单因素、多因素相关性分析的研究实践。研发中小学生健康素养数据管理平台（校园健康管理平台、电子健康护照）、对数据进行分析，同时完成数据服务与数据策略。利用平台积极引导

学生开展“互联网＋健康素养教育”的自适应学习，增强学生自适应管理健康的意识和能力，弥补目前利用大数据进行中小学健康素养相关因素分析的实践。形成提升健康素养的研究机制：采集数据—研究数据关联关系—通过数据研究找出问题—寻求解决问题的方案—形成健康改进方案—推动学生实施方案—激励学生自主、自助行为—加入行为，数据变化持续研究—初步建立数据模型—进行预测预防。

三、结论

经过对国内外文献的研读和梳理，我们认识到对中小学生健康素养的研究已经越来越受到各国政府特别是教育界的重视。同时，就文献中所涉及的国家而言，对健康素养的理解与内涵的认识也趋于接近和统一。对影响健康素养形成和提高的相关因素分析也逐渐开展。虽然世界各国对学校健康教育有很多建议，如健康教育是一门研究以传播保健知识和技术来影响个体和群体行为、消除危险因素、预防疾病、促进健康的科学（第 13 届世界健康教育大会，1988）；健康教育帮助并鼓励人们有达到健康状态的愿望，知道怎样做以达到这样的目的，每个人都尽力做好本身或集体应做的努力，并知道在必要时如何寻求适当的帮助（在 1983 年第 36 届世界卫生组织大会专题技术讨论会报告中正式使用；最早由世界卫生组织健康教育处处长 Dr. A. Moarefi 于 1982 年提出）；健康教育工作的着眼点是群众和他们的行为。总的来说，就在于诱导并鼓励人们养成并保持有益于健康的生活，合理而明智地利用已有的保健设施，并自觉地实行改善个人和集体健康状况或环境的活动（世界卫生组织《健康教育规划及评价专家会议报告》，1969）；健康教育和一般教育一样，关系到人们的知识、态度和行为的改变。一般说来，它致力于引导人们养成有益于健康的行为，使之达到最佳的健康状态（世界卫生组织《健康教育专家委员会报告》，1954）。但以目前呈现的文献资料来看，对健康素养的培养与健康素养单因素、多因素相关性分析的研究还比较少，也缺乏比较成熟的干预案例或是在学校教育中促进健康素养提升的方法和策略。

本研究就目前国内外研究中的这些问题，将开展更加有针对性和深入的研究。第一，将在心理与健康方面，关注学生学习、生活中学生的精神压力、睡眠质量、脑疲劳程度、情绪状态、心理调节能力、抗干扰能力、放松能力、注意力等指标的检测评估以及对应能力的训练提升为研究内容。紧紧围绕学生的心智能力、适应能力、人际交往能力、成就能力以及综合能力为核心编写《心理素质与心理能力》和《生活技能与心理健康》教材。在生态与健康方面关注：以培养学生爱护环境，保护空气、水资源等，适应复杂多变的自然环境为核心。在学校建立“雾霾与细颗粒物环境气象观测研究站”，一方面，可以开展长期较为系统的定点观测，同时配合其他人工和便携式流动观测，可以全面了解学校及周边各个地点的颗粒物浓度水平，在重污染天气下主动开展相关应急防护措施，保护师生身体健康；另一方面，此平台可以作为学生课外科研基地，让学生亲自参与到科研设备的维护保障以及数据的处理和分析中，增强其动手能力，以及发现问题、分析问题和解决问题的能力，从小培养其科学素养；再者，在此平台的建设和运行期间，与相关科研院所开展全面合作，邀请高水平专家全程指导，并在此平台开展高水平科学研究工作，通过师生的参与，引导学生正确认识生态价值，形成科学的生态意识，养成自觉、自愿、有利于环境的生活习惯。利用中小学生健康素养监测和管理平台积极引导学生开展“互联网 + 健康素养教育”的自适应学习，增强学生自适应管理健康的意识和能力。

本研究还将探索通过线上与线下相结合的方式为学生提供健康教育课程与体验。第一，线上主要为学生提供视频教学，线下主要提供健康大讲堂和健康实践营，使得学生在轻松愉快的气氛中掌握科学的健康新理念。第二，以研究性学习、学科实践活动为载体，引导学生开展自主研究。第三，对特别需要关注的群体，提供个性化指导服务。第四，将健康素养教育目标纳入课程目标，促进健康素养教育与学科课程融合。

学校历史及实践基础

北京市第一六六学校创建于 1864 年，前身为“贝满女中”和“女十二中”，是华北地区最早进行分科教学和班级授课的新式学校。近 150 年的文化积淀，孕育了学校厚重的文化内涵，形成了独特的办学风格。百年来，学校的办学思想始终以育全人为核心，以学生的全面发展为己任。健康教育、劳动教育始终放在同德育、智育同等的地位。结合对学校文化底蕴、办学特色的认真分析，我们提出了“秉承育人本真，构筑教育生态，为师生一生幸福服务”的办学理念。将学校的发展目标定位在：第一六六中学要成为具有国际视野、高品质、有特色、可持续发展的优质学校。我们认为，优质学校应该建立起绿色的质量观、生态的育人观、持续的发展观，其核心是为师生的一生健康幸福服务。

一、强有力的组织保障

首先，整合目标管理体系中的健康促进工作，使健康促进层层落实，实现师生多元、和谐发展。我们将健康促进工作纳入学校五年发展规划和学校年度工作计划，再据此定出学校卫生防病五年规划和健康促进学校工作年度计划，并定期在校长办公会、行政会、组长例会（教研组长、年级组长）上进行专题研究，力求目标共识、多方诊断、协调一致，使各项具体工作得以有效落实。我们将学生体质健康达标情况，班级文化建设（物质文化、精神文化、制度文化和行为文化），两操（眼保健操和课间操）、一课（体育课）及体育锻炼出勤表现、学生积极参与学校管理、培养自身一项体育兴趣或特长等内容纳入学生综合素质评价、班级日常量化评比、先进班集体评选条例中，将健康之星百分比、工会组织的健康锻炼和社团活动参与情况、办公室文化建设、团队和谐氛围等内容纳入全校教职员工专业发展基准和先进个人、先进集体评选表彰中加以落实。

其次，确立发展性评价体系，促进目标管理落实，实现师生内涵发展。我们利用教职员工绩效考核评价、学生综合素质评价等途径，开展过程评价；利用教育年会、体育与健康教育研讨会、社团例会等形式，开展过程反思；利用先进集体述评、师生才艺展等形式，促进多元主体间的交流。例如，为了充分发挥学生参与学校管理的效度，我校 2012 年 2 月启动了“我和校长有个约会”（即校园观察员与校长约见）活动。校园观察员由学生自荐、师生推荐产生，覆盖全校所有班级；活动的形式有每月至少一次的校长接待日固定例会，公开校长们的电子信箱、手机、办公电话及开放办公室等。在首个接待日上，校长代表学校承诺：认真对待观察员提出的每个问题和建议，确保利用行政会逐一研究并在一周内回复并落实。自 2012 年开始，已有近 60 位校园观察员先后履职上岗，因为学校的真诚和重视，特别是关于食品安全、食品卫生、营养餐质量、校园安全等学生家长共同关注的核心问题，我们会委派主管干部持续跟踪，学生们建言献策的热情得以尊重并持久保温，在很大程度上起到了学校与学生、家长间无障碍沟通的桥梁作用。对于各项合理化建议，学校都会及时予以采纳，比如根据医务室提供的2012年教职工体检分析报告，学校为每位教职工制订了锻炼方案并配备了计步器。

最后，我们通过制定“五有、五落实”实施策略，提高健康促进的实效性。“五有”即每周有体育与健康校本选修课、每月有体育与健康讲座、每学期有体育健康节、每学年有体育与健康教育年会、每学年有学校对解决师生健康问题的公开承诺。“五落实”即制度落实、课程落实、检查反馈落实、保障落实和奖励落实。例如，近两年我校陆续修订并完善了校园安全及突发事件应急预案、校园意外伤害处理预案、专业教室和体育设施安全操作规程及检查维护使用记录、体育课及体育锻炼校医监督制度、特殊病症学生追踪制度、特殊学生家庭登记访谈制度、学生到医务室就诊制度及需要转诊的有关规定、因病缺勤追踪及复课制度等。为了更好地保证卫生工作的开展，学校近两年先后给医务室更新了轮椅、拐杖、电子血压计、视力灯箱表、心率表等，完成了教学楼、实验楼、北平房、行政楼等处1000余根节能灯管改造工作。利用校安工程契机，先后5次邀请疾控中心专家对教室照明、黑板、采光等进行监督，根据反馈建议对部分照明线路进行了二次改造，对东四六条校区班额进行了调整等。

二、探索中的有效途径

我们认为：课程是教师、学生学习和发展的重要平台，是学校特色、教师特色、学生特色的重要体现，更是健康促进的主渠道。优质教育首先要着眼于学生的一生幸福，就是要在科学追求质量的同时，赋予学生丰富的体验和生活，让我们的学生在毕业时带有这所百年老校“独特的文化标签”和“弥足珍贵的记忆”。我们以培养第一六六中学学生文化特质的“六种素养、八个目标”为切入点，创设环境不断丰富校本课程，实现校本课程精品化、特色化，将以生命教育为核心的健康教育与校本课程相融合，引导学生关注生命，逐步形成生命意识；尊重生命，自觉捍卫生命尊严；珍爱生命，学会对生命负责；欣赏生命，深入挖掘生命之美；成全生命，学会合理规划人生；敬畏生命，助其提升生命意义。将健康教育的理念内化成学生的思想，外化到他们的行为上。可以期待，当学生基本达到目标之后，他的健康意识、健康习惯、生活态度、生存能力、公民素养都会奠定一个坚实的基础。例如，我们面向全体学生开设的健康教育校本课程主要有：纳入课表与国家课程同步开设的心理健康教育、青春期健康教育、阳光体育一小时等课程；安全教育及安全疏散演习课程；利用校园体育健康节开设的主题课程；依托民俗节、主题活动开发的传统文化教育课程；依托博物馆、特色教育基地资源开发的社会实践课程；与社区合作完成的红十字急救培训课程；依托社区开发的志愿者服务课程；依托顾问团开展的“百名专家进校园”论坛、培训活动等。

我校根据学生的特点，结合实际情况开展了包括生理教育、心理教育、艾滋病防控教育、禁毒教育、控烟教育等一系列青春期教育。

（一）生理教育

一是健康课。我校在初二年级开设健康课，初中学生进入了人生中的第二生长高峰，身体迅速长高，体重明显增加，第二性征出现，生理机能增强，生殖器官成熟。在教学中，组织学生观看了《人体内旅行》等青春期系列视频；进行图片讲解，使学生了解了人的生殖系统的结构、生命的形成、发育、出生及成长的不同阶段的不同特点。让同学们在了解自身的同时，也了解异性，了解不同的生理周期、生理变化和心理变化，学会自我保护和自我克制，也使男女同学互相尊重、互相爱护、互相帮助，共同健康成长。二是与社区配合开展活动。每年我校与东华门街道配合开展初中生青春期健康教育活动，通过发放卫生用品以及宣传单，让女同学了解经期饮食及运动注意事项等，通过活动促进了学生对经期卫生知识理解。

（二）心理教育

学校在“生命教育”课题的引领下，以关注生命、尊重生命、珍爱生命、欣赏生命、成全生命、敬畏生命为核心理念，根据中学生身心发展特点，积极开发心理健康教育校本课程，为初一至高三所有年级学生开设心理健康校本必修课，并且为初二、高一年级开设心理校本选修课；学校为学生建立心理档案，开展个体和团体的心理辅导活动，帮助同学们解决在学习心理、青春期、情绪情感、人际交往、考试焦虑等方面的问题；定期为全校各学段的学生、家长、教师组织心理健康讲座和心理拓展活动，并且从展板、报刊、广播、网络等多渠道普及宣传心理健康知识；在校的每位教师都积极学习学生的认知和发展规律，在学科中渗透心理健康教育，并为学生开展丰富多彩的文体活动和相关的主题班会活动。

（三）艾滋病防控与禁毒教育

艾滋病已成为我国重点控制的重大疾病，学校非常重视这项工作，把预防艾滋病与禁毒教育等结合起来，在初中安排了6课时，高中安排了4课时。针对初高中学生的特点，在初中课程中主要介绍艾滋病的基本知识、流行态势以及对人类的危害、艾滋病的预防原则。在高中课程中更重要的是介绍当前艾滋病的现状，掌握防控技能，做到自尊、自重、自爱，并同情艾滋病人和 HIV 感染者。在每年的 12 月 1 日世界艾滋病日以及 6 月 26 日禁毒日，学校举办宣传展板、学生自制画报、手抄报、电子显示屏、国旗下讲话等多种形式进行艾滋病知识及毒品危害的宣传。为了使学生有深刻的认识，学校组织放映有关视频，包括《与艾滋病同行》《毒品的危害》《海洛因风暴》等科教宣传片，学校还将禁毒与法制教育相整合，通过让学生走进高法、请片区的民警来学校作报告等活动，以案例分析的形式让学生了解毒品的危害以增强学生的法治意识。通过调查问卷目前学生对艾滋病知识知晓率达到 95% 以上。

（四）控烟工作

在控烟工作中，学校创造良好的控烟氛围，认真做好校园内禁烟标识的张贴工作，加强宣传，组织学生学习《北京市关于公共场所禁烟的规定》，利用 5 月 31 日世界无烟日，开展形式多样的控烟活动。如通过无烟日倡议书——远离烟草，拒吸第一支烟签名活动、国旗下讲话《烟草的危害》、给家长的信《为了您的孩子，请不要吸烟》、学生自制宣传展板、控烟小报、家长吸烟问卷调查，通过各种途径向师生、家长宣传烟草的危害。红十字会员自愿承担学校控烟义务宣传员，向学生宣传控烟知识。另外学校通过严格的控烟管理制度及惩罚制度，杜绝校园内吸烟，为学生营造了一个清新的校园环境。

在实践中，我们注重加强“四个关注”，即关注全人，为学生全面发展奠定宽广、深厚、坚实的基础；关注差异，满足不同发展潜质学生的选择性需要；关注衔接，体现中、小学教育衔接的连续性和整体性；关注特殊群体学生的教育与管理，利用《特殊家庭学生情况调查表》和《学生身体状况知情调查表》的反馈信息，密切关注随迁子女、单亲子女、特殊体质学生等的发展状况，积极采取谈心、沟通、制订个性化体育锻炼方案等形式引导学生健康发展。例如，我们根据每年全校学生体质健康测评的基础数据，结合医务室每年提供的《学生身体状况知情调查表》反馈信息，由体育组与校医配合，制订共性及个性化的课间操、体育课及体育锻炼方案，最大限度确保每个学生得到安全、有效的锻炼。由德育组和工会牵头，体育组、医务室和年级组配合，每个长、短假期都会给师生布置指导性体育锻炼作业，返校后进行抽查反馈，在确保体育锻炼连续性的同时，也使师生的健康习惯得以不断强化。越来越多的班主任主动带领学生晨练，越来越多的教职员工和学生们一起出操，越来越多的教师结合学科特点将健康教育理念渗透于课堂教学中，越来越多的学生研究性学习课题都关注到了烟草的危害、营养餐等健康相关的问题……使健康教育融入师生的常态校园生活中。我们欣喜地看到，学校发展中呈现出优质教育与师生健康协调发展的良好态势：一方面，社会声誉持续提升，办学质量稳步提高，办学特色高位引领，多元合作交会融合，学校文化历久弥新，师生文化气质日趋凸显；另一方面，全校学生的龋齿充填率、视力不良率、肥胖率、营养不良率、体质健康测评成绩得以不断改善。

三、优化中的资源整合

我们认为：开发整合资源是学校健康教育质量不断提高的保障。我们提出“以体载德、以体强魄、以体怡心，终身体育成习惯、和谐健康益终身”的健康促进工作目标，从人和自然协调发展的角度来思考学校健康教育问题，根据人本特点和社会发展要求，促进影响健康教育工作的诸多要素建立起和谐的互动关系。

我校的健康促进学校领导机构由校长任组长，工会主席和德育副校长任副组长（分别负责教职工和学生健康教育工作），组员由行政干部、年级组长、教研组长和校医组成。形成了“三处一室”即德育处、教学处、教务处和医务室的合作管理平台；形成了“两会两团”即团委和学生会、家委会中的健康委员会、健康教育顾问团和骨干教师团的资源共享平台。为引导师生关注健康，学校积极利用各级会议宣讲健康促校的理念和要求。每学期利用宣传栏、广播、校园电视台、展板、显示屏、国旗前讲话、班会、学生自制小报等多种形式进行卫生保健、安全防护等各种知识的宣传不少于 30 次，并且能够做到宣传不断档。同时各年级组、德育处、医务室人员及心理老师等积极利用校园网、《致家长》手册、校讯通等多种渠道定期发放健康教育专题家长信，家校配合为学生制订饮食、运动计划并监督实施；定期召开家长委员会例会、家长会，普及健康知识，收集家长建议，力求共商共识共赢。

我们有三支密切配合、深爱健康教育、关爱学生、有事业心和奉献精神的专家教师队伍，他们为推进我校健康教育的持续、特色发展，积蓄了资源。一支是管理队伍，负责健康教育规划、计划的制订与考核、学生日常管理与评价等工作；另一支是健康教育骨干教师团，承担健康教育科研、寓健康理念于课堂教学的改革实践、健康校本课程开发等工作；还有一支德能双馨的健康教育顾问团，负责论证健康教育校本课程、举办校园健康讲座等工作。近三年先后有十余位教师参加国、内外健康教育研讨和培训，立足校情开展课题研究，如“生命教育在德育课程中的实践探索”“整合课程资源、突显过程管理及注重效果评价的校本课程”“关于高中学生对体育课态度、教学模式、教师希望的研究”“初中学生课外体育活动现状及影响因素的调查分析”“积极心理学对中学生生涯教育的启发”“运用积极语言促进班级和谐发展”“学科特色使班级德育工作散发个性魅力”“东四街道社区居民以健康为目标从散步走到健身走”等多项成果获市区优秀科研成果奖。在参与东城区“中小学视力不良综合干预措施课题”研究时，我校的“保护视力：致家长的一封信”“致视力下降学生家长的一封信”“学生在校用眼卫生记录表”等被收录在成果集中。

四、实践中的创新驱动

随着信息技术的不断发展，对学习的资源、方式、环境、信息的来源等注入了新的内涵，也势必会引发教学、学习、管理、交流的变革，唯有创新才能在变革中寻找到学校发展的生长点，进而实现学校的持续、生态发展。

2012 年，我校继文学、科学、艺术特色教育论坛之后，举办了体育与健康教育论坛暨体育与健康教育联盟启航盛典。利用召开论坛之机，展示了 5 节校本课程，侧重探讨如何提高学生对体育课的兴趣。举办了 4 个分论坛，侧重探讨如何建立师生终身体育的习惯与态度，包括体育教师的自主专业发展的策略、体育课程校本教材中引入非物质文化遗产的探索、我心目中的校园体育、中学体育与健康教育对人生的影响。从如何提高学生对体育课程的兴趣、体育过程性评价的策略、因地制宜开展阳光体育运动、体育特长生培养、体育特色活动等方面系统总结了我校在提高师生健康素养、体育课程改革等方面的实践探索与阶段成果。中国武术协会、北京手球协会、北京教育学院等单位领导、专家应邀参会，我校师生及家长代表、兄弟学校及社区代表约500人参与论坛活动。东城区委常委宋甘澍在发言中提到，专门以体育健康教育为主题而举办的论坛，在基础教育领域是少有的。而此次盛会也是我校构建联动体系、共促学生健康成长的一个缩影。

自2010年起，我校启动了特色教育联盟与特色教育基地的搭建工程，在教师培训、课程建设、学生社会实践等方面开展了积极的探索，形成了国内外、校内外，专家—教师—家长—学生多渠道、互动的合作形式，拓展了学校的教育空间，延伸了师生的成长时空。我们成立的教育联盟主要有以下五种形式：中小学特色教育联盟，与清华大学、北京师范大学等高校的教育联盟，与中科院、社科院、北京武术学会、北京手球协会、北京教育学院体育艺术学院等科研院所的联盟，与新疆生产建设兵团、房山区良乡五中等资源相对匮乏地区的校际联盟，与美国友好学校、冷泉港实验室、国会图书馆等国际交流合作联盟。基于联盟，我们开展了许多有益的探索。例如，为贯彻“深化教育改革，促进教育公平，推进义务教育均衡发展”的教育战略，积极探索城乡学校教育合作的形式，我校与房山区良乡五中联合启动“牵手教育，和谐发展”系列活动，旨在不断扩大城区学校的优质教育资源，促进城乡教育和谐发展。合作的内容主要包括：教师培训、校本课程联动等。自2010年开始，我校每年两度的体育健康节都在房山区良乡五中进行，既搭建了两校师生精神风貌及班级文化的展示平台，也创建了体育教学改革探索与交流的平台，更为日后两校师生的深度合作与交往奠定了基础。再如，2012年我校冰心文学班学生利用短假期实践课程，赴青海玉树参加“玉娃娃幸福成长救助计划”，帮助当地孤儿学生进行健康体检，向他们捐赠文具及学习用品，体验当地的风俗民情，充分让同学们领会到“人道、博爱、奉献”的红十字精神和各民族团结的重要性。

全球化进程不断加快的今天，中学教育的目标是培养具有国际竞争力的人才。他们不仅要具备优良的品德，丰富的科学文化知识，同时面对日益加快的生活节奏和社会竞争的压力，更应具备良好的心理素质。我们在努力做好学生德育、智育教育的同时，希望与国内科研机构合作，采用综合手段，系统提升学生心理能力和心理素质，使心理健康教育课程成为学校的教育特色，使具有良好的心理素质成为学生的特征与优势。在东城区教委的支持下，我们启动了“中学生心理和健康教育试点项目”，包括六个子项目，其一是中学生心理素质及心理能力培养校本教材及课程研发，课程设计将瞄准三个维度的关键能力，即自我管理能力、人际交往能力、社会关怀能力，根据学生心理发展的特点设计不同的教学内容与活动，全面开发初一至高三年级学生的心理素质与心理能力校本教材。其二是开发校园语言——音乐心理辅导系统，分为情绪调节单元、放松减压单元、怡养五脏单元、左右脑平衡单元、自信正能单元和舒广益智单元，是音乐心理辅导、神经语言程式学和神经心理学在学生日常生活有针对性地应用的全面创新。其三是学生心理测评与心理档案管理系统，包括班主任及任课教师学生行为观察系统、学生素养评估系统、学生心理测评和心理档案管理系统。其四是中学生认知、心理与学习研究室建设方案，主要包括六个区域，即心理自我认知区、心理自助区、专项能力训练区、心理研究实验区、个体咨询区和团体活动区，在制度、内容、方式上都力求让教师能够协同家长、社区，为学生开展心理健康教育和服务。其五是脑电波、训练课程、大数据测评分析系统和自助服务系统。其六是综合实践活动实习基地建设方案，主要包括家庭健康管理中心、家庭饮食管理中心和社会学研究室，有效拓展德育教育的空间，形成“社会—学校—家庭”的教育合力，搭建学生“接触社会、了解社会、服务社会”的平台。

结合对学校的历史传统和办学特色，我们提出了“秉承育人本真，构筑教育生态，为学生一生幸福服务”的办学理念。将“健康第一”的理念植根于每位师生内心，在共识的基础上进而发展为师生的行动自觉。根据成长阶段的需要评估学生身心健康状况，为加强青少年的体能与身心健康提供优化方案，这是我们对促进学生身心健康的思考与责任。健康素养的相关因素研究表明目前我们着重在学校文化健康、学生运动健康、学生心理素养健康这三个方面，基于学校历史传统和发展，基于学生的实际状况水平，基于学校已有的健康教育实践，我们对国内外关于中小学生健康素养及相关因素的研究进行了整理和归类，并从中吸收和借鉴已经取得的研究成果。对文献中尚未解决的问题以及本课题对象的具体情况进行进一步的分析和研究，希望对如何开展普及身心的健康教育，如何培育健康素养，如何运用“互联网＋”对健康素养进行科学合理的监测评估，利用大数据对中小学生健康素养进行分析，根据分析结果制定对策进行积极引导，编写学生运动健康指导手册、心理健康读本、健康教育课程建设等。

经过长期的实践与探索，我们深知：健康不仅是躯体没有疾病，还要具备心理健康、良好的社会能力和优良的道德品质。创建优质学校，建立绿色的质量观、生态的育人观、持续的发展观，为学生的一生健康幸福服务，这是我们践行健康教育矢志不渝的承诺。

第二章　润·健康文化　滋养生命

健康文化是学校健康教育的核心和基石，也是进行健康素养研究的灵魂。健康文化通过其他各要素的渗透影响，在实践中逐渐形成学校健康文化的独特价值，而这种价值能提升学生的健康素养，滋润学生的生命，促进学生全面有个性的健康成长。

学校传统与文化

《周易·贲卦》里说“观乎人文，以化成天下”。在中学校园精神文化建设中，创设一种能唤起学生高尚情操、激发他们健康成长的文化环境、教育情境、精神氛围，来感化和陶冶学生达到深层次德育效果，使学生“如入芝兰之室，久而自芳”。校园健康文化是校园精神的“灵魂”。它反映着在校园里生活的师生们的生活方式、价值取向、思维方式和行为规范，是维系学校团体的一种精神力量，即凝聚力和向心力。

教育哲学上的人的回归，它反对的是知识的真理化。历史现象有着相似性和稳定性特征，在历史长时段的稳定性中显现出历史的价值，提升价值素养使历史的学习服务学生的人生成长。

2014 年，教育部发布《关于全面深化课程改革 落实立德树人根本任务的意见（教基二〔2014〕4 号）》，进一步指出要改进学科教学的育人功能。全面落实以学生为本的教育理念。北京市“十三五”规划强调要“传承弘扬优秀历史文化……深化对北京各类优秀历史文化资源的研究利用，鼓励和支持社会力量办博物馆、纪念馆”。对于中学而言，内容生动多样、博大精深的校史，是对学生进行素质教育的范本，是培养优良校风、学风，构建先进校园文化的重要工具，是学校各方面工作成就精华的浓缩，是学校传统精神的映射和风格特色的集中体现，同时也是一所学校“自我反省”、确定新航向并寻求超越发展的重要指针。

我校校史馆已于2014年落成。让学生通过校史了解学校文化，对于深化教育改革、推进中学校园文化建设和繁荣具有十分重要的意义。校史是校园文化的重要组成部分，学校将校史作为校园文化建设的宝贵精神财富和精神资源，以史育人，以史鉴人，以史励人，这是学校健康素养培育的重要途径。学校校史馆课程的研发和实践，既是学校的编年史，以陈列的形式展示学校发展历史、办学过程和不同时代的学校面貌，也是学校传统与学校文化集中表现的舞台，即以一定的平台和形式，将学校的优良传统与优秀文化精粹充分展示。通过校史馆的展出，让学生在接受科学文化知识的同时，潜移默化地接受学校文化的熏陶，提高学生的人文素质，培养他们对美好生活的向往、对事业的执着追求。校史传统的潜移默化，可以弘扬优良办学传统，凝聚全校人心，彰显学校精神，传承人文薪火，激发广大师生和校友的爱校热情和报国之志。

校史文化有助于提升师生的家国情怀，丰富对国家、民族、社会、人生的价值认同，厚养学校的文化。历史教育关注个体人的生存质量，更关注世界人类的未来。因此，家国情怀的核心价值，与国家民族命运的共振，赋予了校史课程极其丰富的内涵，有助于促进学生全方面健康发展，为实现“中国梦”培养合格的人才。

校史文化还能促进校史教育资源整合、激发学生爱校爱学热情，以期提升学生对学校的了解，传承学校传统和文化，提升学校文化和精神文明的整体水平。

校史教育从作用上看，可以潜移默化、润物无声，渗透到学生的感情之中，无形中影响学生的价值取向和思维方式，使他们形成正确的世界观和人生观。学生大都对于自己学校的历史非常关注，对于校史上的人物倍感亲切，激励自己建立起理性的文化自觉，完善自我思想修养。战国思想家墨子曾言：“人性如素丝，染于苍则苍，染于黄则黄，所入者变，其色亦变，五入则为五色矣。故染不可以不慎也。”从校史的角度看校园文化，会发现学校文化中有许多历史留下的印记。

校史发展过程中形成的，反映着人们在生活方式、价值取向、思维方式和行为规范上有别于其他社会群体的一种团体意识、精神氛围。它是维系学校团体的一种精神力量，即凝聚力和向心力。学校内历史景观和人文景观共同构成了校园的健康文化环境。如现作为校史馆的近代建筑，是原四合院建筑的翻新；前庭的百草园、观音石、杉树等，都是新旧庭院交织的景观；慎独石、落思阁、文化墙等，蕴含浓厚的传统文化和现代特色，这里有学校健康文化的传承和创新。

校园健康文化建设不仅关系学生的终身发展，还关系到国家和民族的未来。所以，充分认识和高度重视中学健康文化建设，借助校史文化提升学校健康文化，使正在学习的学生能和曾经的校友在一个时空中相遇，使学校的传统和精神能绵延不绝。利用校史文化开发的校园志愿服务已经坚持了 5 年的时间。每一届新的高一学生都会开展校史馆志愿服务。学生们会利用课余时间来校史馆为参观的各界人士作校史讲解，会帮助整理校友赠予学校的纪念品，会对校史资料进行整理归类等。在这个过程中，学生有很多机会接触到老校友，从他们身上体会到学校的文化精神，领略到校友身上老校的“敬业乐群，求实进取”。这样的传统会随着一届届志愿服务的学生不断传承下去，也不断在发扬和发展着学校的文化与精神。志愿服务的同学们将校园的正能量传递到各个领域，传播到更广阔的天地。在志愿服务过程中，锻炼了学生的参与、自主、自觉意识，担当责任，服务他人和社会的校园文化已经越来越成为广大师生的共识，极大地提高了学生的主人翁意识，乐于奉献的服务精神。

学校的文化与传统，润物无声，却在学生成长的过程中有着无法比拟的价值。

积极心理与氛围

《中小学心理健康教育指导纲要（2012 年修订）》指出，中小学心理健康教育，是提高学生心理素质、促进其身心健康和谐发展的教育，是进一步加强和改进中小学德育工作、全面推进素质教育的重要组成部分。尤其对于中小学生来说，他们正处在身心发展的重要时期，随着生理、心理的发育和发展、社会阅历的扩展及思维方式的变化，特别是面对社会竞争的压力，他们在学习、生活、自我意识、情绪调适、人际交往和升学就业等方面，会遇到各种各样的心理困扰或问题，因此，心理健康教育工作显得尤为重要。该纲要还指出，心理健康教育的总目标是：提高全体学生的心理素质，培养他们积极乐观、健康向上的心理品质，充分开发他们的心理潜能，促进学生身心和谐可持续发展，为他们健康成长和幸福生活奠定基础。

随着我国现代化发展进程的不断推进，新的中高考改革也正如火如荼地进行。新的中高考改革对学生提出了新的要求，需要学生不断地认识自己，及早进行学习规划，增强自我认知、自我管理能力等能力。学生从很少作选择到学会作选择必定要经历试错的过程，而如何面对挫折和失败，如何调整自己的情绪管理能力，对未来保持希望和乐观的心态，是学生在未来发展的过程中所需要具备的心理素质。积极心理资本的提升，将有效地帮助学生应对新中高考改革背景下对学生提出的新挑战。

心理资本是个体在成长和发展过程中表现出来的一种积极心理状态，是后天可以进行学习和培养的。中学是个体成长发展的重要时期，他们的心理健康发展是学校教育的重要内容，心理资本是中学心理健康教育的全新视角。因此，学校应关注学生自我效能感、希望、乐观、韧性的培养，积极营造校园积极、向上的文化氛围。

一、营造积极校园氛围的实践和方法

基于对学生的前期调研，教师设计《积极心理资本》问卷，对我校新初一和高一学生进行前测。通过前测，获得学生积极心理资本的现状，由数据出发，发现存在的问题，设计对应的辅导课程，开展相应的干预措施。在一学年之后，对同一批学生进行同质性实验后测，使用分析软件 SPSS 17.0 对所得数据进行分析研究，对干预方案的有效性进行定量分析。同时，除了作问卷调查，结合使用访谈法，随时了解团体辅导以及活动效果，并对研究作定性分析。

（一）前测

选择本校初一和高一的学生对其进行《积极心理资本》的施测，共发出583 份问卷，收回 548 份，有效问卷共 535 份。运用 SPSS 17.0 对所得数据进行分析研究，从前测的结果看，总体来说，我校学生的心理资本水平处于中等偏上水平。整体上来说比较自信，有一定的抗挫折能力，有时会对自己的能力和决定产生怀疑，愿意积极地看待生活中的问题，对未来有希望。但从分量表的情况来说，学生在韧性和自我效能的两个维度上得分均低于其他维度以及总分，这说明我校学生在韧性和自我效能，尤其是韧性方面仍有待提升。

目前，我国中学实行的是班制授课制，非常适合运用团体心理辅导的方式开展育人工作。团体辅导能够解决学生们的很多心理问题，因此，本研究在课程教学方面主要运用团体心理辅导的方式提升中学生的积极心理资本，尤其是“自我效能感”和“心理韧性”两个维度。

（1）提升自我效能主题活动——“感谢有你”爱心漂流

作为一名学生，校园中对其影响最大的莫过于教师和同学。而同学彼此之间频繁接触，其影响更为直接、具体。同伴之间容易沟通、防御性较低、共同性大、互助性高，利用这些优势促进身心健康成长更为容易。因此，在心理健康教育工作中，可以充分发挥同伴之间的功能和作用。同时，中学生正处于自我同一性发展的关键时期，同伴的评价是诠释中学生“我是谁”这样的问题的重要影响因素，如果能够有效地发挥同伴的正向评价，将会极大地提升学生的自我效能感。据此设计的爱心漂流活动，皆在为学生提供一个对他人表达感谢和欣赏他人的机会，同时也让学生在爱的传递中感受到来自他人的认可。同学们可以领取精心设计的明信片，之后写下自己的祝福再投递到爱心邮箱中，由各年级二十几位同学组成的爱心使者团队再将这份祝福传递出去。在此次爱心漂流活动中共分发了2000余张明信片，活动的范围涉及了初一至高三的全校同学。纷至沓来的明信片上饱含了同学之间的欣赏、感谢和殷殷期待之情。

（2）提升心理韧性主题活动——有话好好说

根据对韧性的相关研究，人的社会支持系统是影响心理韧性的重要因素，人际关系通过情绪调节的中介作用和心理韧性呈现正相关的关系。也就是说，良好的人际互动与情绪表达和管理可以正向预测学生的心理韧性水平。因此，可以通过人际关系交往与情绪调节训练，来提升学生的心理韧性水平，从而增强学生的积极资本心理素质。对于中学生来说，情绪发展的一个显著特征就是起伏波动较大，并且缺乏人际沟通的技巧，尤其是在发生人际冲突的时候。因此，本活动从学生中征集一些生活中常遇到的典型人际情境，例如“有同学不经你允许乱动你的书包，你会怎么说?”“别人给你起难听的外号，你会怎么处理?”等，在校园中展开访谈和调查，征集并发布如何应对这些情境的语言表达。借此，帮助学生在生活中用恰当的非暴力的方式去和别人沟通，促进良好的人际关系。

（3）提升乐观主题活动——脸上有微笑

活动旨在调动学生的积极情绪，培养学生的乐观心态，能够与他人和睦相处，营造友善的校园文化氛围，提升学生积极心理资本现状。在此次活动中，通过向全校征集微笑照片，制作学校最美微笑墙，营造积极的校园文化；同时，学校为每个同学定制微笑胸牌，并在活动中分发给在校的每一位同学，看到这个微笑的胸牌，就能提醒自己用积极的心态来迎接学习和生活中遇到的所有困难和挑战。同时，从班级的角度，每个班结合自己的特点制作班级海报，解读“微笑”的含义，突出积极向上的心理特质。

（4）提升希望主题活动——绽放生命华彩乐章

结合当下新中高考选课选考的实际情况，在此次干预中，从通过提升学生的生涯规划能力的途径，来达到提高学生对实现未来希望的信心。为期一周的活动，结合各年级学生的学情，从开设生涯课程，到宣传生涯规划的有关知识，到生涯问题现场咨询等，引发了学生对生涯探索话题的热议。此外，借由学科访谈整理，制作“老师有话说”折页，分别为语数英、物化生、史地政及心理学科老师为同学们介绍自己的学科、推荐相关的各种职业和未来为国争光的可能，激发学生对未来生活的憧憬和热情。

（二）效果与反思

1. 从后测数据结果来看

自我效能得分	
项目	数值
样本数	535
平均数	5.37
标准差	1.21
中位数	5.00

韧性得分	
项目	数值
样本数	535
平均数	5.48
标准差	1.15
中位数	4.96

希望得分	
项目	数值
样本数	535
平均数	5.51
标准差	1.01
中位数	5.81

乐观得分	
项目	数值
样本数	535
平均数	5.48
标准差	1.22
中位数	5.50

总体得分	
项目	数值
样本数	535
平均数	5.46
标准差	0.88
中位数	5.08

从描述统计的结果看，积极心理资本的四个维度分以及总分较前测都有提高，均达到5分以上。说明目前学生积极心理资本总体水平较高，对自己的能力比较有信心，即便遇到挫折时也能够做到坚持不懈，看待问题比较乐观，对未来充满了希望。其中，自我效能和韧性分维度的得分提升幅度较大，说明团体辅导方案具有一定效果。

2. 从学生访谈的结果来看

（1）关于团体辅导的访谈

“没想到我有这么多优点，真的很感谢大家。”“其实我是一个习惯看自己缺点的人，但是听到大家对我的夸奖，我还是感觉很开心的。”“我以前认为这些是我的不足，没想到 M 认为这是我的优点，很新颖……我想优缺点是相对的，不是绝对的。”“归因理论对我有很大的帮助，让我能更乐观地去看待某些事情。”“每个人的一生轨迹都不一样……画出生命线让我更加知道自己是一个什么样的人，也能让我更理解其他成员了……对于未来更期待。”“我小时候很自闭，后来开始有了朋友……我看到了自己的成长轨迹，也知道以后的路要往哪里走。”“朋友和家人对我很重要……在以后的生活中我会把他们作为我生活中最重要的部分。”

（2）关于主题活动的访谈

“我认为微笑不仅仅是一种表情，还有许多含义，比如礼貌、友善、乐观，等等。我觉得这个活动的意义就是提示我们多体谅身边的人，微笑着看待生活，用乐观和坚强面对人生！”

“也很意外自己竟然能收到这么多祝福。用明信片传递彼此之间想说的话，可以把平时直面彼此不好说出口的那些心里话更自然畅快地传递给对方，也是让彼此拉近距离的方式。相隔许久未曾敞开的心间可以重新牵起友谊的线，相隔很远的人可以感受到对方最诚挚的祝福。点滴交集才能更长久——这是一位同学写给我的话，心中感到温暖的同时又令人深有体悟吧。看到同学们写给我的卡片时，我从中了解到别人眼中的我。感受到了同学们之间的温暖，密切了大家的关系。”

因此，通过团体辅导、专题讲座及专题活动能够有效提升学生的积极心理资本，尤其是自我效能和韧性。其中相关的专题团体辅导可以有效提升学生的人际关系，从而影响学生的自我效能，使其更好地面对生活中的困难。

二、积极心理的行动展示——心理健康节

学校每一年通过举办“5 · 25”心理健康节，宣传健康教育和生涯规划的有关知识，加强学生对自我的认识，能够更多地从一生发展的角度去思索人生的方向。对于小学及初中的学生来说，能够促使他们从自身出发，做到珍惜生命，热爱生活，愿意动脑筋思考解决生活中的问题。对于高中生来说，能够进一步认识自己，明确自己的发展方向，从而激励同学朝向人生理想和目标努力。

这是一个全员参与的健康心理展示活动，也是师生之间彼此了解、相互

沟通的舞台。学生在充分认识自我，了解自我的基础上，发现自己的优势与所长，对培养学生的创新思维能力有极大的促进。通过创意性思考来解决生命、生活和生存中出现的问题，以未来化、信息化的视野来规划自己的职业生涯。在活动中解放天性，习得日常教学场景方便使用的戏剧形式，还能实现个人成长与个人能力的跨界迁移，并且用积极乐观的心态面对生活当中的困难和挫折。

营造积极向上的健康文化，以积极心理的研究与实践开展科研引领的健康心理辅导与干预，对学校的教育教学氛围，师生昂扬的心理，饱满的精神状态，都起到了有效的促进作用。

专业设施与保障

学校的文化与传统，如春风化雨，无声浸润。同样为校园的文化氛围起到重要作用的还有各种专业的健康设施与设备，这些都是健康素养提升与健康教育开展的基础保障。

一、心理实践室

学生心理实践室是学校为适应自身发展需要，在学校心理健康教育中心的基础上，与专业机构共同合作建立的校级实践平台。学生心理实践室引进国内外先进的理念和技术设备，配备国内高水平科研指导团队，为不同年龄、不同特点、不同需要的学生提供优质的心理健康服务，通过心理实践、能力训练等提升心理素质，有效开展学生心理健康教育。

学生心理实践室在学校开展心理健康教育工作中发挥着重大的作用，它具有引导学生积极成长的六大职能：即帮助学生充分挖掘个人特长和积极优势；帮助学生内心更加快乐，拥有更多的积极情绪；帮助学生建立良好的人际关系，与他人和谐相处；帮助学生从困难和挫折中快速恢复，积极应对面临的问题；帮助学生激发内部动机，实现积极成长；帮助学校创造一个快乐的校园环境。

学生心理实践室的环境设计、活动设计以及设备设施的配置符合学生的心理发展规律，突出参与式、体验式、自助式、互动式的活动形式，包括：心理自我认知、心理自助、专项能力训练、心理研究实验、心理咨询和团体活动等功能。各区域既有自己特定的功能又有相互的逻辑关联。其中多功能团体心理活动室是帮助学生揭示心理现象，研究心理问题的场所，独具特色。

学生心理实践室与中科院心理所、中国心理卫生协会、北京大学、北京师范大学等的心理专家建立联系，一方面为学生搭建与专家进行心理学交流的平台；另一方面可以为这些专业机构研究心理学问题提供实验和辅助。

（一）设计特色

在新时代的健康理念指导下，学生心理实践室的功能设计清晰地梳理了其本身的定位和方向，能够切实帮助学校和心理教师明确其工作任务和目标，从而更好地实现心理实验室的职能。如为了更好地体现每个学生“优势和潜能开发”的取向，学生心理实践室不只是偏重于学生健全人格的发展，而是设计了促进“心智共同发展”的功能，强调了人格完善和认知发展的双重任务，同时兼顾心理问题的解决。实际上，一些学生的心理问题源自学业困难所带来的压力，因此，认知发展训练和心理能力训练在一定程度上可以预防部分心理问题的发生和发展，真正体现了“预防原则”。

同时，我校学生心理实践室的设计紧紧抓住不同发展阶段学生的年龄特点和主要心理发展任务，对中学各阶段的服务内容和方法进行了适应性的设计，确保心理实践室能够为学生提供适合的服务和指导。如中学生自主训练体现了处于青春期学生的自主需要，同时也切实促进了学生自主能力的发展，而职业生涯辅导对于中学生的心理发展非常重要，我们也将其纳入中学生的心理健康服务中。

此外，我校学生心理实践室特别强调了心理干预的生态性和系统性原则。目前的心理辅导多数是在学校范畴内进行，而心理辅导的生态性和系统性对辅导效果有较大影响，所以我校学生心理实践室的设计在制度上、内容上、方式上都力求让教师能够协同家长、社区一同为学生开展心理健康教育和服务，体现了科学性、系统性解决问题的重要思想。

再有，我校学生心理实践室的设计还通过“心理学与其他学科相互渗透的理念”，让心理服务更好地扎根于学校，成为目前教育体制下受欢迎的部门。目前，大多数学校的心理教师感觉处于学校的边缘地带，不被其他学科教师认同，所以心理健康教育可以通过为其他学科教师提供心理学的服务，以及与其他学科教师一同研究学科教学中学生的心理发展促进等问题，使心理学在学校教育中能有更多应用。

（二）功能介绍

1. **在线心理咨询室和心理热线室**

学校心理教师的资源是有限的，所以学校的师资将由心理专家督导、心理健康教师、班主任、校外辅导员四类人员构成。校外辅导员可由社会心理工作者、家长委员会成员、企业或公益组织中的代表人物组成，这是中学生接触社会与文化、培养社会服务意识与公益心的重要桥梁。本室就在其中发挥着非常好的桥梁和纽带作用，教师和学生可以通过它向校外的辅导员寻求网络或电话指导。

2. **心理咨询室**

心理咨询室是心理教师面对学生个体或者其家庭开展心理咨询、引导和教育的场所。本室在布局、环境、色彩上进行了精心的设计，引进了音乐播放系统和多媒体电脑系统，便于教师利用现代高科技手段进行心理咨询工作。由于这间咨询室没有窗户，便设计了假窗作为替代。此外，本室还配置了换气系统、加湿系统和负氧离子发生系统，为教师和学生提供更舒适的咨询环境。

3. 中控督导室

本室用于整个活动区录像的录制和播放，包括观察学生在心理实践活动中的自由反应，对个体辅导进行督导，对团体辅导进行督导，以便更好地开展同辈辅导和专家督导。

4. 音乐疏导室

众所周知，音乐具有非常好的心理治疗和心理疏导作用，本室设计实现了声光电的完美组合，在中央音乐学院专业教师的指导下，建立起北京市第一六六中学音乐治疗的特色中心。在美的享受与轻松愉快的氛围中为教师和学生们进行心理减压。

5. 脑能力训练室

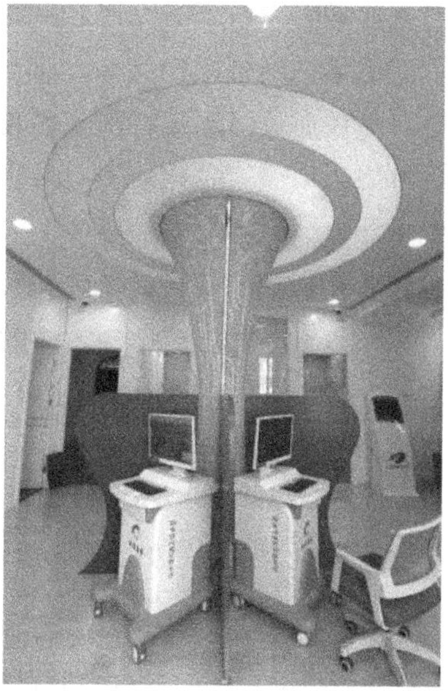

大脑是我们思维活动的中心，我们的知情意行处处离不开大脑的加工和指挥。科学用脑是提高学习效率和学习成绩的关键。本室通过科学的仪器引导学生进行注意力提升训练、思维弹性训练、思维稳定性训练、大脑放松能力训练、记忆力训练和左右脑平衡训练等。通过这种自主学习和自我控制的方式，教会学生张弛有度地安排自己的学习时间。同时，通过脑电波的检测还可以及时了解到学生是否存在紧张、焦虑、失眠、抑郁及大脑是否疲劳过度的情况，以便教师及时给予关爱，帮助其调整状态。

6. 完美释放室

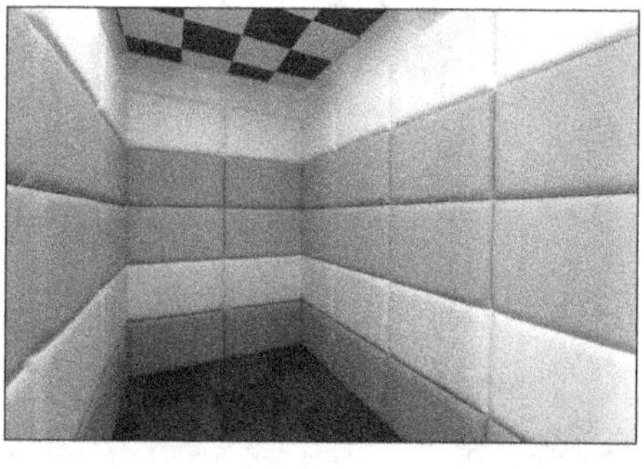

完美释放室给学生提供全面释放压力的空间。让学生可以尽情地表达自己的情感，通过喊出来、唱出来、跳起来，充分释放压力，宣泄情绪。

7. 多功能团体活动室

多功能团体活动室具有非常灵活机动的设计，座椅由可以来回拼接组合的方垫组成。本室可以开展心理剧教学，团体协调配合能力活动，职业生涯规划活动，团体沙盘游戏，音乐心理剧活动，心理沙龙等。

8. **心理能力训练室**

心理能力训练室设置了40套带电脑的课桌和一套多媒体教学电子屏，它们之间通过网络相连接。本训练室同时还安装了40套最佳心理能力训练系统，可以通过国际流行的生物反馈训练方法，训练提升学生的心理能力；可以开展模拟应试心理能力提升训练，模拟当众演讲心理能力训练，面对应急和挑战时的心理能力训练等。本室的心理电子化教学系统还可以承担多项多媒体心理教学以及其他学科的多媒体教学。

9. **多媒体电子宣教屏**

独具特色的多媒体电子宣教屏，是基于图书馆上墙、心理教育潜移默化的理念。整个学生心理实践室中设立了多块电子宣教屏，分别承担心理常识介绍、中心功能介绍、美德教育、感恩教育、多元智能教育等多样化的功能，图文并茂、生动形象，还可以定期制作更新，使得心理健康教育的内容更加丰富多彩。

二、全天候自动调节智慧温室实验室

全天候自动调节智慧温室实验室属于现代化程度较高的玻璃温室，占地面积约420平方米。该温室的主要设备设施包括自动灌溉系统、物联网系统自动调节系统、多种无土栽培方式、垃圾回收利用系统、人工光植物工厂以及食用菌工厂等。依托学校新建成的全天候智能温室，为学生提供多种形式的生态课程和体验活动平台。

以生物组为龙头，生物组、物理组、信息技术组、通用技术组和美术组形成了课程开发与实施的核心教师团队，由中国科技大学作为校外STEM课程专家，由中国科学院中农一百公司中小学科学实践基地作为理论指导和技术支持。

智慧温室属于现代化物联网控制的智慧温室，该温室有自动灌溉系统、物联网系统自动调节系统、多种无土栽培方式、垃圾回收利用系统、人工光植物工厂以及食用菌工厂。温室内植物的灌溉以及温湿度调节完全可以在自动环境下进行，省去了大部分人工浇水的时间。可以说，我校的智慧温室是现代农业先进技术的浓缩，为实现智慧温室的基础定位和课程目标提供了有利的保障。

三、细颗粒物及雾霾观测实验室

为培养学生对生态环境的关注意识，学习科学观测的方法和技能，学校专门建成细颗粒物及雾霾观测实验室。实验室于 2016 年 9 月建成并投入使用，建筑面积 $60m^2$。实验室积极引进北京市气象局雾霾与细颗粒物方面的研究成果，为学生进行生态研究及科学探究活动提供平台。实验室拥有现代化的大气颗粒物浓度检测仪（美国 Metone）、Aurora－3000 浊度仪、空气中颗粒物采样仪、手持式颗粒物监测仪、NO_2 监测仪、SO_2 监测仪、高精度分析天平及气象观测仪器等，可在线测定空气中 PM10、PM2.5、PM1.0、NO_2 浓度以及风速、风向、气压、能见度、总辐射系数、降雨量等气象指数。

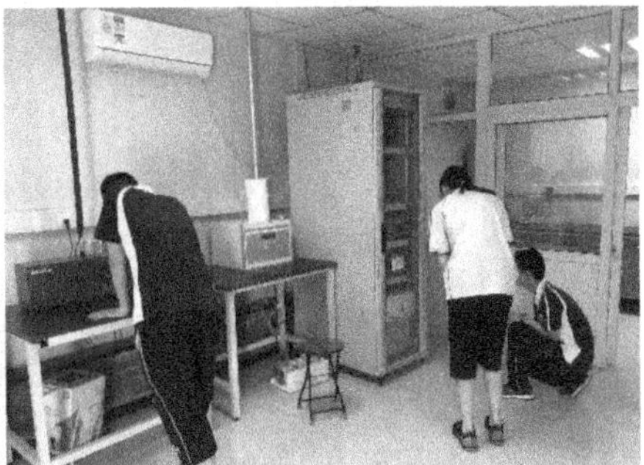

利用雾霾实验室平台及设备，深度开发学科课程、实践活动、学生社团活动等新课程。整合校内外资源。立足学生的实际需求，校内课程资源与校外资源优化组合，例如气象台站的参观，与专家进行合作、探究、交流等，

通过多种形式的调研，利用校内外师资的联动教研，丰富课程范畴，完善培养方法。

四、博雅健康中心

博雅健康中心为学生健康素养的培养和教育提供保障基础。博雅健康中心内设有血压、血氧、身高体重、精神压力、视力、身体成分、握力、坐位体前屈、立定跳远、肺活量、台阶测试等健康或国家体质测试监控设备，可以定期对学生的体质健康进行跟踪和反馈，有助于进行相应对健康行动。

博雅健康中心对全校学生的身高、体重、体重指数 BMI、体脂百分比等多个指标进行测试，通过专业的教师团队进行整理分析，更加客观地反映青少年的健康状态，以及相应的健康行动，比如运动、营养和心理辅导。目前博雅健康中心试运行每周一、周二、周五中午对学生进行预约开放，在健康中心专业老师的指导下科学地进行体能训练。同时也承担了部分年级学生的测试分析任务。通过博雅健康中心的检测，能够使学生在健康方面达到“量化自我”的目的，能够为北京市中小学生健康素养的提高提供研究和实践的范本。

音乐心理与辅导

校园语言·音乐心理辅导系统根据其可以达到的不同功效，分为情绪调节单元（1 类）、放松解压单元（2 类）、怡养五脏单元（3 类）、左右脑平衡单元（4 类）、自信正能单元（5 类）和舒广益智单元（6 类）。每个单元不少于十个条目，供学校在不同的时间段自由选取播放。项目成果包括一套供音频播放的软件系统和一套中学校园语言音乐心理辅导系统使用指导手册。

一、项目背景分析

学生在学校的学习生活紧张而忙碌，劳逸结合，一张一弛才是学生保障学习成绩和保持身心健康的根本。音乐治疗机制大体可概括为以下几个方面：

1. 音乐刺激能影响大脑某些递质如乙酰胆碱和去甲肾上腺素的释放，从而改善大脑皮层功能。

2. 音乐能直接作用于下丘脑和边缘系统等人脑主管情绪的中枢，能对人的情绪进行双向调节。

3. 情绪活动的中枢下丘脑、边缘系统及脑干网状结构与植物神经系统密切相关，也是人体内脏器官和内分泌腺体活动的控制者，因而情绪的紧张状态能直接导致某些内脏器官的病变，而罹患“心身疾病”。音乐能调节人的情绪，所以也就能帮助治疗某些心身疾病。

4. 大脑听觉中枢与痛觉中枢同在大脑颞叶，音乐刺激听觉中枢对疼痛有交互抑制作用，同时音乐还能提高垂体脑啡呔的浓度，而脑啡呔能抑制疼痛，所以音乐有镇痛作用。

5. 音乐能改善大脑功能，协调大脑左右半球，从而促进人的智力发展，所以常被应用于儿童的早期智力开发；音乐能改善智力障碍儿童的能力，所以音乐广泛地应用于特殊教育。

6. 心理学研究显示，音乐能影响人格，情感培养对人格成长至关重要，而音乐包容了人的情感的各个方面，所以能有效地铸造人格；音乐能超越意识直接作用于潜意识，因而在心理治疗中有特殊功效；音乐活动是相对有序的行为，有助于协调身心及建立和谐的人际关系，因此被广泛应用于行为治疗。

祖国医学的经典著作《黄帝内经》两千年前就提出了“五音疗疾”。古人的音乐疗法是根据宫、商、角、徵、羽 5 种民族调式音乐的特性与五脏五行的关系来选择曲目，进行治疗。如宫调式乐曲，风格悠扬沉静、淳厚庄重，有如“土”般宽厚结实，可入脾；商调式乐曲，风格高亢悲壮、铿锵雄伟，具有“金”之特性，可入肺；角调式乐曲构成了大地回春，万物萌生，生机盎然的旋律，曲调亲切爽朗，具有“木”之特性，可入肝；徵调式乐曲，旋律热烈欢快、活泼轻松，构成层次分明、情绪欢畅的感染气氛，具有“火”之特性，可入心；羽调式音乐，风格清纯，凄切哀怨，苍凉柔润，如天垂晶幕，行云流水，具有“水”之特性，可入肾。

语言是思维的载体，神经语言程式学从语言入手，革命性地将意识与潜意识的研究带到一个全新的高度。更难能可贵的是，它不是一套学者们用来清谈的理论，而是可推及现实生活各个层面的方法论。它被誉为现代心理学最具学科综合性，最具神奇效力，也是最具发展前景的应用成果。有人说神经语言程式学是成功学，正确的解释是，成功学只是它的冰山一角，它背后有着更深刻的脑神经学及心理学基础。

建立在已被大量实践证明的音乐治疗和神经语言程式学等学科基础上的

中学校园语言音乐心理辅导系统，会为学校的心理健康教育及心理能力建设取得良好的效果。通过该项目的实施，以及常年的使用，使学生在情绪调节、课后考后放松心情、缓解解压、怡神养性、开发智力、提升自信心和正能量方面取得成效。

本系统是学校心理健康教育领域的全新尝试，也是音乐心理辅导、神经语言程式学和神经心理学在学生日常生活中有针对性地应用的全面创新。具有可推广、可持续改进的很高的使用价值。

二、代表曲目与功能

上课下课铃声	编号	时长	风格	音乐说明
	2	29″	古典	钢琴独奏
	3	25″	当代	长笛、吉他、大提琴三重奏
	4	23″	古典	古典钢琴独奏
	5	19″	古典	小提琴弦乐
	6	23″	流行	人声哼鸣加吉他伴奏
	7	17″	古典	笛子弦乐合奏
	8	23″	流行	电子乐队
	9	19″	古典	手风琴、笛子合奏
	10	22″	爵士	钢琴、吉他、贝斯合奏
	11	23″	流行	吉他加电子音乐
	12	24″	古典	手风琴，弦乐队
自信正能类铃声	1	25″	当代	单簧管、大提琴、钢琴、长笛四重奏
	2	20″	古典	管弦
	3	18″	古典	弦乐队
	4	20″	流行	电子乐队
	5	25″	古典	手风琴、小提琴
	6	20″	古典	手风琴及乐队
	7	24″	流行	合成器及电子乐队
	8	24″	古典	小提琴及乐队

续表

自信正能类铃声	1	25″	当代	单簧管、大提琴、钢琴、长笛四重奏
	9	21″	流行	吉他及电子乐队
	10	17″	古典	弦乐队
	11	18″	古典	笛子加乐队
	12	23″	流行	吉他及鼓
愉悦放松音乐	编号	时长	风格	音乐说明
20 分钟的曲目	放松 20—01	20′	古典	本段音乐精选古典乐曲经典慢板乐章组成。小号协奏，单簧管协奏，管弦乐根据速度和音乐的起承转合分成三个乐章编辑而成。前两个乐章速度较慢，重音稳定，给人舒适放松的质感；第三个乐章选用舒展，动力性稍强的德彪西印象派作品，增加愉悦放松感，让人进一步放松下来。
	放松 20—02	20′	自然声加电声音乐	此曲由纯自然声开始，把人带入无忧无虑的海滩，聆听轻柔的海浪声和海鸥的鸣叫，心旷神怡。第二乐章引入音乐，稳定的节拍，柔和的音色，不断拍打沙滩的海浪声和不断重复的乐句进一步让人放松。第三乐章从轻柔的音乐中回到纯自然的环境，化繁为简，用最简单的声音构建自然环境，让人的身心得到彻底放松。
	放松 20—03	20′	电子，new age	清澈空灵的钢琴和竖琴在高音区散落零散的单音配合持续的合成器长音铺底，让人感受繁星点点的夜空。第二乐章动力稍微加强，渐入的带有回响的风铃在中音区回荡，长音持续铺底，给人在放松的同时补充活力。
	放松 20—04	20′	电子，new age	稳定的心跳加上持续长音的伴奏，模拟婴儿在子宫内的环境。如同背景一样点缀的柔和的模拟竖琴声，强化了听者的空间感。第二乐章继续保持了心跳的主题，主奏乐器变成吉他，增加了音乐的情感性。不断下行的旋律带领人沉静下来。最后的结尾，没有了节奏和重音，只剩下保持的长音，与人大脑的 Alpha 脑波共振，强化放松体验。

续表

愉悦放松音乐	编号	时长	风格	音乐说明
20 分钟的曲目	放松 20—05	20′05	古典	乐曲从室内乐的慢板开始，大提琴和小提琴相继奏出舒缓优美的旋律，第二乐章竖琴演奏出舒缓的摇篮曲；第三乐章回到慢板，钢琴在高音演奏优美的旋律，加上管弦乐队的轻柔的伴奏，最后大提琴与钢琴共同重现优美的主题，结束整首曲目。整首曲风舒缓，宁静。
	放松 20—06	20′	古典	古典及浪漫主义的钢琴、小提琴、单簧管慢板乐章，舒缓紧张情绪，陶冶情操，体验优美的经典作品。
	放松 20—07	20′	印象派	印象派小提琴协奏曲，加上钢琴作品，给人无限遐想。比起古典作品高雅优美，印象派乐曲更能表现画面和空间，创造一个想象的空间。
	放松 20—08	20′	new age	长笛与合成器轻盈的配合，加上自然的声音，给人轻松愉悦的放松感受。
	放松 20—09	20′	new age	空灵的颂钵，加上持续缥缈的延续音，让人放松身心，促进深长的呼吸，心跳的稳定。整首曲子非常简单宁静，带领人感受内心的空灵和平静。
	放松 20—10	21′34	new age	竹笛悠扬地在高音飘荡，加上钟琴在低音稳定的呼应，让人感受如同在摇篮中的舒畅愉快。此曲在稳定心率、呼吸的同时，给人美好的遐想空间，仿佛置身于片片竹林之中，给人清新自然的感受。
自信正能音乐	编号	时长	风格	音乐说明
10 分钟的曲目	自信正能 10—01	10′	古典	第一乐章为钢琴协奏曲，逐渐向上的旋律，加上富有动感和张力的管弦伴奏，给人奋发向上的动力；宽广的音域变化让人体验广阔的胸怀。第二乐章一开始从慢速和音域较低的弦乐开始，逐渐上升，制造更大的音乐高峰，如同攀越到一个更高的人生顶点，给人带来更大的力量感，最后由钢琴与弦乐共同合作再现坚定的音乐主题，以高音上扬的旋律结束。

续表

自信正能音乐	编号	时长	风格	音乐说明
10分钟的曲目	自信正能10—02	10′	古典	第一乐章开始由弦乐奏出较快且有力的切分动机，引出单簧管的主奏。加上贝斯和铜管在低音区的有力支持，给人稳定的充满动力的前进感。第二乐章速度稍慢一点，音域从中高音转移到中低音，给人更加稳定的支持。第三乐章钢琴带领整个管弦乐队再现音乐主题，如同一个强大的引领者，带领着听者往前朝着希望行进。
	自信正能10—03	9′17	电子	整首曲子动力中等，稳定和有弹性的鼓点给乐曲带来能量。高音区不断重复的钢琴琶音，带来稳定的安全感。第二部分主奏乐器转为吉他。不断重复的琶音也变为吉他音色，鼓点更有动力。音乐速度逐渐加快，给人添加更多积极的感受；第三乐章变为6/8节拍，给人如同舞蹈般的律动感，体验不同节拍带来的积极的快乐感受。
	自信正能10—04	10′50	流行	钢琴、电子合成器与管弦乐队的配合，气势宏伟，给人填充正能量。
	自信正能10—05	9′25	古典	第一乐章从管弦乐开始，动机紧凑有动力。这个动机贯穿整首曲子，给人稳定的能量感，保持自信和动力。
5分钟的曲目	自信正能5—01	3′29	流行	电吉他的慷慨激昂的solo，激励人奋发向上，充满正能量。
	自信正能5—02	4′38	流行	电子提琴演奏出悠扬的旋律，随后军鼓奏出行军的鼓点，给人注入积极向上的能量，整首曲子先抑后扬，给人带来无限的动力和信心。
	自信正能5—03	4′33	流行	小号吹响号角，象征着一天的开始，后面出现略带紧张感的动机，给人不断往前行进的力量。
	自信正能5—04	5′02	流行	人声哼唱加上钢琴，与电子乐队的配合。充满激情和动力的流行音乐。
	自信正能5—05	4′47	流行	略带异域风情的流行电子乐，6/8拍的舞动节奏让人想停都停不下来。中段乐曲稍微慢下来，让人稍作休息，补充能量，直到进入下一个音乐的高潮结束全曲。

续表

自信正能音乐	编号	时长	风格	音乐说明
5分钟的曲目	自信正能 5—06	5′56	古典	巴洛克风格的管弦乐给人以优雅自信的感受。
	自信正能 5—07	4′47	古典	巴洛克古典风格。
	自信正能 5—08	6′12	古典	进行曲风格的古典音乐，加上圆舞曲的乐章，给人带来活力和积极向上的能量。
	自信正能 5—09	4′14	古典	快板乐章，气势恢宏，充满积极能量和动力。
	自信正能 5—10	5′56	古典	精选古典乐中的快板乐章，活泼可爱，充满活力。
想象开发音乐	编号	时长	风格	音乐说明
30分钟的曲目	想象 30—01	27′04	古典	精选浪漫主义和民族时期的交响乐作品，根据音乐情绪发展和乐曲的调性、速度、风格的匹配性编排而成。选择旋律性强，情感丰富，配器层次多样的乐曲给人带来无限的想象空间。
	想象 30—02	30	古典	钢琴与双簧管的优美协奏共分为三个乐章。中速、慢速、中速的速度变化，带来情绪上的波动的体验，拓宽情绪和想象的感受。
	想象 30—03	28′33	new age	二胡与电声乐队的协奏，给人耳目一新的感受。二胡与人天然的情绪连接带领听众深入自己的内心去体验和探索深层的情感和意识空间。
	想象 30—04	30′04	流行	从钢琴优雅的独奏开始，引入小提琴和大提琴如泣如诉的演奏，随后整个管弦乐队支撑钢琴强调曲子的主题，使整个曲子充分地表达丰富的情感。
	想象 30—05	30′05	new age	电吉他、鼓和贝斯的组合让人耳目一新。整个曲子充满活力，和弦变化丰富，给人无限想象力。

续表

想象开发音乐	编号	时长	风格	音乐说明
30 分钟的曲目	想象 30—06	31′03	古典	经典民族主义曲风，管弦与钢琴的完美配合，整个曲子富于变化，层次丰富，充满动力与激情，带来一场想象盛宴。
	想象 30—07	31′46	古典	大提琴与钢琴协奏曲，富含情感，如同两个人之间的灵魂对话。第二部分为活泼轻松的长笛与钢琴的合奏。速度中等，曲调悠扬，富于变化，让人产生无限遐想。第三部分长笛协奏曲，速度较慢，让人能够将之前聆听音乐时的丰富体验沉淀下来，给予充分的时间来回味之前的想象体验。
	想象 30—08	29′55	古典加 new age	从钢琴平静、稳定的演奏开始。加上整个管弦乐队的衬托与支持，逐渐将情感推向高潮。第二部分为长笛与西塔琴的合奏，有稳定的速度、节拍，旋律起伏不大，能给人以安全舒适的感受，体验美好的想象画面，为后面的想象积蓄能量。第三部分的音乐变化增加，旋律起伏与强弱变化幅度都大大增加，进一步深化想象体验。最后一部分，回到稳定的长笛与西塔琴的合奏，让人体验稳定积极的情绪结束想象。
	想象 30—09	29′39	new age	钢琴与电声乐队的配合，加上自然声。带领人想象自然环境中的美好体验。本首曲子没有强烈的旋律、节奏和音色的变化，给人稳定的、较为简单的放松式想象体验。
	想象 30—10	29′45	new age	《爱的小屋 1》用男声指导语带领同学在想象中建立属于自己内心的小屋。在逐渐完成小屋想象的过程中，同学们能够建立一个属于自己的安全的心灵空间，促进同学们在视觉、触觉、感知觉、嗅觉各方面的想象。通过在内心建立自己的满意的安全小屋，能让同学们提高内心的安全感，并且帮助同学们提高调节情绪的能力，有助于减少日常焦虑、抑郁等负性情绪。

续表

想象开发音乐	编号	时长	风格	音乐说明
30 分钟的曲目	想象 30—11	29′45	new age	《爱的小屋 2》用女声指导语带领同学们在想象中建立属于自己内心的小屋。在逐渐完成小屋想象的过程中，同学们能够建立一个属于自己的安全的心灵空间，促进同学们在视觉、触觉、感知觉、嗅觉各方面的想象。通过在内心建立自己的满意的安全小屋，能让同学们提高内心的安全感，并且帮助同学们提高调节情绪的能力，有助于减少日常焦虑、抑郁等负性情绪。
情绪调节音乐	编号	时长	风格	音乐说明
5 分钟 10 首 10 分钟 5 首	情绪 5—01	7′15	后摇	电吉他主旋律模拟呼吸频率，电子声模拟心跳，让人从焦虑状态回复平静。乐曲分为 ABA 三部分，从平复心情，到稍有动力，再恢复到平静状态。
	情绪 5—02	4′55	流行	木吉他加电子乐队，整个曲子轻松愉快，能正向调节焦虑或抑郁情绪到平静愉快的状态。
	情绪 5—03	4′57	流行	鼓模拟稳定的心跳声，零散而重复的旋律加上呼吸般的长音，让人在短时间内调整情绪到稳定的状态。
	情绪 5—04	4′27	new age	活泼的曲风，中音和低音的切分和密集的节拍给人填充能量，帮助调节疲劳与低沉的情绪，增加正向积极情绪。
	情绪 5—05	3′53	流行	低沉的萨克斯，加上慵懒的鼓点，贝斯稳定的低音伴奏给全曲增加安全舒适感。乐曲有助于帮助调节情绪，缓解焦虑的状态。
	情绪 5—06	4′32	流行	有力稳定的鼓点，加上中低音区的吉他低音，让人稳定踏实下来，但是不失前进的动力。
	情绪 5—07	4′55	流行	有着平稳节拍的简单的吉他曲，让人感受稳定、舒适、平静的心情。
	情绪 5—08	4′44	流行	一首 6/8 拍的钢琴独奏，通过合成器与大提琴的呼应和伴奏，给人以活力和舞蹈的动力。让人的肢体想随着一起活动起来，增加积极能量。

续表

情绪调节音乐	编号	时长	风格	音乐说明
5 分钟 10 首 10 分钟 5 首	情绪 5—09	4′32	new age	竹笛和钢琴的悠扬旋律加上合成器的伴奏，给人舒缓愉悦的感受，吉他在中部的 16 分音符的不断重复的动作，给人前进的动力，给人注入积极的能量。
	情绪 5—10	4′12	流行	单簧管演奏出调皮活泼的旋律，加上吉他轻松的伴奏，给人快乐、积极、充满活力的感受。
	情绪 10—01	10′34	new age	长笛和钢琴协奏曲，从平静到激昂到活泼，不断地调整情绪进入一个积极的状态。
	情绪 10—02	9′14	new age	长笛，充满前进的动力，但是很稳定、中速。
	情绪 10—03	8′48	流行	软摇滚，架子鼓，funky 节奏，活泼、动感。帮助释放焦虑的情绪，后面换成中速的长笛，稳定的节奏，逐渐帮助稳定情绪。
	情绪 10—04	10′20	古典	平稳的钢琴曲，逐渐转化到略微悲伤，抒发消极情绪的弦乐，第三部分音乐逐渐转到节奏平稳，大调的积极情绪的钢琴、小提琴和弦乐合奏。
	情绪 10—05	14′33	古典	先从略带忧郁的，慢速音乐开始，小提琴如同倾诉一般，帮助宣泄负性的情绪。后面整个管弦乐逐渐加入，给予小提琴支持和力量，音乐后部情绪逐渐高涨，给人以积极的力量和动力。
快乐午餐音乐	编号	时长	风格	音乐说明
30 分钟 10 首	消化 30—01	27′53	古典 巴洛克	选用中速的巴洛克时期的室内乐组合而成。配合人进餐时的咀嚼及吞咽的速度，稳定的重低音伴奏给人稳定安全的感受。全曲风格高雅优美。
	消化 30—02	28′51	古典 巴洛克	此曲的特色为古典音乐加自然声、雨声、鸟叫加上优美的音乐，给人带来舒适清凉的用餐感受。优美舒缓的旋律让人能够安心地用餐。选择弦乐、长笛、单簧管等音色柔和的室内乐。

续表

快乐午餐音乐	编号	时长	风格	音乐说明
30 分钟 10 首	消化 30—03	30′56	流行	选取流行、电子音乐曲风符合中学生的审美心理，中速稳定的节奏让人能在愉快的氛围中用餐。
	消化 30—04	32′45	古典	第一部分钢琴演奏出优美动人、平稳节拍的音乐。第二部分在吉他有活力的伴奏下，长笛吹奏出活力动感的旋律，有助于人们在平静愉悦的状态下安心用餐。
	消化 30—05	32′13	new age 流行	后摇、萨克斯、钢琴的交互演奏比较活泼，动感的旋律，符合中学生的音乐偏好。
	消化 30—06	34′47	流行	一首动力中等、旋律感强、节奏变化丰富的长笛、钢琴合奏。中段为柔情舒缓的钢琴独奏，最后部分由电子乐队、有异域风情的小提琴一起演奏出充满动感、现代元素的音乐。
	消化 30—07	31′31	古典	管弦、长笛和竖琴一起演奏出高雅、优美的古典巴洛克风格的音乐，配合愉快安静的午间用餐和休息。
	消化 30—08	31′54	古典	单簧管引领整个管弦乐队奏出典雅高贵、速度平稳，有着优美音乐动机的音乐，给人带来愉悦快乐的感受。
	消化 30—09	31′54	古典 巴洛克	小提琴、大提琴、长笛、管风琴不断地交织着发展优美的音乐动机，演奏出美丽的充满积极向上的旋律。
	消化 30—10	32′	new age 流行	电子合成器演奏安静、慢速的旋律，3/4 拍的节拍让人感受宁静愉悦的氛围。适合在餐后聆听，帮助人在餐后的消化吸收，放松休息。
右脑开发音乐	编号	时长	风格	音乐说明
	右脑开发 10—01	10′07	古典	巴洛克钢琴独奏。层次分明，大量使用分解和弦，层层递进，没有明显的情绪变化。有助于让人保持清醒的头脑，集中注意力。
	右脑开发 10—02	11′29	现代	帮助人保持注意力集中，进入冥想状态，促进大脑的想象，开发右脑。

续表

右脑开发音乐	编号	时长	风格	音乐说明
	右脑开发 10—03	13′55	new age	《让音乐感动你 1》通过男声指导语的带领增加身体的敏感度和与音乐的联系。这种专注联系，能够促进大脑产生平静清醒的脑波，激发右脑的创造力、感受力和内知觉能力。
	右脑开发 10—04	13′55	new age	《让音乐感动你 2》通过女声指导语的带领增加身体的敏感度和与音乐的联系。这种专注联系，能够促进大脑产生平静清醒的脑波，激发右脑的创造力、感受力和内知觉能力。
	右脑开发 10—05	10′	new age	《感受音乐想象》在指导语的引导下感受自己的身体，促进内在感知觉，增强自己与音乐的关系，帮助听者保持平静、注意力集中的状态。
	右脑开发 20—01	22′21	后摇	各种新鲜的音色打破熟悉的模式，促进右脑的注意力集中以及想象力，开发右脑。
	右脑开发 20—02	19′35	new age	《身体活动 1》通过男声语音引导，伴随音乐进行身体舒展及放松。在身体和心理层面同时放松，增强身体的敏感度，以及对音乐的感受。
	右脑开发 20—03	19′35	new age	《身体活动 2》通过女声语音引导，伴随音乐进行身体舒展及放松。在身体和心理层面同时放松，增强身体的敏感度，以及对音乐的感受。
	右脑开发 20—04	19′48	new age	《秋日想象 1》在男声的语音引导下，整个身心放松，增加右脑活跃水平，以放空自己，一呼一吸为检定语言，促进放松，以秋天的树叶为想象原点，帮助学生体验内视觉、嗅觉、动觉，增强想象能力、空间感和内动觉的能力。
	右脑开发 20—05	19′48	new age	《秋日想象 2》在女声的语音引导下，整个身心放松，增加右脑活跃水平，以放空自己，一呼一吸为检定语言，促进放松，以秋天的树叶为想象原点，帮助学生体验内视觉、嗅觉、动觉，增强想象能力、空间感和内动觉的能力。

续表

语言音乐综合	编号	时长	风格	音乐说明
放松类	放松—从脚到头（女）	19′46	new age	引导从脚到头的身体的放松训练
	放松—从头到脚（女）	19′55	new age	引导从头到脚的身体的放松训练
	紧张—放松（男）	10′59	new age	运用肌肉紧张与放松的原理，用男声指导语引导学生体验身体的各个部位先保持数秒钟的紧张，然后体会肌肉松弛与放松的状态。
	紧张—放松（女）	10′59	new age	运用肌肉紧张与放松的原理，用男声指导语引导学生体验身体的各个部位先保持数秒钟的紧张，然后体会肌肉松弛与放松的状态。
考试减压	考试模拟（男）	6′	new age	通过带领同学先进行音乐放松，然后模拟想象考试时的各种细节，帮助学生在内心训练考试时的自信、平静和积极的心理状态。有助于缓解考试带来的压力、焦虑。
	考试心理训练（男）	10′56	new age	在带领同学们放松之后，引导学生想象考试的路程、校园的样子，以及整个考试过程。内心想象越真实，越能调动学生的情绪，增强想象的效果。通过多次的成功的考试想象的练习，缓解考试紧张，提高学生的自信和情绪调节能力。
	学习过程放松（男）	9′49	new age	运用课间休息的 10 分钟时间，在平静音乐的伴奏下带领同学们休息左脑，放松身心，快速地恢复身体和心理的能量。
放松想象	玫瑰花想象放松（男）	19′30	new age	根据冥想的放松原理，用男声指导语带领同学们想象一朵自己最喜欢的鲜花的样子，通过引导学生在内心呈现出鲜花的颜色、形状、气味等细节，帮助提高学生的专注力，并且体验内心平和安静，以及愉悦的状态。

续表

语言音乐综合	编号	时长	风格	音乐说明
放松想象	玫瑰花想象放松（女）	19′30	new age	根据冥想的放松原理，用女生指导语带领同学们想象一朵自己最喜欢的鲜花的样子，通过引导学生在内心呈现出鲜花的颜色、形状、味道等细节，帮助提高学生的专注力，并且体验内心平和安静以及愉悦的状态。
	放松一夏（男）	21′29	new age	男声指导语通过带领学生想象夏天美丽的自然场景，感受阵阵清风，让学生体验放松愉悦的美好心情。
	放松一夏（女）	21′29	new age	女声指导语通过带领学生想象夏天美丽的自然场景，感受阵阵清风，让学生体验放松愉悦的美好心情。
	岸边沙滩想象（男）	20′40	new age	轻松惬意的海滩，慵懒地躺在沙滩上，感受细沙、微风，体验放松愉悦的感受。
想象类	爱的小屋（男）	29′45	new age	用男声指导语带领同学在想象中建立属于自己内心的小屋。在逐渐完成小屋想象的过程中，同学们能够建立一个属于自己的安全的心灵空间，促进同学们在视觉、触觉、感知觉和嗅觉各方面的想象。通过在内心建立自己的满意的安全小屋，能让同学们提高内心的安全感，并且帮助同学们提高调节情绪的能力，有助于减少日常焦虑、抑郁等负性情绪。
	爱的小屋（女）	29′45	new age	用女声指导语带领同学在想象中建立属于自己内心的小屋。在逐渐完成小屋想象的过程中，同学们能够建立一个属于自己的安全的心灵空间，促进同学们在视觉、触觉、感知觉和嗅觉各方面的想象。通过在内心建立自己的满意的安全小屋，能让同学们提高内心的安全感，并且帮助同学们提高调节情绪的能力，有助于减少日常焦虑、抑郁等负性情绪。

续表

语言音乐综合	编号	时长	风格	音乐说明
自信正能	果实（男）	9′05	new age	男声指导语带领同学想象自然场景，促进触觉、嗅觉、感知觉、动觉的内心想象。在心灵花园中，用果实的意象帮助同学感受内心力量的成长，增强内心的专注力、自尊和自信。
	魔法棒（男）	8′02	new age	通过带有象征性的魔法棒的想象带领学生增加自我控制感和自我效能，帮助学生能在想象中建立内心安全稳定的空间，并且能够运用内心的力量完善和保持这个空间。这种练习能够帮助学生体验积极的内心资源。
左右脑平衡	让音乐感动你（男）	13′55	new age	通过男声指导语的带领增加身体的敏感度和与音乐的联系。这种专注联系，能够促进大脑产生平静清醒的脑波，激发右脑的创造力、感受力、内知觉能力。
	让音乐感动你（女）	13′55	new age	通过女声指导语的带领增加身体的敏感度和与音乐的联系。这种专注联系，能够促进大脑产生平静清醒的脑波，激发右脑的创造力、感受力、内知觉能力。
	感受音乐想象（男）	10′	new age	在指导语的引导下感受自己的身体，促进内在感知觉，增强自己与音乐的关系，帮助听者保持平静、注意力集中的状态。
	身体活动（男）	19′35	new age	通过男声语音引导，伴随音乐进行身体舒展及放松。在身体和心理层面同时放松，增强身体的敏感度，以及对音乐的感受。
	身体活动（女）	19′36	new age	通过女声语音引导，伴随音乐进行身体舒展及放松。在身体和心理层面同时放松，增强身体的敏感度，以及对音乐的感受。
	秋日想象（男）	19′48	new age	在男声的语音引导下，整个身心放松，增加右脑活跃水平，以放空自己，一呼一吸为检定语言，促进放松，以秋天的树叶为想象原点，帮助学生体验内视觉、嗅觉、动觉，增强想象能力、空间感和内动觉的能力。

续表

语言音乐综合	编号	时长	风格	音乐说明
左右脑平衡	秋日想象（女）	19′48	new age	在女声的语音引导下，整个身心放松，提升右脑活跃水平，以放空自己，一呼一吸为检定语言，促进放松，以秋天的树叶为想象原点，帮助学生体验内视觉、嗅觉、动觉，增强想象能力、空间感和内动觉的能力。

智慧温室与生态

健康的生态系统一般被视为环境管理的终极目标，进行生态系统健康研究对探索区域与生态系统可持续发展具有重要意义。从生态系统健康到生态健康再到生态文化健康，生态系统健康的研究在学校健康教育中也备受重视。学校利用智慧健康温室开展生态课程开发，开展健康生态文化研究。人是自然界长期发展的产物，“是自然界的一部分”，“人是自然界的产物，是在他们的环境中并且和这个环境一起发展起来的”。无论人类有多么强大的主观能动性，有多么深邃的理性精神，都无法摆脱对自然界的依赖并受其制约。这从本体论上将人与自然统一起来，人类存在于自然界中，而不在其之外，人类在某种意义上要依赖于自然界，因而，我们要与自然和谐相处而不应凌驾于其之上。基于这样的理念，学校在生态健康的教育中依托学校智慧温室，开展了生态健康的多样课程与研究。

一、生态健康课程的开发与实践

基于发展学生核心素养、落实立德树人为目标，开发与实施以智慧温室资源为载体的课程，其类别为校本选修课、科技节课程、校外辐射性课程。具体课程目标与实施方案见下表：

课程类型	课程名称	服务对象	课程内容	预期目标	课时安排（课时/60分钟）	发展的核心素养
校本选修课	智慧温室多种栽培模式体验课程	初一	基于智慧温室的多种栽培设备设施，让学生体验漂浮培、无土基质培、气雾培、多层细叶菜培等栽培模式。动手实践内容主要开设有播种、幼苗移栽、植株的管理、采收等内容。学生会在植物的完整生长周期内一直亲自照顾植物，体会到植物的一生（短周期植物，如生菜等完整生产周期在2个月内的植物）。	本门课的目的在于，通过植物栽培体验活动，让学生们了解日常生活中常见的蔬菜、花卉，了解如何播种和管理植物。同时，在校本选修课集中的时间段体验到健康生活的理念。	8	健康生活 实践创新
	植物栽培与多肉植物组合相框的设计与制作	高一	本门课的内容分为两部分，一是体验多种无土栽培模式；二是设计与制作一个多肉组合相框。学生们需要根据多肉植物的大小、颜色、种类对小组的植物相框进行设计并制作。	通过植物相框的设计与制作，培养学生们对植物与环境关系的理解，对植物构图的理解，对动手操作能力的锻炼，对小组成员互相理解、包容的良好行为。	8	人文底蕴 科学精神 学会学习 健康生活 实践创新

续表

课程类型	课程名称	服务对象	课程内容	预期目标	课时安排（课时/60分钟）	发展的核心素养
校本选修课	智慧温室中的写生课程	初一	观察、记录生命的形态的多样性与差异性，运用相关美术技能在写生过程中，欣赏生命，发挥自己对生命的理解进行创造。	把写生课搬入智慧温室实验中的一种上课模式，学生们可以根据周围的各种各样的植物，寻找生命的美丽与个性，自由记录与创作。智慧温室中生命与环境的和谐统一，为美术课的实施提供更为适切的生态环境，是艺术课程与心理健康教育的一种新途径探索。	8	人文底蕴 健康生活
	智慧温室中的写生与泥塑课程	高一	本门课的内容分为两部分，一是运用相关美术技能在写生过程中，欣赏生命多样性，发挥自己对生命的理解进行创造。二是学生习得构图设计的原则、趋势和一些基本方法；习得浮雕的基础理论知识；浮雕的翻模方法；成型后的修改方法。	融合生态学、美术、心理学教育的融合课程的探索。通过本课的学习，学生发现植物的美，并从动手实践的过程中感受到快乐，陶冶情操。	8	人文底蕴 学会学习 健康生活 实践创新

续表

课程类型	课程名称	服务对象	课程内容	预期目标	课时安排（课时/60分钟）	发展的核心素养
校本选修课	STEM 温室模型搭建	初二科技俱乐部	基于对智慧温室物联网工作系统的了解，对物理搭建知识与adiuno编程知识的学习，以小组为单位设计搭建实现特定功能的可移动的智慧温室模型，未来服务于研究性学习与教学。	融合物理学、通用技术、信息技术等学科知识及技能，基于问题的解决开展的项目式学习过程。在合作式的项目学习中，发展自主学习能力、合作能力、科学思维能力、实践创造能力。	20	学会学习 科学精神 健康生活 实践创新 责任担当 科技节课程
	崇尚垃圾分类、智创美好生活——植物窗帘	全校学生	以数据和案例的形式让学生了解目前环境污染和资源匮乏已经严峻到何种程度，再引出资环回收和废物利用，让学生们知道自己可以在保护环境、资源可持续发展中做些什么。学生收集生活中常见的垃圾——饮料瓶，在老师的指导下制作一套自动循环植物窗帘。作品完成后学生需选择1—3种植物种植，并学习该植物的种植养护方式及工艺品制作。	了解生活垃圾分类的背景、意义和基本原则。理解资源回收、废物利用的重要意义，建立物质循环再生以及循环经济的简单模型，树立环保观念和社会责任感。	2	人文底蕴 学会学习 科学精神 健康生活 实践创新 责任担当

续表

课程类型	课程名称	服务对象	课程内容	预期目标	课时安排（课时/60分钟）	发展的核心素养
校本选修课	科技英语——南瓜灯的制作	全校学生	南瓜灯的制作，来源于每年冬季学期的万圣节。在冬季学期安排学生制作南瓜灯，通过一同制作南瓜灯，体验节日氛围带来的乐趣。	与学科教学融合的课程。学生在了解西方传统文化的同时，对南瓜的品种、播种、管理、采收和制作的作品进行操作的实践课程。	2	人文底蕴 学会学习 健康生活 实践创新
	中草药植物的栽培	全校学生	根据我校科技节内容，设计编排了中草药特色主题文化活动，学生们体验了关于中医药学科方面的讲座，并且在智慧温室体验了中草药植物的栽种。	对生活中常见的中草药药用植物的形态、习性、药用价值、地理分布等知识进行学习，体验薄荷、碰碰香、藿香、萱草、板蓝根等药用草本植物的种植过程。	2	人文底蕴 学会学习 健康生活 实践创新 校外辐射课程
	小升初校园开放日——樱桃萝卜及向日葵的栽种	东城区小学生	课程共分为两部分内容，第一部分带领学生进行樱桃萝卜的播种，讲解播种方法、浇水注意事项、如何管理樱桃萝卜萌发时期的幼苗。第二部分为幼苗移栽环节，目的是希望学生们能完整地认识到蔬菜生长周期中必要的操作。	根据小升初开放日活动而设计，在课程气氛上更加活跃，能够吸引到低年级学生们的兴趣，提高课程参与度，让学生既能快乐地体验到活动的乐趣，又在活动中学习到了生物与现代农业方面的知识。	1	健康生活 实践创新

续表

课程类型	课程名称	服务对象	课程内容	预期目标	课时安排（课时/60分钟）	发展的核心素养
校本选修课	小升初校园开放日——温室中的多肉萌宠	东城区小学生	课程内容主要是带领即将升到初一的学生体验我校特有温室体验课，对我校智慧温室产生简单的认识。	根据小升初开放日活动而设计，多肉萌宠智慧温室体验课主要面对的群体是初中学生，学生们能够在动手操作的过程中体验到温室课程的乐趣。	1	健康生活 实践创新
	城市微耕，绿色生活	学区、社区单位	提供给工会职工的课程包括播种活动及认识常见的园艺材料、多肉植物相框制作、生活中常见花卉的养护技巧以及黄瓜的管理、植物泥塑制作。根据我校选修课内容，选择其中的四节内容进行体验。	根据我校特有的、优质资源实验室，为周边社区、工会职工提供一个体验、放松、兴趣，同时也能够交流知识的场所。把我校优秀的课程进一步辐射出去。	6	人文底蕴 学会学习 健康生活 实践创新

二、课程研究与实践效果评估

（一）建立了多个基于智慧温室的校本课程体系

1. 植物栽培类校本选修课。分别面向高一和初一学生，通过栽培体验活动，学生了解日常生活中常见的蔬菜和花卉，了解了如何播种和管理植物，了解了现代农业的技术发展、植物与环境的关系，体验到了健康的生活理念；通过小组活动锻炼了学生的动手能力，小组分工合作的能力。

2. 智慧温室中的写生与泥塑校本选修课。分不同实践水平面向初一和高一学生开放，融合生态学、美术、心理学教育课程。学生通过本课的学习，发现植物的美，并从动手实践的过程中感受到快乐，增强了人文底蕴，陶冶情操，锻炼了实践创新能力。

3. STEM 温室模型搭建校本选修课。面向初二科技俱乐部成员，小组合作完成。锻炼了学生运用不同学科知识：物理学、通用技术、信息技术等知识和技能解决问题的能力，培养了小组分工合作的意识和能力。

（二）建立了依托智慧温室的科技节课程体系

在每年的科技节中，依托智慧温室，面向全校学生举办了“崇尚垃圾分类、智创美好生活——植物窗帘”“科技英语——南瓜灯的制作”和“中草药植物的栽培”等科技节课程。多维度、多角度的课程让学生在校园即可体会理解资源回收、废物利用的重要意义，建立物质循环再生以及循环经济的简单模型，树立环保观念和社会责任感；了解多元文化，增加人文底蕴的同时也锻炼了动手实践能力。为学校营造了崇尚科技、健康生活的风尚和氛围。

（三）开设了面向校外辐射课程

智慧温室作为我校、我区的优质资源，通过开设课程辐射到校外，使更多人受益。目前，已举办了“小升初校园开放日——樱桃萝卜及向日葵的栽种”“城市微耕，绿色生活”等活动，面向东城区的中小学生及本学区、社区单位职工。一方面展示了我校的生命科学特色，另一方面为我区的科技学习和健康生活理念的宣传贡献一份力量。

（四）提升了教师队伍的健康课程研发能力

在课程实践过程中，教学相长和专家团队的引领使得我校开发课程教师研究和实践水平不断提高。课程开发和实践过程中，本校教师团队定期参加了由中国科学院中农一百公司中小学科学实践基地的培训，丰富了理论获得了实践经验；申请并完成了中国教育学会专项课题《基于自主、融合、实践理念下的“智慧温室”课外活动的研究》。

三、温室健康生态课程成果特色与创新

基于智慧温室的课程群，实现了将物联网技术支持的现代农业智慧温室特色与栽培课程和 STEM 课程有机结合起来，使学生改变对农业的固有印象，有选择性地乐于参与课程、参与劳动实践，为中国现代农业培养潜在的实践创新人才，为其他学校提供劳动育人的途径。

基于智慧温室的课程群，体现物理学、信息科学、生物学等多学科融合，认识了知识的本质，使学会学习、科学精神和实践创新的核心素养得以落实，

为多学科教师开展项目式学习课程提供实践的参考；心理学、艺术学科与生物学科的融合课程，提升了学生的美学感受、陶冶了情操，在增强了人文底蕴的同时，建立了健康生活的理念，为开展人文素养课程提供了实践经验。

基于智慧温室的课程群，延长了课程的生态链，使小中高学生、教师及社区居民在课程中体会健康生活的理念。

四、基于健康温室课程的学生实践研究
——《一六六中学校内草本植物种类研究》

校园绿化是学校生态建设的一个重要组成部分。校园植物可以增加丰富的季节色彩，美化校园环境；可以净化空气，改善校园局部气候；可以凸显校园文化底蕴，创造良好的育人氛围；可以美化环境，彰显人与自然和谐发展。校园植物多样性不仅能改善校园育人环境，还具有维持校园生态平衡和再现自然的功能。因此，校园整体环境的好坏与校园绿化植物种类多样性密不可分。

通过样本方法将校园内百草园、新秀像、石榴树下的小花园内的草本植物进行收集、拍照，将其中一部分适宜使用传统分类学方法鉴定的样本留下来，同时将所有样本按照 DNA Barcoding 101 教材上的方法进行 DNA 提取、扩增、电泳，并将电泳结果显示良好的样本送往基因公司测序。将收到的测序结果放入 DNA subway 与 Genbank、BOLD 数据库进行比对，整理结果。

传统分类学比对结果

编号	样本号	基因比对结果	经典植物分类比对结果
1	A1 - 1	无	禾本科
2	A3 - 1	无	沿阶草
3	A5 - 1	无	酢浆草
4	A4 - 1	无	蛇莓
5	B5 - 5	Hierochloe odorata	早熟禾
6	A5 - 2	无	长药八宝
7	A4 - 1	无	蛇莓
8	A1 - 4	无	泥糊菜

续表

编号	样本号	基因比对结果	经典植物分类比对结果
9	A3 - 2	无	某菊科
10，11	A - 10 - 1	无	长药八宝
12	B1 - 1	Hosta capitata 玉簪	玉簪
21	B4 - 3	无	打碗花
23	B6 - 2	Orychophragmus violaceus 二月兰	泥糊菜
26	B6 - 1	无	抱茎苦荬菜（尖裂假还阳参）
27	C4 - 3	无	小藜
30	C4 - 1	无	耧斗菜属栽培观赏植物

传统分类法与 DNA Barcoding 结果总结分析（第一六六中学 2017 年 3—5 月草本植物种类表）

科	物种	种类数量
禾本科	A1 - 1、早熟禾	3
大戟科	铁苋菜	2
百合科	玉簪、沿阶草	3
藜科	藜	4
毛茛科	耧斗菜	3
商路科	Phytolacca americana	1
十字花科	二月兰	1
酢浆草科	酢浆草	1
蔷薇科	蛇莓	1
景天科	长药八宝	1
菊科	A3 - 2、抱茎苦荬菜	2
旋花科	打碗花	1

在参与 DNA Barcoding 实验的所有共 70 个样本中，成功鉴定出铁苋菜、玉簪、藜、耧斗菜、早熟禾、二月兰、Phytolacca americana 共 7 个物种，分别属于 7 个科，种成功率为 10%；在进行传统分类法的 17 个样本中，鉴定出早熟禾、沿阶草、酢浆草、蛇莓、长药八宝、玉簪、打碗花、抱茎苦荬菜（尖

裂假还阳参)、小藜、耧斗菜共10个物种，分别属于9个科，种成功率为81.8%。在70个参与DNA Barcoding实验的样本与17个进行传统分类学进行分类的样本具3个相同样本，其中有两个样本在进行两种分类法所得到的结果相同，另一个通过照片比对采纳了DNA实验的结果。两个方法的准确率达到66.7%。

采取的72个样本中70个参与试验，通过两种方法共鉴定出16个科18个种，种成功率为25.71%。通过与校工交流得知大部分为人工种植的观赏性植物。本次研究中并未记录样本数量、土壤情况，故无法定量分析第一六六中学内草本植物的生物多样性情况。但就已得出的草本植物种类数据，结合与校工交流，可以定性得出第一六六中学校园内草本植物生物多样性低的结论。究其原因，这与人工种植观赏植物有关，一味追求视觉美，视觉上的整齐，必定会减少种类上的多样性。希望校方结合此次研究所得数据，改善人工种植观赏植物与自然生长植物的比例，在保持生物多样性的前提下，创建视觉美。

第一六六中学校园内2017年4月草本植物一览表

科	物种	种类数量
禾本科	A1－1、早熟禾	3
大戟科	铁苋菜	2
百合科	玉簪、沿阶草	3
藜科	藜	4
毛茛科	耧斗菜	3
商路科	Phytolacca americana	1
十字花科	二月兰	1
酢浆草科	酢浆草	1
蔷薇科	蛇莓	1
景天科	长药八宝	1
菊科	A3－2、抱茎苦荬菜	2
旋花科	打碗花	1

对于学校内草本植物的样本，有两个可继续发展的方向：一是收集所有植物样本：不再局限于草本植物，将学校所有植物进行总结分类。二是收集

多个月的数据：通过月与月之间数据的比较，得出同一种草本植物在不同月份/季度的生长情况，或是草本植物的种类随时间变化的关系。

生态教育不仅能使人们获得生态系统知识的认识，而且更具有突破知识本位，引导和帮助青少年树立正确生态价值观和塑造美好的生态情感的功能。

生态教育是立足于生命视野，对教育的一种重新认识和理解。它以生命为教育的基点，认为教育要遵循生命的特征，不断地为生命的成长创造条件，促进生命的完善，提升生命的价值。

空气观测与环保

环境与健康，是学校健康教育中日益关注的问题。在对健康素养相关因素进行研究中，我们发现，引导学生关注环境，参与到环保的建设中来，是提升学生健康素养行之有效的途径。同时，学校在空气环境上给予更多的关注度，切实保障广大师生的健康安全，推动学校空气环境质量检测高效、智能化运行。

为此，学校建设了细颗粒物及雾霾观测实验室，其目的是为学生开展对空气质量观测和研究，搭建一个专业化、高水平的实践平台。

一、研究环保体验课程的研发与实践

1. 初一年级：仪器的使用——生态观察能力

我校初一年级地理组，2016 年 9 月开始，在年级各班对手持雾霾实验器材进行培训，并且录制操作视频进行讲解，方便学生随时随地学习。10 月开始陆续选择不同地点进行对比试验检测和数据采集，如校园和家庭室内外。12 月至期末以不同形式进行实践活动成果汇报。

通过阶段性学习手持雾霾实验器材的使用，提高了初一学生的课程参与度，并且切身感受到了不同区域雾霾程度的差别，能够简单分辨主要影响因素。

2. 初二年级：数据采集与呈现——科学论证方法

《认识身边雾霾，走进健康生活》校本课程，指导学生亲自动手监测数据，并记录、分析。基于建构主义理论，采用实践探究活动，引导学生运用所学的地理知识和技能，大胆提出防霾设想，并自主设计实验进行验证。学生能够规范地、科学地采集大量的数据，并能够以多种图表形式进行数据展示和分析，最终提出防霾建议。增强了学生动手能力，提高了绘图、读图能力。此外，学生采集的数据也是宝贵的财富，不仅引发了学生的思考，而且具有科学研究价值。对学校环境甚至学校周边环境的追踪测量和分析，帮助学生形成对雾霾天气科学的认识，增强了自我防护的意识。

3. 高一年级：培养对生态的综合分析能力

基于雾霾实验室的位置和相关仪器的使用特点，并结合化学和地理相关学科背景解析数据反映的主要相关问题，学校在高一年级开设了“基于雾霾实验室的地理实践课程”的选修课。主要内容有：

第一部分：基本信息			
课程名称	基于雾霾实验室的地理实践课程	课程领域	科学素养
课程简介	科普气象学与气候学相关知识，了解大气污染，利用雾霾实验室设备采集PM2.5、温度、湿度、降雨量、风速风向、辐射指数等数据，并分析和研究。		
第二部分：主体内容			
指导思想	对生态环境的认识、研究和保护		
课程目标	1. 知道大气污染的主要来源，了解其危害性以及防治措施。 2. 了解大气污染各项指标数据的采集过程和仪器的使用。 3. 培养学生采集数据、分析数据、处理数据的能力。		
课程内容	1. 课程介绍，雾霾实验室简介、参观实验室。 2. 气温、降水、锋、逆温等背景知识的科普。 3. 霾、光化学污染、沙尘暴等相关知识的介绍，消除霾的方法。 4. 光化学烟雾。 5. 整理分析数据。 6. 形成实验报告。		
课程实施	第一课：课程介绍，雾霾实验室简介，气象学简介。 第二课：大气组成部分、演变过程、垂直结构。 第三、四课：1. 气温的测量、几种温度计和百叶箱的工作原理；气温资料的用途、实际温度和体感温度；湿度的测量及仪器工作原理；云的分类、云和天气；降水的类型及测量方法等。2. 参观实验室。 第五、六课时：大气污染，视频《穹顶之下》，测量大气颗粒物浓度。 第七课：整理分析数据。 第八课：实验报告。		
课程资源	细颗粒物及雾霾观测实验室		

在基于雾霾实验室的地理实践课程中，学生利用雾霾实验室的相关设备，了解了空气温度、湿度、风速、风向等气象要素和颗粒物浓度、二氧化硫浓度等数据的采集过程和设备的工作原理，并学会了如何搜集、下载以及分析、处理数据。利用得到的风速、温度、湿度等气象数据和颗粒物浓度建立相关性，探讨影响雾霾的气象因素。学生的参与度较高，对雾霾等空气污染问题比较感兴趣，在参观过程中普遍对实验室的器材和设备感到好奇，试着将量化数据进行整理，得出初步的探究结果，有效地激发学生对生态的认识和研究兴趣，提高学生对科学本质的认识能力，进一步了解了生态与健康的关系，形成了科学的认识和分析方法，增强了对环境污染的自我防范意识。

4. 社团课程：提高综合实践能力

基于雾霾实验室的特点，学校成立“气象社”，面向全校学生招收社员。每两周一次的社团活动，从开始的教师讲授仪器的观测使用，到专家讲解数据的获取和分析，到后来的学生自己维护使用仪器、观察气象变化、定期收集可吸收颗粒物主要浓度数据，他们一步步变得更加熟悉和熟知这个实验室，并且能够给学弟学妹讲授相关的气象知识，为小升初的弟弟妹妹介绍仪器设备，为来访的外国友人和同学介绍课程，为学校设计气象预报等。

在社团活动过程中，学生借助雾霾实验室这个平台，利用相关仪器设备，进行数据的采集和读取，提升了获取信息的能力，在分析和处理数据过程中，增强了分析问题的能力。此外，学生针对关于细颗粒物等现有数据提出一些问题，可以和气象专家探讨目前解决不了的难题，撰写自己感兴趣的探究问题报告等，提升学生对科学方法的了解，对环境问题的关注程度。

学生还进行跨国的生态问题交流。如和芬兰友好学校拉塔萨莉中学的学生发起的生态论坛，一起探讨了除气象之外的环境问题，向国外学校学习环境教育与地理实践力的培养。芬兰学生在参观完雾霾实验室后，写出了自己对气候和环境的建议。芬兰的老师也给我们带来了一堂生动的关于波罗的海的课程。

在观测和研究中，学生还形成了对现实问题的关注，提出对社会问题的解决方案。如关于空气中可吸收颗粒物的浓度和大气主要成分及能见度的数据探究，了解要素之间的关系，体会生活中利用要素之间关系解决问题的重要性。经过观察风向，为北京设计通风廊道等。学校空气环境智能检测带来以下效益：一是阻断或者减少学校污染物对师生的影响，保障全体师生的身体健康；二是为广大师生提供一个更加舒适的环境，提高学习和工作效率；三是推动学校建设智能化、数字化发展。

在实验室运行的这些年中，最显著的变化是学生对环境、对空气污染的关注度明显增强。“气象社”小组所做的调研问卷中，89%的学生直接或间接参与了实验室的检测和研究工作，参与了对家长、社区进行关于雾霾污染的宣传工作，97%的学生已经掌握了基本的测量工具使用，已经能够向身边的人主动介绍环境保护的基本常识。

二、气象观测小组学生研究案例——《以灯市口地区为例谈影响雾霾天气形成的气象原因》

对于雾霾天气形成的气象原因探究过程中，由于研究雾霾的气象学原因需要经过许许多多的数据进行分析论证，我们借助一天24小时的数据（一共24个）进行粗略分析，以得出灯市口地区细颗粒物浓度与十分风速、温度和空气湿度的关系，并对此进行探究。

此次对于探究的细颗粒物浓度、十分风速、温度和空气湿度数据均由学校的气象站所提供。在这里，由于不可控因素的影响，对于数据会产生一定的偏差。所以，对于此次数据分析，将会进行理想模型的分析，以达到合理分析的目的。

（一）数据收集、统计

表1和三个折线统计图为对于2018年12月20日的细颗粒物（PM2.5）浓度（单位：μg/m^3）、十分风速（单位：m/s）、温度（单位:℃）、空气湿度（单位:%）统计。我们可以根据表格和折线统计图得出细颗粒物浓度与十分风速、温度和空气湿度的关系。

表1　北京时间2018.12.20细颗粒物浓度、十分风速、温度、空气湿度统计表

时　间	颗粒物（PM2.5）103μg/m^3	十分风速（m/s）	温度（℃）	空气湿度（%）
2018－12－20 00：00：00	61.000	0.5	4	40
2018－12－20 01：00：00	62.000	0.8	4	40
2018－12－20 02：00：00	47.000	0.8	2.3	40

续表

时　间	颗粒物（PM2.5）103μg/m³	十分风速（m/s）	温度（℃）	空气湿度（%）
2018－12－20 03：00：00	46.000	1	1.4	40
2018－12－20 04：00：00	32.000	0.9	0.5	40
2018－12－20 05：00：00	20.000	1	0.1	39
2018－12－20 06：00：00	21.000	0.7	－0.1	39
2018－12－20 07：00：00	18.000	1.1	－0.1	39
2018－12－20 08：00：00	16.000	0.7	0.3	39
2018－12－20 09：00：00	16.000	0.3	1	40
2018－12－20 10：00：00	19.000	1	2.5	40
2018－12－20 11：00：00	25.000	0.8	4.2	40
2018－12－20 12：00：00	30.000	0.7	5.5	40
2018－12－20 13：00：00	40.000	1.2	6.6	41
2018－12－20 14：00：00	65.000	1.2	6.1	41
2018－12－20 15：00：00	82.000	1.5	6.8	41
2018－12－20 16：00：00	92.000	2	7	41
2018－12－20 17：00：00	90.000	1.6	7.1	41
2018－12－20 18：00：00	83.000	0.9	6.8	41
2018－12－20 19：00：00	78.000	0.8	5.8	41
2018－12－20 20：00：00	86.000	0.4	5.8	41
2018－12－20 21：00：00	88.000	1.6	6.1	41
2018－12－20 22：00：00	90.000	0.4	6	41
2018－12－20 23：00：00	91.000	0.1	5.6	41

（二）数据描述、分析

由图1（北京时间2018.12.20细颗粒物浓度与十分风速变化折线统计图）数据可得：

北京在2018年12月20日的整体风速偏小，整体风速小于1m/s，细颗粒物浓度在4时到13时左右时低于35微克每立方米，空气质量为优；在0时到

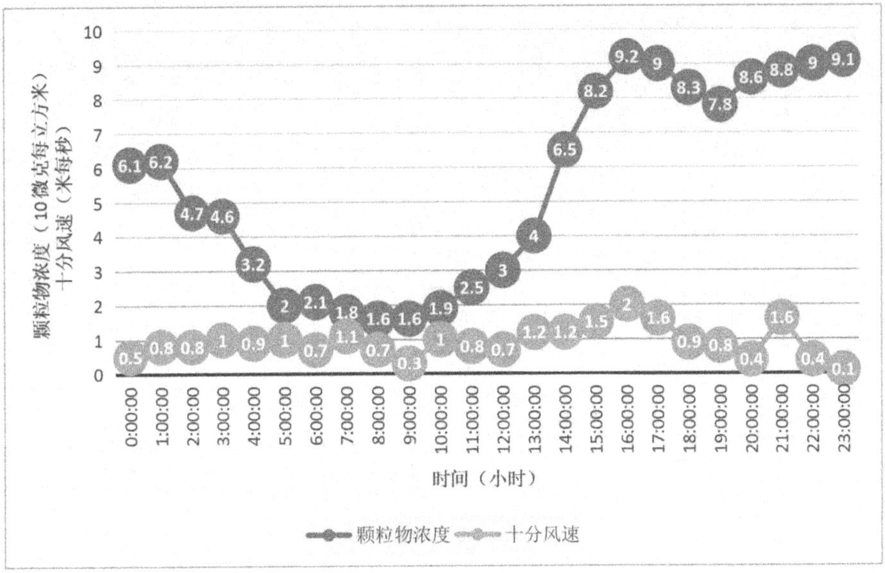

图1 北京时间2018. 12. 20细颗粒物浓度与十分风速变化折线统计图

4时，13时到23时浓度高于35微克每立方米。其中，下午3时到夜间11时浓度超过80微克每立方米，已达到轻度污染级别。

并且在不考虑风向的条件下，细颗粒物浓度与十分风速并没有直接关系。在这里其实也会有许许多多的因素影响着十分风速的数值。例如，在北京处处可见高楼大厦，而过大密度地建造高楼大厦会导致空气流动程度减慢，从而导致静风比例增高，从而不利于空气流动。

北京灯市口地区在从0时到10时，细颗粒物浓度不断下降，11时到23时，细颗粒物浓度总体呈上升趋势，根据对于十分风向的分析，在0时到10时，空气流动大体为从西北方向向东南方向流动，而我们熟知的通风廊道也大体呈西北－东南和南－北两大方向，有利于季风对空气进行有效的流动，并使细颗粒物扩散，降低细颗粒物浓度。

由图2（北京时间2018. 12. 20细颗粒物浓度与温度变化折线统计图）数据可得：

北京在2018年12月20日的整体温度低于10摄氏度，气温较低，从而导致气压的降低，此时与外界的气压差减少，不利于空气的流动，帮助细颗粒物进行扩散。

综合上述数据，细颗粒物浓度与温度有着一定的关系。细颗粒物的浓度

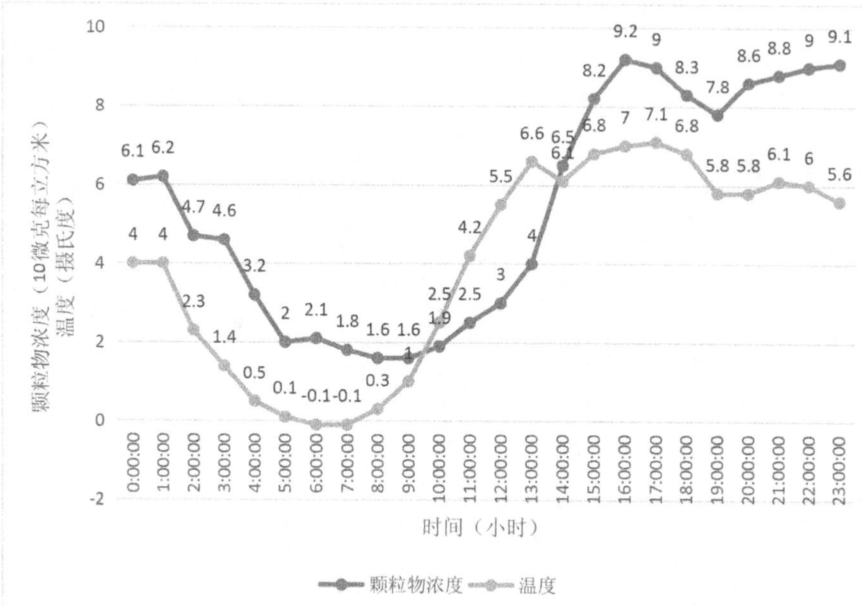

图2　北京时间2018. 12. 20细颗粒物浓度与温度变化折线统计图

基本随温度的变化而变化。温度的升高对于气压的变化起着重要的作用，从而增加北京与周围的气压差，增加空气的流动，在这里主要是空气的垂直流动。

温度的降低也会同时促成细颗粒物和气凝胶的凝华和凝固，在这里以溶解有许许多多的物质的水蒸气凝华为主。凝华同时附着细颗粒物下沉到地面上，辅助降低细颗粒物浓度。

在夜间，空气中细颗粒物浓度突然爆发性地增长，我们认为这是因为逆温的作用。

在对流层，气温垂直分布的一般情况是随高度增加而降低，大约每升高100米，气温降低0. 6°C，但在一定条件下，对流层中也会出现气温随高度增加而上升的现象，或者地面上随高度的增加，降温变化率小于0. 6°C/100m，这种现象称为逆温。

逆温现象多发生在傍晚到第二天凌晨，逆温现象在一定程度上会增加细颗粒物浓度，加重大气污染程度；大气污染程度越大，也会同时加重逆温现象。逆温现象严重，可能会出现光化学烟雾事件。例如1930年12月1—5日的比利时马斯河谷烟雾事件和1940—1960年的美国洛杉矶光化学烟雾事件当中，逆温层也都提供了极大的“帮助”。

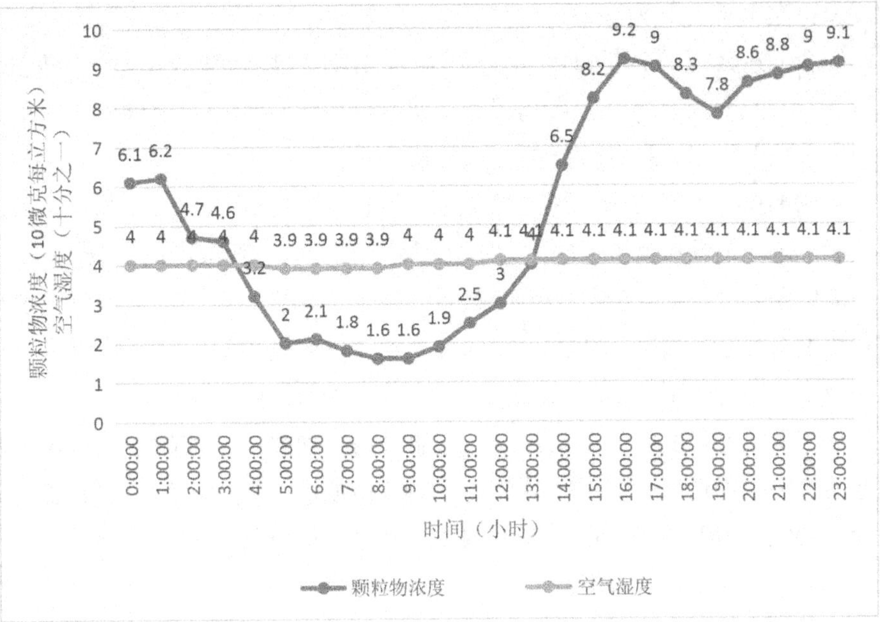

图3　北京时间2018.12.20细颗粒物浓度与空气湿度变化折线统计图

由图3（北京时间2018.12.20细颗粒物浓度与空气湿度变化折线统计图）数据可得：

北京在2018年12月20日空气湿度几乎保持不变，整体空气湿度保持在39%—41%。在空气湿度几乎不变时，细颗粒物的浓度与空气湿度的关系不好直接观察到。

（三）研究结果

细颗粒物浓度变化情况：细颗粒物浓度在4时到13时左右时浓度低于35微克每立方米，空气质量为优；在0时到4时，13时到23时浓度高于35微克每立方米。其中，下午3时到夜间11时浓度超过80微克每立方米，已达到轻度污染级别。

十分风速变化情况：北京在2018年12月20日的整体风速偏小，整体风速小于1m/s。

温度变化情况：北京在2018年12月20日的整体温度低于10摄氏度，气温较低。

空气湿度变化情况：北京在 2018 年 12 月 20 日空气湿度保持不变，空气湿度保持在 39%—41%。

综合上述数据的分析，我们可以得出：细颗粒物浓度变化与十分风向、温度和空气湿度均有关。一般情况下，温度起着主要作用，十分风向和十分风速起着辅助作用，最后再分析空气湿度的变化。

①细颗粒物浓度与十分风速的关系：风速大，细颗粒物浓度减小；风速小或者静风，细颗粒物浓度增大，不利于空气的流动和污染物的扩散。

②细颗粒物浓度与空气湿度的关系：当空气湿度小于一个定值时，细颗粒物浓度与空气湿度呈正相关，空气湿度大于一个定值时，由于降雨将细颗粒物吸附、淋洗冲刷，细颗粒物浓度与空气湿度呈反相关。

③细颗粒物浓度与气温的关系：气温升高，加强了空气的垂直运动，使空气的气溶胶含量减少；逆温现象出现时，逆温层大气处于较稳定状态，空气流动性低。如果逆温层出现在近地面，将会限制空气对流运动，减少空气流动程度，不利于大气的扩散。

三、水润生命——环保健康节

（一）主题活动背景与内容提要

根据《中共中央 国务院关于加快推进生态文明建设的意见》《北京市“十三五”时期节能降耗应对气候变化规划》的要求，借助北京市教委推进的加强节约型学校和绿色生态校园建设，推动生态文明和节能减排教育，更好地培育中小学生节能环保意识，促进学校可持续发展的工作要求，结合我校传统的以“环保健康与快乐生活”为主题的校级科技节活动，以世界水日的爱水、节水教育为抓手，正式启动“环保健康与快乐生活——水润生命”的主题科技节，牵手北京自来水博物馆，为同学们提供多种形式的主题活动，包括：北京自来水博物馆世界水资源主题讲座、爱水与保护水资源小报设计、节水主题英语演讲、节水宣传画设计、节水与净水装置制作、北京自来水博物馆参观与节水志愿者服务等系列活动，使学生们更好地理解保护水资源的急迫性、重要性，促动学生通过动手实践制作节水、净水装置尝试解决生活中的问题，鼓励学生成为宣传保护水资源的志愿者。

表 2　科技节部分活动任务布置

项目名称	完成上交时间	参加年级	项目要求	备注	项目指导团队
主题小报	3 月 10 日前	非毕业年级各班必选	1. 小报采用 A3 纸（学校统一发）。 2. 各班自行推选出 5—10 份优秀小报，注明班级、姓名上交。	各班班长按时上交每位同学作品，其中将推选出的 10 份优秀作品做好记录单分出来。所有作品交至学生活动中心徐峰老师处（登记表）。	
校园吉祥物爱水节水宣传画	3 月 17 日	自选	1. 作品中的宣传语短小、生动、明确。 2. 注明班级、姓名。	各班班长将作品交至音美办公室董曼老师处，做好信息记录。	艺术组
节水装置动手制作	3 月 24 日前	自选	1. 志愿者提供小装置制作过程微视频（不超过 5 分钟），简介设计、制作思路，演示装置功能。 2. 提交作品设计简图和简要说明表格。	作品、设计图纸与简要介绍表一并交至通用技术室张晓媛老师处。	物理实验室、通用技术实验室
主题英语演讲	3 月 13 日	非毕业年级各班必选	1. 5—8 分钟演讲稿，同时准备演示文稿。 2. 填写作品信息表。	1. 各班班长统计班级上交作品数量与信息，选出的 2 个优秀作品统一交至英语组（张锦明老师）。 2. 由英语教研组协助各年级选出 2 个优秀作品上交，同时上交作品信息表。	非毕业年级英语教研组团队

（二）活动评价

（1）根据班长统计上交的科技节项目统计表与优秀作品入选情况评价优秀志愿者班级与优秀志愿者。

（2）“水润生命”科技节志愿者在行动中的活动卡，学生会协助统计各班参与科技节情况。

表3　“水润生命”科技节各班参与项目统计表

年级__________　　班级__________

	主题小报（推选）	节水宣传画	节水动手小装置制作	主题英语演讲
班级各项作品上交数量合计				
班级推选优秀作品作者信息与作品数量记录				
	合计	合计	合计	合计
入选校级展示活动的优秀作品作者信息与作品数量与统计（由指导教师团队指导班长完成记录）				

表4　优秀节水或净水装置作品简介与作者基本信息

姓名		性别		年级、班级	
个人电话				指导教师	
作品简介（原理、流程）与成果图片					（附作品图）

（三）健康节的实践反思

1. 根据不同学段学生的学习特点，为学生设计、提供多种形式活动吸引学生参与。

科普活动要面向全员，但同时要体现时代性，满足学生的需求。所以在方案设计中，既有全员参与的主题科普小报的设计活动、北京自来水博物馆的水资源讲座活动，也有可供学生自主选择的主题宣传画与评选、主题英语演讲、净水或节水装置制作与展示以及北京自来水博物馆参观与志愿者服务活动。力求满足不同学段、不同兴趣的学生的学习实践需求。

2. 整合校内外优秀科普资源，使之成为科普活动开展的坚实的支柱，提升学校科普氛围。

科技节持续了5个月时间，依托了学校科技工作领导小组、多个学科教研组、实验室、专业教室教师们的鼎力支持以及北京自来水博物馆的指导与支持。通过这次主题科技节活动我看到：越来越多的老师认同我校“构建教育生态，回归教育本真”的教育理念；认同学校博雅课程倡导的融合、自主、实践的课程特色，理解到课程的融合并非是对形式的追求，而是在师生共同去研究社会、生活中的实际问题时自然的需求；越来越多的老师理解到激发学生的探究兴趣，鼓励学生探索实践是检测与发展学生对学科知识与应用能力的良好平台，是培养学生好奇心、克服困难的决心、自信心的良好途径。越来越多的老师意识到培养孩子具有国际视野、用多种方式自由表达交流的重要性；意识到教师作为重要的环境因素在支持学生进行真实问题研究中的指导作用、陪伴作用的重要性；意识到陪伴孩子们摸索的过程也是教师自我发展的有效途径。虽然我们会感到因为学科知识的限制，在对孩子们辅导过程中力不从心的那份痛苦，但是可能正是因为这份痛苦我们深深体会到继续学习、自我提升的必要性与重要性，把这份痛苦变成了主动成长的开始。借助科技节活动提升了校园科普氛围，同时提升了科技教师队伍的实践指导能力。

3. 尊重学生在活动中的主体性，邀请科技社团、校学生会参与科技节活动的组织与评价，激发学生的主动参与性。

如果要充分发挥教育活动中的学生主体性，只是组织学生参加到活动中去是不够的，还要创造机会使学生们成为活动的设计者、组织者与评价者。作为北京市金鹏科技团，初中科技俱乐部、高中生命科学实验班与生命之弦科学社团是此次科技节中参加活动设计、组织与评价的主要学生群体，展示了节水或净水装置的制作与展示、评价表的设计等。由于学生们的参与，使得活动的组织更有时代感、使得来自学生的评价更为真实，使得我们对学生的需求了解得更为真实到位，是我们日后调整供给侧，更好地为学生们服务的重要参考。

第三章　健·健康运动　强壮体魄

体育是生命的第一教育。从个人讲，体育有突破自我、追求卓越的功能。从人生观来说，体育有凝聚力量、铸就梦想的价值。每一个强大的个体凝聚在一起，就会产生强大的合力。国家从全面建成小康社会、实现中华民族伟大复兴的战略高度重视发展体育事业，努力提高人民健康水平，同步发展群众体育和竞技体育，由体育大国向体育强国迈进。我们研究提升学生健康素养的相关因素，其中以运动与健康尤其重要。中学生是祖国的未来，他们正处于生长发育的旺盛期，可塑性大，是人生最为重要的成长时期。青少年的健康成长，关系到国家的未来，他们的健康素质虽是个体或部分群体，却直接关系到全民的健康素质。

我们从青少年身体发育及运动的特点为出发点，研究中小学生身体运动和营养基本知识和技能，以指导他们科学安全高效地参与和完成各项体育运动，提高自己的健康素养。

科学监测与闭环管理

一、青少年身体素质发育特点

我们人体是由八大系统组成的，它们分别是神经系统、内分泌系统、循环系统、运动系统、呼吸系统、消化系统、泌尿系统、生殖系统，其中与运动关系最为紧密的就是循环系统、运动系统和呼吸系统。

（一）运动系统的发育特点

1. 儿童青少年的骨骼：软骨成分多，水分、有机物质多，无机盐少，骨密度差，骨富于弹性而坚固不足，不易骨折易于发生弯曲和变形。儿童青少年应养成正确的身体姿势，长期处于不良体姿易导致骨变形和脊柱变形，不宜进行负重练习，可能会导致腿形、足弓等变化。

2. 儿童青少年的肌肉：肌肉中水分多，蛋白质、脂肪和无机盐少，收缩机能较弱，耐力差，易疲劳。肌肉和肌肉力量发展顺序：躯干肌先于四肢肌群，屈肌先于伸肌，上肢肌先于下肢肌，大块肌肉先于小肌肉。在生长加速期，肌肉纵向发展，长度增加较快，但仍落后于骨骼增长，力量和耐力差。生长加速期后，肌肉横向发展快，肌纤维增粗。因此，应根据儿童青少年肌肉发育特点，合理安排运动负荷，12 岁前，可做徒手操以及不负重跑跳练习为主。12—15 岁，肌肉体积力量开始增速，可辅以阻力和较轻的负重练习。选择适宜的练习方式如动力性力量练习（收缩放松交替进行）为主，静力性为辅。

（二）循环系统发育特点

儿童青少年血量占体重百分比略高于成人，心脏重量和容积小，心肌发育尚不完善，运动时主要靠增加心率来增加心输出量以适应运动需要。因此应合理运动负荷，适宜的短距离跑，减少长时间紧张性运动、身体消耗过大的耐力性运动，不宜做过多和过长的憋气，憋气易造成短时间心脏负荷过大。

（三）呼吸系统的发育特点

胸廓小，呼吸肌力弱，肺活量小，呼吸频率快，随着年龄增大，呼吸深度增大，肺活量增大。应注意呼吸与运动的配合，运动与呼吸的节奏：三步一呼，三步一吸等。增大呼吸深度，可有效增大肺泡通气量。

（四）注意身体的全面锻炼

注意身体的全面锻炼，时间不要过于集中，应以分散、多种形式交替进行。除专业运动员之外，儿童青少年应避免过早进行单一项目或动作的训练，因为多数运动项目动作非对称，肢体负荷不均匀。如乒乓球、羽毛球等，都会造成身体一侧或部分负荷过大，力量相对过强，对侧较弱，易造成骨骼变形，身体损伤，同时要加强弱侧肢体的锻炼。

二、指导学生坚持科学运动

（一）运动的心理学作用和生理学基础

从心理学角度讲，很多爱好坚持跑步的人都有一种感受，每天工作学习都已经很累了，但运动之后反而觉得很愉悦，很轻松。这种现象就叫作跑步者的愉悦感（runner's high）。这种心理现象是有生理学基础的，长时间连续性达到一定量的运动后，并通过有节律的深缓呼吸，肌糖元用尽，身体会产生脑内啡肽、去甲肾上腺素、多巴胺，作用于大脑，产生欣快感，从而鼓励和坚持运动。

对于儿童青少年，培养运动习惯，鼓励坚持运动应该做到以下几点：

1. 运动的方式应该多样有兴趣，如体育游戏或类似游艺竞技的体育项目。

2. 运动量应该逐渐递增。如果开始阶段运动的量和强度过大，身体容易疲劳，儿童青少年就容易产生畏难情绪，不宜坚持。

3. 家人或者伙伴的鼓励和陪伴非常重要。如果一个肥胖儿童，晚餐吃完后自己去运动，而父母坐在沙发上看电视，这样孩子的运动也坚持不了多久。

通过逐渐递增、方式多样和有人陪伴的运动，让儿童青少年更有信心去完成设定的运动量，他们也会在此期间体会达到目标的成就感，从而不断提升自我表现的满意度，增强自信心，从内心体会到运动的愉悦。

（二）长时间锻炼的心理暗示

俄国生理学家、高级神经活动生理学的奠基人巴甫洛夫曾提出积极性休息学说。当对某项工作感到疲劳时，如果换一种方式继续工作会比传统的静态休息更能消除疲劳。生理学解释是当大脑某一区域细胞因工作活动处于兴奋时，其周围的细胞便处于抑制状况。人为地转换活动内容和方式，就能使另一群细胞处于兴奋状态，而原先兴奋的细胞便转入抑制，从而加速疲劳的消除，精力越来越旺盛。如何鼓励儿童青少年坚持运动，快速消除疲劳感的一个重要方法就是不断更换运动方式，跑步如果累了，可以做瑜伽，既放松了身心，又延长了运动时间，一举两得。再如肌肉力量练习后，可以慢跑和拉伸运动，加快身体内乳酸的代谢和消除，还可以放松肌肉。此外，还可以更换不同趣味性的运动方式，增加儿童少年对运动认知的新鲜感和兴趣，达到同样延长运动的效果。

（三）科学的锻炼方法

对于不经常参加体育锻炼的儿童青少年或是肥胖儿童，在运动刚刚开始，就气喘吁吁，感觉呼吸困难，无法再坚持运动，这是什么原因呢？以跑步举例来说，不只是肥胖儿童，成年人在一次中长距离跑时，可能在刚跑200—300米就会感觉呼吸困难，很难坚持下去，达到了生理的“极点”。其实，此时身体并没有力竭，而是我们的呼吸肌累了。

呼吸肌是身体唯一日以继夜工作的骨骼肌，也是运动中最易被忽略的部分。在安静时，呼吸肌血供较少，而当剧烈运动时，呼吸肌的血供显著增加。我们通过特定的呼吸肌训练，提高呼吸肌肉群的生理功能，一方面可以使呼吸肌功能改善，延缓推迟呼吸肌疲劳的产生；另一方面可以改变血液的重新分配，使上下肢运动肌群获取的血供增多，呼吸肌对血供需求减少，这样身体运动就更高效。

锻炼呼吸肌，可以在跑步或快走时深缓呼吸，同时配合步伐节奏，如三步一呼，三步一吸。平时可以多做呼吸肌的简单练习。用鼻吸气，用嘴呼气，呼气时可将嘴收紧呈口哨形，同时快速用力呼气，达到锻炼呼吸肌的效果。经过呼吸肌的锻炼，可以增强心肺功能，有利于摄取更多的氧气，就不会在刚开始运动就气喘吁吁了。

（四）利用“互联网＋”提升儿童对运动的兴趣

大数据研究显示，青少年学生喜欢用手机打卡、签到等时尚的方式完成目标，目前有很多运动软件及硬件运动手环等，依据用户习惯不同，有很多App，有跑步的、约跑、走路的、记录步数的等。还有Keep、Nike trianing等App以肌肉练习为主的。运动完之后打卡、晒美照、自我前后比较等，都有助于儿童青少年坚持运动。运动是具有群体效应的，通过“互联网＋”可穿戴设备，可以鼓励儿童青少年互相借鉴，共同勉励坚持运动。

三、坚持全员早操心率监测

学校从2017年开始陆续对非毕业年级校区的高二、高一、初一、初二的四个年级28个班全体能够参加早操活动的（除因病/事见习请假的学生）1100余名学生进行心率的监测。截止到2019年，对所有学生的心率测试数据进行整理分析如下。

（一）监测标准的制定

早操课的总时长是30分钟，设置总体的最大心率为200次/分，目标心率区间是60%—100%最大心率区间范围，对全体学生统一设定的有效目标心率区间是120—200次/分，对于大多数学生来说，只有达到这个心率区间，我们才认为是有效的运动，当然也有个别的情况，如果对于体质特别好和体质很差的学生来说，心率数值的变化范围会有些许的变化和不同，但对于大多数学生来说，心率的变化还是有一定的统一的代表性的。

但需要提出的是，查看一些相关文件，没有对于早操课的统一的在适宜心率运动时间的标准，本次数据分析也仅仅是根据 2017 年《北京市东城区中小学校体育课运动负荷监测与评价工作指导手册》中对于体育课上在适宜心率范围持续时间的建议的比例，如建议适应范围心率为 120—200 次/分，建议持续时间达到 25 分钟，一节体育课时长 40 分钟，因此建议适宜运动心率范围所占百分比为 62.5%，以此指导我们早操课程适宜范围心率的占比，但因为早操课程与正规体育课程还是有一些不同之处，因此今后会根据实际情况和专家讨论更科学地制定相应的评价标准。

（二）监测数据分析

1. 初二年级早操课心率监测情况及分析

初二年级参加早操课心率测试人数为 298 人，经过初步筛选，能够用于分析的有效数据人数为 219 人。这些学生的平均年龄为 13.7 岁，平均身高 163cm，平均体重 56.2kg。达到目标心率区间（120—200 次/分）的平均运动时间为 15.2 分钟，占总时长的 51%，按照《东城区中小学校体育课运动负荷监测与评价工作指导手册》中的相关资料建议，没有达到 62.5% 的占比。初二年级整体学生早操课消耗的平均能量为 135 千卡。下图是各个心率区间的占比情况。

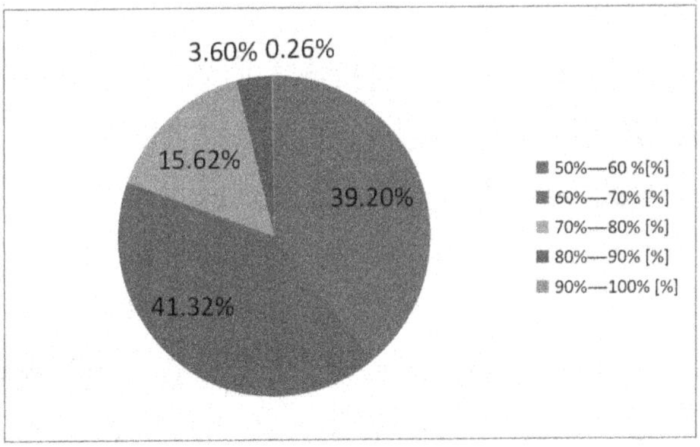

图 1　初二年级不同心率区间占比情况

由图 1 可以看出，心率范围在 100—140 次/分的占比达到 80.5%，心率 140 以上占比较少，建议可以缩短 100—120 次/分心率区间的占比时间，增加学生 140—160 次/分心率区间的活动时间。

2. 初一年级早操课心率监测情况及分析

初一年级参加早操课心率测试人数为 319 人，经过初步筛选，能够用于分析的有效数据人数为 234 人。这些学生的平均年龄为 12.9 岁，平均身高 161.2cm，平均体重 54.68kg。达到目标心率区间（120—200 次/分）的平均运动时间为 13.83 分钟，占总时长的 46.1%，按照《东城区中小学校体育课运动负荷监测与评价工作指导手册》中的相关资料建议，没有达到 62.5% 的占比。初一年级整体学生早操课消耗的平均能量为 133.2 千卡。下图是各个心率区间的占比情况。

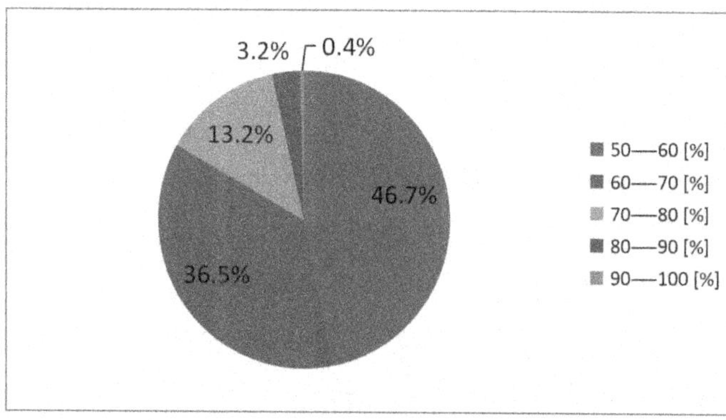

图 2　初一年级不同心率区间占比情况

由图 2 可以看出，心率范围在 100—140 次/分的占比达到 83.2%，尤其是心率维持在 100—120 次/分的占比为 46.7%，占比较大。心率 140 以上占比较少，建议可以缩短 100—120 次/分心率区间的占比时间，增加学生 120—160 次/分心率区间的活动时间。

3. 高一年级早操课心率监测情况及分析

高一年级参加早操课心率测试中，高一（4）班和（6）班两个班级的数据导出失败，已联系厂家尽快恢复数据导出。高一（3）班监测 39 人，但其中 32 人的目标心率区间持续时间都在 5 分钟以下，可能数据传输出现问题，故数据无效。其余班级共监测 151 人次，经过初步筛选，能够用于分析的有效数据人数为 78 人。这些学生的平均年龄为 15.8 岁，平均身高 169cm，平均体重 61.48kg。达到目标心率区间（120—200 次/分）的平均运动时间为 11.01 分钟，占总时长的 36.7%，按照《东城区中小学校体育课运动负荷监测与评价工作指导手册》中的相关资料建议，没有达到 62.5% 的占比。高一年级整体学生早操课消耗的平均能量为 129.56 千卡。下图是各个心率区间的占比情况。

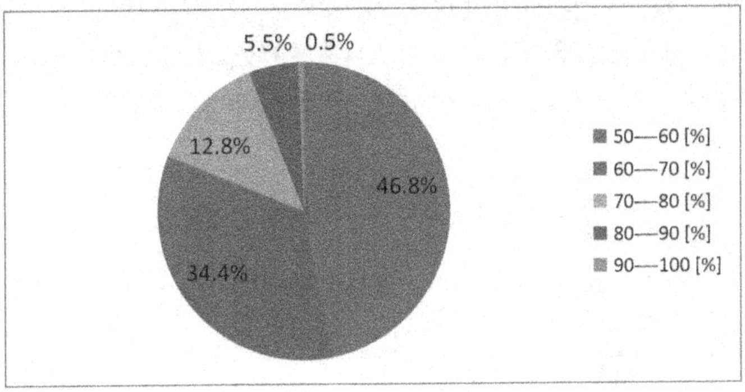

图3　高一年级各个心率区间占比情况

由图3可以看出，心率范围在100—140次/分的占比达到81.2%，尤其是心率维持在100—120次/分的占比为46.8%，占比较大。心率140以上占比较少，建议可以缩短100—120次/分心率区间的占比时间，增加学生120—160次/分心率区间的活动时间。

4. 高二年级早操课心率监测情况及分析

高二年级参加早操课心率测试中，高一（2）班数据导出失败，已联系厂家尽快恢复数据导出。其余班级共监测166人次，经过初步筛选，能够用于分析的有效数据人数为147人。这些学生的平均年龄为16.88岁，平均身高170.1cm，平均体重62.74kg。达到目标心率区间（120—200次/分）的平均运动时间为12.62分钟，占总时长的42.1%，按照《东城区中小学校体育课运动负荷监测与评价工作指导手册》中的相关资料建议，没有达到62.5%的占比。高二年级整体学生早操课消耗的平均能量为152.88千卡。下图是各个心率区间的占比情况。

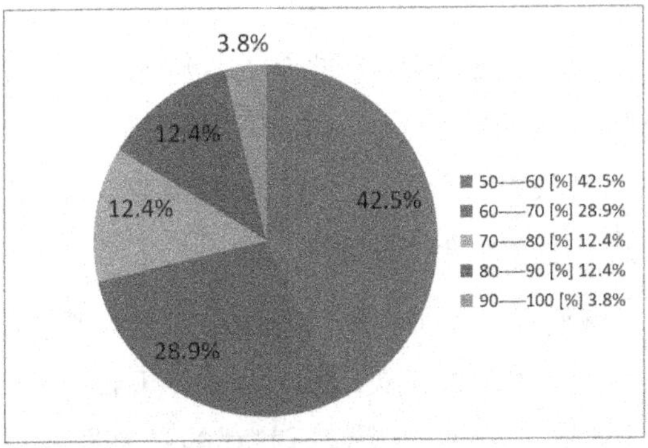

图4　高二年级各心率区间占比情况

由图4可以看出，心率维持在100—120次/分的占比为42.5%，占比较大。心率140以上占比28.9%，是四个年级中较高的占比情况。建议可以缩短100—120次/分心率区间的占比时间，增加学生120—140次/分心率区间的活动时间。

早操课不同年级不同心率区间占比情况

年级	100—120次/分	120—140次/分	140—160次/分	160—180次/分	180—200次/分
初二年级	39.20%	41.32%	15.62%	3.60%	0.26%
初一年级	46.7%	36.5%	13.2%	3.2%	0.4%
高一年级	46.8%	34.4%	12.8%	5.5%	0.5%
高二年级	42.5%	28.9%	12.4%	12.4%	3.8%

综上所述，在可用于分析的有效数据整理分析中，如上表所示，发现早操课程普遍存在的现象是心率维持在100—120次/分的心率区间的时长较多，尤其是初一年级和高一年级比较明显。初二年级和高二年级心率在120次/分以上的占比较高。由于年龄的因素，就初中年级来看，初一年级需要更加重视早操课的锻炼，要更加认真地参与运动。就高中年级来看，由于年龄和体质的不同，早操课上的运动强度对于他们来说要比低年级学生更容易一些，可能低心率区间占比时间就会多一些，但同样的强度，高一年级需要更加重视早操课上的锻炼。

四、加强对学生体重健康教育的PDCA管理

从体重管理教育入手，遵循循证的科学方法，积极探索运用现代质量管理PDCA循环模式对青少年健康体重教育进行质量效果的评价和优化改进。我们通过青少年体重管理的PDCA循环模式，形成具有我校特色的青少年健康管理流程，不断提高我校健康教育的效果，提升青少年的健康素养。

（一）PDCA循环与青少年健康教育工作

PDCA循环又名戴明环，是美国质量管理专家戴明博士提出的全面质量管理所应遵循的科学程序。PDCA是英语单词Plan、Do、Check、Action的第一个字母。在PDCA循环中，我们分析健康教育的必要性及可行性，从而制订计划，并执行检查效果，巩固措施和进行下一步计划，每一个PDCA循环都

具有新的目标和内容。PDCA 循环能够更加科学地体现青少年健康教育的规律性和创新性。

（二）青少年体重管理工作中运用 PDCA 循环模式

体重管理，是属于健康管理的一部分，是根据个体体质特征，制订出综合营养、运动、生活方式等要素的个性化方案，并进行营养及运动的新型体重解决方式。

将 PDCA 循环模式运用到青少年健康教育中的体重管理教育工作中。具体内容为：确定体重管理教育工作的依据和目标（P），实施工作措施（D），对工作效果进行评价和总结（C），分析、解决和改进整体工作（A）。青少年体重管理工作 PDCA 循环的四个环节，承上启下，推动青少年体重管理教育工作不断创新发展。

1. 制订体重管理教育工作的计划 P（Plan）

P（plan）计划，体重管理教育工作的依据和目标。作为体重管理教育工作 PDCA 循环的起始环节，我们需要利用物联技术收集大量的青少年健康数据资料进行分析研究，从而更加科学地设定目标。

（1）体重管理教育工作的依据

我们抽取我校某届高二年级共 164 名学生（男生 69 名，女生 95 名）进行身体健康测试，指标 BMI 全部按照《国家学生体质健康标准（2014 年修订）》不同学段进行分析，体脂百分比测试指标全部参照《体育测量与评价》进行分析，测试数据均真实有效。

第一，体重指数 BMI 的测试结果分析

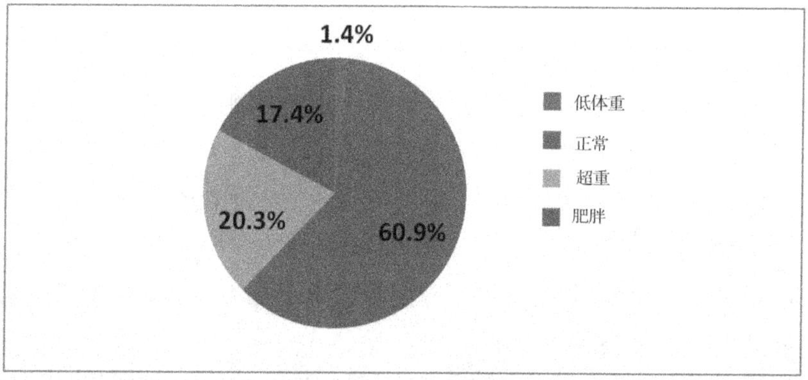

图 5　某届高二男生 BMI 测试值分布图

图5显示我校某届高二年级男生体重指数BMI的测试分布，低体重、超重和肥胖分别占比1.4%、20.3%和17.4%，正常体重指数占比60.9%。从侧面反映出一方面某届高二年级男生非正常体重占比较大，需要体重管理教育帮助他们树立科学的健康理念和体重理念；另一方面反映了在进行体重管理教育工作中不能仅仅关注超重和肥胖的学生，对于低体重和正常体重的学生也应该给予足够的教育和帮助。

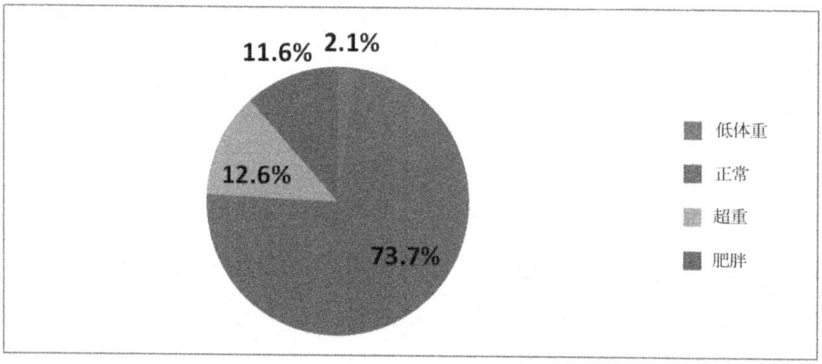

图6　某届高二女生BMI测试值分布图

图6显示我校某届高二年级女生体重指数BMI的测试分布，低体重、超重和肥胖分别占比2.1%、12.6%和11.6%，正常体重指数占比73.7%。与男生相比，女生较注重自身体重公斤数的变化，近四分之三的女生能够将自己体重指数控制在正常范围内，这是值得鼓励和坚持的做法。希望能够通过体重管理教育帮助低体重、超重、肥胖和正常体重指数范围的学生群体树立科学的健康理念和体重理念。

第二，体脂百分比的测试结果分析

图7显示我校某届高二年级男生体脂百分比的测试分布，低体脂和高体脂分别占比1.4%和26.1%，正常体脂占比72.5%。与BMI进行对比分析，男生超重和肥胖的BMI值占比大，很可能是体重公斤数较大导致，但公斤数较大并不代表身体内脂肪成分的含量高，而身体内脂肪成分的多少才是真正判定人体胖瘦的标准。因此身体成分测量能够更加客观反映身体健康状态，能够为体重管理提供更为科学的依据。

图8显示我校某届高二年级女生体脂百分比的测试分布，低体脂和高

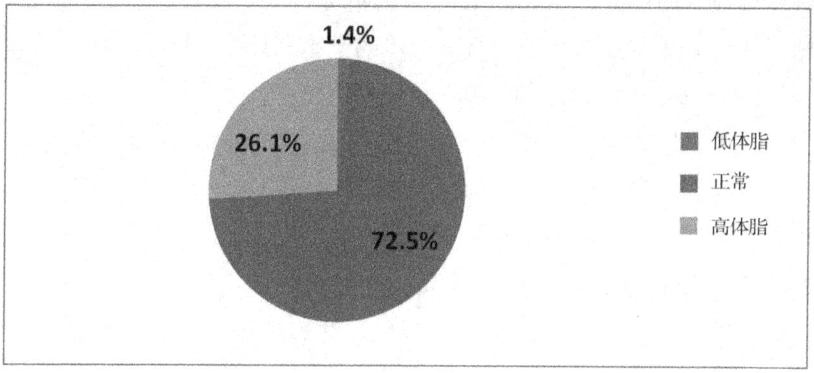

图7 某届高二男生体脂百分比分布图

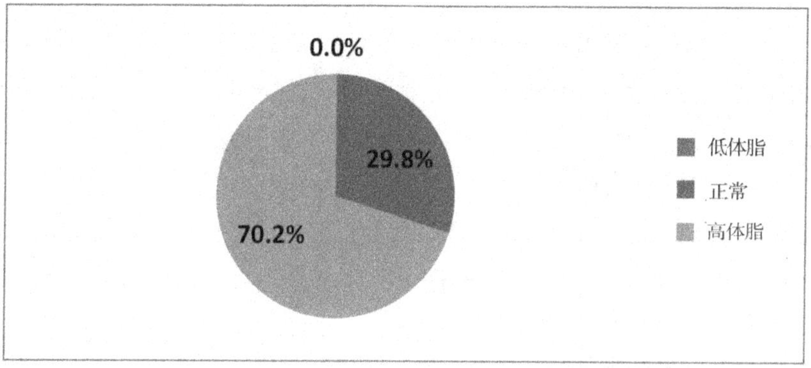

图8 某届高二女生体脂百分比分布图

体脂分别占比0%和70.2%，正常体脂占比29.8%。与BMI进行对比分析，女生处于高体脂的占比较大，可能是女生仅仅注重表面体重公斤数的变化，但对于身体内肌肉等瘦体重等身体成分不够重视，由于体重的构成和变化原因复杂，女生不应该仅仅只看到体重的公斤数字，而要重视身体内的脂肪含量（皮下脂肪和内脏脂肪），关注自身脂肪含量是否在正常范围。因此身体成分测量能够更加客观反映身体健康状态，能够为体重管理提供更为科学的依据。

综上所述，单纯用BMI来衡量一个人的胖瘦是不客观的。因此，必须结合另一个数据——体脂百分比，才能较为全面地了解一个人的胖瘦和健康情况。此外，体重管理所覆盖的学生群体既包括了低体脂、高体脂的学生群体，也包括正常体脂范围的学生群体。我校在体重管理教育中探索帮助青少年树立健康体重理念的道路，依据现有的测试指标，分析我校学生存在的体重管理问题，从而更加有针对性地进行下一步的措施和评价。

（2）体重管理教育工作的目标

我们希望通过体重管理教育工作能够帮助青少年建立科学的体重和健康理念，培养青少年量化营养和运动的健康基本技能，培养幸福健康的中国公民，提高我校青少年的健康基本知识和基本技能。

2. 执行体重管理教育工作 D（Do）

按照体重管理教育工作的依据和目标，开展青少年体重管理教育工作 D（Do）执行阶段。这个阶段包括三部分的内容：健康测试、理论教学和体育运动实践。

（1）健康测试

我们选用体重指数 BMI 和体脂百分比两个测试指标，更加客观地反映青少年的健康状态。学生和教师可以携带学生卡完成健康基本测试，测试结果可追踪，为今后科学地开展体重管理教育工作准备好客观依据。

（2）健康基础知识教学

在体重管理教育工作的执行（Do）阶段开展理论教学，普及健康的基本知识和理念，培养青少年学生的健康知识和理念，为实践体重管理教育打好基础。同时，我们积累教学经验实践调研，为编写校本教材《青少年健康体适能指导手册》做好前期准备。

在日常教学中，《健康课》和专题健康讲座向青少年学生普及科学的运动与健康，并帮助学生分析自己的健康测试数据，科学指导学生形成健康的生活习惯。

（3）体育运动锻炼

体育运动是体重管理教育的重要组成部分。我校体育运动由课间操、日常体育课教学、阳光体育运动三部分构成。

首先，我校体育组老师根据青少年学生运动系统发育的特点，制订出课间操的运动方案，培养学生的组织性、纪律性和集体主义的精神并对青少年的体态进行训练，促使他们形成良好的身体形态，发展学生的有氧耐力、肌肉力量、灵敏、协调等素质，提高免疫力，促进健康。

其次，我校在日常的体育课教学中，按照课标认真完成各个年级的教学内容。此外，我校体育教师还会依据学校健康和体能测试的数据，对不同需求群体的学生制订不同的运动方案。

最后，我校会组织学生进行阳光体育一小时的活动。学生们可以根据自身的身体条件及兴趣自愿选择希望学习的运动项目，更能激发学生们对于运动项目的学习热情和坚持运动的毅力。

在体重管理教育工作的执行阶段（Do）中，我们充分利用校内外的一切资源，将青少年的健康和体质体能测试数据、教师的健康素养以及学生的实际需求三者相结合，制定并执行各项工作措施，客观地体现我校的健康教育理念，关注培养学生个体的健康素养，为学生一生的幸福服务。

3. 检查体重管理教育工作成效 C（Check）

在体重管理教育工作的检查（Check）阶段，对体重管理工作成效进行效果检查，找出成功的经验和存在的问题，并进行这一个阶段性小结。

对青少年体重管理教育工作效果的检查

2016 年我们抽取高一年级全体学生进行了 BMI 和身体成分的测试，其中 218 名学生的数据有效，男生 110 名，女生 108 名。分别对 BMI 和身体成分中的体脂百分比进行整理分析，结果如下：

第一，BMI 测试的分布情况及分析

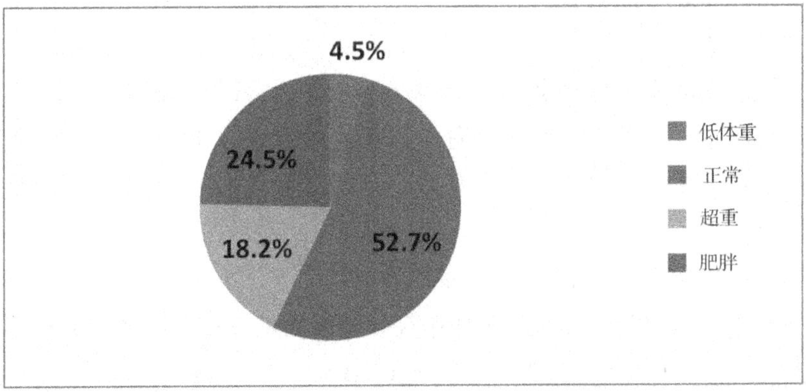

图 9　高一年级男生 BMI 测试值分布图

图 9 显示我校高一年级男生体重指数 BMI 的测试分布，低体重、超重和肥胖分别占比 4.5%、18.2% 和 24.5%，正常体重指数占比 52.7%。一方面，我们根据前期的经验，BMI 只是作为简单判断健康体重与否的指标之一，男生超重肥胖的体重指数占比较大，也有可能是肌肉量较多，造成 BMI 值偏高

的现象，这需要结合体脂百分比的测试情况综合考虑，不能片面地认为42.7%的男生体重超出健康水平。另一方面，低体重占比也提示我们要重视那些低体重的学生，帮助他们增加肌肉量，控制脂肪在合适的范围，整体提高学生们的身体成分健康水平。

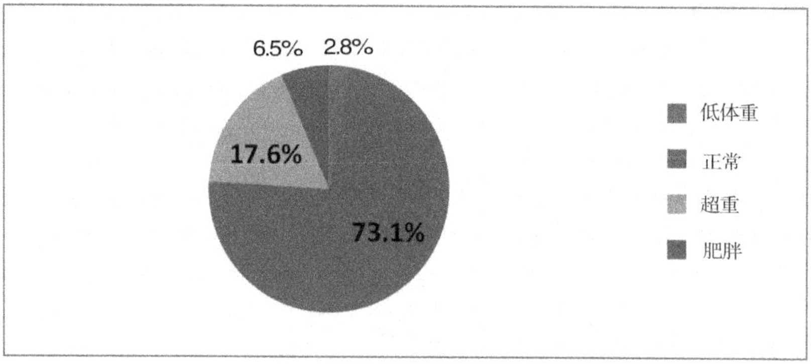

图10　高一年级女生BMI测试值分布图

图10显示我校高一年级女生体重指数BMI的测试分布，低体重、超重和肥胖分别占比2.8%、17.6%和6.5%，正常体重指数占比73.1%。结果显示，处于青少年时期的女生比较注重自身体重公斤数的变化，近四分之三的女生还是能够将自己体重指数控制在正常范围内的，但是结合前期分析的经验，还是要结合体脂百分比共同来分析是否处于健康体重的范围。通过体重管理教育工作，大多数高一女生能够在关注BMI的同时，进一步了解自身的体脂百分比含量，结合多个指标综合评价自身情况，做到自我量化健康。

第二，体脂百分比测试的分布情况及分析

图11显示我校高一年级男生体脂百分比的测试分布，低体脂和高体脂分别占比1.8%和30.9%，正常体脂占比67.3%。高一年级男生处于正常体脂百分比范围的比例较大，与BMI进行对比分析可知，通过体重管理教育男生更关注身体成分组成的比例，但还是有近三分之一的男生需要特别关注，体脂百分比含量处于非正常水平，希望通过下一个体重管理PDCA循环可以得到相应的改善。

图12显示我校高一年级女生体脂百分比的测试分布，低体脂和高体脂分别占比0%和50.5%，正常体脂占比49.5%。通过体重管理教育工作，女生

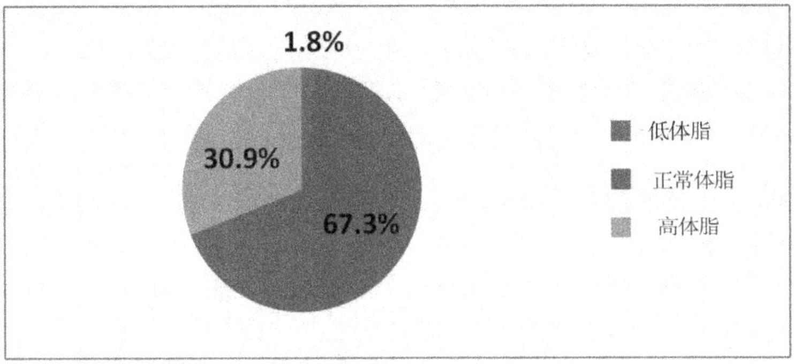

图 11　高一年级男生体脂百分比测试值分布图

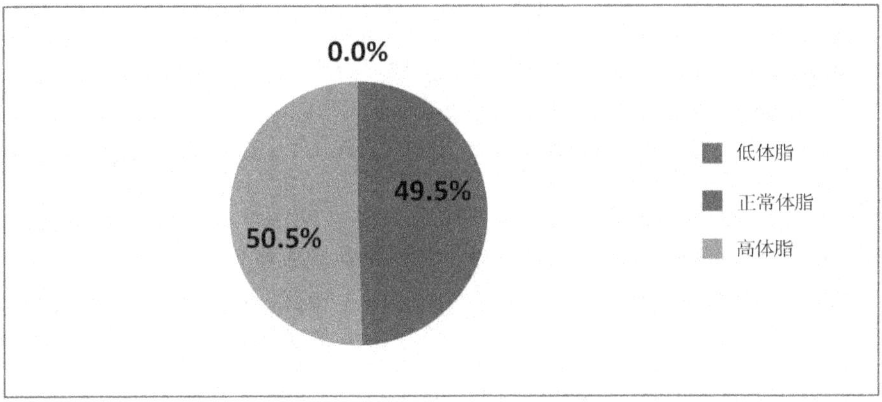

图 12　高一年级女生体脂百分比测试值分布图

能够逐渐认识到体重管理的科学理念，并能够关注自身体脂百分比指标来评价自身的体重管理效果，这是值得鼓励的。但我们看到还是有一半左右的女生处于非正常体脂范围，需要我们在下一个体重管理教育的 PDCA 循环中加以重视和改进。

综上所述，通过体重管理教育工作，高一年级学生能够更加科学地认识体重管理的理念，并且掌握一定的体重管理基础技术。同时，老师们不仅仅注意那些超重和肥胖的学生们，还要关注低体重、低体脂和正常体重的学生们，这是今后工作中重要的依据。

4. 分析总结体重管理教育工作 A（Action）

在体重管理教育工作的分析总结和改进（Action）阶段，我们要完成对这一工作有效果部分的坚持和巩固，不断改进规范体重管理教育工作方法，提高工作效果。

（1）体重管理教育工作测试和课程项目的优化改进

由于学生人数较多，学生课业繁重，本次只收集分析了高中年级的数据，今后会收集初中年级组的数据进行统计分析，尽量完善体重管理教育工作中数据层面的完整。

我们计划编写的《青少年健康体能指导手册》也在进一步的修改中，没有系统地形成我们的校本课程，会尽快完成编写工作，并邀请专家进行论证，形成校本教材。

本次体重管理教育的 PDCA 循环缺少校外专业资源的帮助和指导，我们会改进工作方式，向专业领域较强的校外资源单位学习和联系，在新的体重管理教育工作 PDCA 循环中更科学更专业地提升效果。

（2）体重管理教育工作结构的优化改进

通过不断地开展体重管理教育工作，在实践中总结经验，优化测试—数据收集管理—课程研发开放—效果评价等一系列的工作步骤，形成我校具有特色的体重管理教育模式，培养并提升青少年的健康素养。

通过开展青少年体重管理教育工作的 PDCA 循环，Plan－Do－Check－Action 每一阶段的具体内容和目标的实现，让我们的思想方法和工作步骤更加条理化、系统化和科学化，不断优化推进我校特色的健康教育工作阶梯式递进发展。通过体重管理教育工作培养青少年健康的生活方式，让学生掌握科学的体重管理方法，达到自我量化营养和运动的目的，从而自主地关注健康，量化健康。通过学习健康基本知识和基本技能，不断提高青少年的健康素养。

第四章　爱·健康心理　阳光乐观

学生素质的提高缘于教育，而教育不仅仅只是技能知识教育、心理健康教育，对于学生素质的提高，特别是健康素养的提升同样重要。培育学生健康的心理、阳光乐观的心态、积极向上的精神风貌，是学校心理健康教育始终努力的方向和目标。长期以来，学校举全校之力，依托专家引领，致力于对心理素质和心理健康的研究与实践，把对学生的爱全部融入到科学、精准的研究和实践中。

心理素质与心理健康的研究与实践

一、研究背景

（一）政策依据

随着科学技术日新月异的进步，面对世纪的新挑战，各国纷纷进行教育改革，提高学校教育质量。而学生的身心健康水平是影响学生成长、学业进步和终身发展的基础。

《国家中长期教育改革和发展规划纲要（2010—2020 年）》中，明确把保证“学生思想道德素质、科学文化素质和健康素质明显提高”确定为 2020 年我国教育事业战略发展目标，首次把学生健康素养放在与道德素养和科学文化素养同等的地位。

《中国学生发展核心素养（征求意见稿）》中提出了学生应具备的、能够适应终身发展和社会发展需要的必备品格和关键能力，综合表现为九大素养，身心健康素养被纳入其中。具体描述为：①珍爱生命。重点是理解生命意义和人生价值；具有安全意识与自我保护能力；掌握适合自身的运动方法和技能，养成健康的行为习惯和生活方式等。②健全人格。重点是能调节和管理自己的情绪；有积极的心理品质，自信自爱，坚韧乐观；积极交往，有效互动，建立和维持良好的人际关系等。③适性发展。重点是能正确判断与评估自我；依据自身个性和潜质选择适合的发展方向；有计划、高效地分配和使用时间与精力；具有达成目标的持续行动力等。

心理健康教育是我国学校德育工作和素质教育工作的重要组成部分。《中小学心理健康教育指导纲要（2012 修订版）》（以下简称新《纲要》）指出，“中小学心理健康教育，是提高中小学生心理素质、促进其身心健康和谐发展的教育，是进一步加强和改进中小学德育工作、全面推进素质教育的重要组成部分”，明确了心理健康教育在德育工作中的重要地位。2014 年《国务院关于深化考试招生制度改革的实施意见》正式启动考试招生制度改革。强调科学选才、增加学生的选择性，促进学生全面而有个性的发展。

2014 年《国务院关于深化考试招生制度改革的实施意见》正式启动考试招生制度改革。强调科学选才、增加学生的选择性，促进学生全面而有个性的发展。2016 年《北京市深化考试招生制度改革的实施方案》提出推进考试科目和分值改革。强调尊重学生的兴趣多元化，为学生提供多种选择。2017 年《国家教育事业发展“十三五”规划》中鼓励普通高中实行“选课制”“走班制”，开设多样优质的选修课程。

心理健康教育应致力于促进创新人才培养、促进个人实现幸福人生。新《纲要》明确了心理健康教育在创新人才培养和为学生构筑幸福人生中的地位和作用，指出心理健康教育的主要任务是“培养具有社会责任感、创新精神和实践能力的德智体美全面发展的社会主义建设者和接班人”，开展心理健康教育是“学生身心健康成长的需要”，是“为他们的健康成长和幸福生活奠定基础”。因此，心理健康教育应成为培养学生创新精神，促进学生身心健康和谐发展，为其健康成长和幸福生活奠基的重要工作。

中小学生正处在身心发展的重要时期，随着生理、心理的发育和发展、社会阅历的扩展及思维方式的变化，特别是面对社会竞争的压力，他们在学习、生活、自我意识、情绪调适、人际交往和升学就业等方面，会遇到各种各样的心理困扰或问题。因此，在中小学开展心理健康教育，是学生身心健康成长的需要，是全面推进素质教育的必然要求，而课程是心理健康教育的重要载体。

（二）现状与需求分析

我校一直以来都十分重视学生的心理健康教育工作。学校根据中学生身心发展的特点，为初一至高三所有年级开设心理健康必修课，为初二、高一年级开设心理选修课；学校为学生建立心理健康档案，定期为全校各学段的学生、家长、教师组织心理健康讲座；同时开展个体和团体的心理辅导活动，并从展板、报刊、广播、网络等多渠道普及宣传心理健康知识；在校的每位教师都积极学习学生的认知和发展规律，在学科中渗透心理健康教育，并为学生开展丰富多彩的文体活动和相关的主题班会活动。

同时，学校也不断通过问卷调查、访谈等多种方法进行科学研究，发现学生心理、认知发展规律。学校组建了校长亲自牵头，德育组、心理组、年级组多方参与的心理课程研发团队，在专家团队的指导下，对学校班主任、科任老师、部分学生和家长作了大范围的访谈调查，大家的关注主题和诉求涉及多个方面：入学后的适应问题；学习动机与目标问题；自我管理和监控问题（如打游戏、玩手机）；对自我的认识和了解；性别发展与认同；个人兴趣与职业探索；人际关系、同学关系问题；青春期恋爱问题；增进亲子交流；了解社会、参与社会实践；等等。

进而，学校又通过科学可靠的测评工具，让学生、家长了解学生自身的心理状况。在问卷调查中，学校从学生的身体意向满意程度、学习焦虑、焦虑特质、抑郁倾向、自我效能感等几方面心理健康指标进行量化研究，让教师了解中学生的心理健康发展情况，总结出学生的成长规律，从而摸索出学校开展心理健康教育工作的有效途径，为课程建设、教材编写提供依据。

在此次研究中，总体样本的平均身体意象不满度为 0.5569，标准差 1.1。其中男生平均身体意向不满度为 0.2644，标准差 1.24。女生平均身体意向不满度为 0.8229，标准差 0.91。

表 1　总体样本的身体意向不满意度统计表

	人数	最小值	最大值	平均值	标准差
身体不满意度	834	-6.00	4.00	0.5599	1.10518

在此次研究中，总体样本的平均对数学科的学习焦虑为 36.01，标准差 13.15，属于中等偏低水平。其中男生平均对数学科的学习焦虑为 34.1，标准差为 13.19；女生平均对数学科的学习焦虑为 37.64，标准差为 12.62。

表 2　总体样本的数学学科焦虑统计表

	人数	最小值	最大值	平均值	标准差
学习焦虑	824	7.00	28.00	10.2367	3.83006
问题焦虑	828	4.00	16.00	6.2017	2.59413
教师焦虑	830	4.00	16.00	6.2614	2.60191
数学焦虑	794	22.00	88.00	36.0176	13.15749
有效问卷	794				

（三）学校已有基础

1. 组织构成

学校心理健康中心，是全校心理健康教育的中枢，为学校心理健康工作的顺利实施并取得实效，提供了有效的组织保证。校长、德育副校长亲自兼任心理辅导中心主任、副主任，直接参与心理健康教育中心大政方针和主要工作的策划、协调与指挥。学校为心理辅导中心提供了组织、时间、场所、人员、经费等一系列有利的条件。

为了保证中心工作的正确方向和高质量，学校聘请了我校校友、北京师范大学张厚粲教授担任学校心理健康教育发展总顾问，同时聘请中科院心理所、北京师范大学心理学院多名专家，形成我校的心理健康教育专家团队。学校也形成了一支由三名专职心理教师和德育主任、多名班主任担任兼职心理教师的教师团队。

2. 硬件设施

心理实践室的环境设计、活动设计以及设备设施的配置符合学生的心理发展规律，突出参与式、体验式、自助式、互动式的活动形式，吸引学生关注心理健康中心的产品和服务，成为积极参与者。心理健康中心主要的功能分区为：心理自我认知区、心理自助区、专项能力训练区、心理研究实验区、个体咨询区和团体活动区等。各区域既有自己特定的功能又有相互的逻辑关联。

3. 主要职能

心理健康中心设计了促进学生“心智共同发展”的功能，强调了人格完善和认知发展的双重任务，兼顾心理问题的解决；同时，心理健康中心紧紧抓住不同发展阶段学生的年龄特点和主要心理发展任务，对中学各阶段的服务内容和方法进行了适应性的研究，确保为学生提供适合的服务和指导；此外，心理健康中心强调了心理干预的生态性和系统性原则。我们力求让教师能够协同家长、社区一同为学生开展心理健康教育和服务，体现了科学性、系统性解决问题的指导思想。

二、文献综述

（一）国内外心理健康课程建设的相关研究

1. 国内相关研究

学校心理健康教育在我国兴起较晚，港澳台地区于 20 世纪 50 年代起开始，则起步更晚，至今也只有 20 多年的历史。我国内地学校心理健康教育目前处于推进、繁荣期。仅从对我国高中的心理健康课程的研究来看，至今为止也只是处于探索和发展的时期。

关于心理健康课程建设的研究。随着基础教育课程改革步伐的迈进，教育部相继出台了各个学科的新课程标准，但是相对于心理健康课程而言明显落后于其他课程。陈文琦认为，目前中学心理健康课程的建设存在明显问题，如学校的心理健康教育目标以社会规范为重而忽视了学生主体的需要，心理健康课程的教学内容不够系统和连贯，课程模式比较单一，任课教师专业水平低等制约着我国中学心理健康课程的建设。方双虎认为，学校心理健康课程建设陷入困境，课程理念存在错位，价值取向存在偏差，课程实施滞后，并提出了心理健康课程建设的建议。

关于心理健康课程改革的研究。目前对于心理健康课程改革的研究并不多，而且存在争议，宋喜霞认为，现今的基础教育界，关于新课程改革的话题频频出现，然而学校心理健康教育课程的改革内容相对较少，同时也还存在较多的争议，在升学和就业的压力下，很多高中对于心理健康课程存在着表面重视、实际轻视的现象。可以看出，对于中学心理健康课程来说，它的前进步伐远远跟不上其他的学科课程。

关于心理健康校本课程开发的研究。目前心理健康课程在很多地方大都以校本课程的形式来开展，关于心理健康校本课程开发的研究比较多，胡文宇在课程开发的主体、课程目标、影响因素、课程评分等方面提出了应采取的相关策略。李华科从中提出了主题案例式的心理健康课程，并以网络和校园咨询等形式辅助。

关于心理健康教育课程的研究。鲁保华参照现有的教学模式，设计了心理健康教育课程的教学模式。他提出了以学科、经验以及问题为取向的心理健康教育课程的价值标准，并对心理健康教育课程的模式进行了分类：独立型心理健康教育课程、融合型心理健康教育课程，并对中小学心理健康教育课程的组织方式进行了研究。曹成刚对现有心理健康教育的课程进行了设计，在其文章中提出了教学设计的原则、课堂教学方法的设计方针。张英则从确立活动目标、确定活动的内容、进行活动单元设计等方面对心理健康教育课进行了论析。齐华勇对我国中小学健康教育课程目标、内容体系的概况进行了梳理，指出我国中小学健康教育课程是通过《体育与健康》必修课、心理健康教育选修课、健康教育这三种途径渗透到其他课程中的。

2. 国外相关研究

国外心理健康课程发展较早，他们的课程体系相对来说比较健全，功能也很明确，比较自由开放，无论是在课程内容还是教学形式和方法上，都具有明显的本土化特征，对于心理健康教师的从业资格要求也比较严格。其高中的心理健康课程的设置比较适应学生的需要和社会的发展，课程建设相对成熟，专业化水平较高，课程内容丰富、教学方法也比较灵活，并能够充分利用外部资源注意对课程的系统化整合。

现代意义上的学校心理健康教育起源于美国，世界上最为先进的学校心理健康教育设施和服务也在美国。经过长期的发展，美国的中小学心理健康已经在发展中逐步完备并形成了属于自己的特色体系。美国高中心理健康课程发展主要有三种模式：系统化教育模式；积极教育课程模式；校本人格课程模式。他们的课程目标以学生身心的成长规律为依据，以解决最基础的心理健康问题和心理疾病的预防为出发点，优化新生的心理素质，提升个体的综合能力，以达到开发潜能，实现自我完善和可持续发展的目的。在课程的内容方面，主要涉及科学心理知识、生活指导、心理咨询、职业规划与辅导等方面。课程的实施是在学生实际需要的基础上而制定的，教师的教学手段和方法也比较灵活多样，同时课程的效果还会应用多种理论技术来支撑。

（二）心理健康课程建设的相关研究

从教材的出版数量来看，呈现逐年上升的趋势。中学生心理教材的内容是越来越丰富的，早期的教材中主要以前五种主题为主，依次是：自我意识、人际交往、学习心理、情绪情感和环境适应；随着社会的发展和新的心理问题的出现，新近的教材逐步纳入了一些新的教学主题，如生涯规划、恋爱心理、性心理、网络心理和危机干预等；最近的一些教材中出现了生命教育、审美教育、幸福感、生涯规划等主题。

以往的中学生心理健康教育教材普遍存在的问题有：缺乏实用性和可操作性是很多教材极易出现的问题；教材的发展和更新缺乏连续性；教材内容的确定缺乏可操作性。

（三）国内外研究评述

综上所述，国内学校的心理健康课程及教材建设仍处于探索的阶段，在课程理念、课程开发和课程文本建设等方面都有待提高。国外的心理健康课程发展早，课程内容、课程实施趋于成熟，但是面临本土化的难题。鉴于对学生的需求分析、对已有研究的梳理以及对多年心理健康课程经验的总结，学校提出：以积极心理学为理论指导，以学生发展为中心，遵循学生心理成长规律，引进国内外青少年心理健康教育的最新成果，形成第一六六中学独具特色的心理健康课程体系。该体系将使受教育学生优化心理品质，提升心理能力，培养阳光心态，塑造健全人格，帮助学生成为最好的自己，在与同龄学生的比较中，具有较明显的心理能力优势，为学生成长为具有核心竞争力的未来人才奠定良好基础。学校将研发编制课程所需的教材、配套资料，以期探索和示范中学生心理能力培养模式，向全区乃至全市和其他地区辐射。

三、学校心理健康课程研究设计及实践

（一）学校心理健康课程的基本理念

基于对学校文化底蕴、办学特色的回顾与思考，提出了“秉承育人本真，构筑教育生态，为学生一生幸福服务”的办学理念。

中学教育的目的要为学生将来就业谋生做准备；要为学生成为公民做准备；要为他们一生的幸福做准备。中学教育的这种内在规定性，决定了中学教育应该进行广而博的知识教育、通而达的能力教育、综而合的素质教育，以使未来的社会成员不管从事何种职业，都是一个身心和谐发展的、人格健

全完美的、心智自由解放的，尽享人生幸福的人。博雅教育正是实现这种教育目标和理想的有效途径。我们提出了培育第一六六中学学生博雅特质的核心是以着眼学生健康、自主、全面而有个性的发展为本。

着眼学生发展为本，需要秉承教育本真。学校的教育应该发展成符合认知规律和成长规律，为学生一生幸福服务的教育。这就要求我们要努力创造条件，根据不同学生的特点，帮助他们在自己最有可能、最感兴趣、最有潜质的发展区域寻求突破，尽力使我们的教育“各因其才、各尽其才”。因而，我们提出了第一六六中学学生博雅特质的“六种素养”，即健康素养、公民素养、文学素养、艺术素养、科学素养和媒介素养。

着眼学生发展为本，需要构筑教育生态。如果说，自然界生态影响的是人的生存环境，那么教育生态影响的则是人本身的发展。构筑教育生态，就是要将影响学生发展的诸多要素建立起良性的互动关系；就是要拓展教育空间，创设开放的、没有围墙的生态学校；就是要通过构建不同学科间的教学关系，不同阶段教育的有效衔接，以丰富延长教育的生态链，进而实现教育生态的稳定、持续发展。

学校心理健康教育工作理念是：着眼学生发展为本，研究学生认知和成长规律，用专业心理学的知识和科学有效的手段开展工作，为学生的一生幸福服务，使之成为身心和谐发展的、人格健全完美的、心智自由解放的，尽享人生幸福的人。

综上所述，我们从开展中学生心理健康教育形式的角度提出心理健康教育课程的编写与研究。以“活动”为突破口，强调生动活泼的形式，强调活动中学生的强烈心理体验。用“适合学生发展的课程”来吸引学生，促进学生有引导地自由发展；建设开放的生态课堂，以兴趣激励学生，以理趣启发学生，以情趣打动学生，以知识丰富学生，以能力提升学生；研究符合中学生心理发展特点的心理健康教育的校本课程，以提高心理健康教育的效果。

（二）学校心理健康课程的设计思路

1. 心理健康教育课程应在科学发展观的引领下，着力把握心理健康教育的发展规律，创新心理健康教育的发展理念，调整和转变心理健康教育的某些内容和发展方式，坚持以人为本、以生为本，深化以学生为中心、以全体学生参与为中心，以学生心理发展的客观规律为前提，以学生的发展为出发点和落脚点，为学生的终身发展奠定基础。

2. 心理课程应注重引导学生多阅读、多思考、多体验、多实践，重视心理学方法与技能在实际生活中的应用，在实践中获得领悟，提升心理素质与能力。

3. 中学阶段的心理健康教育课程目标呈六年一贯的整体设计。课程标准在“总目标”之下，分成初中和高中两个学段。进而，初中学段按照初一上、初一下、初二上、初二下、初三全学年分为五个小学段；高中学段按照高一上、高一下、高二上、高二下、高三全学年也分为五个小学段。初、高中学段目标紧紧围绕新《纲要》的学段目标，每个小学段又分别提出“学段目标与内容”，体现心理课程的整体性和阶段性。各个学段相互联系，在每个学年内部分为素质拓展和综合应用两个部分进行小循环；在毕业年级（初三、高三）进行结合备考需要进行综合应用（中循环）。在初中和高中两个学段实现大循环，以此螺旋上升，最终全面达成总目标。

4. 学段目标与内容从“激发情感与动机”“调整认知与思维”“提升行动与能力”三个方面提出要求。课程标准还提出了“综合性应用”的要求，以便加强课程内容内在诸多方面的联系，加强与学习和生活实际问题的联系，促进学生心理素质的全面协调发展。

5. 课程标准的“实施建议”部分，对教学、评价、教材编写，以及课程资源的开发与利用等提出了实施的原则、方法和策略，也为具体实施留有创造的空间。

（三）课程建设实践研究的组织构成

心理健康教育课程的研究实践，由学校心理健康中心组织，该中心是全校心理健康教育的中枢，为学校心理健康工作的顺利实施并取得实效，提供了有效的组织保证。校长、德育副校长亲自兼任心理辅导中心主任、副主任，直接参与心理健康教育中心大政方针和主要工作的策划、协调与指挥。学校为心理辅导中心提供了组织、时间、场所、人员、经费等一系列有利的条件。

为了保证中心工作的正确方向和高质量，学校聘请了我校校友、北京师范大学张厚粲教授担任学校心理健康教育发展总顾问，同时聘请中科院心理所、北京师范大学心理学院多名专家，形成我校的心理健康教育专家团队。学校也形成了一支由三名专职心理教师和德育主任、多名班主任担任兼职心理教师的教师团队。

表3 北京市第一六六中学聘请心理健康教育专家名单（部分）

张厚粲	北京师范大学心理学院教授，博士生导师，中国心理学会常务理事，前国际心理科学联合会副主席。
俞国良	中国人民大学心理研究所教授，博士生导师，全国教育科学规划心理学科评审组成员。全国中小学教材审定委员会委员，教育部中小学心理健康教育咨询委员会委员。教育部中等职业学校德育指导委员会委员。教育部《中小学心理健康教育指导纲要》编写组组长。
苏彦捷	北京大学心理学系教授，博士生导师，元培学院副院长。现为中国心理学会常务理事、北京心理学会秘书长，教育部心理学教学指导委员会秘书长。
方　平	首都师范大学教育学院党委书记兼副院长，心理学教授，博士生导师。教育部心理学教学指导委员会委员；中国心理学会常务理事；中国心理学会心理测量分会副会长；北京市心理学会副理事长。
张　平	国际关系学院心理咨询中心主任，中国心理卫生协会大学生心理咨询专业委员会常委、副秘书长，国家人力资源及社会保障部国家心理咨询师评审委员，中国人才学会超常教育专业委员会理事，中国性学会青少年性健康教育专业委员会副主任，北京心理卫生学会理事。

学校成立了跨学科研究与实践团队，为课程的实验提供保障。相对于独立的心理健康学科教学而言，“学科＋”体验课程，更需要不同学科教师之间的沟通、交流、研讨，因此学校根据心理教研组的需要，组建了“心理课程实验”研究团队。

（四）学校心理健康课程的框架模型

在总结了几十年来心理学领域以及与之相关领域的科研成果的基础之上，根据中学生现在和未来所面临的任务和目标，分析其背后的核心心理能力和素质，首先将学生分成自己和他人两部分；其心理和素质又分为指向内部的和指向外部的，于是总结出四个维度的研究方向，即：面向内部的自我、面向外部的自我、面向内部的他人和面向外部的他人。

以此四个维度分析，又把学生的核心心理能力和素质归纳为四种综合心理能力：心智能力、适应能力、人际能力和成就能力。

心理能力的培养不是一朝一夕就能完成的，而是符合螺旋式上升的规律。因此，课程体系将围绕上述四类心理能力在从初一到高三六个年级中循环设

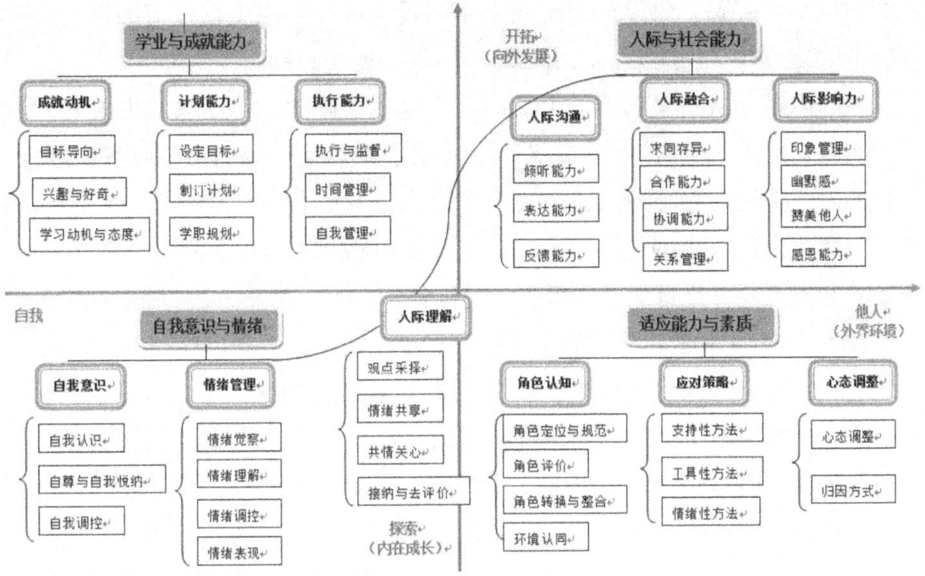

图1　中学生心理健康教育校本课程的框架体系

计，根据学生心理发展的特点设计不同的教学内容与活动，使其得到逐步的培养和提升。

（五）学校心理健康课程的建设实验

1. 课程建设的基本理念

（1）坚持立德树人、育人为本、心理和谐、健康发展的指导思想，全面培养和提升学生的心理素质

新《纲要》明确指出，心理健康教育应坚持“立德树人、育人为本、注重学生心理和谐健康”，实现“培养中小学生良好的心理素质，促进其身心全面和谐发展”的目标。中学阶段的心理健康教育课程，必须面向全体学生，立足于对学生健全人格的培养，关心学生的全面发展，注重培养心理方法与技能，一方面，解决当前学习生活中的实际问题，促进学生的心理健康与和谐；另一方面，瞄准学生未来的发展，以积极心理学为导向，着重于全面提升学生的心理素质与能力，为未来实现人生的成就与幸福奠定基础。

（2）正确把握心理教育的特点，注重教学活动的体验性和实践性，注重教学内容的时效性和生活化

心理健康教育课程具有很强的实践性。在教学活动中，应避免说教和单

一的理论知识讲解，而应充分激发学生兴趣，调动学生主动参与的热情，发挥学生的能动性与创造力，以活动和体验贯穿教学始终。

教学内容应从中学生学习生活和社会生活实际出发，选取学生关心的具有现实意义的重大生活事件和心理行为问题，结合国际国内当前政治、经济、文化的时代特征，将心理健康教育内容融入反映时代生活的主题模块中。教学内容还应贴近学生的生活与诉求，对于高考改革、学职发展、生涯规划等新形势和发展任务进行思考、探索和有机结合。

（3）积极倡导自主、合作、探究的学习方式，促进课内学习与课外拓展的结合，促进心理课程与其他学科的结合，强调家校践行

学生是学习的主体。心理课程必须根据学生身心发展和心理素质提升的特点与规律，爱护学生的好奇心、求知欲，鼓励自主阅读、自由表达，充分激发他们的问题意识和进取精神，关注个体差异和不同的学习需求，积极倡导自主、合作、探究的学习方式。教学内容的确定，教学方法的选择，评价方式的设计，都应有助于这种学习方式的形成。

为实现学生作为主体的心理课教学方法，心理课程设计应促进课内学习与课外拓展活动之间的有机结合，充分利用学校资源，利用兴趣小组、社团、科普宣传周（月）、作品展览、汇报演出等多种校园文化活动的途径，将课堂学习内容深化和创造。促进心理课程与音乐、美术、体育、戏剧、文学等学科的结合，丰富心理活动的形式，使心理素质的提升成为整个素质教育中有机的一环。促进家校联动，强调家校践行，鼓励学生采用家庭作业、父母访谈、角色扮演、社会调查等多种形式，在实践中获得真实的感受和体验，促进心理调适能力、良好的心理品质和健全人格的发展。

（4）密切关注各国学校心理健康教育走向，促进心理健康教育国际化

心理健康教育课要密切关注各国基础教育中心理健康教育的走向。一些发达国家在心理健康教育方面起步较早，不仅已建立起完整的学校心理健康教育课程、服务、辅导、保障体系，还将维护学生心理健康、提升学生心理素质与生活质量作为教育的根本。当前，国际心理健康教育还出现了综合化和整合化、专业化和精细化两大走向，一方面，着重于利用社会资源以及计算机和互联网技术将心理教育资源进一步整合；另一方面，强调针对学生不同阶段、不同层次的需求设置专门的教育和干预项目。我国学校心理健康教育工作起步较晚，虽然在近十余年间取得了长足发展，但也存在心理健康教

育学科化、医学化、片面化、形式化和孤立化等倾向。心理健康教育课程应积极吸收各国较为成熟和适用的心理健康教育模式和技术，与我国国情进行有机结合，并瞄准世界心理健康教育的走向，促进国际交流，以确保心理健康教育的高水平和先进性。

2. 课程建设的具体目标

基于我校的博雅教育理念——为学生一生的幸福服务，并以积极心理学作为理论指导，以学生发展为中心，遵循学生心理成长规律，引进国内外青少年心理健康教育的最新成果，通过校本课程的建设形成第一六六中学独具特色的心理健康教育体系，使受教育学生优化心理品质，提升心理能力，培养阳光心态，成长为一个身心和谐发展的、人格健全完美的、心智自由解放的、能尽享人生幸福的人。

具体来说：一是提高学生的心理适应能力。确立正确的自我评价标准，用发展与全面的眼光看待自己。学习积极应对新环境或困境的方法，能够在未来复杂多变、竞争激烈的社会环境中获得更充分的生存与发展的条件，成为社会所需要的合格人才。二是提高学生的成就能力。培养和激发内在的正向动机，能够为自己的学习或人生目标制订详细的计划，获得不断努力、最终要取得成功的力量。三是提高学生的心智能力。能够较好地认识自我、他人、环境及两两之间的关系，具有调节自我情绪与行为的能力。四是提高学生的人际交往能力。学会人际交往中的倾听与表达，具备一定的人际沟通与协调能力，能与他人建立良好的人际关系。

3. 课程的学段目标和内容

为在心理健康教材中更好地实现上述目标，我们对心理学理论与实证研究、国内外的心理健康教育实践成果进行了系统梳理，结合对学校教师（包括班主任和科任老师）、各年级学生以及学生家长的访谈，提出校本课程的框架体系，着重于对学生当前生活实际和未来发展均具有重要意义的四个心理素质模块——适应能力与素质、学业与成就能力、自我意识与情绪、人际与社会能力，逐一进行分析，分解课堂教学目标与任务，帮助学生逐项学习并综合实践，采用心理素质“分着练”“合着用”的教学模式，逐步完成“学期内小循环、三年中循环、六年大循环”的螺旋上升式教学模式，扎实完成新《纲要》提出的分段目标，切实实现提升学生心理素质及综合素质的教育目的。

（1）初中学段目标和内容

新《纲要》从自我意识、学业能力、人际关系、情绪管理、社会适应五个方面提出了初中阶段的目标，即“帮助学生加强自我认识，客观地评价自己，认识青春期的生理特征和心理特征；适应中学阶段的学习环境和学习要求，培养正确的学习观念，发展学习能力，改善学习方法，提高学习效率；积极与老师及父母进行沟通，把握与异性交往的尺度，建立良好的人际关系；鼓励学生进行积极的情绪体验与表达，并对自己的情绪进行有效管理，正确处理厌学心理，抑制冲动行为；把握升学选择的方向，培养职业规划意识，树立早期职业发展目标；逐步适应生活和社会的各种变化，着重培养应对失败和挫折的能力”。

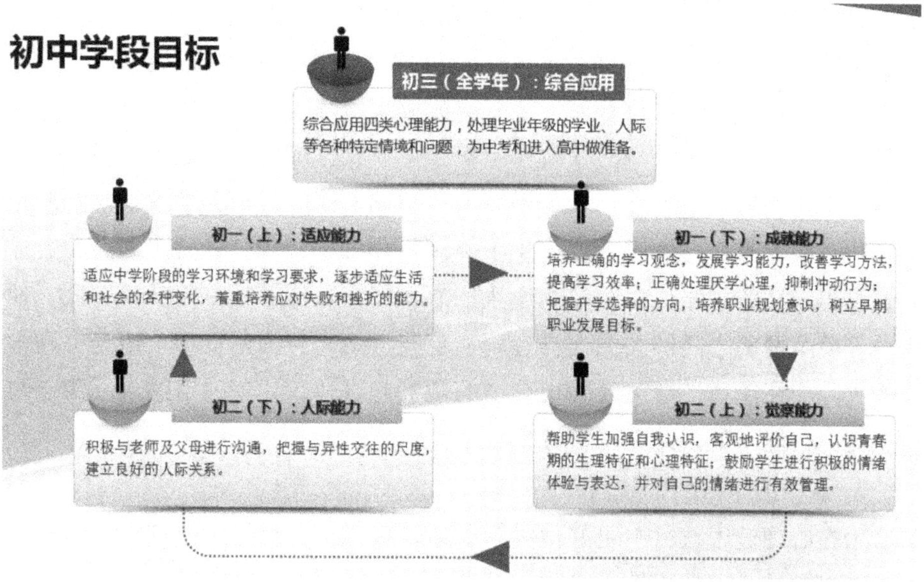

图2　心理健康课程的初中学段目标

（2）高中学段目标和内容

新《纲要》从自我意识、学业能力、人际关系、情绪管理、社会适应五个方面提出了高中阶段的目标，即“帮助学生确立正确的自我意识，树立人生理想和信念，形成正确的世界观、人生观和价值观；培养创新精神和创新能力，掌握学习策略，开发学习潜能，提高学习效率，积极应对考试压力，克服考试焦虑；正确认识自己的人际关系状况，培养人际沟通能力，促进人际间的积极情感反应和体验，正确对待和异性同伴的交往，知道友谊和爱情的界限；帮助学生进一步提高承受失败和应对挫折的能力，形成良好的意志品质；在充分了解自己的兴趣、能力、性格、特长和社会需要的基础上，确立自己的职业志向，培养职业道德意识，进行升学就业的选择和准备，培养担当意识和社会责任感”。

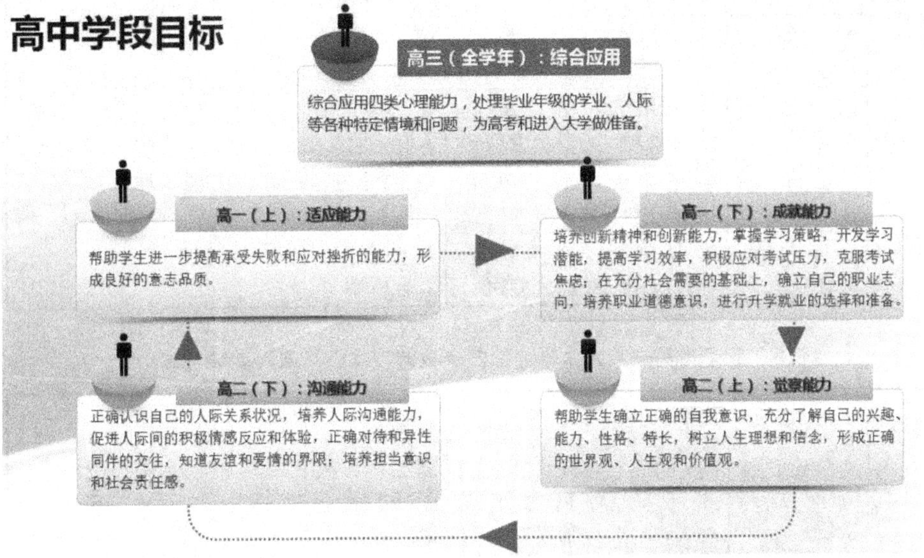

图3　心理健康课程的高中学段目标

（六）课程的实施

1. 课程的时间安排

校本必修课程：我校面向中学所有年级的学生开设心理课程，其中初一为每周1课时，初二、高一、高二为每周0.5课时，同时针对初高三学生在特定的学习阶段可能出现的问题开展系列辅导活动。总计每学期安排16课时，全学年共32课时（初、高三每学期安排8课时，全学年共16课时），具体安排见表4。

表4 北京市第一六六中学心理健康教育校本必修课程安排（初中）

年级	初一年级		初二年级		初三年级	
	初一上：适应能力与素质	初一下：学业与成就能力	初二上：自我意识与情绪	初二下：人际与社会能力	初三上	初三下
主题单元	第一单元：角色认知	第一单元：成就动机	第一单元：自我意识	第一单元：人际沟通	综合应用（学习计划、时间管理、压力管理、放松训练、家长课堂）	综合应用（复习策略、时间管理、压力管理、放松训练、家长课堂）
	第二单元：主动性	第二单元：计划能力	第二单元：情绪管理	第二单元：人际融合		
	第三单元：接纳性	第三单元：执行能力	第三单元：人际理解	第三单元：人际影响		
	第四单元：综合应用	第四单元：综合应用	第四单元：综合应用	第四单元：综合应用		

表5 北京市第一六六中学心理健康教育校本必修课程安排（高中）

年级	高一年级		高二年级		高三年级	
	高一上：适应能力与素质	高一下：学业与成就能力	高二上：自我意识与情绪	高二下：人际与社会能力	高三上	高三下
主题单元	第一单元：角色认知	第一单元：成就动机	第一单元：自我意识	第一单元：人际沟通	综合应用（学习计划、时间管理、压力管理、放松训练、家长课堂）	综合应用（复习策略、时间管理、压力管理、放松训练、家长课堂）
	第二单元：主动性	第二单元：计划能力	第二单元：情绪管理	第二单元：人际融合		
	第三单元：接纳性	第三单元：执行能力	第三单元：人际理解	第三单元：人际影响		
	第四单元：综合应用	第四单元：综合应用	第四单元：综合应用	第四单元：综合应用		

2. 教学方法

（1）充分发挥师生双方在教学中的主动性和创造性

学生是心理健康教育课的主体，教师是学习活动的组织者和引导者。心理课的教学活动应在师生平等对话的过程中进行。

心理课教学应激发学生的学习兴趣，培养学生自主学习的意识和习惯，引导学生掌握心理技能与方法，为学生创设有利于自主、合作、探究学习的环境。应尊重学生的个体差异，鼓励学生选择适合自己的学习方式。

教师应确立适应社会发展和学生需求的心理课教育观念，注重吸收心理学专业知识，积极参加教学培训和研讨活动，不断提高自身的综合素养。应认真钻研教材，正确理解、把握教材内容，创造性地使用教材；积极开发、合理利用课程资源，灵活运用多种教学策略和现代教育技术，努力探索网络环境下新的教学方式；精心设计和组织教学活动，重视启发式、讨论式教学，启迪学生智慧，提高心理课教学质量。

（2）教学中努力体现心理课的实践性和综合性

教师应从促进学生情感与动机、改变认知与思维、提升行动与能力几个方面进行教学，考虑知识与技能、过程与方法的整体性，注重学习与实践之间的有机联系，加强教学内容的整合，统筹安排教学活动，帮助学生解决学习生活中与心理密切相关的实际问题，促进学生心理素质与能力的整体提高。

根据心理健康教育课程的呈现方式，具体有如下几种教学方法：

①角色扮演。让学生在某种情境下，扮演各种不同的角色，使学生获得情感体验，影响他们的态度和价值观，从而增强他们解决问题的能力。

②模拟。学生在老师的帮助下，在某种模拟的情境下，进行某些实际问题的解决，从而培养学生综合解决问题的能力。

③小组调查。为了了解学生某些方面的心理状态和看法，让学生分成不同的小组，通过各种不同的调查方法从而获得第一手资料的教学方法。

④讲座。包括演说、谈话或其他形式的口头表达方式。

⑤讨论。对事先布置的题目或有关学习材料提出问题或作出回答。这是师生、生生之间的双向对话过程。

⑥视听。这是利用现代教育技术向学生提供视听材料的一种教学方法。它形象生动、感染力强，易于学生理解和记忆。

最后，学校还利用心理实践室开展心理健康课程。我校学生心理实践室在学校开展心理健康教育工作中发挥着重大的作用，它具有引导学生积极成长的六大职能：即帮助学生充分挖掘个人特长和积极优势；帮助学生内心更加快乐，拥有更多的积极情绪；帮助学生建立良好的人际关系，与他人和谐相处；帮助学生从困难和挫折中快速恢复，积极应对面临的问题；帮助学生激发内部动机，实现积极成长；帮助学校创造一个快乐的校园环境。

（七）课程推广

2016 年 11 月 22 日，东城区青少年“健康·成长 2020”工程之北京市第一六六中学健康素养嘉年华成功举办。嘉年华以“构筑健康生态，促动师生体智”为主题，第一六六中学的师生们通过一系列精彩的课程和活动给出了自己的答案。在本次活动中，由本校心理教师团队自主研发编写的《心理素质与心理健康》教材同时发布，并赠予东城区8个学区的学校，受益学生达3000余人。北京师范大学教授、博士生导师，中国心理学界的“不老传说”，我校贝满女中时期1944届校友张厚粲女士上台讲话。张厚粲女士不仅为我们的心理健康教材“点赞”，而且勉励母校的师生们在健康工作方面再接再厉。

表6 《心理素质与心理健康》学区领取表

学区	七年级教材（册）	十年级教材（册）
和平里学区	220	210
安定门交道口学区	220	210
北新桥东直门学区	200	210
东四朝阳门建国门学区	200	210
景山东华门学区	108	151
天坛永定门学区	190	210
龙潭体育馆路学区	190	210
东崇前学区	190	210
总计	1518	1621

很感谢北京市第一六六中学所赠予的《心理素质与心理健康》教材。首先说这个书素材的丰富性、制作的精美程度都远远超过了之前所使用过的其他版本的心理教材；内容的设计上也非常丰富，每节课设计的活动量都比实际课程所需要的丰富，为老师提供了选择的余地。我校在初一和高一试用了这本心理教材，并针对我校学生的实际情况——有一定的目标和计划，但是在遇到困难时难以坚持，选择了适应力中《攀越山峰》《克服障碍》等课程，让学生学会以收集信息、寻求帮助的方式进行积极行动，用下一步行动指导学生的计划执行，学生反映很有收获！

——龙体学区汇文中学邱语

学校的《心理素质与心理健康》教材也送到了北京市房山区良乡五中，近600名该校初一学生第一次拿到心理健康课的教材。希望可以和基础薄弱校的师生们共同探索，打开幸福之门。

《心理素质与心理健康》教材不仅在北京市处处生根发芽，我们的成果还传播到了第一六六中学的国际友好校：美国伍顿中学、美国韦尔斯利女子学院，芬兰拉塔萨莉学校等中学，以促进心理健康教育国际化。

（八）评价与反馈

心理课程评价的根本目的是为了促进学生学习，改善教师教学。心理课程评价应准确反映学生的学习水平和学习状况，全面落实心理课程目标。应充分发挥心理课程评价的多重功能，恰当运用多种评价方式，注重评价主体的多元与互动，突出心理课程评价的整体性和综合性。要根据不同年龄学生的学习特点，按照不同学段的课程目标，抓住关键，突出重点，采用合适方式，提高评价效率。心理课程评价应与心理健康水平的评价相分离，重点在于评价心理素质的发展与能力提升。

1. 教材评价

学校通过对专家、学科老师、班主任、学生、家长等进行的问卷调查和访谈，获取最直观的数据和修改意见。

表7　《心理素质与心理健康》教材评价指标

测量要素	观测点	题　目
心理健康教材	对自主学习的支持情况	1. 教材的文字表达清楚，可读性强，对我自主学习帮助较大
	课程目标的达成情况	2. 教材能帮助我清楚本章要掌握的主要知识和能力点 3. 教材能帮助我明晰本章要掌握的重点和难点
	使用情况	4. 老师每天上课都用学校自己编写的教材 5. 我每次学习都需要用到教材 6. 教材中有些内容利用率比较低或者很少用
	科学性	7. 教材经常出现一些科学性错误 8. 教材中有些内容是从网上直接下载的，没有进行筛选整理 9. 教材的排版、印刷不够美观，有待加强 10. 这个学科的教材编写质量较好

2. 形成性评价

形成性评价关注学习过程，有利于及时揭示问题、及时反馈、及时改进教与学活动。终结性评价关注学习结果，有利于对教学活动作出总结性的结论。心理健康教育课程应加强形成性评价，注意收集、积累能够反映学生心理素质与技能方面学习与发展的资料，可采用学案、成长记录袋等各种方式，记录学生的成长过程。对学生日常在心理课上的学习表现，应以表扬、鼓励等积极的评价为主，采用激励性的评语，从正面加以引导。

要坚持定性评价和定量评价相结合，全面反映学生心理课学习的状态及水平。评价方法可以包括平时的行为观察与记录、问卷调查、面谈讨论等各种方法。学校和教师要对学生的成长记录和成果汇报等进行分析，评价结果的呈现方式除了等级或分数以外，还可用代表性的事实客观描述学生的成长与进步，并提出建议。

3. 评价主体的多元与互动

学校将教师的评价、学生的自我评价及学生之间的相互评价相结合，加强学生的自我评价和相互评价，促进学生主动学习，自我反思。评价要理解和尊重学生的自我评价与相互评价。要尊重学生的个体差异，有利于每个学生的健康发展。

学生家长、社区、专业人员等适当参与评价活动，争取社会对学生心理成长和素质提升的更多关注和支持。

家长留言：

作为一名心理科医生，同时也是第一六六中一名高中学生的家长，《心理素质与心理健康》这套教材着实带给我不少惊喜。孩子步入高中之后，一系列关于“我是谁”“我将来要做什么”的问题萦绕在他心头，也成为我们之间经常探讨的话题。庆幸的是，我看到教材中精心设计了这些自我探索的主题的课程。后来和孩子交谈，发现经过心理课程，孩子逐渐澄清自己的性格、价值观、能力等，梳理自己所具有的资源。通过学习探索自己的冰山，初步接纳自己的有限性，在此基础上还能对自己的未来的生涯发展作出初步的规划。从个体发展的任务来说，这无疑会对孩子自我同一性的形成有很大的帮助，能够很好地促进孩子健康发展。

——高一（2）班杜乐天家长

4. 心理健康课程教育教学诊断

学校每个学期都要进行一次教育教学诊断，每位学生从全人教育、个别化教育、课堂效果和受学生喜爱程度四个方面对任课教师进行诊断。心理健康学科在每次诊断中显著高于公共学科的均分以及校均分。

表8　学校教育教学诊断心理健康学科得分表

课程	全人教育		个别化教育	课堂效果		受学生喜爱程度
	老师注重我良好品德和习惯的培训，让我学会如何做人做事	老师能恰当引入与实际生活相结合的内容，促使我解决生活中问题的能力	老师能够公平对待我	老师授课思路清晰，语言生动	老师的课堂气氛活跃、有序	这位老师是我本学期最喜欢的老师之一
高中心理	98.23	97.39	98.55	97.48	97.13	95.75
初中心理	97.17	96.45	97.46	96.89	96.58	94.73
学科总均分	97.70	96.92	98.00	97.19	96.85	95.24
公共学科均分	96.54	95.16	97.28	95.67	95.18	92.78

四、心理健康教育实践效果

通过多种途径对心理健康教育课程的效果进行评价，最终课程取得的成效有：

（一）提升学生心理健康的意识与能力，顺应未来社会发展的需求

通过从初一到高三六个年级全面覆盖心理必修课，并围绕同一主题根据学生心理发展特点的不同而展开循环设计的教学内容与活动，使每一位学生都有机会了解心理健康教育的有关知识，走出对心理咨询或者心理辅导的误区，能够正确地看待心理问题，意识到心理健康的重要性，提升学生认识自身、关爱自身健康的意识。使用教材一个学期之后，学生对教材的评价和课程的感受见图4。

学生留言：

每次上心理课最大的感受就是太有趣了，而且有趣的同时还很实用，因为心理课程中所讲的内容都是与生活相连的学问。上课时提高学习效率的方法，回家就能用的上。心理课为我们的学习及生活撒一些糖。

——初一（6）班徐锦煊

在心理课上能学到许多与人沟通，如何相处的技巧，并且真正体验了沟

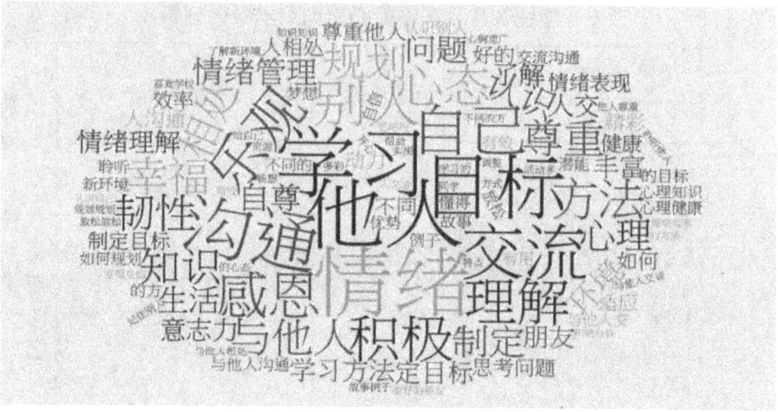

图4　学生对《心理素质与心理健康》课程的评价和感受

通的重要性，很实用。

——初二（8）班张宇瞳

我非常喜欢心理课，刚拿到教材的时候先是被大量精美的图片所吸引，这和我们其他学科的教材差别很大。后来仔细学习课程内容，发现非常贴近我们的实际生活，从刚开始的入学适应、人际交往到学业发展辅导，每一个主题都直指我们的实际生活。还推荐了许多的课外阅读资料，能打开我们的视野，提供行之有效的方法。

——高一（2）班周亦晨

通过自我认识课程，我逐渐探索着自己的价值观、能力。也越来越清晰未来想要发展的方向，明白个体需要承担多种角色，而现在正是为将来承担各种角色做好准备的阶段。

——高二（5）班彦格

（二）辅助学生选科

新中高考改革背景下，本学期学校初二年级学生进行了模拟选科，参与度比较高，完成率达到100%。参与的同学，全部完成了所有的测评以及作出文理初选。对于五门学科的能力、兴趣、专业对应得分分别评估，每人都得到了一个完整的个人选科报告，也为全校5选3的模拟提供了宝贵的模拟数据。

在模拟选科过程中，心理健康课程中的自我探索、生涯规划模块的学习内容为学生提供了必要的专业支持，并且为教师开设了生涯教练课程，提升该年级任课教师辅导学生进行规划与选择的能力。本次模拟选报对学生的性格、职业兴趣、能力等因素进行了测评，也为心理健康课程的开展及心理健康教材的修订提供了有力的量化指标。

MBTI 性格分析统计结果（初步分析）：58% 的同学是实感型，偏重细节、现实感知，为了使学生平衡发展，可以利用活动和课程，培养学生的大局观与想象力；六成的学生是情感型，这类同学喜欢根据自己的感受作出决定，在学习中可适当着重培养他们的逻辑思维能力；本校同学未来会有很多销售型人才、社会公益人才、创作型人才。策划、建筑、调度、发明人才存在但较少。

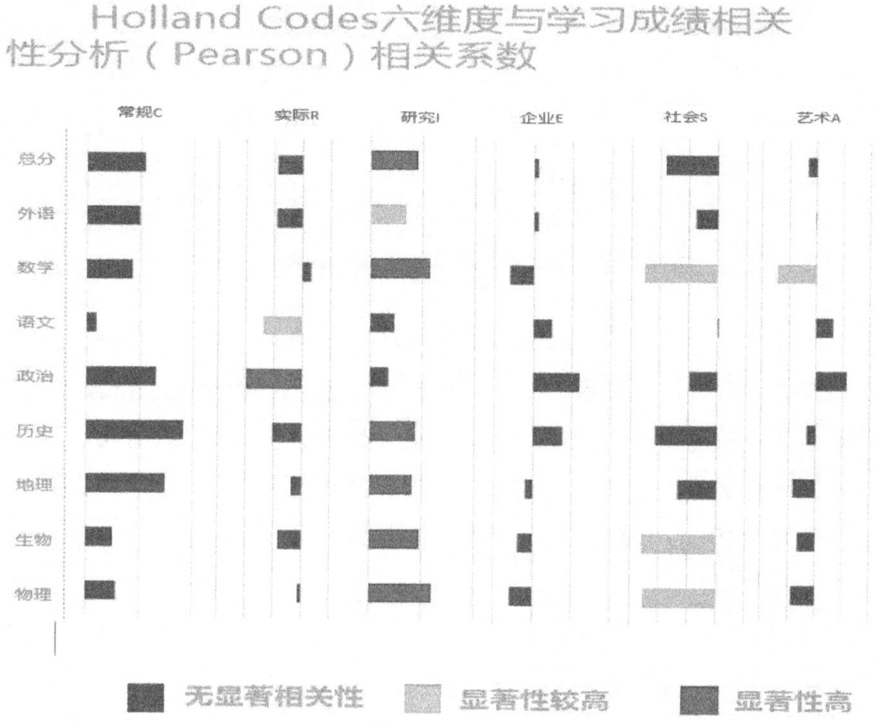

图 5　Holland Codes 六维度与各科学习成绩相关性分析图

兴趣 - 成绩相关性分析显示：研究型（I）的学生在数学、历史、地理、生物、物理学科的成绩有显著的优势。实际型（R）的学生在政治学科的学习上有困难。研究型的学生对于学习中的难题具有钻研精神，因此可能在学习成绩上显现出优势。

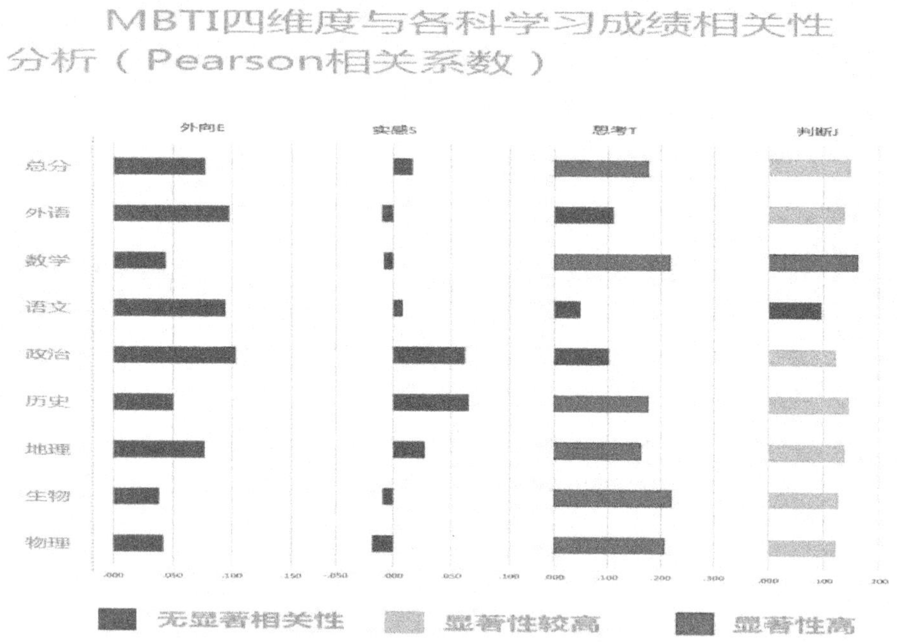

图 6　MBTI 四维度与各科学习成绩相关性分析图

（三）提升教师辅导学生心理健康的能力

在课程和教材建设过程中，不仅心理教师接受相关培训，学校的班主任和学科教师也通过多种途径对《心理素质与心理健康》校本教材及心理健康教育理念进行学习，并尝试运用在学生的心理健康教育中。教师们普遍反馈教材对开展教育教学很有启发。

班主任反馈：

从主题上说，这套教材，安排了每一个学期一个主题，贴合学生的生活实际，并且是随着学生年龄的增长，面临的问题不同所设计的主题。例如，在刚开学时，学生因为面临新环境，很多同学出现适应困难，比如说不敢和同学交流，对学校环境比较陌生。经过几节适应的课程学习之后，明显感觉到班级同学之间没有那么拘谨了，同学关系迅速升温，对班级和对学校的归属感增加。从和学生的交谈中得知心理课上老师使用了多种多样的活动，如对自己的名字讲故事、释意，制作自己的个性明信片等活动来促进同学之间深入了解。这些主题和活动深受班级同学喜爱。

从应用上说，除了心理老师在使用这套教材之外，同时还能够为班会课的设计提供参考方案。以往的班会只让学生听或者说是远远不够的，更需要引导学生通过实践去感悟，能够有所体验，他才能在教室之外，课堂之外去运用课堂所学。在实践中去不断内化，形成自己的心理品质和人格特质，学会做人，这其实和班主任的德育工作是同样的目的，也是教育者最终的追求。

学科教师反馈：

知道这套心理教材是因为在上课时，学生举例子时经常提到几个我在花名册上并没有听到的名字，像“苏辰”“天瑶”等，还纳闷这几个人是学校哪个班的名人。后来学生揭秘说，原来这几个熟悉的名字是心理教材上的心灵伙伴，教材中经常以他们的口吻来叙述大家在生活中常常遇到的问题，看来这几个形象真是深入人心。校园里经常也能看到学生在心理课上用游戏或者活动的方式进行课程学习的身影，比如“5·25”的爱心漂流卡片，用简单的话语传递对别人的感谢；比如盲行活动，让同学们学会关爱困难群体，同时体验到帮助他人的快乐和意义。同时，在生活中也时常会开展教师的心理能力和技术的培训，如，用非暴力沟通的方式和问题学生谈话，更好地处理自己的情绪，为学生起到榜样示范作用。

（四）促进教师队伍的专业发展，带动学校教科研水平的提高

学校开展教育科研的目的是探索、揭示教育规律，按教育规律办事，从而促进学生的发展。教师有目的、有计划、有系统地采用科学的方法去认识教育科研现象，探索教育规律的教育科学研究，已成为深化教育改革，促进教育发展的最重要的力量之一。我校依托教育部重点课题：《中小学生健康素养相关因素分析与对策研究》（2015 年 12 月）课题批准编号：DLA150337，与专业机构合作，研发并建立学生心理测评和心理成长管理系统，以学生的心理健康状况、人格、学习能力、生涯发展、脑疲劳程度、情绪状态、心理调节能力、注意力等指标的检测评估以及对应能力的训练提升为研究内容。通过科学可靠的测评工具，让学生、家长了解学生自身的心理状况，让教师了解中学生的心理健康发展情况，找出学生的成长规律，从而摸索出学校开展心理健康教育工作的规律。

学校课题组与专家共同研发《班主任及任课教师学生行为观察手册》。手册的评定内容主要是对学生自我管理能力、人际关系能力和社会适应能力几个模

块中重要心理能力发展的定性与定量评价，与学生心理素质与能力培养课程的目标一致，可以了解学生在不同心理能力维度上的发展水平与发展规律。同时这也可以成为对教师们进行再教育的一种方法，教师在学习和进行行为观察时，可以体会和实践学生的发展特点并思考行为表现背后的可能原因，有助于更好地实行干预方案并进行评估，再经过反思形成新一轮的行动研究方案。

五、“有效沟通，从我做起”教学设计

此教学设计获东城区中小学优秀教学设计心理学科特等奖。

<table>
<tr><td>授课教师</td><td colspan="2">北京第一六六中学
××</td><td>学科</td><td colspan="2">心理健康</td></tr>
<tr><td>班级</td><td colspan="2">高一年级</td><td>课时</td><td colspan="2">课时 1（45 分钟）</td></tr>
<tr><td rowspan="3">辅导目标</td><td>知识与技能</td><td colspan="4">学习运用“我信息”沟通方式解决人际交往中的冲突。</td></tr>
<tr><td>过程与方法</td><td colspan="4">运用小组讨论、模拟情境的方法，体验“我信息”沟通方式，并将其运用到实际生活，提升有效沟通能力。</td></tr>
<tr><td>情感、态度、价值观</td><td colspan="4">认识到人际沟通的重要意义，并学习和谐相处的沟通方式。</td></tr>
<tr><td>辅导重点</td><td colspan="5">在人际冲突情境中，体验并学习“我信息”沟通方式。</td></tr>
<tr><td>辅导难点</td><td colspan="5">熟练掌握“我信息”沟通方式，并解决人际冲突。</td></tr>
<tr><td>课前准备</td><td colspan="5">多媒体课件、视频、大白纸、彩笔、彩色便笺纸等。</td></tr>
<tr><td rowspan="2">辅导过程</td><td colspan="3">教师活动</td><td>学生活动</td><td>设计意图</td></tr>
<tr><td colspan="3">【开篇】回顾（2 分钟）
很高兴又在心理课中和大家见面，我们在生活中会遇到一些沟通不和谐的时候，甚至是冲突，面对这些不和谐的情境，我们该如何处理？
【活动一】情境模拟（26 分钟）
步骤 1. 请每个小组模拟表演一个生活中发生的人际冲突情境（亲子、同伴），并将表演定格在最能表现冲突的一个动作上；</td><td></td><td></td></tr>
</table>

续表

	教师活动	学生活动	设计意图
辅导过程	步骤 2. 小组到台前展示（老师拍照）； 步骤 3. 表演结束后，请台下同学记录下来情境中引起冲突或是使冲突不断升级的句子，写在纸上； 步骤 4. 将同学们总结出的句子贴在黑板上。 【提问】 究竟是什么原因引发冲突，让问题难以解决呢？ 【讲解】 步骤 1. 讲解“你信息”与“我信息”。 沟通过程中，当我们带着情绪（愤怒、焦虑等）以“你信息”表达感受和要求，就宛如伸出食指——指责、数落对方的错误。此时，情绪表达变成了指责和宣泄，将自己的感觉归罪于对方。所以“你信息”是无效的沟通方式。 有效的方式是用“我信息”告诉对方你的感受，用“我信息”而非“你信息”来沟通。“我信息”的表达可以简单地以下列的公式来说明：“当……时候（陈述引发我们情绪的事情或对方的言行），我觉得……（陈述我们的感受），因为……（陈述我们的理由），我希望……（陈述我们的建议或请求）”。 步骤 2. 练习“我信息”句型。 1. 区分“主观评价”与“客观事实”； 2. 讲解需要与感受； 3. 区分“模糊陈述”与“具体建议”。 【活动二】情境重现（15 分钟） 根据刚才的讲解，相信同学们都了解了“我信息”沟通方式，下面我们就将刚才的情境进行改编，重新演绎出来。 步骤 1. 运用“我信息”句型，改写冲突情境中的对白； 步骤 2. 小组到台前来展示，并将表演定格在最能表现冲突化解的一个动作上（教师拍照）。 【总结】（2 分钟） 我们每个人都生活在关系中，沟通之于关系，正如呼吸之于生命。沟通那么的重要，但现实生活中沟通总会有攻击、指责、冷嘲热讽、打断等。今天我们学到了一种好的语言表达方式，它还有很多的变式，但重要的是要建立在理解与尊重的基础上，这些好的沟通模式需要大家不断的实践练习，爱的表达、平等的沟通氛围从我做起，从“我信息”表达开始。	小组讨论，思考冲突情境，并排演； 台前展示模拟情境，定格在最能表现冲突的动作上； 将引起冲突的句子提炼出来。 思考“我信息”沟通方式的重要性。 学习“我信息”沟通句式，通过几组练习强化知识。 小组讨论，续写冲突情境； 台前展示情境对话，定格在化解冲突后的一个动作上。	通过情境表演体验人际冲突中的感受，发现引发冲突的原因，激发学生意愿，学习好的沟通模式。 介绍新的沟通方式。从“我信息”的重要性到实际操作，学生从理论到实践体验、学习“我信息”的沟通方式。 通过具体的情境练习刚学习到的人际沟通方式。 通过情境表演的形式演绎出来，强化学习内容。

六、“我的目标山峰”教学设计

此教学设计获北京市中小学心理健康教育优秀成果课例类一等奖。

教学基本信息

（一）所用教材：校本教材《心理素质与心理健康》

（二）授课年级：初一年级

（三）主题：我的目标山峰

（四）教学目标

1. 情感目标：能感受到目标对自己的重要性，激发出为自己制定合理目标的愿望。

2. 认知目标：认识到初一下学期对自己最重要的事情，即要达成的目标；认识到一个合理的目标有哪些评判标准。

3. 行为目标：能根据合理目标的标准和实际情况调整目标，为自己制定出合理的学习目标，并能为实现目标制订一些简单的计划。

（五）教学重难点

1. 教学重点：感受到制定目标的重要性，知道自己初一下学期要做成哪些重要的事情，能认识到一个合理的目标有哪些评判标准。

2. 教学难点：能够为自己制定出合理的学习目标。

教学准备

“我的目标山峰”学案若干，教学PPT，《小猪吃饼干》视频片段，背景音乐。

教学过程

（一）听口令，指向TA（3min）

1. 活动内容：

教师讲解游戏规则：（1）请按照老师的口令指向符合要求的某个TA（这个TA可能是我们之中的任何一位同学）；（2）整个过程中不能说话、不能与同学交流。

教师：现在，听好口令。请你快速地指向任意一位戴眼镜的同学，请你任意指向一位扎着辫子的女生，请你指向某某，好，请你指向一位兜里装着三颗糖的同学。

提问：想一想，为什么在前两次口令中，你们特别快地指对了，而最后一次却指不出来了（或者反应慢了）呢？

教师总结：好，其实在刚才这个游戏中，我们可以把这个TA比作我们做事情的目标，当你清楚目标是什么，在哪里，就能帮助你很快完成这个指向任务，但是当你根本不知道目标应该是谁，在哪儿，那就会不知所措了，对吧，所以，我们要做好一件事情，首先要明确自己的目标是什么。

2. 设计意图：通过“指向”游戏活跃课堂气氛，激发学生参与的兴趣，引导学生思考明确目标的重要性。

（二）我的目标山峰（20min）

1. 活动内容：

教师提问：同学们你们有自己的目标吗？你的目标是什么呢？我们接下来的这个活动叫“我的目标山峰”。

教师讲解活动要求：（1）请大家认真思考，将你本学期最想实现的5个与自己有关的目标分别填写在5座目标山峰上。（2）按照你认为能够实现的可能性打分，0—10分（0分=最不可能实现；10分=最可能实现）。（3）时间3min。

等学生写完之后，教师：请大家思考一个问题，我们在制定目标的时候需要考虑哪些因素？也就是如何制定一个目标呢？

学生分享：（1）你有哪些目标？（2）你认为本学期内自己最可能实现的是哪个？为什么？（3）你认为不大可能实现的是哪个？为什么？

教师：好，刚才几个同学与大家分享了自己的目标，有的目标高了点，实现起来有些困难，有的目标比较简单，很容易就能实现了，那么我们回到刚才提到的问题，我们如何去制定一个目标，在制定目标时需要考虑哪些因素呢？给大家3min，跟你的前后左右讨论讨论。

学生讨论过后请2—3个同学回答问题。

教师总结：我们在制定目标的时候，有4个非常重要的标准。

第一，目标的高低要适中。过高的目标如果你总是实现不了，可能会让我们失去信心，而过低的目标实现起来太容易，也会让我们减少前进的动力。所以需要一定的努力就能实现的目标比较好。

第二，有时间范围，就是给自己一个时间期限，要在多长时间内实现目标。

第三，具体的目标，比如你的目标是取得一个好的学习成绩，什么是好？80分还是90分呢？

第四，对自己很重要，我相信大家的目标一定都是对自己重要的。

请同学们根据制定目标的标准再来调整一下自己的目标，让它高低适中，更具体，看看是不是变得更加清晰了，更能明确你前进的方向了呢?

2. 设计意图：通过填写目标山峰帮助学生思考本学期自己的目标及其可实现性，并能通过小组讨论来获得制定目标的一些标准，从而对自己的目标进行适当调整和改变，让其变得更加合理。

（三）攀登目标之峰（15min）

1. 活动内容：

播放短片《小猪吃饼干》

教师提问：小猪的目标是要拿到饼干，刚开始为什么没有立刻拿到饼干呢?（太高）小猪为拿到饼干做了什么?（使用工具、借助外力、遇到各种困难锲而不舍、不断尝试、调整改变方法）

教师总结：那我们在实现目标的过程中可以参考这几种做法。第一个，积极行动，就像小猪一样，看到饼干，就立马行动起来要去拿到它。第二个，我们在实现目标时可能会遇到很多困难，那我们要想办法克服困难，不断地尝试。第三个，制订计划，这个可能是我们比小猪聪明一些的地方，我们可以将自己的目标分解成很多小任务，每天、每月要完成什么任务，来帮助我们更好地实现目标。

教师：现在，就请大家在5座目标之峰中选出一个，完成下面的活动二：攀登目标之峰。将你选择的目标写在山顶上，想一想，你可以做些什么来帮助你通往山顶的目标?

最后找3—4个学生分享他们的目标之峰。

2. 设计意图：以《小猪吃饼干》为切入点，“攀登目标之峰”活动为落脚点，引导学生思考如何实现一个目标，在这个过程中需要做些什么事情。

（四）课堂小结（2min）

1. 活动内容：

教师布置课后小练习，画山峰图（学案），学生为自己选择这一周的某个学习目标，写出自己每天可以做些什么，来帮助自己在本周最后一天实现目标。

总结：我们在人生的每个阶段都会有大大小小的目标，目标是促使我们不断前进的动力。通过这节课，希望同学们能更加清楚自己现阶段的目标是什么，并能够为之不断努力，早日达成自己的目标。

2. 设计意图：课后练习帮助学生将自己实现目标过程中要做的事情变得更加具体和清晰，也让他们练习如何制订计划。

七、“发现学科之美”教学设计

此教学设计及课程被评为北京市市级示范课程。

基本信息					
姓名	×××	学校	北京市第一六六中学	职称	中教二级
课程名称	发现学科之美				
课程类别	心理健康教育	学段/年级	初中一年级	班级	11 班
教材	《心理素质与心理健康》				
活动目标					
知识与技能：了解并丰富学科的价值和魅力的具体内容。 过程与方法：通过学科魅力展示分享，知道从哪些方面提升自己的学科兴趣。 情感、态度与价值观：体验到了学科的价值和魅力，激发去提升自己的学科兴趣的意愿，享受学科学习的愉悦体验。					
活动准备					
1. 教具类：彩纸若干张、小磁石若干、学案、黑色水笔若干 2. 资料类：PPT、背景音乐 3. 场地布置：课桌椅摆成六组					
活动过程					

活动序号	活动名称	活动目的	活动内容	活动时间
1	导入	引导学生发现身边的美，引出今天的主题发现学科之美	1. 开场：同学们大家好，很高兴和大家一起进入今天的心理课堂。各位同学来到这个学校近 4 个月了，你在这里发现了哪些美呢？请同学为我介绍一下。 2. 指定某一组同学迅速地回答，不能重复。 提示：学校、班级环境、人（老师之美/学生之美）、事（做事的过程/活动的环节） 3. 过渡：同学们讲了身边许多美的发现，听得我心里都美美的，那么你发现学科之美了吗？（引出本节课的主题——发现学科之美）	3′

续表

活动过程				
活动序号	活动名称	活动目的	活动内容	活动时间
2	成立学科工作室	通过呈现调查结果，让学生对班级内的学科兴趣现状有初步了解；同时分组为接下来的活动做准备。	1. 教师引导：昨天老师问了大家一个问题，下面我们一起来看看调查结果。 2. 呈现学生的调查结果：描述选择各个学科的人数。 3. 教师提问，引发思考：不知道有没有人很好奇为什么有的学科会有这么多人喜欢？还有的学科选择的人不多，感觉有些孤单，老师很好奇这几个同学喜欢这些学科的什么呢？	3′
3	学科魅力发布会	1. 通过讨论让学生澄清学科的价值和魅力。 2. 在讨论过程中让学生体会到学科的魅力，发现学科之美。	1. 布置小组讨论任务 根据大家的喜爱我们将同学们分成了以下几组成立学科工作室：数学组/历史组/音美组/心体组/语言组/生物组/劳动组，请你们工作室讨论你们代表的学科的价值和魅力有哪些？（也就是你为什么喜欢该学科） 任务要求： （1）讨论并将关键词记录在彩纸上。 （2）限时 3 分钟。 2. 各组派代表将结果贴在黑板上。 3. 提问：哪个组愿意说说你们组的结果？（本组是否有补充？其他组是否有补充？） 4. 教师总结，呈现 PPT。 刚才我们一起梳理了各个学科的魅力和价值，它表现在学科本身、结果、学习的过程中、学科中的他人等方面，不知道它是否进一步激起了你学习这些学科的兴趣呢？当你们谈起因为 <学生原话> 而喜欢数学、历史、生物的时候，老师看到你们眼中热切的目光，你们的微笑，充满着热情和自信，这真的好美！	19′

续表

活动过程				
活动序号	活动名称	活动目的	活动内容	活动时间
4	静思时刻	1. 通过回答问题引发学生对自我改变的觉察。 2. 让学生了解提升兴趣的方法，并促使学生在生活中运用。	1. 回顾整个过程，思考以下问题并将你的思考写在学案上 （1）在参与学科工作室讨论时，你对喜欢的学科有什么新的发现？ （2）在同学们进行学科发布的时候，你对哪些原本不感兴趣的学科有了新的了解？ （3）接下来你愿意尝试在哪个学科上提升自己的兴趣？（在此次调查中，政治、地理学科没有人提到，现在你愿意做一些改变吗?）你想到了什么方法？（学生写的过程中要关注能够写出点的同学，有针对性地提问） 2. 全班分享 3. 教师总结（呈现 PPT）：提升兴趣之道 （1）多了解一些学科的信息 （2）从小目标做起，创造更多积极体验 （3）学习别人的经验 （4）思考与实际生活的联系 ……	10′
5	总结延伸	通过梳理本节课的过程，让学生对课程印象深刻，同时激发学生在生活中发现美的意愿	教师总结（配合 PPT + 音乐）： 本节课我们从发现学校的美景、美人、美事出发，通过对喜爱学科的价值与魅力的讨论体验、展示美；借助静思时刻请同学思考自己的学科兴趣及提升之道，期待大家能够将课堂所学运用到生活中去创造更多美的体验，通过这节课的内容，请同学们跟我一起来问自己这样几个问题： 1. 我发现每个学科都有独特的价值与魅力了吗？ 2. 别人对某个学科的喜爱是我从未体验过的吗？ 3. 我可以选择换个角度重新看看某个学科吗？ 4. 从别人介绍的学科价值和魅力中，我能找到更多的兴趣吗？	5′

班会课

我校班主任团队在管理班级的同时，十分关注学生的心理健康，参考并选取《心理素质与心理健康》校本教材中的活动，在班内开展心理健康相关主题的班会。如“自信是成功的基石”“其实你很优秀”“假如给我三天黑暗”等。

八、“我其实很优秀”主题班会

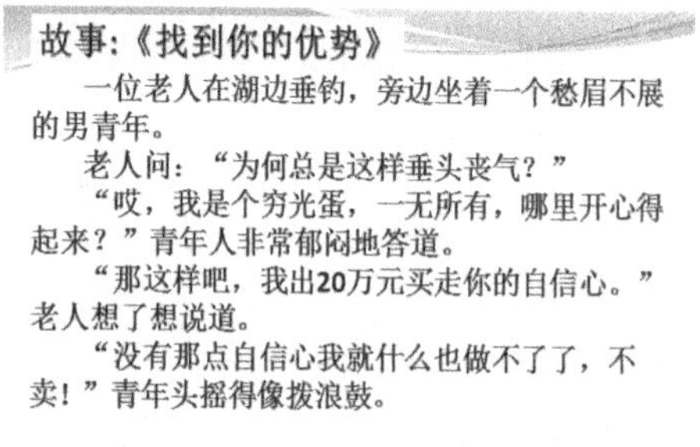

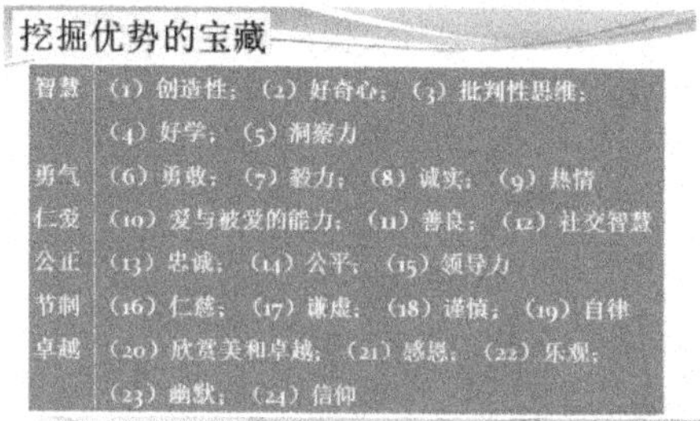

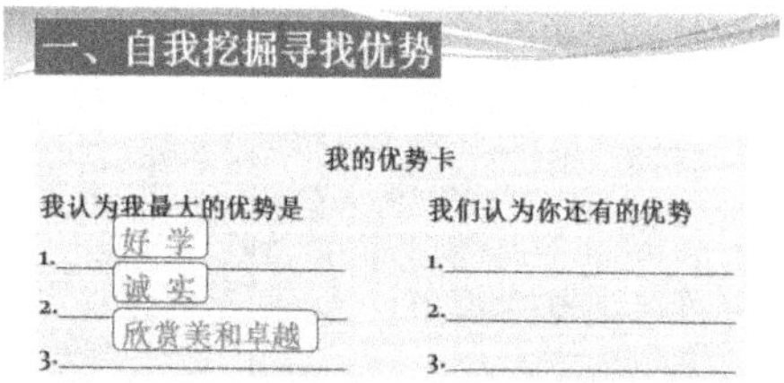

我校初中班主任周老师在班会课上帮助同学们发现自身优势

同学们在班会课上认真思考与发现自己的优势

九、“自信是成功的基石”主题班会

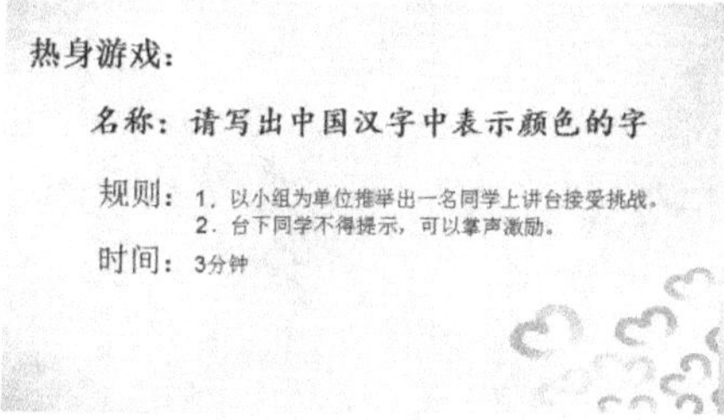

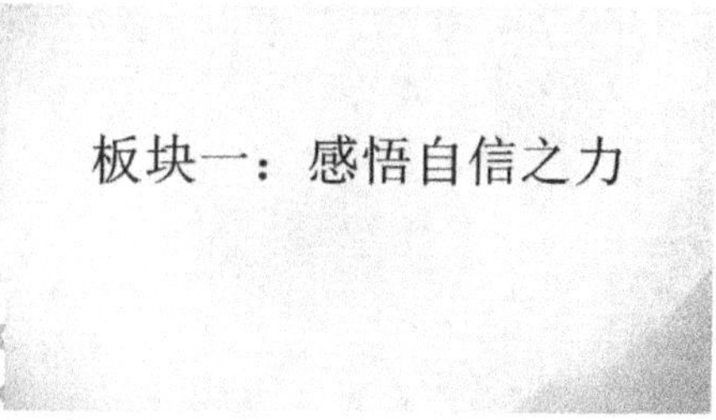

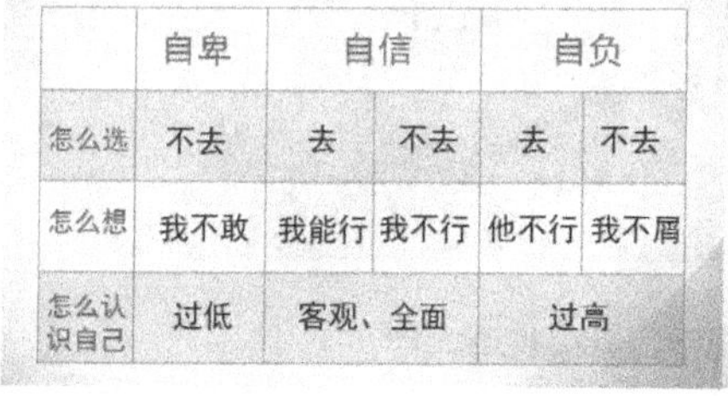

	自卑	自信		自负	
怎么选	不去	去	不去	去	不去
怎么想	我不敢	我能行	我不行	他不行	我不屑
怎么认识自己	过低	客观、全面		过高	

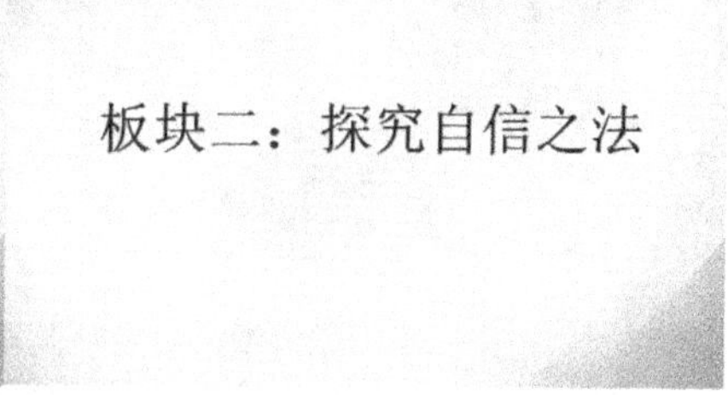

学生班会作品

十、"生命教育——假如给我三天黑暗"主题班会

主讲董丽娜老师向同学们介绍视障人群

同学们体验盲行

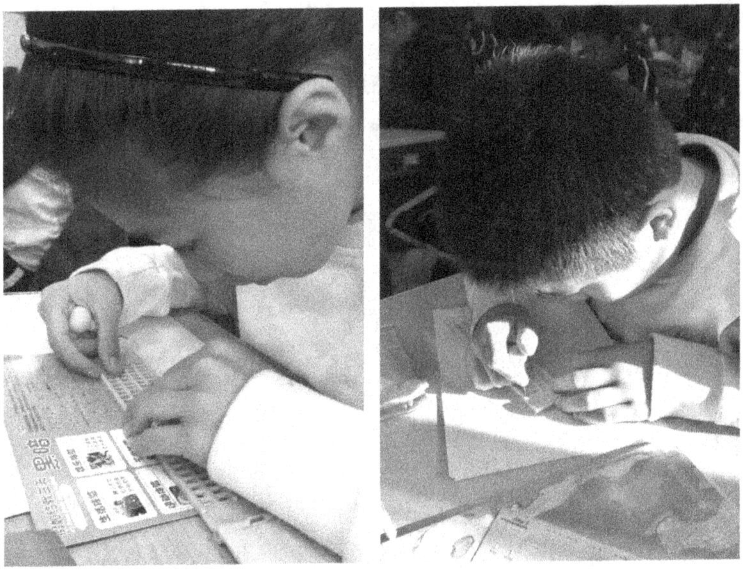

同学们体验盲文书写

在这堂班会课里，同学们体验了失去光明的世界，生发了对生命更多更深的感悟。能够对身边的人给予更多的理解和关怀，也会更加珍惜自己的生命，坚持自身的梦想。

十一、“逆风飞扬——直面挫折”主题班会（教案）

（一）活动目的

从总结校运会、三人篮球赛入手，引出学生面对挫折的思考，增强学生意志力品质的锻炼，教育他们坦然地面对挫折、挑战挫折、最终战胜挫折。

（二）活动程序

（上课前，布置会场，桌子摆一起，椅子围成半弧形，学生坐。播放班歌，乐止，班会开始）

1. 主持人总结校运会和篮球赛的情况，祝贺获得名次的同学，鼓励他们再进一步，表扬积极参与的同学和后勤人员。指出这两场比赛有不尽如人意的赛果，但同学们都已经尽力，鼓励他们要有良好的心态和意志力直面挫折，动员同学们把体育精神继续发扬到学习中。

2. 引出这次班会的主题：“逆风飞扬——直面挫折”。

3. 玩游戏——“蛋的进化”。

操作方法：开始时，大家都处在“蛋”的状态，然后，每两人一组，进行猜拳，赢的升为“小鸡”，输的继续在蛋的状态。接着，赢了的队员再两两一组，进行猜拳，赢了的升为小鸟，输了的回到蛋的状态，和同样处在蛋状态的队员猜拳……依次类推，直到连赢五次，经历完从蛋—小鸡—小鸟—猴—人的“五步曲”，才算胜利，胜者均获纪念品一份。

游戏后，主持人访问从猴变人那一关猜输被打回蛋的一位同学的心情。

问：这游戏象征什么呢？（学生发言）

明确：象征着人生的曲折、坎坷。

小结：正如这个游戏的进化过程，很多时候，当我们付出很多努力，却不得不从头再来时，你是否依然有勇气？命运完全掌握在你手中，抱怨与嫉妒只会让你意志消沉，萎靡不振；信心和勇气才会让你成功。其实，人的一生就是在不断地寻找、认识、完善自我的过程。每一次挫折，都能帮助我们找到自己独特的位置和价值。

4. 请两名学生出来讲名人克服挫折的故事。

思考：同学们也许会说，他们之所以能战胜挫折，因为他们是伟人、是名人，离我们生活太远了，那么，是不是这样呢？

5. 同学们将最近遇到的困难和挫折写在一张纸上（不必写自己的姓名），交给老师，老师随机抽出 3—5 个“挫折”和同学们共同讨论，寻求解决办法。

问：当别人遇到挫折或不幸时，你该怎么办？

板书：同舟共济、携手同游

小结：战胜挫折是我们每一个人都能做到的事，最重要的是你是否有毅力和寻找朋友的帮助。

6. 教师讲故事——《被落井下石的驴》，请学生续尾。

一位乡下农夫有头老驴子，一天，老驴子不小心跌进了一个深坑。农夫听到驴的哀鸣，目睹它的困境，想了很久，断定救不了它，但又不忍心看着它痛苦而死，于是，农夫决定往坑里填土，把老驴闷死，以便使它早些脱离苦海，于是，农夫就开始往坑里填土……

学生分组讨论续编完这个故事。教师下到各组，有意识地了解各组情况。教师根据了解到的情况，选取其中具有代表性的小组，由小组推选代表发言。

思考：同学们，你们再次讨论讨论，两种截然不同的结果产生的原因是什么？讨论完后，小组推选代表发言。

教师总结：人们在生活中，对待挫折不同的态度，会产生两种截然不同的结果，这就告诉我们当面对挫折时，决不放弃任何的努力，用坚强的意志力去克服，最后一定会战胜挫折，你们看，原来用来埋葬老驴子的泥土堆，最后不是拯救了它吗？

7. 结语：引用鲁迅的一句话：“真的猛士，敢于直面惨淡的人生，敢于正视淋漓的鲜血。”祝愿同学们在未来的人生旅途中能逆风飞扬，坦然地面对挫折、挑战挫折、最终战胜挫折。

8. 播放班歌——《逆风飞扬》。

（三）入学教育

依据教材中适应力课程，我校每年都会为本校起始年级（初一/高一）开展入学教育活动，致力于帮助学生迅速适应新环境，提升学生适应能力。

初一/高一新生入学适应团体心理辅导方案

一、活动目的

1. 通过班级团体活动，促使初一/高一年级新生互相认识，建立初步的信任关系；

2. 营造积极健康的班级氛围，初步进行班级建设；

3. 班主任可以在活动中观察学生行为，为今后的教育教学工作提供参考；

4. 班主任可以体验团体心理辅导活动，借鉴其中有用的形式和内容，实践于本班的班会课中。

二、活动对象：初一年级各班/高一年级各班

三、活动地点：各班教室、操场

四、活动指导者：班主任

五、前期准备材料（每班）：

A4 纸张　7 张　磁性贴　6 个

课程 PPT　1 份　相机　1 台　校训单子　48 张

六、活动过程：

活动阶段	活动目标	活动内容	时间
开篇	让学生了解本次活动的主题以及需要遵守的规则。	介绍主题及活动中的规则	5′
破冰之旅	活跃气氛，让学生迅速投入到课堂活动当中并通过该活动将全班同学分成6组。	谁是我的小伙伴	10′
主题活动	小组成员之间相互熟悉，增进彼此了解，在短时间内尽可能多地记住同小组的成员。	你好，同学	20′
	1. 增进同学之间的交流沟通； 2. 进行班级建设。	我的班级我做主	40′
选举中队长	在学生参与前面活动时已有相互了解的基础上，通过学生自荐和竞选的方式，选出本班的中队长。	竞选中队长	10′
结束阶段	对活动中出现的问题进行总结，对未来学生的中学生活提出展望和期待。	总结活动，分享	5′

七、活动总结

“青春绽放，梦想启航”——高一新生入学适应团体辅导活动圆满落幕

摘要：2020 年 8 月 30—31 日，高一新生入学适应团体辅导活动顺利开展。活动营造积极健康的班级氛围，将同学们凝聚在一起，对新班级形成统一的目标和愿景。

为促进高一年级新生互相认识，建立初步的信任关系，营造积极健康的班级氛围，2020 年 8 月 30—31 日，我校举行了高一新生入学适应团体辅导活动。活动分两部分完成，即第一部分 8 月 29 日各班进行班会课，第二部分 8 月 30 日全年级开展年级会活动。

8 月 30 日，以“新起点，新生活”为主题的第一堂班会课在高一年级各班教室内顺利开展。通过“介绍主题及活动中的规则”“我的关键词”“班级因我而精彩”“班级展望”等环节，同学们开启破冰之旅，初步进行班级建设。在活跃热烈的气氛里，学子们迅速投入到班会活动中，并通过分组，共同设计班级口号、制作班级标识。同学们热情参与，增进彼此之间的交流沟

通，更好更快地融入新集体。

第一堂班会课，将各班同学都紧紧凝聚在一起，对新班级形成统一的目标和愿景。

开放日课程：

每年学校会面向各个小学开展校园开放日活动，展示学校的风貌和精品课程，这其中依据教材设计的心理课是每年最受欢迎的课程之一。

一、“创意就在身边”展示课

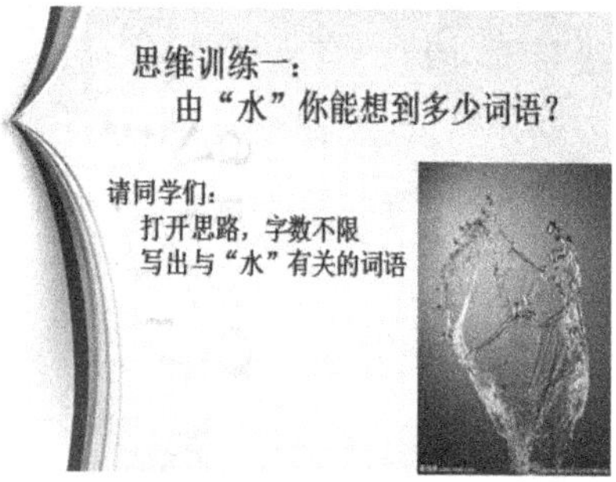

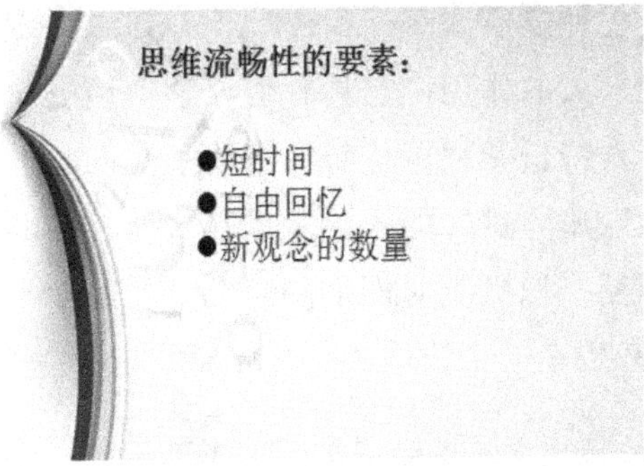

我校心理老师参加“小升初”开放日的小学生们上课

二、“人际大富翁”展示课

三、“多样你我他”展示课

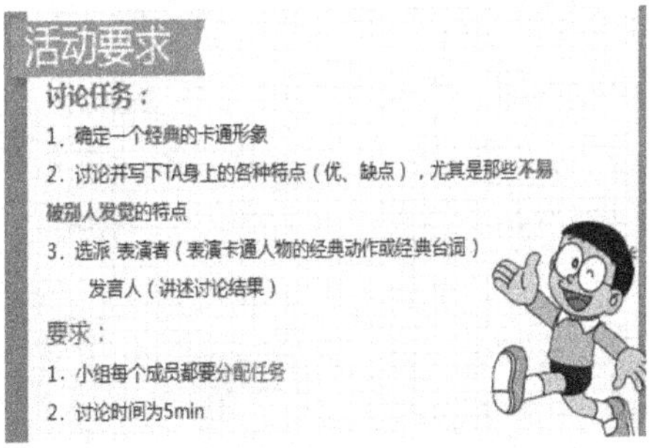

最后，学校还利用心理实践室开展心理健康课程。我校学生心理实践室在学校开展心理健康教育工作中发挥着重大的作用，它具有引导学生积极成长的六大功能：即帮助学生充分挖掘个人特长和积极优势；帮助学生内心更加快乐，拥有更多的积极情绪；帮助学生建立良好的人际关系，与他人和谐相处；帮助学生从困难和挫折中快速恢复，积极应对面临的问题；帮助学生激发内部动机，实现积极成长；帮助学校创造一个快乐的校园环境。

四、本研究特色与展望

（一）研究特色

1. 建设多学科的融合心理课程

课堂是对学生进行心理健康教育的主渠道。教师通过科学、合理的教学手段、教学情境及教学组织形式，有意识地在课堂上将学科融合，能有效地促进学生心理健康的发展。学校已有的心理融合课程有：心理戏剧融合课程（高一年级校本必修开设）；心理历史融合课程《中国古代天人合一思想的古今》（高一年级校本选修开设）；心理生物融合课程（初二科学俱乐部活动）；心理艺术融合课程（初一、初二年级校本必修开设）；心理健康教育班会课程（全校各年级班会课）等。学科教学与心理健康教育的渗透与融合，不仅为心理健康教育开拓了更为广阔的实践领域，也为学科教学提供了变革的空间，真正体现了“以人为本”的教育思想。

2. 鼓励个性化的自主心理课程

课程倡导自主、合作、探究的学习方式，以学生为主体，在尊重个性化的基础上鼓励学生创建自主课程，促进课内学习与课外拓展的结合。每年的5月25日是全国学生心理健康节。“5·25”的谐音为我爱我，意思是要提醒所有人珍惜生命，关爱自己的心理健康，在此基础上学会关心他人，学会表达感恩。为提高全体师生关注心理健康的意识，增强学生维护心理健康的能力。依托“5·25”健康节，全校学生自主设计并开展了一系列的活动，如爱心传递、送信小天使等，用爱点亮生活，让心与心的距离更加贴近。

今天以爱心大使的信使身份参与了学校的“5·25”心理健康节活动，向年级各班同学分发了同学们互相书写的明信片。同学之间的祝福、回忆和展望，一点一滴的美好无一不在温暖着我的心。明信片送达时同学们的感谢和笑颜让我觉得自己的付出得到了莫大的回报，自我价值被大家认可，是我最开心的事。

——高一（2）班　刘元

自主心理课程与班校会课有机结合，让心理课程具有无限亲和力。每一个班都设计了不同主题的心理活动日。“说句心里话”“我和我的同伴”“如何选择”不同主题，分别表达了不同学段和不同班级学生面临需要解决的问题。学生利用班会课把心理课上学到的方法和自己遇到的问题结合起来，由学生自己为自己诊断，提出积极建议和解决方案，这些个案问题作为心理课的典型案例，积极推动自主心理课程建设不断完美。

3. 创造重体验的实践心理课程

心理课程重视知行合一，重视学生的体验和实践。每学年的高一心理课上，都会给学生布置一个作业——每个小组要准备一个贴近现实生活的校园情境心理剧，进行展演。心理剧是对学生进行心理健康教育的形式之一，学生自编自导心理剧以幽默诙谐的方式告诫我们应该以什么样的方式对待生活，颇受师生好评。以学生的亲身体验、心灵感悟解决实际生活中的问题，是心理教学在实践中最有益的探索。

以高一学生心理剧创作为例，通过心理课上对于自我的探索，高一（1）班的孩子编写了一部反映弗洛伊德人格理论的心理剧——《我的门》。这部心理剧讲述了主人公在“自我”的选择下，被“超我”和“本我”分别控制，从而发生的一系列奇幻荒诞的故事。《我的门》荣获首届北京青少年戏剧大赛金奖，两位同学获得“最佳编剧奖”。孩子说：“《我的门》带给我的除了荣誉、表演技巧和知识的收获，更体会到了人与人之间互相支持的情感是那么给力，也明白了心理课绝对不只是学知识，更要去用知识认识自己，改变自己，让自己成为更健康、更优秀的人。”

4. 立足培养学生自主发展，凸显学生生活本质

立足培养学生具有积极的心理品质，自信自爱，坚韧乐观；有自制力，能调节和管理自己的情绪，具有抗挫折能力等。同时能自我管理，正确认识与评估自我；依据自身个性和潜质选择适合的发展方向，具有达成目标的持续行动力等。学业成就单元以学生对已有知识的重组和改造能力为核心，重视对学习能力的探索。适应能力注重培养学生适应复杂多变的社会的能力，及时调整与环境的关系，找到自己生长的最佳结合点。关注了与人合作的能力，应对各种冲突和压力的能力等。这些能力的提高可以通过课程中对自我的认识，对情绪的调控和耐挫力等的培养来实现，它顺应了未来社会对人才发展的需求，更顺应了学生应具备的核心素养。

以生为本，贴近实际，贴近生活。以心理知识为依托，让学生在做中学，在发现问题、解决问题中学，把知识内化为学生解决生活中问题的启示和引领。以职业生涯规划为例，面对选科走班，面对如何客观自我分析，如何自主选择，在教材中循序渐进地引导学生了解和熟悉学业生涯、职业生涯，并指导和帮助学生进行合理、适合的规划。

（二）研究展望

我们的心理健康教育实践已经实践了多年，学生、心理教师都反馈心理健康课程内容安排合理，效果显著。同时，我们也获得了方方面面的反馈。经过几年努力，基本实现了以“健康、自主、实践、融合”的多元多维课程为载体，促动师生体智融通；总结、梳理、推广学校健康教育的理念与实践课程，促动校际间、区域间、国家间以及社会、家庭、学校健康教育理念的融通与互促的目标，取得了显著效果。期待在心理健康教育实践之路可以不断地随着社会时代进步逐渐完善，从理念到内容、实施可以取得进一步的提升。

《心理素质与心理健康》校本阅读手册纲要

第一部分　前言

北京市第一六六中学创建于1864年，前身为“贝满女子中学”和“北京市第十二女子中学”，是北京第一所由外国人开办的女子国际学校，也是北京第一所实行“分科教学”和“班级授课制”的国际学校。是北京市示范性普通高中，国家级教育体制改革试点项目“开展高中特色发展实验项目学校”。基于对学校文化底蕴、办学特色的回顾与思考，我们提出了“秉承育人本真，构筑教育生态，为学生一生幸福服务”的办学理念，把“创办具有国际视野、高品质，以博雅教育为特色，可持续发展的优质学校”作为我们的办学目标。

心理健康教育是我国学校德育工作和素质教育工作的重要组成部分。《中小学心理健康教育指导纲要（2012修订版）》（以下简称新纲要）指出，“中小学心理健康教育，是提高中小学生心理素质、促进其身心健康和谐发展的教育，是进一步加强和改进中小学德育工作、全面推进素质教育的重要组成部分”，明确了心理健康教育在德育工作中的重要地位。

心理健康教育课程致力于促进创新人才培养、促进个人实现幸福人生。新纲要明确了心理健康教育在创新人才培养和为学生构筑幸福人生中的地位和作用，指出心理健康教育的主要任务是“培养具有社会责任感、创新精神和实践能力的德智体美全面发展的社会主义建设者和接班人”，开展心理健康教育是“学生身心健康成长的需要”，是“为他们的健康成长和幸福生活奠定基础”。因此，心理健康教育应成为培养学生创新精神，促进学生身心健康和谐发展，为其健康成长和幸福生活奠基的重要工作。开发适合学生心理发展特点的心理健康教育读本是指导学生进行自主心理健康实践的重要工具。

第二部分 目标与内容

一 总体目标与内容

心理健康教育读本的目标从激发情感与动机、调整认知与思维、提升行动与能力三方面设计目标，三方面目标相互渗透，融为一体。目标的设计着眼于对帮助学生解决学习生活中的实际问题，促进学生身心健康发展，并力求从适应能力、学业与成就能力、自我意识与情绪、人际和社会能力以及综合应用能力几个方面全方位提升学生的心理素质。

二 学段具体目标

初中学段目标：

新纲要从自我意识、学业能力、人际关系、情绪管理、社会适应五个方面提出了初中阶段的目标，即“帮助学生加强自我认识，客观地评价自己，认识青春期的生理特征和心理特征；适应中学阶段的学习环境和学习要求，培养正确的学习观念，发展学习能力，改善学习方法，提高学习效率；积极与老师及父母进行沟通，把握与异性交往的尺度，建立良好的人际关系；鼓励学生进行积极的情绪体验与表达，并对自己的情绪进行有效管理，正确处理厌学心理，抑制冲动行为；把握升学选择的方向，培养职业规划意识，树立早期职业发展目标；逐步适应生活和社会的各种变化，着重培养应对失败和挫折的能力”。

为达成上述目标，根据初中生入学后至毕业前的心理成长与适应过程，将上述目标分解在5个小学段中设置如下：

初一上学期：适应能力与素质

（一）情感与动机目标

1. 激发对探索与了解自己角色的兴趣，以开放的态度面对不同角色，提升环境认同感。

2. 激发主动完成任务的兴趣，体验主动性所带来的积极体验及感受，对不能改变之事持积极接受的态度。

3. 激发探索自己生活目标的兴趣以及开放积极的态度体验，体验苦恼的等负面感受。

（二）认知与思维目标

1. 了解初中生这个新角色意味着什么，新角色的定位及任务等，环境认同对于个体适应的重要作用。

2. 了解主动性良好适应过程的意义，提升主动意识，学习提升主动建立应对策略系统的方法。知道有些事情是不可能改变的，学习接受现实的方法。

3. 了解心态和目标对适应的重要影响，学习调整心态和目标的方法。

4. 了解变化是生活中的常态，知道自己的资源。

（三）行动与能力目标

1. 能够履行初中生角色相应的责任与行为。

2. 在实际生活中提升主动性，能够把主动性的方法应用于生活和学习实践中，建立自己的应对策略系统。

3. 能够在现实生活中尝试接纳环境、接纳自己，接纳生活中的不完美。

4. 能够积极面对变化并付诸行动。

初一下学期：学业与成就能力

（一）情感与动机目标

1. 唤起学生对于目标重要性的认识，激发学生在目标驱动行为时的积极、正面的情绪体验。

2. 激发学生对成就的积极情绪感受、体验不同成就动机给人带来不同的情绪、情感体验。

3. 激发学生主动规划自己生活、学业、生涯的愿望，体验面对选择和需要决策时的情绪情感，并产生探索自己决策力的愿望，从情感上体验有效的规划带来的成就感。

4. 体验主动行动带来的成果和情绪情感，感受坚持或者放弃做一件事的过程和结果中的情绪体验。

5. 体验面对困难和挫折情境时产生的情绪感受，以及对待挫折不同的态度所产生的不同感受。

（二）认知与思维目标

1. 认识和了解不同的人生态度对成就以及对一个人毕生发展的影响。

2. 了解决策的重要性、决策的原则和方法。

3. 了解如何制定目标、规划行动。

4. 了解每个人一生中都不可避免会遇到挫折，学习应对困难和挫折的方法。

（三）行动与能力目标

1. 能够端正学习态度，寻找和发掘出自己当前学习中的有利于自我发展和成就的动机。

2. 能够确立短期目标与长期目标，目标是指向未来的。

3. 学会制订计划，并自我监督执行计划。

4. 学会自我管理，能够有效管理时间，提升自控力。

5. 在遇到困难或失败后能进行理性分析思考，作出有利于自己发展的行为选择。

6. 在面对选择的时候，能够运用科学有效的决策方法去思考问题、作出决策。

初二上学期：自我意识与情绪

（一）情感与动机目标

1. 培养探索和了解自己的兴趣和意愿。

2. 培养为自己负责、进行自我调控和改进的动机。

3. 培养对自己的情绪进行学习、了解、探索的兴趣和意愿。

4. 乐于对他人的想法、观点、情绪等进行了解和探索。

5. 培养对他人的关心（亲和动机）。

（二）认知与思维目标

1. 对自身的特点、优势与潜能等具有一定的客观认识。

2. 知道自我接纳与自我设限可能产生的积极和消极后果。

3. 了解基本情绪类型。
4. 知道情绪与结果之间的联系。
5. 知道情绪调节的基本方法。
6. 知道一些了解他人情绪的线索。
7. 知道对他人进行观点采择的一些方法。

（三）行动与能力目标

1. 能够在自我设限的方面对自己进行有效调控。
2. 能够觉察和理解自己的情绪状态。
3. 学会使用言语或非言语表达情绪。
4. 能够恰当使用一至两项情绪调节的方法管理自己的情绪。
5. 能够理解他人的想法和观点。
6. 能够对他人产生共情式体验。
7. 能够接纳在观点、想法和偏好等方面与他人的不同之处。

初二下学期：人际与社会能力

（一）情感与动机目标

1. 培养良好的沟通兴趣，激发与他人沟通的欲望。
2. 培养主动与同伴、老师和父母建立友好关系的主动性。
3. 了解人际协调和团队合作带来的快乐体验。
4. 培养锻炼人际融合的主动性。
5. 激发提升人际影响力的内在需求。

（二）认知与思维目标

1. 知道健康人际关系与提升社会能力的重要性。
2. 了解倾听能力、表达能力、反馈能力和同理性在关系建立中的作用。
3. 培养求同存异的思维，以便更好接纳他人。
4. 了解协调能力在提升人际融合能力中的重要作用。
5. 了解印象管理、幽默感、赞美他人、常怀感恩在提升影响力中的作用。

（三）行动与能力目标

1. 能根据不同情景调整自己的沟通模式，进行有效沟通。
2. 能与老师、父母、同伴建立并保持友好的关系。
3. 能正确与异性交往，掌握与异性交往的亲密关系的尺度。

4. 能与团队其他成员合作完成任务。

5. 善于协调多方资源，积极应对人际冲突。

6. 当发现他人的优点时，能予以及时和恰当的赞美。

7. 能体会到感恩在人际沟通中散发出来的无穷力量。

初三全学年：综合应用

（一）情感与动机目标

1. 激发学习热情，正确面对中考，处理好进取心与平常心的关系。

2. 端正考前心态，积极进取，有动机发挥出自己的真实水平与潜力。

（二）认知与思维目标

1. 能够正确认识备考压力。

2. 了解一些压力管理的方法。

（三）行动与能力目标

1. 能够运用初一、初二学到的心理能力，进行有效的自我管理。

2. 能够调节和克服心理压力导致的身心反应。

3. 养成良好的学习习惯和生活规律，合理备考。

4. 能恰当处理考试竞争与同学友谊的关系。

5. 能恰当处理毕业前的分离情绪，建立长期友谊。

高中学段目标：

新纲要从自我意识、学业能力、人际关系、情绪管理、社会适应五个方面提出了高中阶段的目标，即“帮助学生确立正确的自我意识，树立人生理想和信念，形成正确的世界观、人生观和价值观；培养创新精神和创新能力，掌握学习策略，开发学习潜能，提高学习效率，积极应对考试压力，克服考试焦虑；正确认识自己的人际关系状况，培养人际沟通能力，促进人际间的积极情感反应和体验，正确对待和异性同伴的交往，知道友谊和爱情的界限；帮助学生进一步提高承受失败和应对挫折的能力，形成良好的意志品质；在充分了解自己的兴趣、能力、性格、特长和社会需要的基础上，确立自己的职业志向，培养职业道德意识，进行升学就业的选择和准备，培养担当意识和社会责任感”。

为达成上述目标，根据高中生入学后至毕业前的心理成长与适应过程，将上述目标分解在 5 个小学段中，设置如下：

高一上学期：适应能力与素质

（一）情感与动机目标

1. 激发对探索与了解内在角色的兴趣，体验自己内在的丰富性，体验环境认同的积极情绪。

2. 激发主动完成任务的兴趣，体验主动建立应对策略系统所带来的积极体验及感受，体验和感受人的有限性。

3. 对变化或压力时的消极情绪体验持开放接受的态度，体验积极心态对生活带来的影响。

（二）认知与思维目标

1. 了解作为高中生的角色要求和学习差异的应对方法，学习提升环境认同的方法。

2. 了解主动性在适应过程中的意义和帮助，提升主动的意识，学习主动建立应对策略的方法。

3. 知道自己和他人都是有限的，学习接纳的方法，了解适当回避的意义与障碍。

4. 了解惯性对生活的消极影响和自己的生活目标及方法。

5. 了解自己的一些情绪反应和微笑对自己和环境的影响，知道自己拥有的应对资源。

（三）行动与能力目标

1. 能够适应高中角色任务，顺利度过角色转换期并适应新的学习生活。

2. 在实际生活中提升主动性，能够把主动建立的应对策略系统方法应用于生活和学习实践。

3. 能够在现实生活中尝试接纳环境、接纳他人、接纳自己，放下不切实际的期待。

4. 能够在需要的时候及时调整心态和生活目标，在动态中适应生活。

5. 能够提前对未来有所准备，并付诸行动。

高一下学期：学业与成就能力

（一）情感与动机目标

1. 激发学生对未来的憧憬，对实现目标和人生理想的渴望。

2. 感受自信的力量，体验自己在一件事上充满信心时的效果及情绪体验。

3. 体验自己曾经通过努力实现目标的感受，看到目标实现的可能性，激发行动的动力。

（二）认知与思维目标

1. 了解有计划的行动对行为效果的影响。

2. 了解如何制订计划的方法以及如何监控计划的有效实施。

3. 了解高中阶段将面临的选择，学科选择、选修选择、社团选择、专业选择、大学选择、职业选择等。

4. 认识困境和压力的积极意义，探索自己的压力源，找到适合自己的调节压力的方法。

（三）行动与能力目标

1. 树立高中阶段的努力目标，找到高中阶段的目标与方向。

2. 能够为实现目标制订详细的行动计划，并付诸行动。

3. 能够有效地管理时间，具有自我控制能力。

4. 能够在学业和职业发展方面作出恰当的规划和选择。

5. 在面临学业困难、挫折和压力时，能够进行有效的压力管理。

高二上学期：自我意识与情绪

（一）情感与动机目标

1. 乐于全面地探索和了解自己。

2. 培养为自己负责、希望提升自我、乐于进行自我调控和改进的动机。

3. 培养对自己的情绪进行学习、了解、探索的兴趣和意愿。

4. 乐于对他人的想法、观点、情绪等进行了解和探索。

5. 培养对他人产生关心、关爱、帮助的情绪情感。

（二）认知与思维目标

1. 对自身的特点、优势、潜能与不足等具有客观认识和准确评价。

2. 知道自我调控和改进的方法。

3. 了解基本情绪与高级社会情绪的类型。

4. 了解事件、情绪与结果之间的联系（ABC 理论）。

5. 知道情绪调节的多种方法。

6. 知道多种了解他人情绪的言语与非言语线索。

7. 知道对他人进行观点采择的多种方法。

（三）行动与能力目标

1. 能够对自己进行有效的管理和调控。

2. 能够觉察和理解自己的复杂的情绪状态，对混合情绪进行准确命名。

3. 学会使用言语准确表达复杂情绪情感。

4. 能够恰当地使用多项情绪调节的方法管理自己的情绪。

5. 能够准确而深入地理解他人的想法和观点。

6. 能够对他人产生共情式体验，并通过言语准确表达。

7. 对于来自不同文化、背景和价值观的人，能够深入了解和接纳。

高二下学期：人际与社会能力

（一）情感与动机目标

1. 培养关系建立与关系维持给自己带来的乐趣。

2. 培养与他人沟通的必要性及维持人际关系的积极性。

3. 激发个体融入团队的欲望。

4. 培养锻炼团队合作的积极性。

5. 挖掘塑造个人影响力的主动意识。

6. 激发成就自己影响力的动机和兴趣。

（二）认知与思维目标

1. 知道和谐、健康有益的人际沟通对生活和学习的积极影响。

2. 了解倾听能力、表达能力、反馈能力和同理心在人际沟通中的重要性。

3. 认识团队合作能力在人际融合中的重要性。

4. 了解求同存异的思维在人际融合中的重要作用。

5. 领悟协调能力对提升人际融合能力的重要作用。

6. 知道影响力在人际交往以及个人成长中的重要性。

7. 掌握印象管理、幽默感、赞美他人、常怀感恩在提升影响力中的核心价值。

（三）行动与能力目标

1. 能与父母、老师、同伴建立和谐的关系，进行有效的沟通。

2. 能正确处理与异性的关系，掌握与异性沟通和交往的尺度。

3. 能合理应对人际冲突，并调解他人的人际冲突。

4. 能积极参与团队活动，并勇于承担各种角色。

5. 善于与团队其他成员团结协作，共同完成任务。

6. 能够采用幽默的方式化解一些危机。

7. 懂得赞美与感恩，善于向他人表达谢意。

高三全学年：综合应用

（一）情感与动机目标

1. 激发学习热情，正确面对高考，处理好进取心与平常心的关系。

2. 端正考前心态，积极进取，有动机发挥出自己的真实水平与潜力。

（二）认知与思维目标

1. 能够正确认识备考压力，能评估身心方面的压力反应。

2. 了解多种压力管理的方法。

（三）行动与能力目标

1. 能够运用高一、高二学到的心理能力，进行有效的自我管理。

2. 能够调节和克服心理压力导致的身心反应。

3. 养成良好的学习习惯和生活规律，合理备考。

4. 能够在充分自我了解和学习探索基础上，对高考志愿作出恰当选择。

5. 能恰当处理毕业前的分离情绪，建立长期友谊。

三　学段具体内容

初一上学期：适应能力与素质

素质拓展篇

（一）角色认知和环境认同

第 1 单元　我是初中生啦（对新角色的认识和评估，了解新的角色任务）

第 2 单元　昵称对对碰（通过喊昵称的人际游戏，使同学们在轻松的氛围中快速熟悉，增加对集体的认同感和归属感）

第 3 单元　自信地伸出友谊之手（自信训练：如何积极主动融入集体）

第 4 单元　威胁还是挑战（学习评估自己和环境的关系，该如何面对，是逃避还是解决问题）

（二）主动建立应对资源

第 5 单元　为他人提供支持（通过真诚地提供他人需要的实际支持，体验助人的感觉，丰富自己的社会支持系统）

第 6 单元　我需要您的帮助（了解当面临困难时，社会退缩或者坐等他人帮助的消极效果，探索主动寻求帮助的心理，强化主动求助的行为）

第 7 单元　让信息成为服务者（通过信息爆炸故事，探索获取需要信息的手段和策略）

第 8 单元　我和自己谈谈话（自我对话策略的训练和使用，如何积极地进行自我交谈解决问题）

第 9 单元　接受那些不能改变的（探索生活和学习中容貌、身高等客观方面不能改变的事情有哪些，探索应对的方法和效果，调整心态）

第 10 单元　掌握释放压力的方法（探索面对变化或新环境时的减压方法，并有针对性地进行训练，以应对负面情绪）

（三）心态和目标的调整

第 11 单元　不忘初心（通过回忆，探索初心，调整心态）

第 12 单元　我的生活我选择（通过活动，探索自己未发现的目标，对目标进行重新认识和调整）

综合应用篇

第 13 单元　盘点苦恼情感（通过让学生写下令人苦恼的情感，使痛苦的情感得以表达，同时正视并体验，学习与负面情绪和平相处）

第 14 单元　建立我的资源库（发现自己的资源，尤其通过从过去生活经历或成功体验中寻求，提升自己应对变化时的自信）

第 15 单元　毕业总结我闪亮（通过想象之旅或游戏体验未来，写初中毕业总结，学习对自己现在的生活负责，想要一个什么样的未来，为此现在需要做些什么、怎样做来达成目标）

第 16 单元　享受变化的世界（结合实际生活情境学习并训练增加积极体验的方法，比如面对调课、同学约会取消等如何主动积极应对）

初一下学期：学业与成就能力

素质拓展篇

（一）成就动机

第 1 单元　给自己盖房子（探讨学生当前的学习态度，了解不同的态度会有不同的结果，我们需要什么样的学习心态。例如：小故事《木匠盖房子》）

第 2 单元　点燃学习发动机（探索学生的学习动机有哪些，这些动机都是如何起作用的，起了什么样的作用，什么样的动机有利于学业发展，如何点燃学习的动机）

第 3 单元　我要的未来（树立目标！明确什么是目标，为什么要制定目标，制定什么样的目标，如何在目标的引领下成就自己，为自己的未来做主）

第 4 单元　兴趣大转盘（发现兴趣的价值，盘点兴趣，培养兴趣激发好奇心）

（二）计划能力

第 5 单元　向着目标奔跑（引导学生制定学习目标和学习计划；帮学生作出合理的学习规划）

第 6 单元　人生因规划而精彩（我的生涯规划书；阶梯目标、实施计划、过程监控、畅想成功享受不一样的人生）

第 7 单元　合理归因助我成功（什么是归因及归因的力量，归因的方法，如何归因更有助于我们的成长）

第 8 单元　美丽的选择（人生会面临无数次的选择，每一次选择就是一个美丽的机会，面对选择，如何决策？了解、掌握决策过程和原则；提高学生决策能力，把选择变成自己成长的机会）

（三）执行能力

第 9 单元　挫折的三封来信（当挫折来敲门，送来三封信，感受如何，会怎样思考和面对，去发现挫折中孕育的珍珠）

第 10 单元　成功的钥匙·毅力（坚持就是胜利；坚持的力量）

第 11 单元　和压力做朋友（帮助学生探索压力源，了解压力与效率的关系，面对重大事件，如重大考试，学会缓解、克服和调整焦虑和压力）

第 12 单元　创意金头脑（引导学生利用原型启发进行创造；培养创造能力）

综合应用篇

第 13 单元　二十年后的同学聚会（模拟聚会）

第 14 单元　我的未来我的梦（主题演讲、针对如何实现梦想现场答辩）

第 15 单元　人生拍卖会（价值拍卖会）

第 16 单元　我是面试官（模拟招聘）

初二上学期：自我意识与情绪

素质拓展篇

（一）自我意识

第 1 单元　我是谁（将觉察与注意引向自我，了解基本自我概念——自我认识）

第 2 单元　我的内在与外在（探索深入和多侧面的自我概念——自我认识）

第 3 单元　与众不同的我（发现自己的积极品质与独一无二，建立自信——自尊与自我悦纳）

第 4 单元　拒绝自我设限（了解常见的自我设限及其后果，改变消极自我信念——自我控制）

（二）情绪管理

第 5 单元　情绪红黄蓝（认识和命名情绪，记录情绪日记——情绪觉察能力）

第 6 单元　情绪座位（通过表演座位上的情绪标签，请大家共同猜测，来深入理解情绪——情绪理解能力、情绪表现能力）

第 7 单元　情绪我做主（学习管理和调节消极情绪的方法——情绪调控能力）

第 8 单元　快乐的理由（发现积极情绪的效果，增强积极情绪——情绪调控能力）

（三）人际理解

第 9 单元　你的感受我知道（学会通过多种线索识别他人的情绪，解读他人的感受——情绪共享）

第 10 单元　读懂他人心（训练在人际互动中的专注，获得深度水平的理解——观点采择）

第 11 单元　如果我是他（在深入理解他人的基础上，对他人产生共情式的关心——共情关心）

第 12 单元　采访我的父母（重新理解父母的想法、价值观以及与他们成长经历的关系——接纳与去评价）

综合应用篇

第 13 单元　我的五个朋友（通过了解和增强五感的觉察能力，拓展心智

觉察的方法）

第 14 单元　神奇第六感（学习用第六感（直觉）去感受世界，提升感知力）

第 15 单元　此时此刻（通过正念训练，增强集中注意的能力，拓展心智觉察的方法）

第 16 单元　发现美好（学习发现和觉察身边的美好事物，从微小的体验中感受幸福）

初二下学期：人际与社会能力

素质拓展篇

（一）人际沟通

第 1 单元　倾听的奥秘（学会倾听，迈好沟通第一步）——倾听能力

第 2 单元　如何有效表达（敢于表达，善于表达，为有效沟通做铺垫）——表达能力

第 3 单元　反馈的重要性（我说你画，一种只说只画，一种说的同时可以提问，单向沟通与双向沟通，沟通中反馈的重要性）——反馈能力

第 4 单元　你会换位思考吗（通过换位思考，来领悟同理心在有效沟通中的作用）——同理心

（二）人际融合

第 5 单元　我只是与你不一样（故事导入，包容他人与自己不一样的地方，学会求同存异）——求同存异

第 6 单元　合作的力量（发挥团队创意，激发团队潜能，使学生在解决问题中体验如何沟通、领导与合作）——合作能力

第 7 单元　今天我做主持人（节目策划，模拟主持，锻炼与其他成员的沟通协调能力）——协调能力

第 8 单元　我们活在关系中（关系建立、保持与管理的重要性）——关系管理

（三）人际影响

第 9 单元　我的第一印象（第一印象的重要性）——印象管理

第 10 单元　幽默的魅力（名人幽默集粹，体会幽默的重要性，同时锻炼和培养幽默感，感受幽默在人际沟通中的力量）——幽默感

第11单元 请给我戴高帽子（打开人际关系最有效的方法：赞美，尝试发现别人的优点并加以赞美，尝试被别人赞美的感受）——赞美他人

第12单元 学会感恩（阅读感恩故事，学会感恩的手语，共同完成护蛋行动，只有懂得感恩的人，才会得到大家的推崇，获得威望，提升影响力）——感恩能力

综合应用篇

第13单元 寻人启事（尝试接受、描述自己的容貌特征、兴趣爱好、性格倾向、家庭现状，然后根据他人提供的特征，互相交流，捕捉信息，并与人匹配）

第14单元 假如我是您（师生、亲子角色互换，互相深刻体会彼此在沟通交流中的真实感受）

第15单元 如何与异性交往（掌握与异性交往的度、原则）

第16单元 我有N个好朋友（细数自己的朋友资源，体会友好同伴关系带来的快乐）

初三全学年：综合应用

第1单元 小Q今年初三了（初三的学业规划与心态调整）

第2单元 测测我的心身状态

第3单元 帮小Q做一天的时间计划

第4单元 我的身体我做主（压力管理）

第5单元 音乐放松激励课

第6单元 适合我的复习策略

第7单元 友情在竞争中升华

第8单元 最佳状态训练（自主神经平衡训练初、中级）

家长课堂（1）给孩子有效的帮助

第9单元 我的中考复习策略

第10单元 艺高人胆大，做好准备，保持好良好的心态

第11单元 帮小Q分析考试卷

第12单元 我的身体我做主（压力管理）

第13单元 音乐放松激励课

第14单元 最佳状态训练（自主神经平衡训练高级）

第 15 单元　最佳状态训练（自主神经平衡训练专业级）

第 16 单元　中考，我来了！（压力释放，提升信心）

家长课堂（2）调整好应考心态

高一上学期：适应能力与素质

素质拓展篇

（一）角色认知与环境认同

第 1 单元　新角色 ABC（了解高中阶段身心变化的特点，对新角色变化的认识和了解，了解初中阶段的学习差异与应对）

第 2 单元　建立信任的同学关系（通过人际信任游戏或活动，大家彼此熟悉，营造安全的班级心理氛围，提升环境的认同）

第 3 单元　男女生角色之我见（了解男生和女生的角色特点和期望，探索男生和女生角色认知、行为、影响等）

第 4 单元　内在角色大揭秘［了解每个人内在都有不同的个性（角色）、特点和行为表现，了解人的角色的丰富性，如退缩角色、安抚角色、法官角色、勇士角色等］

（二）主动建立应对策略系统

第 5 单元　信任是一种健康的冒险（建立信任：通过训练和角色扮演，学习如何信任他人，区分信任和盲信的区别）

第 6 单元　必要的求助是自信的行为（懂得必要的求助恰恰是强者的行为，学会主动向外寻求资源支持和帮助的方法）

第 7 单元　行动让生活真的不同（通过表演心理剧，使同学们理解想象永远只是想象，行动才会让生活真的不同）

第 8 单元　认知重评柳暗花明（训练使用认知重评的应对策略，正确使用环境中的客观信息和线索）

第 9 单元　回避是稍息（面对无法应对的事情，适度地回避对缓解压力的优缺点，如何选择）

第 10 单元　接纳有限（了解自己和他人都是有限的，放下一些对他人和自己不切实际的期待，学会自我关爱）

（三）心态和目标调整

第 11 单元　及时突破路径依赖（探索惯性在我们身上的力量，选择一旦

作出，就会习惯性地一直走下去，保持并调整开放的心态）

第 12 单元　探索你的生活目标（通过有限制的迫选活动，探索并明确个人的生活目标，及时进行调整实现自我价值）

综合应用篇

第 13 单元　管理我的焦虑和恐惧（了解面对变化时一般的消极情绪反应，学习如何理解并管理这些负面情绪，为己所用）

第 14 单元　微笑面对生活（通过角色扮演或活动，体验微笑的力量，微笑对于提升适应的作用）

第 15 单元　我的工具箱（结合所学及原有资源，探索什么样的方法适应什么样的情境，了解方法和情境事件之间的匹配，提升自己应对变化时的自信）

第 16 单元　高中毕业会（开一个高中毕业会，主要内容是总结三年来的生活，站在未来回望现在，澄清自己的一些想法，以从容的姿态面对未来的选择和挑战）

高一下学期：学业与成就能力

素质拓展篇

（一）成就动机

第 1 单元　高中我为何而学？（树立高中阶段的学习目标，找到新的方向）

第 2 单元　学习动机我做主（探索学生的学习动机有哪些，进而激发学习动机，找到推动自己前进的力量）

第 3 单元　插上自信的翅膀（了解自信的价值，评估自我，如何让自己更自信？如何充满自信地面对自己高中的学业和未来的人生）

（二）计划能力

第 4 单元　每一分钟都精彩（在初中讲解时间管理的基础上更进一步学会对时间的轻重缓急进行觉察和分类，提高时间的效率）

第 5 单元　好习惯收获好结果（成就一生好习惯，什么样的习惯是好习惯，你有哪些习惯是积极的，是对自己学业、成长有意义的，还需要培养自己哪些好习惯，如何培养好习惯）

第 6 单元　完美计划（人生需要目标，有了目标还需要实现目标的计划，然后付诸行动，目标才有成功的可能性。什么样的计划能更好地指导行动？如何制订和监控？）

第 7 单元 未来人生我选择（文理分科、高考志愿、选修课的选择、选择社团、未来人生道路）

（三）执行能力

第 8 单元 对战拖延（拖延的影响，评估自己是否有拖延，分析原因，对战拖延的方法）

第 9 单元 诱惑当前（一边是紧张的学业，一边是游戏、电视、手机、烟酒等的诱惑，如何看待？如何拒绝诱惑？）

第 10 单元 与压力同行（高中生的压力源？如何进行压力管理，在压力中成长？）

第 11 单元 阳光总在风雨后（未来并非一帆风顺，看到困难之后的希望，走过风雨终见彩虹）

第 12 单元 竞争中求双赢（有限的资源必然引发竞争，如何提高竞争力，如何在竞争中保持优势？竞争无处不在，而团队合作也是必不可少的，如何在竞争中合作，在合作中竞争？）

综合应用篇

第 13 单元 我的生涯规划书（生涯规划演讲：目标、计划、行动，从学业到职业）

第 14 单元 高考情景剧（运用校园心理剧的形式，展现面对高考的故事）

第 15 单元 职业发布会（分组展示，不同职业的特点、价值及发展趋势，对人才的需要等）

第 16 单元 彩绘人生（成功不遥远；体验成功的感觉，用绘画展现成就的一生）

高二上学期：自我意识与情绪

素质拓展篇

（一）自我意识

第 1 单元 一本关于我自己的书（探索关于自我的概念与认识——自我认识）

第2单元　我的家谱图（通过了解自己的家族故事，探索深层自我——自我认识）

第3单元　传递赞美（通过同学之间互相发现和传递匿名赞美，发现个人的积极品质——自尊与自我悦纳）

第4单元　我的个性遗嘱（让学生写份自己的遗嘱，为自己所珍视的个性品质寻找到继承人——自我控制）

（二）情绪管理

第5单元　身体有感觉（通过学习和识别身体和生理线索，了解自己的情绪——情绪觉察能力）

第6单元　一起来表演（通过分组扮演不同情绪，强化对情绪的理解与表达——情绪理解能力、情绪表现能力）

第7单元　情绪ABC（学习ABC理论，了解认知影响情绪的原理——情绪调控能力）

第8单元　快乐会传染（发现积极情绪的影响力，增强积极情绪体验——情绪调控能力）

（三）人际理解

第9单元　你的心情我知道（学习在人际互动中准确识别和判断他人的情绪感受——情绪共享）

第10单元　第三只耳（学会在人际情境中倾听和理解别人真正要传达的意思，亦即潜台词——观点采择）

第11单元　寻找我心中的英雄（学会发现他人身上的积极品质——共情关心）

第12单元　了解多元文化（通过采访一个不同国家、民族、地域、文化背景的人，了解他们的习俗与生活方式——接纳与去评价）

综合应用篇

第13单元　幸福的理由（发现和分享生活中快乐的事件和幸福的体验）

第14单元　活在当下（体验当下每时每刻的感受，从生活中发现和获得幸福感）

第15单元　我与我的世界（了解个人与他人以及周围世界的关系，促进个人与周围环境的和谐适应，促进亲社会行为的发生）

第16单元　未来的我（在对自己的特点、优势、潜能充分了解的基础

上，展望未来）

高二下学期：人际与社会能力

素质拓展篇

（一）人际沟通

第 1 单元 学会微倾听（在原有倾听的基础上，掌握在沟通中精细化的倾听）——倾听能力

第 2 单元 演讲的表达艺术（训练特殊情境中的表达能力）——表达能力

第 3 单元 如何积极反馈（反馈的重要性，除了用语言反馈还可以采用非语言的形式进行沟通反馈）——反馈能力

第 4 单元 互相理解你我他（学会正确处理同学之间的小矛盾，能够发现别人的优点，唤醒沟通中深层次的心灵触碰）——同理心

（二）人际融合

第 5 单元 认识偏见，尊重多元（找出大家的相似性，尊重大家的差异性，体会包容他人、接纳他人在群体中的重要性）——求同存异

第 6 单元 团结合作，良性竞争（团结合作与良性竞争之间的关系）——合作能力

第 7 单元 巧妙化解矛盾（人际交往中遇到矛盾时，如何协调矛盾，达到融合统一）——协调能力

第 8 单元 我不做宅男/宅女（从反方向来说明关系建立与维护的重要性）——关系管理

（三）人际影响

第 9 单元 如何给他人留下好印象（印象管理中的“首因效应”，采用模拟面试的活动呈现）——印象管理

第 10 单元 幽默是一种魅力（在幽默感的基础上，每人分享一个自己的幽默事例，大家一起传递快乐）——幽默感

第 11 单元 我和赞美有个约会（将赞美他人内化为自己的一种内在修养，分享赞美别人给自己的人际关系带来的微妙变化）——赞美他人

第 12 单元 爱的宣言大盘点（感谢父母，感谢老师，感谢朋友，感谢生命中的一切，带着感恩的心与人交往给自己带来的快乐）——感恩能力

综合应用篇

第 13 单元　我是你的小天使（互为秘密天使，互相沟通，互帮互助）

第 14 单元　如何应对冲突（创设冲突情境，锻炼在冲突中与各方沟通协调的能力）

第 15 单元　善于拒绝他人（人际沟通中经常会由于不会拒绝别人而出现一些烦恼，甚至会出现在异性关系中，如何有技巧地拒绝别人而又不会伤害到他人，在人际沟通中也非常重要）

第 16 单元　我的人际支持系统（寻找自己的人际支持系统，发现支持系统的完善程度和组成情况，认识到当自己面临压力时人际支持系统所给予的力量）

高三全学年：综合应用

第 1 单元　小 Q 今年高三了（高三的学业规划与心态调整）

第 2 单元　测测我的心身状态

第 3 单元　我的大学（学职规划策略课）

第 4 单元　我的身体我做主（压力管理）

第 5 单元　音乐放松激励课

第 6 单元　适合我的学习策略

第 7 单元　最佳状态训练（自主神经平衡训练中级）

第 8 单元　10 年后的我们

家长课堂（1）　给孩子有效的帮助

第 9 单元　我的高考复习策略

第 10 单元　艺高人胆大，保持好良好的心态

第 11 单元　帮小 Q 分析考试卷

第 12 单元　我的身体我做主（压力管理）

第 13 单元　音乐放松激励课

第 14 单元　毕业季的彩虹

第 15 单元　最佳状态训练（自主神经平衡训练高级）

第 16 单元　高考，我准备好了（压力释放，提升信心）

家长课堂（2）　调整好应考心态

第三部分 实施建议

一 读本使用建议

（一）充分发挥师生双方在教学中的主动性和创造性

学生是心理健康教育课的主体，教师是学习活动的组织者和引导者。心理课的教学活动应在师生平等对话的过程中进行。

心理课教学应激发学生的学习兴趣，培养学生自主学习的意识和习惯，引导学生掌握心理技能与方法，为学生创设有利于自主、合作、探究学习的环境。应尊重学生的个体差异，鼓励学生选择适合自己的学习方式。

教师应确立适应社会发展和学生需求的心理课教育观念，注重吸收心理学专业知识，积极参加教学培训和研讨活动，不断提高自身的综合素养。应认真钻研教材，正确理解、把握教材内容，创造性地使用教材；积极开发、合理利用课程资源，灵活运用多种教学策略和现代教育技术，努力探索网络环境下新的教学方式；精心设计和组织教学活动，重视启发式、讨论式教学，启迪学生智慧，提高心理课教学质量。

（二）教学中努力体现心理课的实践性和综合性

教师应从促进学生情感与动机、改变认知与思维、提升行动与能力几个方面进行教学，考虑知识与技能、过程与方法的整体性，注重学习与实践之间的有机联系，加强教学内容的整合，统筹安排教学活动，帮助学生解决学习生活中与心理密切相关的实际问题，促进学生心理素质与能力的整体提高。

二 评价建议

心理课程评价的根本目的是促进学生学习，改善教师教学。心理课程评价应准确反映学生的学习水平和学习状况，全面落实心理课程目标。应充分发挥心理课程评价的多重功能，恰当运用多种评价方式，注重评价主体的多元与互动，突出心理课程评价的整体性和综合性。要根据不同年龄学生的学习特点，按照不同学段的课程目标，抓住关键，突出重点，采用合适的方式，提高评价效率。心理课程评价应与心理健康水平的评价相分离，重点在于评价心理素质的发展与能力提升。

（一）恰当运用多种评价方式

形成性评价关注学习过程，有利于及时揭示问题、及时反馈、及时改进教与学活动。终结性评价关注学习结果，有利于对教学活动作出总结性的结论。心理健康教育课程应加强形成性评价，注意收集、积累能够反映学生心理素质与技能方面学习与发展的资料，可采用学案、成长记录袋等各种方式，记录学生的成长过程。对学生日常在心理课上的学习表现，应以表扬、鼓励等积极的评价为主，采用激励性的评语，从正面加以引导。

要坚持定性评价和定量评价相结合，全面反映学生心理课学习的状态及水平。评价方法可以包括平时的行为观察与记录、问卷调查、面谈讨论等各种方法。学校和教师要对学生的成长记录和成果汇报等进行分析，评价结果的呈现方式除了等级或分数以外，还可用代表性的事实客观描述学生的成长与进步，并提出建议。

（二）注重评价主体的多元与互动

应注意将教师的评价、学生的自我评价及学生之间的相互评价相结合，加强学生的自我评价和相互评价，促进学生主动学习，自我反思。评价要理解和尊重学生的自我评价与相互评价。要尊重学生的个体差异，有利于每个学生的健康发展。

根据需要，可让学生家长、社区、专业人员等适当参与评价活动，争取社会对学生心理成长和素质提升的更多关注和支持。

三　读本编写建议

1. 读本编写应依据课程标准，全面有序地安排教学内容，设计教学活动，并注意体现基础性和阶段性，关注各学段之间的衔接。

2. 读本应符合学生的身心发展特点，适应学生的认知水平，密切联系学生的经验世界和想象世界，有助于激发学生的学习兴趣和创新精神。

3. 读本的体例和呈现方式应灵活多样，避免模式化。设计的体验性活动和研究性专题要体现心理课特点，内容适量，便于实施。

4. 读本要有开放性和弹性。在合理安排基本课程内容的基础上，给地方、学校和教师留有开发、选择的空间，也为学生留出选择和拓展的空间，以满足不同学生学习和发展的需要。

5. 读本的编写可充分调动本校学生的积极性与创造力，邀请学生参与到读本编写的过程中来，提供案例素材，设计动漫人物形象和角色，模拟情景对话，促进学生对于心理课及心理教材的认同与喜爱。

四　读本资源开发与利用的建议

1. 心理健康教育课程资源包括课堂教学资源和课外学习资源，例如：教科书，相关配套阅读材料，其他图书、报刊、电影及视频资源，教学课件与挂图，心理实验室、兴趣小组、研讨会，戏剧表演、汇报演出，社会实践场所，图书馆、博物馆、纪念馆、展览馆，布告栏、报廊、各种标牌广告，等等。

2. 学校应有强烈的资源意识，认真分析本地和本校的特点，充分利用已有的资源，积极开发潜在的资源，特别是人的资源因素和在课程实施过程中生成的资源因素。

3. 学校应积极创造条件，努力为心理课教学配置相应的设备；还应当争取社会各方面的支持，与社区、企事业单位、公益团体建立稳定的联系，给学生创设心理实践的环境，开展多种形式的心理学习活动。

4. 心理教师应高度重视课程资源的开发与利用，创造性地开展各类活动，增强学生在各种场合学习心理知识、使用心理技能，通过多种途径提高学生的心理素质与能力。

《心理素质与心理健康》读本编写体例及样张

一　结构

《心理素质与心理健康》读本的结构，依各节的学生活动的适合性，分为三种类型。

1. Ⅰ型结构（理想结构）

Ⅰ型结构包括导入活动、活动与体验、实践与应用、课堂小结、推荐赏析、课外拓展、评价与反馈、写写画画八个部分。

（1）导入活动

形态：先是与本课主题有关的热身活动、案例或故事，紧接着是一两个问题。

功能：调节原本紧张的气氛，激活学生参与活动的积极性，同时调动学生注意力，调整心态，并提出一些相关问题而引出主题。

要求：情境要真实、鲜明、有趣，并与本课内容密切相关。问题要来自情境，指向重要理念。

（2）活动与体验

形态：可以利用故事、学生表演、音频、视频等手段。

功能：依据辅导目标，创设有效的、合适的活动或情境。应能有效激发学生自我探索的动机与兴趣，使学生充分、主动地参与到学习中来。

要求：必须贯彻学生“主动参与”和“满足学生需要”这两条原则。

思考讨论：

形态：一组有逻辑关系的问题（问题串）。

功能：培养学生理性思维的习惯和能力。

要求：问题串中第一个问题要来自证据，中间的问题层层递进，最后的问题要指向结论。

（3）实践与应用

形态：紧紧围绕重要理念和方法进行实践与应用。

功能：激发学生改变的动机，鼓励督促学生即席采取行动，巩固、落实学生领悟与经验整合所取得的效果。

要求：削枝强干，突出重点；图文并茂，用图规范；逻辑清楚，语言流畅。

（4）课堂小结

形态：总结性语言，回顾知识点，整合经验。

功能：总结这堂课的内容、感受与收获，展望未来的生活，并将课堂学到的知识和体验到的情感扩展到实际生活当中去。

要求：要从培养心理能力的高度出发，巩固并深化学生的情感体验，强化成果。

（5）推荐赏析

形态：一篇完整的文章，一本相关书籍，一部相关电影等。内容包括本课主题的历史、新成就、社会热点和人文精神等。

功能：体现弹性；开阔学生眼界，培养阅读能力。

要求：内容与重要概念和心理能力相关；长度适宜，一般500字左右。

（6）课外拓展

形态：多种类型题目：问卷、访谈提纲、行为训练、探究性或实践性的小课题等。

功能：巩固重要概念；促进学生的知识迁移和发散思维；鼓励学生课后将课程中所收获的领悟与成果迁移到日常生活中去；提高解决问题的能力。

要求：针对重要概念和心理能力，不能偏离方向；应有难度梯度，做到循序渐进；把握好题量和难度，避免加大负担。

（7）评价与反馈

形态：主观题（我学会了，我的感受，印象最深）；客观题（学习任务内容、自我评估）。

功能：总结课堂的主要内容以及收获，再次巩固教学效果。

要求：教师可对学生的表现等给予反馈，学生之间也可互相给予反馈。

（8）写写画画

形态：空白页画框中书写主题。

功能：总结课堂的收获，抒发情绪情感。

要求：与本课主题相关。

2. Ⅱ型结构

（1）导入活动

（2）活动与体验

（3）实践与应用

（4）课堂小结

（5）课外拓展

（6）评价与反馈

3. Ⅲ型结构

（1）导入活动

（2）活动与体验

（3）实践与应用

（4）课堂小结

（5）推荐赏析

（6）评价与反馈

二　体例

1. 采用章节形式，较大的节下设小节，小节加序号。

具体格式如下：

第1章　×××××（一级标题，黑体，二号）

第一节　×××××（二级标题，黑体，小二）

一　×××××（三级标题，黑体，三号）

××××××（四级标题，黑体，四号；以陈述句即命题的形式呈现）

××××××（正文，宋体，小四，1.5倍行距。）

2. 课前设简明前言，不超一页。

3. 插图和表格以课为单位排序（如：图1－1、表3－2）。

4. 内容须原创或购买版权（含文字及图片）。

三　总体要求

1. 内容选择方面

（1）有利于学生心理能力的发展；

（2）符合中学生的心理特征和认知水平；

（3）关注学生的生活经验；

（4）适当引入心理学的科学知识；

（5）渗透人文精神；

（6）应具有一定的弹性和灵活性。

2. 内容组织方面

（1）实现学科内在逻辑与学生认知逻辑的统一；

（2）实现课程知识目标达成与学生心理能力发展的统一；

（3）体现科学性、思想性和艺术性的统一。

3. 呈现方式方面

（1）重视体验活动的设计；

（2）有利于学生通过活动学习新方法；

（3）体现开放性和可塑性；

（4）各册教材风格一致，体现整套教材特色。

四、样张

第2课 新新校园

进入初中，我们来到了一个美丽的校园，面临着一个全新的环境！全新的生活等待着我们！

如何积极主动地适应新环境的变化？

如何快乐地开始初中的旅程呢？

让我们共同来探索吧！

导入活动

外星百日游

现代科技越来越发达，以后我们旅行的地方可能就不限于地球上的某个地方了，或许乘坐飞船去不同的星球旅行不再是做梦：很幸运的是你获得了去一个“特别”星球“百日游”的机会。当你乘坐飞船充满期待和好奇到达这个星球时，你发现这个星球上的所有人都是用手而不是用脚走路，而且他们都是通过画画而不是说话和写字来交流。你尝试着用同样的方法走路，但是马上摔倒了。你也尝试着用画画来交流，但是没有人知道你想表达的是什么。这时你会有一些不同的体验和决定。

★看到这样的状况，你会有什么感受？

★你打算如何度过你的百日旅行？

★你的不同选择会有什么样的不同结果？

★当你再次回到地球，你会有什么感觉？

活动与体验

最美校园一角

进入新的学校已经有几天了，你觉得校园中最美的地方是哪儿？为什么你觉得那是校园最美的地方呢？

通过大家的交流分享，你是不是对学校更加熟悉了呢？如果还没有，那就继续我们的旅程吧。

校园平面图

要求：

1. 请根据你对学校的了解和记忆画一幅学校的平面图，尽可能详细地标出学校的主要区域和部门，并根据所画的校园平面图用★标出所在班级的位置，用●标出刚才分享的你最喜欢的校园一角，用▲标出班主任办公室的位置。

2. 绘制完毕，请同学们在小组中交流展示，小组成员相互补充完善。选出发言人展示最能代表你们实力的平面图，向同学们介绍一个你们共同感兴趣的区域。

分享与讨论

找不同、找方法：

1. 比较一下初中与小学的不同之处，并找到合适的适应方法。

内容	小学	初中	适应方法
校园环境			
学校管理			
教师特点			
班级氛围			
同学关系			
其他方面			

2. 小组交流你们各自找到的不同是否一致。有哪些好的适应方法？

____

____

____

____

3. 全班分享你们组的成果，说说活动过程中有什么新的发现。

____

____

____

____

____

____

实践与应用

我为学校献计献策

我们的新学校干净整洁，设施齐全，有着充满爱的育人氛围。成为其中的一员，我们每个人都有责任让我们的学校更美好，那就让我们一起来为我们的学校献计献策吧，看看如何能让我们的学校更美丽、更优秀、更有魅力。

下课后找机会和同学多多交流吧！

课堂小结

每当我们经历改变，我们所遇到的第一个重要问题就是要适应陌生的环境。接纳和欣赏我们将要学习、生活三年的环境，是我们快乐初中生活的开始。今天通过大家的分享，我们对学校的地理环境有了全面和完整的认识，对学校各功能分区和部门分布也有了一定的了解，还对我们所体验的小学和初中的不同进行了探讨，同时与同学们分享了应对变化的经验和方法。希望大家带着课堂的收获和感受，真心去接纳和欣赏属于我们的初中。

推荐赏析

乌鸦与鸽子的故事

有一只乌鸦打算飞往东方，途中遇到一只鸽子。双方停在一棵树上休息，鸽子看见乌鸦飞得很辛苦，关心地问："你要飞到哪里去？"乌鸦愤愤不平地说："其实我不想离开，可是这个地方的居民都嫌我的叫声不好听，所以我想飞到别的地方去。"鸽子好心地告诉乌鸦："别白费力气了！如果你不改变你的声音，飞到哪里都不会受到欢迎的。"

同学们，你们怎么看？如果你是这只"乌鸦"你打算怎么做？

温馨提示

如果你无法改变环境，唯一的方法就是接纳和欣赏环境带给你的一切，主动适应新环境的变化！

课外拓展

初二年级同学访谈

经过本课的探索，你对新的学校有什么新的认识吗？你想知道初二年级同学是如何经历这个过程的吗？经过一年的学习生活，他们对学校的印象和感觉有什么变化吗？

访谈题目参考：

1. 你为什么选择这所学校就读？和你想象中的初中生活一样吗？

2. 你刚上初中的时候对学校是什么印象？现在有什么变化？

3. 你最喜欢学校的哪个地方？学校在一年四季中什么时候最美？有没有照片可以欣赏？

4. 你觉得小学和初中有什么不同？你是怎样适应的？

5. 这所学校有什么特点？每年有什么特色活动？

经过访谈，初二同学的分享对你是否有所启迪呢？你对初中生活是否有了新的认识和了解？请将你的感受和思考简单记录下来。

评价与反馈

经过本课的学习，你的学习效果如何呢？

请根据自己的学习情况进行自我评估：

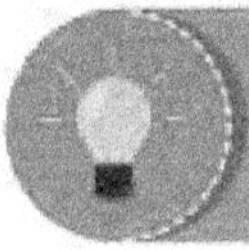

学习任务	自我评估
1. 能够基本画出学校的平面图。	未完成 ① ② ③ ④ ⑤ 完成
2. 对学校的功能分区和部门分布有所了解。	未完成 ① ② ③ ④ ⑤ 完成
3. 面对小学和初中的变化有了一定应对的办法。	未完成 ① ② ③ ④ ⑤ 完成

写写画画

第五章　结　论

健康自己

——从一份视力不良自查分析报告说起

2016—2017 学年度，北京市第一六六中学共对 1561 名学生进行了视力不良检测，其中男生 733 人、女生 828 人。视力不良总检出率为 88.42%。其中，男生视力不良检出率为 85.68%，女生为 90.94%，女生高于男生。

初一年级视力不良检出率为 83.61%；高一年级为 91.15%；高三年级达到 93.03%。与上一学年相比，2015—2016 学年度北京市第一六六中学学生视力不良检出率总体增长了 2.18%。除起始年级外，其余四个年级学生视力不良检出率都有所增长。其中初二年级视力不良检出率增长幅度最大。

针对学生视力不良状况，学校采取了多方面的防控措施：

1. 学校成立由主管副校长领导，由教导处、总务处、班主任、任课老师、校医共同组成的预防近视工作领导小组。

2. 教学处按照教学卫生要求，合理安排教学活动和作息时间，严格控制各学科的测验和考试次数。督促任课老师按规定布置课外作业，不拖堂。合理安排学生课外体育活动时间，保证学生每天有一个小时体育活动。老师要保证板书字迹清晰端正，大小适当，容易辨认。

3. 总务处保证必要的物质设备，尽可能为学生创造良好的学习环境。随时检查、修理及更换老化的灯管，使教室采光照明条件符合国家卫生标准。每学期开学前对全校课桌椅调整一次，使学生坐到高度合适的课桌椅。教室内第一排课桌前缘距黑板不少于 2 米，行间距不少于 0.5 米。

4. 班主任掌握学生视力变化情况，积极配合校医做好学生视力检查，教室采光照明检查、课桌椅配套和学生座位调整等工作。教育学生养成良好的用眼卫生习惯，做到读、写姿势和握笔方法正确，眼睛距书本一市尺左右，看书写字一小时要休息片刻，不躺在床上看书，乘车走路不看书，不在暗弱或强光下看书、写字。督促学生课间休息时到室外活动和远眺，定期与家长联系，并督促家长配合做好子女的视力保护工作。向家长宣传有关近视眼的防治知识，学生视力有变化时要及时与家长取得联系，并结合家访，提出改善家庭学习环境，合理安排学生生活、作息时间。

5. 医务室协助领导并与班主任密切配合，认真做好保护学生视力工作。经常利用广播、板报等多种形式向师生进行保护视力的宣传教育。定期检查学生视力，详细记录及时统计，对视力不良的学生发放家长通知单。经常下班级检查学生用眼卫生、课间休息、学生作业负担、教室采光照明、课桌椅配置调整等情况，发现问题及时向有关部门提出改进意见。定期对红十字青少年或卫生员进行防治近视眼的业务知识的培训，充分发挥他们在班级工作中的积极作用。

6. 组织丰富多彩的护眼活动与宣传。为了增强学生“爱眼护眼”的意识与培养正确用眼的习惯，启动了爱眼宣传周的活动。学生做小讲师，给全校师生带来了“关爱眼睛，珍爱光明”小讲师课程。他们用朗诵、数据分析、短片、舞蹈等多种形式给大家演绎眼睛的重要性；百名专家进校园请来了眼科专家给同学们带来了主题为“科学防控近视，关爱孩子眼健康”的主题讲座，从眼部发育及屈光异常、如何科学预防及有效控制近视、如何及提前发现眼睛异常等方面进行了详细的讲解；护眼宣传海报，眼保健操比赛更是展现了同学们的风采。爱眼周的活动全员参与，引导学生将认知变为行为，养成良好的用眼卫生习惯，从而提高学生的自我预防能力，希望同学们能拥有一双明亮的眼睛，远离近视。

经过几年的不断探索和实践，特别采取了多维度的防控措施和积极锻炼，全校学生的视力不良检出率呈逐年下降趋势。护眼只是学生健康状况的一项指标，学生中的肥胖率，经过科学检测和个性化的运动干预，都有了下降的趋势，体重的自我管理意识有明显增强。

北京市中学学生视力状况统计表（校医）

统计时间范围：2017—2018

填报学校：　北京市第一六六中学

年级	性别	实有人数（人）	受检人数（人）	视力不良		边缘视力		无近视班(个)
				人数（人）	%	人数（人）	占视力正常人数的(%)	
初一	男	181	181	128	70.72	17	32.08	0
	女	170	169	146	86.39	10	43.48	
	小计	351	350	274	78.29	27	35.53	
初二	男	166	163	131	80.37	13	40.62	0
	女	160	160	135	84.38	10	40.00	
	小计	326	323	266	82.35	23	40.35	
初三	男	119	116	96	82.76	7	35.00	0
	女	121	119	103	86.55	7	43.75	
	小计	240	235	199	84.68	14	38.89	
初中小计	男	466	460	355	77.17	37	35.24	0
	女	451	448	384	85.71	27	42.19	
	小计	917	908	739	81.39	64	37.87	
总计	男	466	460	355	77.17	37	35.24	0
	女	451	448	384	85.71	27	42.19	
	小计	917	908	739	81.39	64	37.87	

北京市中学学生视力状况统计表（校医）

统计时间范围：2018—2019

填报学校：　北京市第一六六中学

年级	性别	实有人数（人）	受检人数（人）	视力不良		边缘视力		无近视班(个)
				人数（人）	%	人数（人）	占视力正常人数的(%)	
初一	男	165	164	121	73.78	24	55.81	1
	女	142	142	115	80.99	14	51.85	
	小计	307	306	236	77.12	38	54.29	
初二	男	175	174	121	69.54	10	18.87	1
	女	164	163	137	84.05	14	53.85	
	小计	339	337	258	76.56	24	30.38	
初三	男	153	147	122	82.99	10	40.00	1
	女	141	137	115	83.94	14	63.64	
	小计	294	284	237	83.45	24	51.06	
初中小计	男	493	485	364	75.05	44	36.36	3
	女	447	442	367	83.03	42	56.00	
	小计	940	927	731	78.86	86	43.88	
总计	男	493	485	364	75.05	44	36.36	3
	女	447	442	367	83.03	42	56.00	
	小计	940	927	731	78.86	86	43.88	

北京市中学学生视力状况统计表（校医）

统计时间范围：2018—2019

填报学校：　北京市第一六六中学

年级	性别	实有人数（人）	受检人数（人）	视力不良		边缘视力		无近视班(个)
				人数（人）	%	人数（人）	占视力正常人数的(%)	
高一	男	97	97	84	86.60	6	46.15	0
	女	110	110	99	90.00	5	45.45	
	小计	207	207	183	88.41	11	45.83	
高二	男	112	112	86	76.79	6	23.08	1
	女	121	121	110	90.91	6	54.55	
	小计	233	233	196	84.12	12	32.43	
高三	男	115	113	103	91.15	1	10.00	1
	女	106	105	100	95.24	1	20.00	
	小计	221	218	203	93.12	2	13.33	
高中小计	男	324	322	273	84.78	13	26.53	2
	女	337	336	309	91.96	12	44.44	
	小计	661	658	582	88.45	25	32.89	
总计	男	324	322	273	84.78	13	26.53	2
	女	337	336	309	91.96	12	44.44	
	小计	661	658	582	88.45	25	32.89	

北京市中学学生视力状况统计表（校医）

填报学校：　北京市第一六六中学　　　　　　　　　　统计时间范围：2017—2018

年级	性别	实有人数（人）	受检人数（人）	视力不良		边缘视力		无近视班（个）
				人数（人）	%	人数（人）	占视力正常人数的（%）	
高一	男	110	109	86	78.90	9	39.13	0
	女	123	123	114	92.68	2	22.22	
	小计	233	232	200	86.21	11	34.38	
高二	男	119	118	104	88.14	6	42.86	0
	女	108	107	102	95.33	1	20.00	
	小计	227	225	206	91.56	7	36.84	
高三	男	124	124	110	88.71	8	57.14	0
	女	138	138	129	93.48	6	66.67	
	小计	262	262	239	91.22	14	60.87	
高中小计	男	353	351	300	85.47	23	45.10	0
	女	369	368	345	93.75	9	39.13	
	小计	722	719	645	89.71	32	43.24	
总计	男	353	351	300	85.47	23	45.10	0
	女	369	368	345	93.75	9	39.13	
	小计	722	719	645	89.71	32	43.24	

从另一个方面看，学生的主动健康意识有显著增强，主动将健康变成自觉的行为，变成一种集体行为。以学生会在一年中的健康主题设计看：红十字急救训练中学习生理与健康知识；“5·20”心理健康日里学习如何让自己保持一个良好的心态；“大医生”的小讲师大课堂中了解营养与健康；篮球赛、引体向上比赛里体会运动与健康；“防霾治霾我能行”中全方位认识生态与健康；中秋民俗节“健身”课程，邀请我校1940届校友、国医大师陈彤云奶奶讲中华传统的养生知识；立冬节气“养生”课程中传承这种文化与健康。

自主学习健康知识已经成为学生生活中不可或缺的一部分。为了更好地践行健康理念，我校全体师生制定了健康行为准则，“北京市第一六六中学博雅·健康行为准则”。除了自己做好，还通过自己的行为去影响他人，真正做到：我健康了，也希望所有人都健康！

北京市第一六六中学博雅·健康行为准则

珍爱生命，拒绝毒品，远离烟酒，自我管理；
平衡膳食，按时就寝，坚持锻炼，强健身体；
学会自救，帮人助己，预防疾病，保护视力；
爱护环境，乐群友善，调节情绪，沟通心意；
锤炼意志，身心和谐，健康生活，终身受益！

关爱他人

——从一套学生自制有声阅读读本说起

健康素养，不仅是身体和外在的健康，更是心理和道德的健康。内外兼修的健康，是我们做健康素养研究和实践的主要内容，也是最终的目标。尤其在学生成长的关键期，引导学生拥有大格局、大境界，能以小小的我，起到大作用，有大爱、大德。立何样的德，树怎样的人成为我常常思考的问题。

以学生的志愿服务和公益课程为例，我们开展了从玉树到长乐，几乎遍及祖国各地的志愿服务和公益课程。

仅以公益助盲为例，在中国，大约每100人当中就有1个视力障碍者。这是一个不可忽视的社会群体，他们需要社会的关心和帮助。“‘假如给我三天黑暗’——公益助盲教育课程”请来曾登上《我是演说家》的全盲人士董丽娜老师为特约老师。课程中，学生用布条蒙住眼睛，先后体验了在操场上行走、聆听短片、书写盲文等活动。没有眼睛的帮助，学生的平衡感、方向感、辨识和获取信息能力都差了许多。不用说假如给三天黑暗，单是那90分钟已经让学生十分无助和恐惧，孩子们真切感受到盲人世界的黑暗和迷惘。

学生当时就产生了一个想法——为盲童录制“有声文学教材”。学生决定把由学校语文组教师独立编著的《博雅阅读》录成有声读本。在课余时间反复练习，甚至早晨6点多就到校一起朗读。

经过3个月的准备，开始了正式的录制。为了保证没有杂音，孩子们主动关闭了录音棚里的空调。北京，7月，高温封闭的录音棚里，孩子们常常一待就是几个小时。我们的录音棚不是最高级的，声音也不是最悦耳的，但我们的心是有温度的，爱是有色彩的。

当读到环境描写尤其是色彩的时候，才发觉这可能恰恰是它的意义——让盲人朋友能够同我们一样，感受世界的芳草萋萋，杨柳依依，体会人生的起伏跌宕，惊天动地。学生们想给盲人孩子们一个丰富多彩的文学世界，在这个世界里，可以感知到生命的意义和人间的真情，能够让他们的梦里有更多的故事和颜色。

校友冰心先生这样说过：“有了爱就有了一切。”就是这张学生自己选编、自己录制、自己剪辑、自己设计的光盘，已经被传递到北京、河北、山东、宁夏等多地盲校，传递着爱、文学之美和生命之美。

学校的健康教育，提升了学生的身体素质，更内化和涵养了学生的心灵。学生们更加关注身边的人，更加关注需要帮助的人。“基于 16SrDNA 及 MLSA 分析北京枣疯病植原体及其来源初探”是学生一项基于生物学科，关注山区果农生产情况的研究。高中的学生们对北京市房山区、怀柔区、密云区、平谷区、顺义区、昌平区、门头沟区、丰台区、朝阳区染病枣树进行采样，通过直接 PCR 技术，扩增枣疯病植原体 16SrDNA 基因片段，利用系统进化树分析及在线模拟 16SrDNA – RFLP 技术对其进行分析，将其 16SrDNA 基因序列与 GenBank 数据库中全国部分枣疯病植原体 16SrDNA 序列进行比对，对北京地区枣疯病植原体分子生物学鉴定地位，同时找寻与国内和北京枣疯病植原体亲缘关系较近的枣疯病植原体株系，推测二者之间的联系与传播关系。结果表明：（1）鉴定北京枣疯病植原体属于待分类植原体 16SrⅤB 组；（2）北京枣疯病植原体与山东枣疯病植原体亲缘关系最高；（3）初步认定北京地区枣疯病疫情是由山东地区枣疯病植原体传播至京导致的。

在这个漫长和艰苦的调研、分析、实验过程中，学生走访了不同地区的枣农，走到他们中间，了解他们的生活。与其说这是一项关于枣疯病的研究，不如说是一项社会调研，一项学生真正走进社会，走进广大农民的真实生活。参加研究的学生感受最深的是：一定用科学的农业知识来帮助枣农，也一定用自己毕生的学习和力量去改变中国农业中尚不完美的地方。

心中有别人，以同理心去为别人着想，以自己微弱的力量去关爱、帮助他人，这样的责任感，成为越来越多孩子们身上光芒闪耀的力量。这样的力量鼓舞也成为学校不遗余力、一如既往坚持研究和实践健康教育的强大动力。

亲近自然

——从一只让孩子们牵挂的流浪猫说起

人和自然共处，共存，成为和谐的共同体，是我们的自然观。正确的自然观，能够促进包括世界观、人生观、价值观、文明观以及可持续发展观等形成和发展。学生成长的过程中，引导学生认识到，在这个社会中，需要救助的不仅有人，还有和我们共生共荣的群体——动物。

一个寒风瑟瑟的秋日，学生们发现躲在学校操场上的一只奄奄一息的小猫，赶紧进行了一些初步救治，并随即联系学校，迅速把它送去宠物医院，经过漫长的治疗，最终拯救了这个被多次下达“病危通知书”的小生命“吉祥”。

在整个过程中，孩子们一直关注这个小生命的救助进展情况，也影响着家长们给予关心和协助救助。老师们、学生们、家长们救助流浪猫的事迹被中国小动物保护协会、联合国环境署关注，作为他们相关活动中的一个事迹，图文并茂地登上了北京地铁中的宣传海报。

而海报上的一部分图画，就来自一个孩子为整个过程所绘制的系列漫画。“吉祥”不仅仅是一只被我们救助收养的普通小猫，在它身上承载着我们对生命的平等的尊重，对一类弱势群体——流浪动物的慈善与保护。孩子们变得更有爱心和行动力了，继续用各种方式救助这些生存在城市角落的小小流浪者，比如喂养小区内的流浪猫狗，积极联系领养，捐资给相应协会，到有关机构做志愿者等。

当学生走进自然，和自然融合在一起时，学生渴望了解自然的好奇就会迸发出来，也会渴望和大自然中的一切生命都成为朋友。这其中有大量的学生参与到对鸟类的观测和研究中。于是就孕育了《智能鸟类人工巢箱》这样一篇具有专业水准的科普论文。关于这个有意思的研究起源于 2015 年开始的“北京市紫竹院公园鸳鸯行为的观察与研究”项目，其间观察记录了鸳鸯的一些典型行为，但是无法观察到孵化行为。学生走访多家公园和野生动物保护中心，目前没有一种带有监测功能的人工巢箱。

这项研究是基于对鸟类的长期观察，又结合了物理学、生物学等学科的相关知识，形成一个具有自动监测功能的智能鸟类人工巢箱的大胆设想，学生把这个设想一步步变成了现实。

这项智能巢箱是在人工巢箱的基础上，集成了摄像头和传感器设备，通过 Arduino 智能硬件和无线数据传输技术，将数据传输到云端，通过手机和电脑进行实时查看。

经过一年多的反复探索，2017 年制作了这款高集成的智能巢箱，实现了孵化行为的观察和数据收集。本巢箱具有如下的功能和创新点：

1. 实现了巢箱的自动监测，包括记录视频、温湿度和鸳鸯进出巢箱的数据。

2. 只要 4G 网络覆盖的区域即可实现远程数据实时查看。

3. 即挂即用，不需要现场二次施工。

4. 在没有外接电源的情况下，持续长期运行。

这个小鸟巢彻底解决了鸟类孵化行为观测的难题，不需要野外蹲守，随时随地查看巢内情况，具有便携性、隐蔽性、耐用性的特点。通过传感器自动监测某些典型行为，为野生鸟类的科学研究提供了帮助。通过巢箱内视频直播，可以让更多的人看到鸳鸯的孵化过程，有助于宣传野生动物保护。

当这个研究向全校同学公布后，学生们马上响应，于是由研究小组的同学向全校师生提出倡议。

“关注鸟类，保护自然”倡议书

亲爱的同学和老师们：

天空因为有了自由翱翔的鸟类，才显得廖廓高远；地球因为有了丰富多彩的鸟类，才显得生机勃勃！鸟类是人类的朋友，是翱翔蓝天的精灵。鸟类和我们人类一样，都是地球大家庭中的一员。但随着城市化进程的不断加剧，鸟类的家园遭到破坏，鸟类正面临严重的生存危机，保护鸟类已刻不容缓！

4 月，正值爱鸟月之际，我向一六六中的全体同学发出几点倡议：

1. 主动学习鸟类知识及其相关保护法律法规，不断提高自身的鸟类保护意识；

2. 不捕杀、不伤害、不食用、不笼养野生鸟类，妥善救治伤鸟、病鸟；

3. 组成一六六中鸟类保护小组，积极宣传野生动物保护法律法规，引导同学们自觉地保护野生鸟类；

4. 在校园内悬挂鸟类巢箱，让鸟儿们回家！

保护鸟类，珍爱我们共同的家园，肩负起每个地球人义不容辞的神圣使命。保护鸟类就是保护人类自己，让我们携起手来，从现在做起，从我做起，保护人类的朋友，呵护人类与鸟类共享的家园。

为天空留住自由飞翔的精灵吧！我坚信：在同学们的参与下，鸟类的明天一定会更好！让我们成为鸟儿的知己，加入到爱鸟护鸟的行列中来吧！

整个过程的意义，不只在于我们一起进行了针对流浪动物弱势群体的公益工作，更是共同完成了一次有关生命的教育。

关注社会

——从一份关于劳动教育调查报告说起

近年来，人们对于中小学生综合素质评价越加重视，从德、智、体、美、劳等多方面综合评价学生的发展，其中就包括了道德品质、公民素养、学习能力、交流与合作、运动与健康、审美与表现等维度。然而在学校生活中，我们发现身边学生的综合素质培养仍有待提高。学生政协的同学们对劳动教育开展了深入的调研。

学生们认为，中小学生的在校生活早已不局限于读书学习，也有了更多锻炼自己的机会。以每天的班级值日为例，据观察无论是在初中还是高中，经常能看到班主任还要负责教学生如何扫地、怎样冲洗墩布。虽然每个学校都有专业的保洁人员，但是从学生在校内的值日情况可以体现出学生个人对于劳动教育的接受程度，以及在家中的劳动参与度。

他们对部分学生和家长进行了对劳动教育全方位的调研，从受访的同学和家长反馈情况来看，很多学生在家中因为以学业为重而将全部劳动交付给家长。甚至在学校也会经常出现以需要找老师问题为由而公然推掉应当承担的值日任务。在学校的劳动不仅仅是大家齐动手营造一个良好的学习环境，更是一种培养学生责任感的体现。在家中的家务也不仅仅是某个家庭成员的专属，即使家长为了孩子的学习精力和环境愿意承担一切家务，但也不代表学生作为家庭的一分子就不该承担相应的家庭责任。如果只看重学生自身某一方面的能力而不全面发展包括劳动技能在内的综合技能，将会导致中小学生综合素质的缺失。

为了更好地了解同学们对劳动教育的认识和了解，他们设计了调查问卷并进行调查，题目为“学生对目前劳动教育的看法”。问卷包含的样本数量是484 人，涉及从初一到高三六个年级。这次调查以主观题来呈现，最后用标签云的形式统计调查的结果。

问题：

提起劳动教育，你最先想到的是?

数据/结果：

分析：

被提到最多的，就是“积极参与”这四个字，这说明有不少同学都明白劳动教育的重要性，并且愿意积极参与其中。此外，“好玩”“有意思”等词语也频频出现，可以看出在学生经历过的劳动教育中，留下的印象是积极的，可见目前劳动教育的进行还是有一定的效果。调查中还提及了大家眼中的劳动形式，如“值日”“学农”“家务”“志愿服务”“义工”等，涉及从家庭、学校甚至于社会等各个环境中，可见学生对劳动教育形式方面有一定的认识和了解，为劳动教育的深入开展提供了基础性的保障。但也有少数同学认为劳动教育就意味着“累”“脏”“苦”“干活”“付出”，简单地把劳动认识为打扫卫生等体力劳动，如调查结果中涉及的“环卫工人”“保洁阿姨”等身边的劳动者比较多，这反映了有少部分学生的认识不够准确，也造成了学生从根本上不愿意劳动，更说明需要加强劳动教育，为学生们树立对劳动的正确认知。

家长问卷

家长方面的调查问卷是由学校家委会设计的，涉及家长们对于孩子劳动教育的认知、课程设置等方面。家长调查有效填写563位。

问题：

1. 您认为学生上学阶段培养劳动意识与劳动技能：

数据/结果：

选项	小计	比例（%）
很有必要	455	80.2
适度开设课程	103	18.29
没必要，好好学习即可	5	0.89
无所谓	0	0

分析：

认为劳动教育有必要的人占大多数，极少数的人觉得学习比劳动重要，没人觉得无所谓，说明大多数家长注重孩子的综合素质，认可劳动教育的重要性。

2. 您怎样看待劳动教育的作用？（多选题）

数据/结果：

选项	小计	比例（%）
可以培养学生的劳动观念和劳动技能有较大提升	470	83.48
有助于学生养成良好的学习习惯，提高学习能力	398	70.69
有助于促进学生综合素质的提高	470	83.48
有助于促进教师的专业成长，增强学校特色	155	27.53
有积极意义，但说不清楚	49	8.7
增加负担，浪费时间	10	1.78
可有可无	6	1.07

分析：

家长普遍觉得劳动教育有用，劳动对学习及生活有一定帮助，对劳动教育的意义有明确认知。但仍有些人觉得劳动有积极意义但不清楚是什么，所以还应向大家加大力度普及劳动的意义与作用，提高大家的认可度。

3. 您希望学生参加劳动课程的时间安排是：

选项	小计	比例（%）
在校的正课时间	219	38.9
在校的课后时间	257	45.65
放学后在家时间	41	7.28
周六日时间	46	8.17

分析：

支持在校的课后时间最多，正课时间其次，而校外时间则偏少。大部分家长认为课程应由学校统筹安排。因此学校的劳动氛围，劳动课程的设置，对培养学生的劳动技能及劳动习惯显得尤为重要。

4. 您对学校开展劳动教育相关课程的频次（一次一节课时 40 分钟）建议是：

选项	小计	比例（%）
平均每周一节课	281	49.91
平均每周两节课	118	20.96
平均每两周一节课	99	17.58
不固定偶尔上	60	10.66
不设劳动课程	5	0.89

分析：

支持一周一到两节课的占大多数，家长普遍认为这样的频次能起到劳动教育作用，但又不会太过影响学生的学习主业。

5. 您认为学校开办劳动课程的方法方式有哪些？（多选题）

选项	小计	比例（%）
学农劳动	388	68.92
垃圾分类的学习	347	61.63
烹饪、烘焙等课程	415	73.71
家务小能手等比赛	363	64.48
观看劳动相关纪录片	142	25.22
劳动创造财富的相关讲座、主题活动等	179	31.79
植树造林	262	46.54
志愿服务：打扫校园卫生、维护校园环境、养老院探望老人、福利院关爱儿童等义工	394	69.98
以知识为主的教师授课	50	8.88
知识与技能相结合的课程	232	41.21
其他	24	4.26

分析：

希望开设的劳动教育课程类型结果分散，说明大家希望多类型多层次的劳动教育。丰富的课程不仅能全方面培养劳动知识，也能更贴合学生个人的劳动兴趣。

数据/结果：

分析：

限制因素主要为学习任务重和没有硬件设施、大环境的支持。只有政府统筹规划，形成一套完整的体系，才能解决这些问题，使劳动教育更切实可行。

总分析：

学生家长普遍支持学生在不影响正课基础上应该开设丰富多彩的劳动课程，认可劳动教育对于学生成长的积极作用；极少数对劳动存有片面、浅显的认识。这证明劳动宣传做得很好，劳动教育有可以根植的土壤。同时，劳动教育面前的种种阻碍仍待克服，切实加强劳动教育任重道远。

学生们还对家长进行了访谈，访谈内容如下：

- 据您了解，您的孩子现在都接受过哪些劳动教育呢？

家长们所了解到的学生劳动教育形式包括值日、学农、家务、志愿服务，还有一些例如厨艺课等特别的形式，分布在学生的不同教育阶段，这样的机会三年甚至六年才会有一次，且时间较短。值日、志愿服务虽然渗透在在校生活的每一天或者纳入学分制，但依然受限于形式和时间。有些家长也提及因为学习强度的加大，现在的家务劳动教育有所减少。

- 您觉得过去和现在的劳动教育都有哪些区别？

三个家长在回答此问题时的角度有所不同：从接受劳动教育的学生体验角度，现在的劳动教育更注重学生体验，相比而言，之前的劳动教育更注重劳动成果和体力锻炼；从劳动教育的数量和频次上，现在的劳动教育次数和频率都有所减少；从内容上，现在劳动教育多锻炼一些高效、有价值的劳动技能，而从前多为体力劳动；从教育主体来看，如今的劳动教育多由学校组织，缺少自发性。

- 您觉得加强新时代劳动教育重要吗？

家长普遍认为加强新时代劳动教育十分重要。家长认为劳动教育对于学生的各方面能力都有提高作用，如动手协调、统筹安排、独立生活等能力，对学习及未来步入社会都有益处，因而家长都十分支持。

- 您觉得实行新时代劳动教育有哪些限制因素呢？

家长眼中的限制因素包括四个方面：从家庭方面，因学生多为独生子女，家长多有溺爱，许多劳动就由家长代办，学生没有足够的劳动机会和积极性；从社会层面，随着科技发展，有些劳动可为机械所替代，减少了学生的劳动机会；从学习层面，学生文化课学习课业压力大，少有时间进行劳动；从安全层面，学校和家长会考虑到某些劳动的危险性，不让学生进行过多劳动。总而言之，有客观的社会进步因素和劳动本质因素，更有主观的对劳动教育不够重视的态度因素。

● 您觉得现在的劳动教育最缺乏哪些？

从劳动教育的执行层面：客观上家长认为缺少对劳动教育的制度保证；主观上家长认为学生缺乏对劳动的积极性。从劳动教育内容层面：家长认为现有劳动教育无法培养学生吃苦耐劳的精神。答案与上一问题相似，说明劳动教育缺乏的正是限制性因素所阻碍的部分。

学生的结论是：通过以上对学生和家长的访谈、问卷调研，让我们更加深入地了解到目前大家对劳动教育的见解，知道了家长一辈接受的劳动教育，通过与生活环境不同的国内外学生交流，开启了劳动教育的国际视野，为提案提供了有力的数据支持，提高了建议的科学性、多样性。对学生和家长对目前的劳动教育的认知也有一定了解，知道他们对劳动教育大多持积极向上、正面的态度，肯定劳动教育对学生未来发展的重要性和影响，对劳动教育有较为正确的认识，为劳动教育的进一步开展奠定了基础、提供了保障。在劳动教育课程设置方面，家长们更寄希望于学校进行教育，在家庭中也会要求孩子进行家务劳动，但在与学习冲突的情况下，更多的家长还是选择保障学生充分的学习和休息时间。学生层面希望开展更有趣、实用的课程，兴趣对课程的开展有很大的推动作用。总之，加强新时代劳动教育有一定基础和支持度，但同时也面临着各种挑战。

基于学生们进行的调研和分析，学生政协的同学们正式起草了《关于加强新时代劳动教育的提案》。提案如下：

关于加强新时代劳动教育的提案

北京市第一六六中学二组

一、案由

1. 必要性

在我国教育事业发展中学生、家长和老师更加注重学业成绩，在家庭中家长对学生过度溺爱，再加上现代科技迅速发展，大多数劳动都可由机器代替。导致如今劳动教育在学校中被弱化，在家庭中被软化，在社会中被淡化的问题凸显出来。出现了一些学生轻视劳动、不会劳动、不珍惜劳动成果的现象，照此发展可能会出现“高分低能儿”与好逸恶劳、眼高手低的问题。

其次，习近平总书记在全国教育大会上指出，要“培养德智体美劳全面发展的社会主义建设者和接班人”。劳动教育直接决定社会主义建设者和接班人的劳动精神面貌、劳动价值取向和技能水平，使学生全面发展，适应社会，立足于新时代进程。此外振兴中国制造，打造制造强国，更需要用劳动教育打下坚实基础。

2. 重要性

从学生个人发展角度，推行劳动教育有利于学生自身发展乃至社会、国家的长久发展。通过加强劳动教育有利于学生培养个人自力更生、吃苦耐劳、敬业务实等优秀品德。《中华人民共和国宪法》第四十二条规定：中华人民共和国公民有劳动的权利和义务。劳动教育可以促使学生更好地履行劳动义务和其他义务，充分发掘自身潜力，发挥自身价值，为社会、国家发展贡献力量。

从国家层面，对学生进行劳动教育可以为国家培养大量高素质劳动力以及优秀人才。通过加强劳动教育使学生有能力承担社会责任，实现人生价值，保障社会经济、科技的发展。同时使他们成为社会主义现代化建设者，推动“两个一百年”奋斗目标的实现。

3. 可行性

劳动教育是中国特色社会主义教育制度的重要内容，党和国家也高度重视劳动的独特育人价值与加强新时代劳动教育的作用。如今关于全面加强新时代中小学劳动教育意见的落地，更为加强新时代劳动教育提供了大力支持。此外，国内外先期探索也提供了经验。

二、建议措施

（一）完善相关政策制度

1. 规定中小学生每周至少 1.5 小时的劳动时间，包含（不限于）值日、校园内值周、课代表工作、家庭家务等。

2. 低年龄段学生在校的劳动时间内，需要有老师参与指导和验收工作。

3. 健全高中职业生涯规划课程。

加强协同效应，促进整体发展

（1）多部门联动

政府整合多部门组建学生劳动教育工作指导委员会，协调多部门联动，聘请专家顾问，为劳动教育工作提供指导意见。

（2）学校与基地协同

①建议政府做好学校与校外基地沟通桥梁，把科学理论融入实践操作。

②建议政府开设基地或企业内专家进校园活动。

（3）家校共育

家庭联合学校、教育部门，共同培养学生劳动精神与技能，鼓励学生将在家中的劳动成果上传至评价平台，并在学校交流分享。

（二）有效利用社会资源

（1）加强社会舆论宣传

①鼓励电视媒体创作以劳动教育为主题的电视节目，加强舆论引导。

②鼓励短视频博主录制发表生活中真实的劳动场景和故事，引导粉丝注重劳动。

③制作投放公益广告，利用电视、纸质媒体，悬挂宣传标语等形式加大宣传力度。

（2）鼓励企业转型

①建议政府鼓励企业转型作为劳动教育场所，创新开展服务型、高科技型、自主型、创造型的劳动课程。让学生走进基地，进行封闭式综合素质实践活动。

②要求企业基地将传统与新时代科技有机结合打造因地制宜、具有特色的研学基地，实现经济效益与社会效益统一。

（三）加大监管力度

（1）加强对学生的监督与考评

建议政府成立监督考评机制，设置相应的评价体系，以学分量化检查学生的劳动次数与质量；并定期开设劳动技能比赛，施行奖评机制。

（2）加强对学校的课程监督与指导

建议政府指导学校开设以劳动技能和动手实践为主的劳动课程，并定期验收学校开设情况与成果，如走进校内课程、抽查学生学习成果。

（3）加强对基地定期考察与监管

定期走进基地考察课程适宜性、安全性、趣味性与体验感。

学生对劳动本身的认识，对劳动教育的意识，对劳动教育学自我发展，贡献社会等认识，是在潜移默化中发生的，也是在健康教育的过程中逐渐明晰的，由他育到自育，到向学校、社会提出建设性的建议，这是学生们真实的成长。

学生健康意识的增强，对健康的关注，已经超出自我，更多地关注生活和社会本身，关注更多人的健康。学生做过一项关于地铁水池的卫生问题调研《16SrRNA 鉴定北京 8 号线地铁水池微生物》。经过近一年的观察、采样、收集数据、实验，学生的研究报告中这样写道：

我们所生活的城市北京，作为我国的文化中心、政治中心、国际交往中心，是世界最著名的城市及现代化国际都市之一。在我们对首都不断发展和建设的同时，在北京仍然存在一些环境问题。为了方便首都居民的出行，缓解地面交通压力，北京建设了四通八达的地下铁路网络线。在地铁方便我们出行的同时，地下也存在着一些问题，如潮湿、封闭、空气不流通等，这些都是滋生细菌的良好条件。为了检测北京市地铁的卫生情况，给大家创造更佳良好的出行环境，研究使用了二代高通量测序技术，检测了几个较典型的地铁站水池中的菌种。在这些典型的地铁站中都发现了不动杆菌、奈瑟菌、嗜血杆菌等条件致病菌，这说明我们所选取的典型的地铁站内并不卫生。

现在人们的生活离不开地铁，每天就有百余万的客流量。可以说地铁与我们的日常生活密不可分。而现今我国并无一个明确的、完善的、可以实施的卫生标准，这导致了我们周围的环境都存在隐患。这让我们十分担心，而我的结果也说明了这个担忧。就知网上我还并没有找到用二代高通量对地铁方面的检查。8 号线在日均客流量居中位，有一定的代表性。而且同时经过一些人流较大的站点和较少的站点，且线路不长，易于对比。

卫生是人们常谈的问题。作为一个现代的人我们要求有一个干净、舒适的环境。而地铁中的厕所是我们偶尔在上下班（学）使用的地方，该地作为公共设施应做到干净、整洁，这是每一个现代人的要求。而我们检测的结果却显示那里的卫生并不尽如人意。每一组都有条件致病菌，这非常的不乐观，而 2 组甚至检测出来嗜血杆菌。这可能与该地常年施工有关联，还需进一步的研究。但卫生也不是那么的不好，5 组（奥森直饮口）的状况就较为不错，十分干净，也可能是因为没人去使用（至少我在蹲点观察的时候并未发现有人使用）。

很少有人去使用 16SrRNA 做关于地铁等地的卫生研究。人们似乎忽视了这一个问题，认为地铁卫生是理所应当。而现今北京并无确切的、标准的卫生标准。不利于树立北京国际化大都市的形象，应当加快速度制定一个全新的标准，旨在提醒人们关注周围的卫生。

除此以外，学生们还关注城市土壤污染问题，并撰写了《降解苯酚微生物的筛选及特性研究》的科学论文。这是其中一个课题组的学生设计的研究流程。

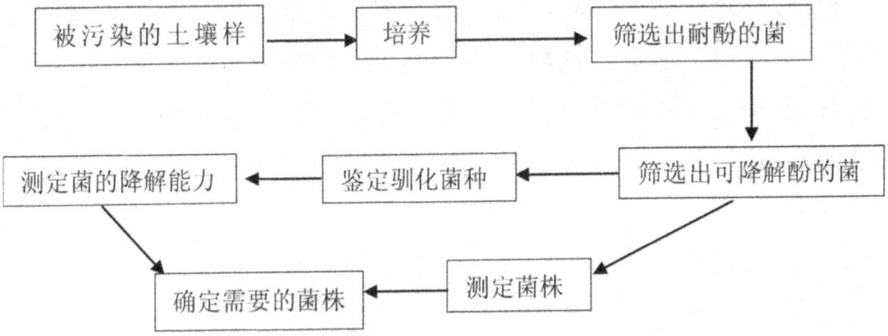

他们研究的土壤是工厂废水排放流经的地方，废水排放口周围的生态会受到废水一定程度的影响。这到底有什么影响，影响到什么程度，有没有可能减少或是降低污染的程度，学生们采集了受废水排放影响的不同地方的土壤开展了科学研究。

学生的研究报告最后呈现：

工厂废水有排放标准，且目前的降酚手段尚不足以将水中的酚污染完全排除，故而周边土壤中一定生长着对含酚废水耐受较好的菌种。我们采用梯度浓度法对工厂废水管周边土壤进行稀释，在一定浓度以苯酚为唯一碳源的平板上涂布，并在28℃培养。得到优势菌种，即为耐酚菌种，之后对其进行分离、观察形态、16SrDNA菌种鉴定，从而得到对工业上的含酚废水处理有利的菌种。筛选及鉴定结果，将有利于工业废水微生物处理过程更高效化。

我们通过微生物的分离鉴定实验从污染土壤中提取出了耐酚菌种，然后又通过后续的实验如驯化等实验步骤进一步得到能耐受更高酚浓度的菌种。在完成实验过程之后，我们希望能通过驯化等操作手段实现使菌种的耐酚能力提升水平增加。在实验的过程中，我们也查阅到他人的论文有与我们的选题或内容相近的，其中一者论文的实验中有微生物的分离，但是没有对其所得微生物的具体生理生化反应等生化特性的相关展开研究，在相关具体性质研究上我们进一步进行实验分析，得到的结果有利于断定其菌种的具体谱系，也能有利于在可能的更深入研究中为实验提供性质参考；在另一者的论文中，其也进行了微生物耐酚菌种的分离鉴定，但是由于其选题偏向于对实际生产中的设备与微生物的关系的有效性研究，与我们为寻找并分析耐酚菌的目的不同，最终我们进行了更多的关于细菌本身的深入细致研究，而其则并未实际谈及有关细菌本身这一点。

关于这一选题及研究本身的价值，研究认为其应当是有利于为耐酚菌种的优化选种，并且在耐酚菌种的筛选上采用多次筛选，更有助于对菌种耐酚的稳定性进行考验，避免后期出现菌种不稳定耐酚程度降低等现象，这在方法上更具体、更实效；另外，分离鉴定取得的菌种的鉴定结果与其他人论文的结果不同，这说明本研究的菌种可能是新的耐酚菌种，为可能的耐酚程度的提升具备了一定的可能性。

课题的筛选及鉴定的结果具体应用到工业废水处理上来，会在处理流程中指导人们用该结果的菌种对含酚工业废水进行微生物处理时，能更为高效。将该种菌投入沼气池进行对含酚废水的微生物处理，能够使沼气池中的活性污泥对苯酚的降解效率提升，从而达到高效化处理。应用的经济效益就在于能减少处理时间，对能耗需求也就有了一定程度的降低，从而减少污水处理的生产费用，对微生物处理含苯酚废水的实际应用有提升作用。

从自己健康，到关注身边的人，关注自然中的小动物，到关注生活的环境、社会，这一点点的觉悟和进步，是我们开展健康教育的出发点，更是最终的目标。我们能在德智体美劳全面发展，能在健康自己的同时，把健康的理念传播给更多的人，把健康的方法教授给更多的人，这样的成长是我们心中最美好的健康教育。

全员健康

——从一张健康教育的全学科课表说起

学校立足健康教育，以科研为引领，研究与学生健康相关的各个因素，因地制宜，因人而异，开展了建立在共性和个性兼顾基础上的全员健康课程。以课程为载体，形成了“多元多维生态、实时数据量化、引导自主管理、尊重个体差异”的健康素养培育特色课程。

聚焦健康素养，以“融合、自主、实践”的多元多维课程为载体，促动师生体智发展。以健康素养课程为依托，总结、梳理和进一步推广学校健康素养的理念与实践课程的成果，促进校际间、区域间、国家间以及社会、家庭、学校健康素养理念的融通与互助。

部分健康素养课程课表

序号	科 目	课 题	授课对象
1	生物	多肉组合设计与制作	高一
2	综合实践活动	科学认知高级课程	高一、高二
3	戏剧	彩虹人生	高一
4	语文	假如给我三天黑暗	初一
5	化学	我为食品安全把关——食用油酸值的测定	高一
	物理	面对雾霾　我在行动	初一
6	历史	京腔京韵——京味儿生活	初一
		传统文化中的人文情怀	高二
7	地理	认识身边雾霾，走进健康生活	初二
		水，生命之源，发展之本 ——以北京水资源利用为例	高一
8	思想品德	扬起自信的风帆	初二
	心理	多样你我他	初一
9	校本课程	创伤现场救护	初一
10	体育	青春律动	全校学生

在全学科健康教育的课程设计中，我校师生共同开发和设计了一套在特殊天气开展体育活动的“阳光室内健身操”，充分体现了学校全员健康教育的理念，以及广大师生的创造力与凝聚力。

我校研究编创的这组 30 分钟的多套室内课间操，为最大限度地避免风、雨、雪、雾霾等极端或恶劣天气对青少年体育运动造成的不利影响，充分利用现有条件设施开展体育活动，配合日常体育教学和“阳光体育一小时”活动，共同完善和丰富了我校体育与健康课程体系，并且在此基础上秉持中国学生发展核心素养的方向，努力培养并提高青少年学生的健康素养。

室内课间操由四套操组成，充分考虑教室内的设施和空间，配合学校配发的弹力带，重点关注青少年中学生体态、协调、力量、柔韧素质等方面的培养和发展。

第一套是座位形体操。考虑到青少年学生由于学习压力大，静坐少动，错误的坐姿、站姿等不良的习惯和姿势，长此以往会造成如驼背、脊柱侧弯等不良体态，影响青少年的骨骼肌肉发育，因此编创了这套座位形体操，通过坐姿和站姿的形体动作训练进行体态矫正。这套操可以加强肢体的平衡性，促进柔韧性，缓解脊柱长期受到错误姿势带来的压力，改善青少年的身体形态。在音乐的配合下，呼吸与肢体协调配合完成整套形体操，很大程度上消除青少年学习的压力和紧张，调动学生的兴趣和热情，从而养成良好的形态习惯。

第二套是座位韵律操。它融合体操、舞蹈和音乐于一体，节奏欢快、奔放、节奏感较强，结合青少年学生活泼好动、兴趣广泛多样等心理特点，能够在提高青少年协调性和灵活性的基础上，使他们精神饱满，充满活力，再配合明快的音乐节奏，调节情绪，让大脑换一种方式进行积极性休息，更好地起到了放松身心的目的。

第三套是弹力带操。现在的学生肌肉力量普遍较差，尤其是上肢肌肉力量需要进一步加强。因此我校为每位同学配发体能训练轻器械——弹力带，考虑教室内的空间限制，完成编创了室内弹力带操，能够在一定程度上改善肌肉力量，提高身体活动能力和灵活度。这套操的训练动作能够发展学生上肢、肩背部和下肢的肌肉力量和肌肉耐力。人体的肌肉功能得到改善，能够提高学习的效率、运动的能力，有效地预防肌肉酸痛和损伤，对学生们的学习和生活产生积极的影响，更为重要的是教会学生力量练习的方法。

第四套操是柔韧有氧拉伸操。现在的学生们由于课业负担重，静坐少动等因素的影响，使身体越来越僵硬，柔韧性也越来越差。因此，这套柔韧拉伸操，能够围绕头部、颈部、上肢、肩背部等，在有节奏的呼吸下进行拉伸放松，一方面缓解长时间同一姿势造成的颈部、腰背部等肌肉酸痛，提高关节周围组织韧带、肌肉和皮肤的弹性和延展性，使身体张弛有度，提高柔韧素质；另一方面注意保持深缓的呼吸方式，可以帮助身体摄入更多的氧气，排出更多的二氧化碳等废气，改善机体利用氧的功能，帮助脑部的养分供给充足，消除大脑疲劳感，使学生们可以更高效地投入接下来的教育教学中。

为了更科学地监测课间操的运动负荷，通过多次测量学生们完成课间操的平均心率，符合我们最初考虑室内运动的各种限制设计的运动强度，能够在室内有效地完成。室内课间操设计的动作将动与静、快与慢、高与低、起与落等相结合，不但可以提高学生们神经肌肉协调配合的能力，对于灵敏性、肌肉力量、柔韧素质也都有一定程度的促进作用。此外，有研究显示，科学规律的体育运动还可以提高学生们对注意、抑制、计划、任务管理、监督、学习工作记忆等各种基本认知过程进行协调和控制的执行功能，因此，体育运动对于学生们对社会环境的适应能力，约束自身行为，遵守社会和学校规范，学习的实效性都有非常积极的影响。

以学科文化为依托，促动师生健康素养的提升，发挥辐射引领作用，带动更多学校和地区的健康教育均衡发展。国家总督学顾问陶西平先生评价第一六六中学子“心中有担当，脸上有微笑”。我们对国家对社会的责任感，是扎根心里的情怀，是有人文底蕴、科学精神的情怀；是主动行动的担当，是有团队能动性、集体行动力的担当。培养这样身心健康的学子，是我们的立足点，也是我们的终点。

立德树人，以思想建设为先，以爱国情怀为重，以社会主义核心价值观为纲，以中华优秀传统文化为源头，以培养社会责任感为主要内容，系统、辐射性的发展为使命，让学校健康教育有社会特色，有思想内涵，有道德特质，有文化特征。

健康素养，关乎学生的健康成长，关乎学生的全面发展，更关乎家庭的幸福，国家的富强，民族的复兴。我们会在提升学生健康素养，培养学生健康身心这条路上继续走下去。为每一个美好的生命，树立起神圣的责任与时代的使命。

大道之行，大爱无疆。培育健康的身心，为每一个孩子的健康，成就每一个健康的孩子！

附：北京市第一六六中学健康教育大事记（2011—2020）

1. 自2011年起，我们利用《学生身体状况知情调查表》的反馈信息，密切关注特殊体质学生的发展状况，制订个性化运动方案，引导学生健康发展（根据每年全校学生体质健康测评的基础数据，结合医务室每年提供的《学生身体状况知情调查表》反馈信息，由体育组与校医配合，制订共性及个性化的课间操、体育课及体育锻炼方案，最大限度地确保每个学生得到安全、有效的锻炼）。

2. 自2011年起，我校围绕生命教育进行探索与实践。我校开展以“秉承育人本真，构筑教育生态，为学生的一生幸福服务——生命教育和学校德育相融合的实践探索”为课题的研究。通过生命德育活动课程的开发和实施，让学生认识生命、尊重生命、珍惜生命、珍爱自己、关怀别人；让学生了解生命的意义和价值，不仅思考如何生活，还要思考如何更好地生活，不断超越，乐观进取，树立正确的人生观，创造自己生命的价值。

3. 2012 年 4 月举办“秉承育人本真，构筑教育生态”——北京市第一六六中学体育与健康教育论坛暨体育与健康教育联盟启航盛典。

利用召开论坛之际，展示了 5 节校本课程，侧重探讨如何提高学生对体育课的兴趣。举办了 4 个分论坛，侧重探讨如何建立师生终身体育的习惯与态度。包括体育教师的自主专业发展的策略、体育课程校本教材中引入非物质文化遗产的探索、我心目中的校园体育、中学体育与健康教育对人生的影响。从如何提高学生对体育课程的兴趣、体育过程性评价的策略、因地制宜开展阳光体育运动、体育特长生培养、体育特色活动等方面系统总结了我校在提高师生健康素养、体育课程改革等方面的实践探索与阶段成果。

4. 2013 年 3 月申请东城区健康促进窗口校，11 月 8 日通过了区级窗口校验收工作，又于 12 月 5 日代表东城区中学接受了 2013 年北京市健康促进学校验收，均获得了专家组的肯定。我校 2002 年被批准成为东城区健康促进学校，在十多年的实践工作中，我们始终以开展健康促进校工作为切入点对学生实施系统的健康教育，培养个人技能、加强传染病预防，从而促进了学生良好卫生习惯的养成，提高其自我保健意识和能力，并在不同程度上改善了学校的硬件、软件和整体环境，与此同时我们提出“以体载德、以体强魄、以体怡心，终身体育成习惯、和谐健康益终身”的健康促进工作目标，将健康教育、课堂教学与课外活动以及健康服务等有机地结合起来，为使我校的健康促进工作提高到新的水平，2012 年启动创建东城区健康促进学校窗口校行动方案，并于 12 月通过专家组的评审。

5. 2014 年 3 月与中科院心理所和中科益普中学生心理健康教育项目组合作，启动“中学生心理与健康教育”试点项目，包括三个子项目：第一，《心理素质与心理健康》读本及课程研发（课程设计将瞄准四个维度的关键能力，即自我管理能力、人际交往能力、社会关怀能力、学业成就能力。根据学生心理发展的特点设计不同的教学内容与活动，全面开发初一至高三年级学生心理素质与心理能力校本教材）。第二，开发校园语言 - 音乐心理辅导系统（分为情绪调节单元、放松减压单元、怡养五脏单元、左右脑平衡单元、自信正能单元和舒广益智单元，是音乐心理辅导和神经心理学在学生日常生活中有针对性应用的创新）。第三，中学生认知心理与学习研究中心建设（主要包括6个区域，即心理自我认知区、心理自助区、专项能力训练区、心理研究实验区、个体咨询区和团体活动区）。

6. 2014年7月与美国冷泉港实验室合作，建立“美国冷泉港实验室国际青少年生命科学学院”。

7. 2014年10月与肯尼亚克莎茹尼女子高中、加拿大Me to We、美国冷泉港实验室、美国伍顿中学和清华大学生命科学学院合作，启动“生命与爱”可持续发展项目。

8. 2015年1月与香港联合国教科文组织协会、香港可持续发展学院合作，启动“智慧健康学校”项目，并着手建设“量化自我健康教育中心”和“健康管理平台”（利用“量化系统”与问卷调查相结合的方法，进行数据收集统计，开展指标相关性的分析与研究）。2015年10月完成第一次健康指标相关性分析的报告。

9. 2015年1月全校同学参与“防霾治霾我能行”活动。在当年的假期实践手册中，学校设计了“防霾治霾我能行”活动。借由此项活动，引导同学们能够查找雾霾形成的原因、对人体产生的伤害，并在此基础上或设计一段宣传语、歌谣，或是绘制漫画来引导人们从自身做起减少污染，引导有能力的同学依据科学原理尝试自己进行一些科学创造。活动受到了学生们的欢迎，许多学生的原创作品脱颖而出。

10. 2015年7月与北京师范大学学校诊断课题组合作，研制了“以学生发展为中心”的校本化自诊断模型，从同伴、教师、课程、教学、资源、组织与领导、文化、安全8个维度对学校进行“健康体检”，从师生的视角寻找破解提升办学质量的密码。

11. 2015年9月立项全国教育科学“十二五”2015年度教育部重点课题：《中小学生健康素养相关因素分析与对策研究》。（2016年4月开题）

12. 2015年9月与协和医院合作，启动“我是大医生，健康科普进中学”健康系列课程。协和医院的大夫走进校园，将健康知识以课程的形式传授给同学们。在课程中，注意科学性、趣味性和互动性。该系列课程共开设40节，授课医生为120人次，400余名学生参与了课程的学习。这些同学中的优秀代表又作为“小讲师”将学习到的健康知识传授给其他年级的同学。2016年1月学生们走进协和医院，参加了健康知识竞赛。学生对所学知识的掌握很准确、到位，受到了协和医院领导和医生们的好评。

13. 2015 年 9 月与中国农业科学院农业环境与可持续发展研究所合作，组建“全天候生态智能温室”。

14. 2015 年 12 月与北京气象局、京津冀环境预报中心、北京减灾协会、北京气象学会等合作，组建“雾霾与细颗粒物环境气象观测研究站”。建设大气气象要素和雾霾观测综合实验站，增强学生对雾霾污染本质的认识，培养学生对科学问题研究的兴趣，同时全面了解学生生活和学习所处环境的真实污染水平，在重污染天气下主动开展相关应急防护措施，保护师生身体健康。该研究站的定位是示范教学基地和教师培训基地、科研基地、研究性学习实验基地、市区开放性科学实践活动基地。

15. 2016 年 1 月立项申请北京市教师培训研究 2016 年度立项课题：提升教师心理素质培训课程框架的探索与实践。随着教师专业化进程的加快，教师群体的压力越来越大，其心理健康问题日益受到社会的广泛关注。教师心理素质的好坏不仅有利于自己的身体健康、生活幸福，更是良好师德形成的基础，会直接影响到学生的心理健康。本研究运用团体心理辅导与授课结合的方法，采用“主题沙龙”等形式开展心理培训，以探索与建设促进教师个人成长、提升教师心理能力与素质及人格魅力的培训课程体系。

16. 2016 年 3 月与香港联合国教科文组织协会、香港可持续发展学院合作，启动景山－东华门学区“智慧健康学校”教学资源服务平台项目。

17. 2016 年 9 月与商务印书馆合作出版《心理素质与心理健康》七年级、十年级读本。

18. 2016 年 11 月举办东城区“健康·成长 2020 工程”之北京市第一六六中学“健康素养嘉年华”——“构筑健康生态 促动师生体智”课程展示。

19. 2017 年 3 月举办师生心理系列讲座——“抗挫力”的培养与研究，聘请北京师范大学心理学院教授开展心理讲座与抗挫力实践研究。

20. 2017 年 5 月“5·25”心理周大型活动启动。由自我认知、发掘自我、超越自我单元组成，师生共同完成了心理讲座、单元展示、师生作品展示活动。

21. 2017 年 9 月校本选科体育课程启动。由七个项目组成的校本特色体育课程全面展开，由学生自主选择项目，开展自助式校本体育课程。这是以学生为本，以学生兴趣为出发点的校本体育课程新的实践和创造。

22. 2017 年 11 月初中全员舞蹈课全面启动。本次全员舞蹈课程是由舞蹈教师依托北京市科学规划课题展开设计的全新舞蹈课程，按初一到高中不同学段的学生特点而设计，并以校本舞蹈教材为依托。

23. 2018 年 3 月学校成功立项区级科学规划课题《基于雾霾实验室提升中学生地理实践力的课程探究》。课题围绕雾霾实验室进行，雾霾实验室的数据与化学等学科具有较强的相关性，利用实验室现代化的大气颗粒物浓度检测仪（美国 Metone）、Aurora－3000 浊度仪、空气中颗粒物采样仪、手持式颗粒物监测仪、NO_2 监测仪、SO_2 监测仪、高精度分析天平及气象观测仪器等，在线测定空气中 PM10、PM2. 5、PM1. 0、NO_2 浓度以及风速、风向、气压、能见度、总辐射系数、降雨量等气象指数。提高学生的环保意识，加强对环境问题的科学研究意识。

24. 2018 年 5 月学校举办“水润生命”主题科技节（每年举办一次）。倡议学生以身边的水资源开展调研，自制节水装置，以家庭的用水节水为线索，举办主题论坛，节水装置展示。

25. 2018 年 5 月中芬师生环保科学论坛召开。与芬兰拉塔萨莉学校的部分师生开展了关于环境保护、水资源保护的科学论坛。两国学生各自展示了通过调研、实验得到的关于水污染的数据和水质分析，共同探讨关于环境保护的问题。

26. 2018 年 9 月新初一、高一学生入学心理测试和适应性训练。学校对广大新入校的初一和高一学生开展了新生心理的测试，开展破冰、融入、认识等多个环节的新生适应性的活动和训练，加强了新生对新的校园生活的适应和融入。

27. 2019 年 3 月学校举办了教师心理节。心理节由“画出我心中的曼陀罗花”“减压体操”“悦读悦心”等不同的板块组成。意在为教师解压，增进教师间的交流和沟通，帮助教师学习更多的心理调节方法，更有力地促进教育教学质量提升，为健康教师身心助力。

28. 2019 年 10 月由教师自主编写的校本心理读本《心理素质与心理健康》从初一到高三的六个年级，共十二本全部编写出版完成。

29. 2020 年 3—8 月，开展了近 6 个月的“居家健康指导”和居家心理健康指导“解忧杂货铺”，为师生和家长进行了翔实、全面、细致、及时的运动健康与心理健康的定位指导。同时，对疫情背景下的卫生、防疫等全方位开展了多维度的云上讲堂与专业辅导。

附录：北京市第一六六中学青少年校本健康管理指南

第一章　青少年运动基础理论篇

儿童青少年处于生长发育变化过程中，经常从事体育运动能够促进生长发育、增强体质、提高健康水平。因此，青少年应该对自己身体的“运动零件”有所了解，这样，才能更好地参与体育运动和训练，对培养和促进儿童青少年的健康素养和健康成长具有深远的意义。

人的生长发育是在神经系统的协调下，身体与外界环境等多因素的相互作用下持续进行的，各器官和系统的发育彼此密切联系。实践证明，合理科学的体育运动和营养对促进儿童青少年身体发育有着良好的促进作用。营养是生长发育的物质基础，体力活动是生长发育的源泉。青少年应该有效利用各种营养物质促进代谢过程，充分发挥身体的生长潜能，提高身体形态、功能的发育水平和免疫能力。

国内外的多个横断面调查和追踪调查发现，经常参加体育锻炼的儿童青少年的身高、体重、胸围的增长幅度一般高于不经常参加锻炼的儿童青少年。体育运动可以改变身体成分，增加瘦体重，使脂肪成分减少，但体重变化不大。经常参加体育锻炼的青少年，加速血液循环，改善肌肉的营养，使肌纤维变粗、体积增大、弹性增强，提高肌肉工作能力。此外，还能促进骨的生长，使骨变长变粗，骨密度增大。青春期由于肌肉发育不均衡，可以对骨骼和肌肉有全面的认识，从而针对性地注意发展伸肌和小肌肉群，重视肌肉协调性和灵敏性，不给肌肉增加过度负担，防止不正确的动作给身体发育造成的负面影响，促进儿童青少年运动系统的发育。

因此，本章节从运动系统的基础理论出发，向青少年介绍肌肉和骨骼的组成、功能等，希望青少年可以更加了解自己，从而更科学和积极地参与体育运动。

第一节　骨骼系统

一、解剖学基本术语

人体各部位或各器官等的结构和位置关系在生活或运动过程中不是一成不变的，因此，在描述人体姿势或各器官的结构和位置时，需要统一的标准和描述的术语，以便于在描述运动时进行交流，避免误解。

（一）人体标准解剖学姿势

人体的标准解剖学姿势是：身体直立，双眼平视，两足并拢，足尖向前，上肢下垂，掌心向前。

在描述各种不同的人体姿势或结构时，都应以此为标准。不论被观察的人体是仰卧的、俯卧的或倒置的，均要想象将其复位到标准解剖学姿势后进行描述。

（二）常用方位术语

以人体的标准解剖学姿势为基准，定出下列一些解剖学方位术语。

上：靠近头部为上。

下：靠近足部为下。

前：靠近腹侧为前。

后：靠近背侧为后。

内侧：靠近身体正中面的为内侧。

外侧：远离身体正中面的为外侧。

近侧（端）：四肢靠近躯干的部分为近侧（端）。

远侧（端）：四肢远离躯干的部分为远侧（端）。

桡侧：前臂的外侧为桡侧。

尺侧：前臂的内侧为尺侧。

腓侧：小腿的外侧为腓侧。

胫侧：小腿的内侧为胫侧。

浅：靠近体表或器官表面的为浅。

深：远离体表或器官表面的为深。

（三）人体基本切面

人体解剖学规定，人体有 3 个互相垂直的基本切面，亦称基本面。

矢状面：沿身体前后径所作的与地面垂直的切面。此面将人体分为左右两部分。沿身体正中线所作的矢状面，称正中面。

额状面：沿身体左右径所作的与地面垂直的切面，亦称冠状面。此面将人体分为前后两部分。

水平面：垂直人体纵轴，与地面平行的一切切面，亦称横切面。此面将人体分为上下两部分。

（四）人体基本轴

人体解剖学还规定，人体有3个互相垂直的基本轴，这些基本轴在描述身体和关节运动时非常重要，应充分理解和掌握。

冠状轴：左右方向垂直通过矢状面的轴。

矢状轴：前后方向垂直通过额状面的轴。

垂直轴：上下方向垂直通过水平面的轴。

二、骨骼系统

（一）骨

1. 骨的分类及名称

成人全身共有206块骨，根据其存在的部位，可分为中轴骨和四肢骨两部分。中轴骨包括颅骨和躯干骨；四肢骨包括上肢骨和下肢骨。

颅骨可分为脑颅骨、面颅骨和听小骨3部分。

躯干骨由椎骨、肋骨和胸骨组成。椎骨构成人体的中轴，包括7块颈椎、12块胸椎、5块腰椎、1块骶骨（5块骶椎融合而成）和1块尾骨（由3或4块尾椎融合而成）。肋骨和肋软骨连接成肋，共12对。胸骨只有1块。

上肢骨分为上肢带骨和自由上肢骨两部分。上肢带骨包括锁骨和肩胛骨，自由上肢骨包括上臂骨、前臂骨和手骨3部分。上臂骨即肱骨；前臂骨包括尺骨和桡骨；手骨包括腕骨、掌骨和指骨3部分。

下肢骨分为下肢带骨和自由下肢骨两部分。下肢带骨即髋骨。在幼年时髋骨由髂骨、坐骨和耻骨3部分通过软骨联结而成，成年后通过骨性结合而成为一块骨。自由下肢骨包括大腿骨、小腿骨和足骨3部分。大腿骨即股骨；小腿骨包括胫骨和腓骨；足骨包括跗骨、跖骨和趾骨。位于膝关节前方参与组成膝关节的籽骨——髌骨，它也在自由下肢骨之列。

2. 骨的结构

骨是一种器官，由骨膜、骨质、骨髓以及血管、神经等构成。

（1）骨膜：由结缔组织构成，分为骨外膜和骨内膜。

①骨外膜。覆盖在除关节面外的骨表面，还可分为内外两层。外层较厚，由致密结缔组织构成，致密而坚韧，借助许多胶原纤维固着于骨面；内层疏松，有成骨细胞和破骨细胞，与骨的生长发育和修复有关，同时还分布有丰富的血管、神经，与骨的营养有关。

②骨内膜。分布于骨髓腔内表面，内有成骨细胞和破骨细胞，具有造骨和破骨等功能。

（2）骨质：是骨的主要成分，分为骨松质和骨密质。

①骨松质。分布在长骨的两端以及短骨、扁骨和不规则骨的内部。骨松质是由许多针状或片状的骨小梁相互交织构成的。骨小梁在骨中的排列和配布，与骨受到的压（重）力和肌肉牵拉的张力相适应。骨松质的这种结构，使骨以最少的骨质达到最大的坚固性，同时骨小梁之间的网眼还成为红骨髓的分布区。

②骨密质。主要分布在长骨的骨干以及短骨、不规则骨的表面和扁骨的内、外层，骨质厚而致密，由紧密且规则排列的骨板构成。各层骨板中纤维的排列方向不同，且相邻两层的纤维呈交叉状，因而具有较强的抗压力和抗扭转能力。

（3）骨髓：分布在骨髓腔及骨松质的网眼中。胎儿和婴幼儿的骨髓都是红骨髓，以后随着年龄的增长，长骨骨髓腔中的红骨髓逐渐被脂肪组织所代替，变为黄骨髓。成人的红骨髓主要分布在扁骨、不规则骨和长骨骺端的骨松质中。红骨髓有造血功能，而黄骨髓没有。但当人体大量失血时，黄骨髓可转化为红骨髓，恢复造血功能。

3. 骨的功能

（1）支持作用：骨骼构成人体支架，具有支持体重的作用。

（2）杠杆作用：骨的外面都有肌肉附着，尤其是长骨，可作为杠杆，在肌肉收缩作用下，产生各种各样的运动。

（3）保护作用：骨可形成体腔壁，如颅腔、胸腔、盆腔壁，有保护脑、心脏、肺、子宫等重要器官的作用。

（4）造血功能：骨内红骨髓有造血的功能。

（5）储备作用：骨是人体钙磷的储备仓库，与体内的钙磷代谢有密切关系。钙离子与肌肉的收缩有关，在血中要保持一定的浓度，血中钙与骨中钙不断地进行交换。磷是神经组织的重要成分，同时与 ATP 的形成有关。

4. 骨的化学成分和物理性质

骨的化学成分分为有机物和无机物两类。成人骨中有机物约占 28%，主要为骨胶原纤维和黏多糖蛋白；无机物约占 72%，其中主要是水（约占 50%）和钙盐（主要为磷酸钙、碳酸钙等，约占 20%）。骨的物理性质由其化学成分所决定，主要表现为弹性和硬度两方面。有机物使骨具有一定的弹性，无机物使骨具有一定的硬度。

骨的化学成分随年龄增长而发生变化，物理性质亦有不同。儿童少年的骨中，有机物约占1/2，故硬度差，弹性大，不易发生骨折，但易变形。成年人的骨中，有机物约占1/3，无机物约占2/3，这种比例的骨最坚韧。老年人的骨中，无机物多，超过2/3，有机物少，骨质脆性大，易骨折，且不易愈合。有研究表明，行为对学生骨的化学成分也有不同程度的影响，从而影响了骨的物理性质，会出现易骨折等问题。

（二）骨连结

1. 关节的结构

关节的结构包括主要结构和辅助结构两部分。

（1）关节的主要结构：人体关节的主要结构有关节面、关节囊和关节腔，即关节的3要素。

①关节面：是指构成关节的两骨相对应的接触面，多为一凸一凹，凸的为关节头，凹的为关节窝。关节面表面覆一层关节面软骨，终生不骨化。关节软骨中无神经、无血管，损伤后较难修复，它获得营养的途径是与关节腔内的滑液进行液体交换。关节面软骨表面光滑，稍有弹性，对关节有减少摩擦，减轻冲击，吸收震荡的作用。

②关节囊：分为内外两层，外层为纤维层，可使关节两骨紧密相连。内层为滑膜层，利于分泌滑液。滑膜层内有血管、淋巴管和神经，能分泌少量滑液，它有营养关节面软骨和在关节运动时减少关节面软骨之间摩擦的润滑作用。

③关节腔：是指关节囊和关节面之间密封的腔隙。

（2）关节的辅助结构：有些牢固和灵活的关节还具有一些辅助结构，包括韧带、滑膜囊、关节内软骨等。

韧带：大多数分布在关节囊外面，少数分布在关节囊内。由致密结缔组织构成，联结相邻骨，有加固关节和限制关节运动的作用。

2. 关节的运动

关节的运动形式与关节的形态结构有关。每一种运动都是围绕某个运动轴在一定的基本平面进行的。关节的基本运动有屈伸、外展与内收、回旋、环转和水平屈伸。

（1）屈伸：运动环节绕冠状轴在矢状面内做的运动。一般来说，向前运动为屈，向后运动为伸。但膝关节及其以下关节则相反。

（2）外展、内收：运动环节绕矢状轴在冠状面内做的运动。运动环节末端远离身体正中面为外展，向身体正中面靠近为内收。

（3）回旋：运动环节绕其本身的垂直轴在水平面内做的运动。由前向内旋转为内旋，由前向外旋转为外旋。

（4）环转：运动环节以近侧端为支点，绕冠状轴、矢状轴以及它们之间的中间轴做连续的圆周运动。

（5）水平屈伸：运动环节在水平面内绕垂直轴做前后运动，是体育运动中的一种运动形式。如上肢（或下肢）在肩关节（或髋关节）处外展 90 度后，向前运动称水平屈，向后运动则称水平伸。

3. 人体主要的骨联结（关节）

（1）上肢骨的联结：上肢骨的联结可分为上肢带骨的联结（上肢带联结）和自由上肢骨的联结（自由上肢联结）两部分。上肢带关节包括胸锁关节和肩锁关节。自由上肢关节包括肩关节、肘关节、前臂骨的联结、手关节、腕掌关节、掌指关节和指关节。

①上肢带关节

组成：胸锁关节由胸骨和锁骨组成。肩锁关节由锁骨和肩胛骨组成。

结构特征：胸锁关节活动范围小，是上肢与躯干间联结的唯一关节。肩锁关节联结紧密，活动范围小。

运动：肩胛骨的运动较明显，故通常以肩胛骨的运动来描述上肢带骨的运动。肩胛骨的运动有上提和下降、前伸和后缩、上回旋和下回旋。

②肩关节

组成：由肩胛骨和肱骨头组成。

结构特征：相连两骨的关节面大小相差较大，关节本身的韧带少而弱，是人体最灵活、稳固性较差的关节。

运动：可绕 3 个运动轴做屈伸、收展、回旋、水平屈伸和环转运动。

③肘关节

组成：由肱骨远侧端和桡尺骨近侧端的关节面组成。包括肱尺关节、肱桡关节和桡尺近侧关节。

结构特征：3 个关节包在一个共同关节囊内，彼此又可独立运动。关节囊前后薄弱松弛，两侧紧张，所有加固韧带均不与桡骨相连。

运动：从肘关节整体运动来说，有两个运动轴，可做屈伸运动（由肱尺关节和肱桡关节共同完成）；还可做内旋、外旋运动（由肱桡关节和桡尺近侧关节共同完成）。

④桡腕关节

组成：由桡骨和腕骨共同构成。

结构特征：关节囊前后松弛，前后内外均有韧带加固。

运动：可绕两个运动轴做屈伸、收展运动，还可做环转运动。

（2）下肢骨的联结：下肢骨联结可分为下肢带骨的联结（下肢带关节）和自由下肢骨的联结（自由下肢关节）两部分。下肢带关节包括骶髂关节和耻骨联合。下肢带骨（髋骨）、下肢带关节和骶、尾骨等共同组成骨盆。自由下肢关节包括髋关节、膝关节、小腿骨的联结和足关节（踝关节等）等。

①骨盆

组成：由骶骨、尾骨和两侧的髋骨以及联结它们的关节和韧带组成。

结构特征：形似拱形结构。它具有坚固、省材和防震的特点。

功能：支持人体上身的重量；传递和分散人体负荷的压力；保护腹腔和盆腔内脏器官；缓冲震荡；上连脊柱，下接股骨，活动时可增大躯干和下肢运动的幅度。

运动：下肢带关节的运动是以骨盆的整体运动进行的。

骨盆在髋关节处可做前倾、后倾、侧倾、回旋运动，还可做环转运动。在足离开地面时，骨盆可绕腰骶关节带动下肢做前倾、后倾、侧倾和回旋运动。

②髋关节

组成：由髋骨的髋臼和股骨头组成。

结构特征：关节窝较深，关节囊厚而坚韧，周围韧带较多，关节坚固性大，灵活性小。

运动：可绕 3 个运动轴做屈伸、收展、回旋、水平屈伸和环转运动。

③膝关节

组成：由股骨下端、胫骨上端及髌骨关节面组成，包括股胫关节和股髌关节。

结构特征：膝关节是人体中结构最复杂的关节，关节囊内外有许多辅助结构，如半月板、韧带。

半月板具有加深关节窝，使上、下关节面吻合，缓冲震动和保护关节面的作用。

膝关节韧带较多，有关节外韧带和关节内韧带。关节外韧带分别从前、内、外侧加固关节，关节内韧带可防止股骨和胫骨前后移位。

运动：可做屈伸运动。在屈膝时，可做轻度内旋和外旋运动。髌骨在小腿屈伸运动时，可做上下滑动。

④踝关节

组成：由胫骨的下关节面、内踝关节面和腓骨的外踝关节面共同形成的叉状关节窝。

结构特征：关节囊前后松弛，两侧有韧带加固。在踝关节韧带损伤中，以外侧最为常见。

运动：足绕此关节可做屈伸运动（足向下为屈，足向上为伸）。足还可做侧方运动（即内收、外展）。

（3）躯干骨的联结：躯干骨借其骨联结构成脊柱和胸廓。脊柱的联结包括一般椎骨间联结和特殊部位的联结。胸廓的联结包括胸骨与肋骨的联结、肋骨与椎骨的联结。胸骨与肋骨的联结又称胸肋关节。肋骨与椎骨的联结又称肋椎关节，包括肋头关节和肋横突关节。

①脊柱

组成：由24块独立的椎骨、1块骶骨、1块尾骨以及联结它们的23块椎间盘、关节和韧带装置构成。

结构特征：侧面观察脊柱，可见4个生理弯曲，即颈曲、胸曲、腰曲和骶曲，颈曲和腰曲凸向前，胸曲和骶曲凸向后。

功能：构成人体躯干的中轴与支柱，支持体重。构成椎管、胸腔、腹腔、盆腔等腔壁，借以容纳保护脊髓和内脏器官等。脊柱是一拱形结构，有良好的弹性，起着传递压力、缓冲震荡的作用。可完成各种基本运动，成为运动时的杠杆，它还是许多肌肉的附着点。

运动：各椎骨间的运动幅度虽然有限，但整个脊柱的运动范围仍很大。绕额状轴可做屈伸运动；绕矢状轴可做侧屈运动；绕垂直轴可做回旋运动。此外，还可做环转运动。

②胸廓

组成：胸廓由12根胸椎、12对肋骨、1块胸骨以及关节和韧带等组成。

结构特征：整个胸廓前后稍扁，上窄下宽，上口小而下口大。

功能：由胸廓围成胸腔，具有保护心肺及重要血管和神经的功能。此外，胸廓还参与呼吸运动。

运动：胸廓的运动是以肋骨的上、下运动来表示的，当吸气时，肋骨上提、外翻，使胸腔扩大（前后径、左右径增大）。当呼气时，肋骨下降、内翻，使胸腔变小（前后径、左右径缩小）。

第二节 肌肉系统

肌肉系统概述

（一）肌组织

肌组织广泛分布于骨骼、内脏和心血管等处。肌组织是由有收缩能力的肌细胞组成的，肌细胞之间有少量的结缔组织以及血管和神经。肌组织的主要功能是收缩与舒张。人体的各种运动，如行走、跑跳、呼吸、排泄和循环等活动，都是依靠肌组织的收缩来实现的。根据结构与功能的特点，将肌组织分为3类：骨骼肌、心肌和平滑肌。骨骼肌受躯体神经支配，为随意肌，心肌和平滑肌受植物神经支配，为不随意肌。

人体的骨骼肌简称肌肉，有600余块，绝大多数附着于骨骼上，呈对称分布。骨骼肌在神经系统的支配下收缩牵引骨以关节为支点发生转动，从而可引起人体的各种随意运动。人体各种动作都是由众多骨骼肌协同工作而实现的，同时运动又可明显改善骨骼肌的形态结构及功能。

骨骼肌在人体内分布极为广泛，成年人的骨骼肌约占人体重量的40%（女性为35%），而四肢肌又占全身肌肉的80%，其中下肢肌占全身肌肉的50%。经抽样调查，65%的学生肌肉缺乏，尤其是骨骼肌缺乏较严重，他们的握力测试结果在一定意义上表明，学生的力量素质与国民体质力量测试的平均值也存在一定程度的差距。

（二）肌肉的配布规律

肌肉的配布有一定的规律，首先按关节运动轴对应分布，一般是以相互对抗的形式分布于关节运动轴两侧。如冠状轴前有屈肌、后有伸肌（膝及其以下的关节相反）；矢状轴外侧有外展肌、内侧有内收肌；垂直轴前外侧有内旋肌，后外侧有外旋肌。由于人体直立和劳动的结果，使得上肢屈肌较深肌发达有力；而躯干和下肢的伸肌则强于屈肌。

（三）肌肉的协作关系

人体的动作有的很简单，但更多是复杂的动作。一个简单的动作，往往不是一块肌肉所能完成的，而复杂的运动动作，则在数块或数群肌肉的协调工作下，使关节产生各种各样的运动，或使人体维持某种姿势。根据肌肉在运动中所起的作用可分为原动肌、主动肌、次动肌、对抗肌、固定肌及中和肌等。

1. 原动肌、主动肌和次动肌：直接完成某动作的肌肉叫作原动肌。如肱肌、肱二头肌、肱桡肌和旋前圆肌 4 块肌肉是屈肘关节的原动肌。其中前两块在原动肌中起主要作用，因此叫主动肌；后两块起次要作用，故叫次动肌。

2. 与原动肌功能相反的肌肉叫对抗肌。如肱三头肌就是屈肘关节肌肉的对抗肌。

3. 固定肌：将原动肌定点所附着的骨固定起来的肌肉叫固定肌。如做前臂弯举动作时，肩关节周围的肌肉必须固定肱骨，才能更好地完成这一动作，这时肩关节周围的肌肉就是固定肌。

4. 中和肌：在进行扩胸运动时，只要求肩胛骨后缩，不要求上回旋。这时有一些肌肉参与工作以抵消斜方肌上回旋的作用，使斜方肌充分发挥肩胛骨后缩的功能。这些限制或抵消原动肌发挥其他功能的肌肉就叫作中和肌。

（四）肌肉工作术语

1. 肌肉的起点和止点：每块肌肉两端在骨骼上的附着点可分为起点和止点。对于躯干肌，将靠近人体正中面骨上的附着点，称为起点；远离人体正中面骨上的附着点，称为止点。对于四肢肌，将靠近近侧端骨上的附着点，称为起点；远侧端骨上的附着点，称为止点。

2. 定点和动点：相对固定骨上的肌肉附着点叫定点，相对移动骨上的肌肉附着点叫动点。

3. 近固定和远固定：肌肉收缩时，其定点在近侧端的称近固定；定点在远侧端的称远固定。如“弯举”的屈肘动作，肱肌收缩可以引起前臂向上臂运动，定点在上臂，这时肱肌是在近固定进行工作；而“引体向上”的屈肘动作，肱肌收缩可引起上臂向前臂运动，定点在前臂，这时肱肌是在远固定进行工作。

4. 上固定与下固定：在分析附着在躯干上的肌肉的工作时，往往称上固定和下固定。例如，做悬垂举腿时，胸廓固定，腹直肌是在上固定条件下工作的；做仰卧起坐时，骨盆相对固定，腹直肌是在下固定条件下工作的。

5. 无固定：无固定是指肌肉工作时，它的两端都不固定而做相向运动（如挺身式跳远）。

6. 肌肉拉力线：肌肉两个附着点中心之间的连线称肌肉拉力线。

（五）肌肉的结构

肌肉的基本结构：每块肌肉都是一个有机的整体，主要由肌组织构成。每块肌肉都可分为中部的肌腹和两端的肌腱。肌肉中还分布有血管和神经。

①肌腹：由许多肌纤维构成。肌纤维最短的仅 1mm，最长的可达 30cm。其表面包裹着结缔组织膜。

②肌腱：肌肉借肌腱附着于骨或筋膜上。肌腱缺乏收缩性，但很坚韧，可抵抗较大的张力。

③肌肉中的血管和神经。肌肉中含有丰富的血管，尤其是毛细血管特别丰富。肌腹内分布有运动神经末梢，来自中枢神经系统的冲动经此传至肌肉，支配肌肉活动。

（六）人体的主要肌肉

人体的肌肉按部位可分为躯干肌、上肢肌、下肢肌和头颈肌。

1. 躯干肌

躯干肌包括背肌、胸肌、腹肌和膈肌。

（1）背肌：背肌分为浅、深两层。背浅层肌包括斜方肌、背阔肌、肩胛提肌和菱形肌等。背深层肌分为背长肌和背短肌。背长肌包括竖脊肌和夹肌。背短肌包括横突棘肌、棘间肌和横突间肌。

①斜方肌

部位：颈部及背上部皮下，一侧为三角形，两侧相合为斜方形。

功能：近固定时，上部肌纤维收缩，使肩胛骨上提，上回旋和后缩；中部肌纤维收缩，使肩胛骨后缩；下部肌纤维收缩，使肩胛骨下降、上回旋和后缩。远固定时，一侧肌纤维收缩，使头向同侧屈和对侧旋转；两侧收缩，使脊柱伸。

②背阔肌

部位：腰背部和胸部后外侧皮下。

功能：近固定时，使肩关节伸、内收和内旋。远固定时，拉躯干向上臂靠拢，并可辅助吸气。

③肩胛提肌

部位：斜方肌上部深层。

功能：近固定时，使肩胛骨上提和下回旋。远固定时，一侧收缩，使头向同侧屈和轻度回旋；两侧收缩，使颈伸。

④菱形肌

部位：斜方肌深层。

功能：近固定时，使肩胛骨上提、后缩和下回旋。远固定时，两侧收缩，使脊柱胸段伸。

⑤竖脊肌

部位：脊柱两侧，由棘肌、最长肌和髂肋肌三部分组成。

功能：下固定时，一侧收缩，使脊柱向同侧屈；两侧收缩，使头和脊柱伸。上固定时，使骨盆前倾。

（2）胸肌：胸肌分为胸上肢肌和胸固有肌，胸上肢肌包括胸大肌、胸小肌、前锯肌等。胸固有肌包括肋间外肌、肋间内肌和胸横肌等。

①胸大肌

部位：胸前上部皮下。

功能：近固定时，使肩关节屈、水平屈、内收和内旋。远固定时，拉躯干向上臂靠拢，提肋助吸气。

②胸小肌

部位：胸大肌深层。

功能：近固定时，使肩胛骨前伸、下降和下回旋。远固定时，提肋助吸气。

③前锯肌

部位：胸廓侧面浅层。

功能：近固定时，使肩胛骨前伸；下部肌纤维收缩可使肩胛骨下降和上回旋。远固定时，可提肋助吸气。

（3）膈肌

部位：胸腹腔之间。

功能：收缩时，膈下降，使胸腔容积增大，吸气；放松时，膈上升，使胸腔容积缩小，呼气。还参与维持腹压。

（4）腹肌：腹肌包括腹前壁的腹直肌、腹外斜肌、腹内斜肌和腹横肌和腹后壁的腰方肌。

①腹直肌

部位：腹前壁正中线两侧。

功能：上固定时，两侧收缩，使骨盆后倾。下固定时，一侧收缩，使脊柱向同侧屈；两侧收缩，使脊柱屈。还可降肋助呼气。

②腹外斜肌

部位：腹前外侧壁浅层。肌纤维由外上向前向下斜行。

功能：上固定时，两侧收缩，使骨盆后倾。下固定时，一侧收缩，使脊柱向同侧侧屈和向对侧回旋；两侧收缩可使脊柱屈以及降肋助呼气。

③腹内斜肌

部位：腹外斜肌深层。肌纤维由后外下向前内上斜行。

功能：上固定时，两侧收缩，使骨盆后倾。下固定时，一侧收缩，使脊柱向同侧屈和回旋；两侧收缩使脊柱屈。

④腹横肌

部位：腹内斜肌深层。肌纤维横向分布。

功能：维持腹压。

2. 上肢肌

上肢肌包括肩带肌、上臂肌、前臂肌和手肌。

（1）肩带肌：肩带肌起自锁骨和肩胛骨，止于肱骨。包括三角肌、冈上肌、冈下肌、小圆肌、肩胛下肌和大圆肌。其中，冈上肌、冈下肌、小圆肌和肩胛下肌的肌腱共同构成一种叫作“肩袖”的结构，有加固和保护肩关节的作用。

三角肌

部位：肩部皮下，呈倒三角形。

功能：近固定时，前部纤维收缩使肩关节屈、水平屈和内旋；中部纤维收缩使肩关节外展；后部纤维收缩使肩关节伸、水平伸和外旋；整体收缩，可使肩关节外展。

（2）上臂肌：上臂肌包绕肱骨周围，分前、后两群。前群包括肱二头肌、肱肌等，后群包括肱三头肌和肘肌。

①肱二头肌

部位：上臂前面浅层，有长、短两头。

功能：近固定时，使肩关节屈、肘关节屈和外旋；远固定时，使上臂向前臂靠拢。

②肱肌

部位：肱二头肌下半部分深层。

功能：近固定时，使肘关节屈；远固定时，使上臂向前臂靠拢。

③肱三头肌

部位：上臂后面，有长头、外侧头和内侧头三个头。

功能：近固定时，使肘关节伸，长头还可使肩关节伸；远固定时，使上臂在肘关节处伸。

3. 下肢肌

下肢肌包括盆带肌、大腿肌、小腿肌和足肌。

（1）盆带肌：盆带肌分前后两群。前群起自骨盆内面，后群起自骨盆外面。前群有髂腰肌、梨状肌。后群有臀大肌、臀中肌和臀小肌。

①髂腰肌

部位：腰椎两侧和髂窝内，由腰大肌、髂肌组成。

功能：近固定时，使髋关节屈和外旋。远固定时，一侧收缩，使脊柱向同侧屈；两侧收缩，使脊柱屈和骨盆前倾。

②臀大肌

部位：骨盆后外侧，臀部皮下。

功能：近固定时，使髋关节伸和外旋；上部肌纤维收缩可使髋关节外展，下部可使髋关节内收。远固定时，一侧收缩，使骨盆转向对侧；两侧收缩使骨盆后倾。

（2）大腿肌：大腿肌可分为前外侧群、后群和内侧群。前外侧群有股四头肌等。后群有股二头肌、半腱肌、半膜肌。股二头肌、半腱肌和半膜肌 3 块骨骼肌合在一起成为腘绳肌。侧群有耻骨肌、长收肌等。

①股四头肌

部位：大腿前面，有 4 个头。

功能：近固定时，股直肌可使髋关节屈，整体收缩使膝关节伸；远固定时，使大腿在膝关节处伸，维持人体直立姿势。

②股二头肌

部位：大腿后外侧浅层，有长、短两个头。

功能：近固定时，使膝关节屈和外旋，长头还可使髋关节伸。远固定时，两侧收缩，使大腿在膝关节处屈；当小腿伸直时，使骨盆后倾。

（3）小腿肌：小腿肌分前群、后群和外侧群。

小腿三头肌

部位：小腿后部。包括浅层的腓肠肌和深层的比目鱼肌。

功能：近固定时，使踝关节屈，腓肠肌还可使膝关节屈；远固定时，可使小腿在踝关节处屈，协助膝关节伸，维持人体直立。

4. 头颈肌

头颈肌中，头肌可分为表情肌和咀嚼肌；颈肌分浅、中、深 3 群，颈浅肌群有颈阔肌、胸锁乳突肌。

胸锁乳突肌

部位：颈阔肌深层，颈部两侧。

功能：下固定时，一侧收缩，使头颈向同侧屈，并转向对侧；两侧收缩，肌肉合力作用线使头伸。上固定时，上提胸廓，助吸气。

运动系统基础理论略显枯燥，但是只有了解了骨骼和肌肉的这些基础性的名称和概念，才能从自身出发，更科学更专业地对运动系统的发展创造条件。此外，通过这些基础理论的学习，也能够促进青少年健康素养中健康知识的获取和利用，打好理论基础，为今后运动实践做好准备。

第二章　青少年健康体适能概述

处于青少年时期的中小学生是人体出生后生长发育最快、最重要的阶段，是大脑、身体发育最旺盛和最迅速的一段时间，同时也是心理、智力发育和成熟的关键阶段，其健康成长关系到国民素质的提高和寿命的延长，甚至关系到国家和民族兴衰，青年强则国强。因此，我们要时刻关注青少年的健康成长，不仅仅重视智力方面的发展，更要关注身体、心理良好的成长，这是我们家长、学校和社会应该尽到的重要责任。

影响青少年体质健康的因素有很多，遗传、生活方式、环境、医疗卫生等，其中生活方式和行为是目前社会中影响青少年健康成长最主要的因素，也是通过我们的努力不断朝着更加健康方向发展。有数据表明，人的健康15%—20%取决于遗传；20%—25%依赖于环境；10%—15%来自医疗保健；而生活方式和行为占到了50%—55%。因此，培养和帮助青少年养成良好健康的生活方式和行为，提高他们的健康素养，对青少年的健康成长意义重大。

第一节　健康

一、健康的概念

“健康”一词的英文 health 源于公元1000年英国盎格鲁—撒克逊族的词汇，其主要含义为安全的、完美的、结实的。1984年，世界卫生组织（WHO）在其宪章中首次提出“健康不仅仅是没有疾病和虚弱，而是在躯体、精神和社会方面保持的良好状态”的三维健康观。世界卫生组织在1978年《阿拉木图宣言》中重申了健康的定义，同时还指出：“健康是基本人权，达到尽可能的健康水平是世界范围内一项重要的社会性目标。”1989年，世界卫生组织又深化了健康的概念，提出了“健康应包括躯体健康、心理健康、社会适应良好和道德良好4个方面”的最新定义，要求人们应从4个方面综合评价一个人的健康。

健康的人应具有正常的生理、心理反应，有强壮的体格，敏捷的思维，有充沛的精力应付日常工作；能够抵抗一般性疾病和意外事故；他们可以轻松、坦然地享受生活乐趣；从容地处理人际关系，自觉恪守社会道德观，自信、自如地融入社会完成人类和历史赋予的责任和使命。健康不仅属于个人，而且属于社会。

第二节　健康体适能

一、体适能的概念与分类

“体适能”是从体育学角度评价健康的综合指标，是指机体有效和高效执行自身机能的能力，也是机体适应环境（包括自然环境和心理环境）的能力。

世界卫生组织对体适能的定义是“在应付日常工作之余，身体不会感到过度疲倦，还有余力去享受休闲及应付突发事件的能力”。美国运动医学协会（ACSM）认为，体适能由健康体适能和竞技体适能组成。健康体适能是与人体健康水平有密切关系的体适能，它包括以下要素：心肺耐力、肌肉力量和耐力、柔韧性和身体成分。竞技体适能是指与运动竞技能力有关的体适能，它包括的要素有：灵敏性、平衡性、协调性、爆发力、反应时和速度。本章节重点讲述与青少年体质健康相关的健康体适能。

二、健康体适能要素

美国运动医学协会定义“健康体适能”为一种具有以下特征的身体状态：有充足精力和能力从事日常活动，运动不足病症早期发生的危险较低。

目前儿童青少年不爱活动和肥胖的现象非常普遍，肥胖青少年比正常青少年更有可能受到心血管疾病、癌症、糖尿病前期、骨骼和关节问题、睡眠呼吸暂停以及低自尊等问题的困扰。这促使我们应该设计一些课程让他们了解自己的身体和健康体适能对自身的影响，从而喜欢上身体运动。可以说，健康的体适能要素如良好的心肺耐力、肌肉力量和耐力、柔韧性和身体成分，与儿童青少年能够高效率地学习、享受课外活动、健康状态、预防不良生活方式导致的运动不足病症以及应付紧急情况的能力紧密相关。

因此本章节重点讨论什么对孩子的身体和发展有好处，哪些要素是孩子身体健康必需的？为什么这些要素这么重要？接下来，让我们一起走进健康体适能的大门，去了解和接受健康的理念。

（一）心肺耐力

1. 心肺耐力的概念及重要性

心肺耐力又称有氧耐力，是指我们长时间进行有氧工作的能力。心肺耐力水平主要与我们的心血管系统和呼吸系统功能有关，代表人体心血管系统和呼吸系统摄入、运输、吸收利用氧气，进行新陈代谢，产生能量的能力，反映了人体心肺功能的适应能力。心肺耐力与人体健康关系最为密切，是人体健康水平或体质强弱的重要标志。

有氧运动对孩子们非常重要，因为这能够使孩子们更长时间保持良好的学习状态和身体活动。孩子们对有氧运动的反应不如成年人，因为与成年人相比，他们的肺活量更小，心脏泵出的血液也更少。在特定的速度下，儿童跑动所需要的氧气水平高于成年人。

良好的心肺耐力不仅能保证我们长时间学习和运动的效率，同时也使我们具备快速消除疲劳和有效恢复的功能。我校在平时的实践教学和测试中发现，现如今很多学生的心肺耐力较差，平日比较容易精神萎靡，稍微活动就气喘吁吁，耐力活动时间稍长，即容易显出疲劳状。因此提高心肺耐力，可以提高学生的学习质量和运动效果，降低由于不良生活方式所导致的心脑血管疾病、肥胖等疾病的发病率。

2. 有氧运动的特点和作用

有氧运动是指运动时以有氧代谢系统供能为主的运动项目。其主要特点是低强度、较慢的速度、较长的距离、较长的运动时间、周期性的运动和全身大肌肉群参加活动，如步行、慢跑、游泳、骑自行车等。有氧运动是维持和发展心肺耐力的最常用的训练方式。

有氧运动的生理作用主要在于提高心血管系统和呼吸系统的功能。有氧运动可以使心脏的泵血机能和工作效率得到提高。可使心脏出现运动性肥大，主要表现为安静时心率降低；收缩压下降，舒张压下降或不变。有氧运动还可以使肺的容积和肺活量增大，肺通气机能增强，从而改善肺功能，促进最大摄氧量的增加。

（二）肌肉力量和耐力

1. 肌肉力量和耐力的概念及重要性

肌肉力量是指肌肉紧张或收缩时对抗阻力的能力。力量是实现一切身体活动的基础，我们所有的生活、学习、劳动和运动活动几乎都是对抗阻力而产生的。

肌肉耐力是指肌肉在一定负荷下长时间保持收缩的能力。肌肉耐力是每个人在日常生活、学习、劳动和运动中所需的基本素质，耐力强可以使人长时间工作而不易疲劳。

2. 青少年肌肉抗阻训练概述

肌肉抗阻训练是完全依靠自身力量克服一定外界阻力的运动。阻力可来自他人、自身、重力、专门器械、弹力带等，是增强肌肉力量和耐力的主要手段。考虑到青少年的身体发育特点和安全性，这一时期的肌肉抗阻训练主要来自抵抗自身阻力或者简单器械如弹力带等。

青少年通过身体训练都会表现出肌肉力量的增强。通过规律科学的训练，孩子们的肌肉力量与正常的生长发育相比，通常会增加13%—30%。

在学生中，很多人有驼背、圆肩等不良的身体体态，通过相应部位如背部肌肉抗阻训练，增强肩背部肌肉的力量，纠正不良体态，使形体问题在最大限度上得到缓解。此外，研究表明，肌肉力量训练可以减少运动过程中发生伤病的危险，也能够让肥胖或者存在肥胖风险的儿童青少年的身体成分发生积极的变化。骨骼肌是新陈代谢很旺盛的器官，而抗阻训练的主要效果就是肌肉体积增大，重量增加。这将会使我们安静状态下的基础代谢率提高，能量消耗增多，这对预防和控制学生肥胖意义重大。

需要注意的是我们成年人在25岁以后如果不进行规律的抗阻训练，每年肌肉的重量将可能减少约0.5kg，这时候由于不良的生活方式导致的脂肪增加会使体重增加得更加明显。因此作为家长和老师，我们更应该认识到肌肉抗阻训练的重要性，从自身做起，为青少年热爱运动作出榜样和良好的引导。

3. 困扰我们的“疼痛”

运动导致的疼痛是运动锻炼中常见的现象，成年人能够区分疼痛和受伤之间的区别，但是儿童青少年通常不能正确地区分。这里就向孩子们解释有好的疼痛和坏的疼痛。好的疼痛意味着肌肉在超负荷地工作，在努力地变得更强更好，这种疼痛会在一两天之后消失。坏的疼痛通常是一种剧烈的、突然的疼痛，是很难忍受的疼痛，往往是一种运动伤害。如果感觉到这种疼痛，应该立即停止活动，并告诉家长或者老师。

这里我们主要讲述的是“好的疼痛”——运动性肌肉酸痛。

运动性肌肉酸痛分为急性肌肉酸痛和延迟性肌肉酸痛。

（1）急性肌肉酸痛：急性肌肉酸痛是指在运动过程中和运动后即刻产生的疼痛。通常在运动后几分钟至几小时内消失，对运动锻炼的影响作用不明显，主要是由于运动中代谢产物的堆积与肌肉肿胀等原因引起的。

（2）延迟性肌肉酸痛：延迟性肌肉酸痛（DOMS）是指我们进行不习惯的运动后所出现的肌肉酸痛或不舒适的感觉。由于肌肉的疼痛不是发生在运动即刻，而是发生在运动后24—48小时，所以称为延迟性肌肉酸痛。

几乎所有有运动经历的人，甚至从事不习惯的体力活动的人都有延迟性肌肉酸痛的体验。延迟性肌肉酸痛的出现与运动强度、运动形式和习惯程度有关，与人体的健康水平和身体功能状态关系不大。延迟性肌肉酸痛和运动性肌肉结构损伤具有密切关系，后者是运动肌纤维损伤所致，但确切的机制尚不十分清楚。延迟性肌肉酸痛是一种暂时性的肌肉不舒适的感觉，一般不经临床治疗，可自行恢复。

（三）柔韧性

1. 柔韧性的概念和重要性

柔韧性是指人体各关节的最大活动幅度或范围，通常用关节活动幅度表示肢体的柔韧性。

肌肉和韧带柔韧性对孩子的健身运动非常重要，不仅可以降低受伤风险，还可以提升运动性能。

柔韧性有极其明显的年龄差异，幼儿时期是柔韧性最好的时期。随着年龄增长柔韧性逐渐降低，原因可能与儿童少年的肌肉纤细、弹性好、可塑性大、关节韧带的伸展度大有关。观察表明，柔韧性还有明显的性别差异，即女性一般好于男性。

2. 柔韧性的概述

通常用坐位体前屈作为柔韧性测试项目。这一项目主要反映了人体大腿后群肌肉和部分背肌的柔韧性。

拉伸运动是锻炼青少年的柔韧性的主要方式。静态拉伸是指拉伸到自己身体能承受的最大活动范围并保持30秒，这样有助于提升身体的柔韧性。动态拉伸是那种反复进行富有挑战性但又舒适可接受的活动范围，一般在训练课前应该重点进行动态拉伸。在训练课结束之后进行静态拉伸，对放松肌肉很有效果。

（四）身体成分

1. 身体成分的概念

人体的总体重，可以分为脂肪组织重量和非脂肪组织重量（主要是骨骼、肌肉和水分等）两个部分。人体内非脂肪组织的重量，通常称为瘦体重。身体成分是指人体脂肪组织重量和瘦体重分别占总体重的百分比。体脂百分比，即人体脂肪组织重量占总体重的百分比。它是评价身体成分的主要指标。

2. 身体成分与健康

脂肪具有一些重要的生理功能，如产生能量、维持体温、缓冲和保护等，但身体成分汇总脂肪的成分增加，肌肉的成分必然下降。身体中没有收缩功能的脂肪组织较多，进行活动的能力就会下降，基础代谢水平也会随之下降。当脂肪含量过多并达到肥胖的程度时则容易引起诸多不良的结果，包括冠心病、高血压、中风、糖尿病、骨关节病、各种肿瘤的发病危险增加等。另外，肥胖对很多人造成了严重的心理负担。由于肥胖与疾病的密切关系，因此对身体脂肪含量的准确测量和评价是体适能研究的重要组成部分。据有关研究报道，我国青年男子体脂百分比一般在10%—15%，女子为20%—25%，随着年龄的增长体脂百分比有所增加。

当体内脂肪合成增加，脂肪组织就趋向于在身体的某些部位堆积。男性型肥胖（身体外形呈苹果形变化）是用来描述脂肪在躯干和腹部过度的堆积；而脂肪主要堆积在臀部和大腿部位则被称为女性型肥胖（身体外形呈梨形变化）。按照其对健康的不利影响，男性型肥胖最大的危险在于与心血管疾患密切有关。

过少的身体脂肪同样对体质和健康有所损害。每个人身体脂肪含量有较大的个体差异，主要取决于性别和遗传因素。男性最低体脂百分比约为3%，女性最低体脂百分比约为12%，即为用于维持人体正常生理功能的必需脂肪。

人体要保持良好的机能状况，适宜的脂肪是必不可少的，表2－2－1显示各种身体状态下的体脂百分比情况。

表 2-2-1 各种身体状态下的体脂百分比 (%)

身体状态	男	女
必需脂肪量	0—5	0—8
最少脂肪量	5	15
运动员	5—13	12—22
最佳健康状况	10—25	18—30
最佳体力状态	12—18	16—25
肥胖	>25	>30

(五) 青少年的 ABC 训练

青少年的 ABC 训练是指灵敏性（agility）、平衡能力（balance）和协调能力（coordination）的训练。

灵敏性是在保持平衡的同时快速改变方向的能力，比如足球、篮球运动时快速运球就需要很好的灵敏性。一般认为，青少年时期灵敏性发展最快。体重过重对灵敏性有不利影响。

平衡能力是在静止或运动中能够保持身体稳定或身体动作受到控制的能力，如体操、花样滑冰等运动就需要很好的平衡能力。

协调能力是以流畅高效的方式移动身体各个部位的能力。这主要反映一个人的视觉、听觉和平衡觉与熟练的动作技能相结合的能力，以及神经系统对骨骼肌的调节能力。如网球发球、艺术体操中技巧动作的完成等。

ABC 训练的这些能力之间是相互联系的，没有哪一种能力是独立存在的，在进行灵敏性训练中，也会让平衡能力和协调能力得到提高。ABC 训练可以增强孩子们手－眼协调能力和快速反应能力。

第三节 属于女孩的"秘密"运动

一、女子身体发育及运动的特点

青春期发育后，由于男女少年在身体形态与生理机能及素质方面逐渐出现差别，女子也伴随着月经初潮的来临，因此，在进行体育运动时，要了解女孩身体发育的特点，和男生的运动安排区别对待，相应地安排运动内容。

（一）身体发育的特点

10 岁前，在形态指标（如身高、体重）方面，一般男生多数会略大于女生，10 岁后一直到 12 岁左右，多数女孩略大于男孩，但在 13 岁后，主要的形态指标则一般男大于女。

一般男生发育比女生晚 2 年左右。女孩在 13—17 岁，男孩在 19—20 岁生长速度逐渐减慢，约到 25 岁骨化完成后生长才停止。

1. 体形和运动器官的特点

（1）女子骨盆较宽，皮下脂肪较厚、臀部较大，躯干相对较长，使身体重心较低。

（2）女生的骨骼比男生短、细，骨密度低，重量也轻，抗压和抗弯的能力较差。

（3）有研究表明，女生的肌肉重量相当于男生的 90% 左右，但力量仅为男生的 70%—80%。女生肌肉力量低于男生，易疲劳，而且一旦疲劳，恢复的时间较长。

（4）女生关节韧带弹性及柔韧性较好，关节活动范围大，一些体操、舞蹈等难度动作更容易做到。

2. 心血管、呼吸系统的特点

女生心肌收缩力较弱，血压一般低于男生。女生血液总量占体重的百分比比男生低，红细胞数量和血红蛋白含量均低于男生。女生的胸廓、胸围较小，呼吸肌较弱。心肺耐力较男生稍弱一些。

（二）女生的运动能力

有追踪性研究表明，男女少年均可采用与成年大致相同形式的耐力训练，通过训练都可以获得相同的有氧能力。女子适当地进行力量练习，不仅能提高运动成绩，而且有利于预防运动损伤。近来有研究表明，许多女子通过规律的长期的肌肉力量训练使肌力增长，但并不一定伴有很明显的肌肉体积增加，这可能是肌肉神经调节机能改善后的肌力增长。

在身体各形态和机能指标中，女子大多数都弱于男子，男女差异客观存在，但是要辩证地看待女子的运动能力。近年来，在各种运动项目中，女子运动成绩提高的速率比男子快，我们要看到女子参与运动的潜力。无论采用什么训练手段，最重要的原则是因人而异，区别对待。

二、属于女孩的“秘密”运动

（一）女孩月经初潮年龄

月经第一次来潮称为初潮。我国健康少女初潮年龄大多在13—15岁，早可提前到11—12岁，晚可推后到17—18岁。目前，女孩月经初潮的年龄有提前的趋势。体脂较少，初潮年龄则较迟。

影响月经初潮年龄的因素很多，诸如运动、环境、营养和健康状况等。

（二）月经期的症状

月经期盆腔充血，子宫血流量增多，因此有的女孩会有下腹部的坠胀感。有时还会有尿频、乳房发胀、情绪不稳定、肠胃功能紊乱、皮肤痤疮等现象，但一般不会很严重，不影响学习、运动和生活。一般，在月经期女生们会有以下四种表现：

1. 正常型。月经期感觉良好，运动能力不受影响，心肺功能表现正常。

2. 抑制型。月经期感觉疲倦，乏力，体力较差，运动能力下降，血压降低，不想运动。

3. 兴奋型。月经期情绪比较激动，各种生理机能指标有提高的趋势，肌肉紧张，心率较快，血压升高。

4. 病理型。经期感觉腰背疼痛，头疼恶心，睡眠质量差，全身不舒服，特别不想参加运动。

在月经期，女生应该记录经期的日期、持续时间，身体反应，运动状态和运动后的感觉。这样就可以根据长时间的记录及时发现问题，科学地安排运动和休息。

（三）女孩“秘密”时期的运动

月经正常的女孩在“秘密”时期，可以参加适当的体育活动。通过适度的活动，不仅可以改善盆腔的血液循环，减轻充血现象，而且运动时腹肌与骨盆肌群的收缩与放松活动对子宫所起的柔和的按摩作用，有助于经血的排出。此外，适度的体育活动还能调节神经系统的兴奋和抑制，从而减轻月经期的不舒服反应。

1. 在这个特殊的“秘密”时期，女生们应该避免过冷的刺激，特别是肚子区域的部位要注意保暖，以免引起痛经或月经失调。

2. 这个时期开始的第一、第二天运动量和强度都应该降低，时间不要太长。

3. 这个时期女生们不要进行剧烈运动，尤其是震动强烈增加腹压的动作，如快速跑、跳跃、仰卧起坐等运动，以免影响月经量或者影响子宫的正常位置。

4. 这个时期一般不要游泳。避免病菌侵入造成感染。

5. 对于有痛经、月经量过多等月经失调的女生，这个时期应该减少运动参与，甚至必要时停止体育活动。

（四）运动性的月经失调

20 世纪 70 年代，人们已经注意到女运动员发生月经失调和骨质疏松的概率明显高于同年龄段的普通人群。20 世纪 90 年代初，美国运动医学学会提出，饮食失调、闭经和骨质疏松是女运动员经常出现的健康问题，称之为“女运动员三联征”。如果经常参加运动的女子通过适当的营养获得最佳能量供应，月经功能正常并且骨骼状态良好，才会得到健康的三联征，但是由于各种原因，女子在长期大强度的运动中，可能走向不健康或病态的三联征。

在本章节中我们重点说一下饮食失调。较低的能量供应是导致月经紊乱和骨质疏松的根本原因。有些女孩因为要参加一些对体重严格要求的运动项目时，会延长运动时间增加热量消耗，再加上采用不正常的饮食，比如禁食、极低热量饮食、暴饮暴食、服用泻药或减肥药等，会导致饮食失调，甚至患上厌食症或暴食症。厌食症是自己认为自己超重，并因此限制饮食。暴食症是自己的体重通常在正常体重范围，却陷入暴食、腹泻、禁食和过度运动这个恶性循环。

与其他体育运动相比，在注重外表形象的体育运动中，如体操、花样滑冰、游泳、跳水等，饮食失调的发病率较高（Anderson & Petrie，2012）。美国运动医学会鼓励科学地减重，防止运动员采用极端减肥法，尤其是对于青少年，更应该科学地进行体重管理。美国国家州立高中协会全国联合会已经在高中体育运动中实施体重管理规则，其中包括尿比重不能超过 1.025（避免短期的快速脱水减重），男孩的体脂率不得低于 7%，女孩的不得低于 12%，而且每周体重下降不得超过体重的 1.5%。这个规则就是避免青少年采用可能导致危险的极端减肥方法。

青少年的体适能是适合参与体育运动的，却不是成年人的缩小版，不能用成年人的标准来要求他们。在体育运动中，应该根据青少年的身体发育、性别差异运动能力的特点，在不同阶段选择适合青少年自身的运动，来发展和提高青少年的体适能，使他们更加热爱体育运动，并能从运动中得到健康的体质，更好的认知表现和执行力。

第三章　青少年体重管理篇

* 全球儿童肥胖率不断上升
* 欧美儿童超重率20%—30%，肥胖率5%—15%
* 国家卫生计生委《中国居民营养与慢性病状况报告（2015年）》
* 6—17岁儿童青少年超重率为9.6%，肥胖率为6.4%

越来越多的小胖子、小麻秆出现在我们的校园中和生活中，国家、社会、学校和家庭越来越重视青少年体重管理，希望通过科学的运动和营养干预能够帮助青少年维持健康的状态。因此，关注体重管理，从小抓起，从现在就应该培养中小学生健康的体重管理理念，不断提高他们的体重管理知识和技能。

第一节　体重管理概述

一、你知道什么是体重管理吗？你需要体重管理吗

体重是描述人体横向发育的指标，它在一定程度上能够反映人体骨骼、肌肉、皮下脂肪及内脏器官综合发育状况。人类形态学把体重作为反映人体长、围、宽、厚度发育状况的重要整体指标。在青少年学生中，超重、肥胖和偏瘦是影响他们运动、学习、生活以及健康等的重要因素。值得注意的是，不仅仅现阶段体重处于异常范围的人群需要体重管理，而是所有人群，即使现阶段处于标准的体重范围内，但也会因为静坐少动的生活方式、心理因素、营养因素等在未来的某个阶段存在超重、肥胖或偏瘦的风险。因此，作为青少年应该有健康体重的意识，用健康的体重管理理念影响周围的同学、家长等，积极地利用掌握的健康技术进行自我的体重管理。

体重管理，不是简单的称量体重，它属于健康管理的一部分，是专业人士根据个体体质特征，制订出综合营养、运动、生活方式等要素的个性化方案，并进行监测记录营养及运动量的新型体重解决方式。

体重管理的目的是通过合理营养与适当运动调控身体能量及物质代谢平衡，进而形成良好行为和生活方式，最终达到并保持理想体重，以促进全民健康和谐发展。

（一）我校学生体重管理现状

2017 年我们抽取我校某届高二年级共 164 名学生（男生 69 名，女生 95 名）进行身体健康测试，指标 BMI 全部按照《国家学生体质健康标准（2014 年修订)》不同学段进行分析，体脂百分比测试指标全部参照《体育测量与评价》进行分析，测试数据均真实有效。

1. 学生 BMI 值测试结果及分析

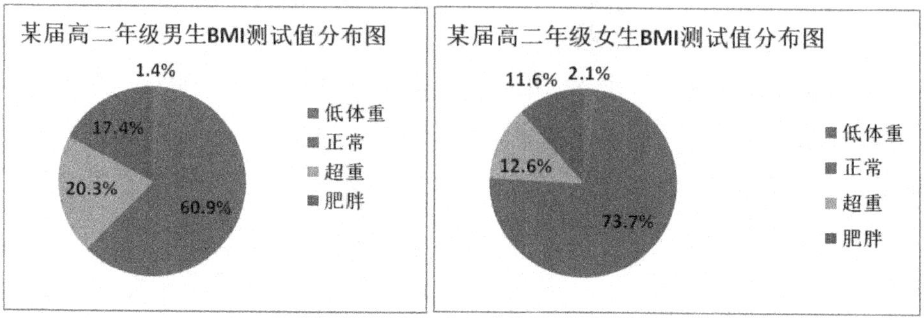

图 3-1-1 某届高二年级男生女生体重指数 BMI 测试分布图

上图显示我校某届高二年级男生和女生体重指数 BMI 的测试分布。其中男生中低体重、超重和肥胖分别占比 1.4%、20.3% 和 17.4%，正常体重指数占比 60.9%。从测试反映出一方面某届高二年级男生非正常体重占比较大，需要体重管理教育帮助他们树立科学的健康理念和体重理念；另一方面反映了在进行体重管理教育工作中不能仅仅关注超重和肥胖的学生，对于低体重和正常体重的学生也应该给予足够的教育和帮助。

女生中低体重、超重和肥胖分别占比 2.1%、12.6% 和 11.6%，正常体重指数占比 73.7%。与男生相比，女生较注重自身体重公斤数的变化，近四分之三的女生能够将自己体重指数控制在正常范围内，这是值得鼓励和坚持的做法。希望能够通过体重管理教育帮助低体重、超重、肥胖和正常体重指数范围的学生群体树立科学的健康理念和体重理念。

2. 学生体脂百分比测试结果及分析

上图显示我校某届高二年级男生女生体脂百分比的测试分布。其中男生低体脂和高体脂分别占比 1.4% 和 26.1%，正常体脂占比 72.5%。与 BMI 进行对比分析，男生超重和肥胖的 BMI 值占比大，很可能是体重公斤数较大导致，但公斤数较大并不代表身体内脂肪成分的含量高，而身体内脂肪成分的

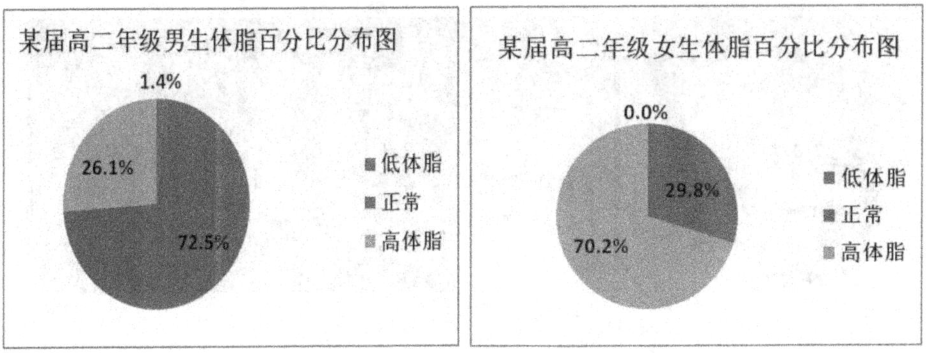

图3－1－2　某届高二年级男生女生体脂百分比测试分布图

多少才是真正判定人体胖瘦的标准。

女生中低体脂和高体脂分别占比0%和70.2%，正常体脂占比29.8%。与BMI进行对比分析，女生处于高体脂的占比较大，可能是女生仅仅注重表面体重公斤数的变化，但对于身体内肌肉等瘦体重等身体成分不够重视，由于体重的构成和变化原因复杂，女生不应该仅仅看到体重的公斤数字，而要重视身体内的脂肪含量（皮下脂肪和内脏脂肪），关注自身脂肪含量是否在正常范围。

综合男女生的测试结果，单纯用BMI来衡量一个人的胖瘦是不客观的。因此，必须结合另一个数据——体脂百分比，才能较为全面地了解一个人的胖瘦和健康情况。此外，体重管理所覆盖的学生群体既包括了低体脂、高体脂的学生群体，也包括正常体脂范围的学生群体。我校在体重管理教育中探索帮助青少年树立健康体重理念的道路，依据现有的测试指标，分析我校学生存在的体重管理问题，从而更加有针对性地进行下一步的措施和评价。

二、如何进行简单易行的体重管理

（一）体重指数BMI自测

体重指数BMI是目前国际上常用的衡量人体胖瘦程度以及是否健康的一个指标。它的计算方式很简单，BMI＝体重（kg）／身高（m）^{2}。

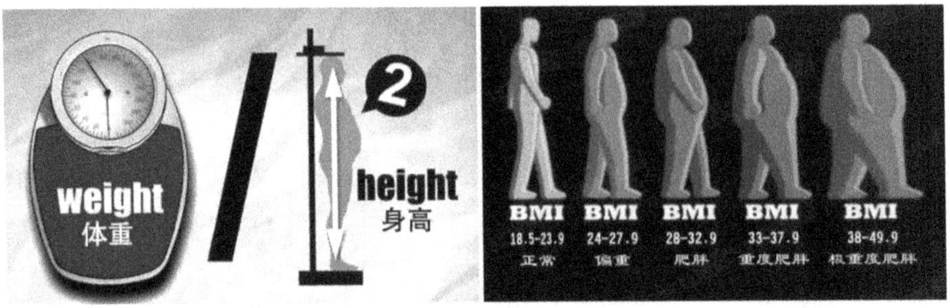

图3－1－3

例如：成人的体重是60公斤，身高是1.6米。BMI＝60／（1.6×1.6）＝23.4

按照标准，这位成人处在正常BMI指数的范围内。

不同年龄段的青少年学生的BMI评价标准是不同的，本章节后会附表对不同年龄段BMI的评价标准进行详细说明。

（二）体脂百分比测试

人体主要由水、脂肪、蛋白质、矿物质和碳水化合物等物质组成。身体成分主要是指有机体内各种组织、器官的总成分，包括脂肪成分和非脂肪成分两大类。

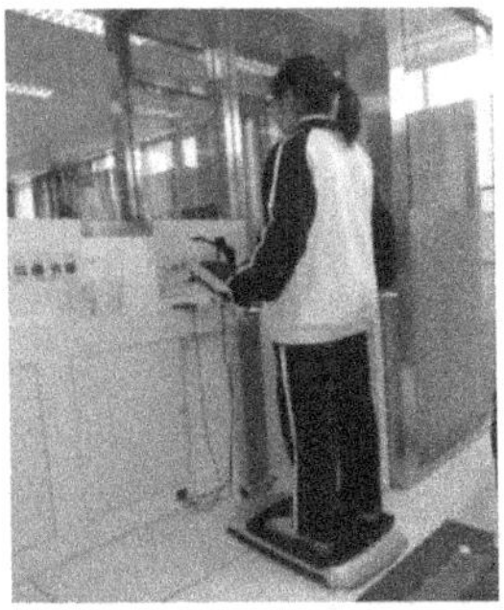

图3－1－4

对身体成分的测量主要是对人体脂肪成分进行测量和评价。非脂肪成分：又叫瘦体重，它包括内脏、骨骼、肌肉、水分和矿物质等成分的重量。

主要测量指标——体脂百分比（F%）是指脂肪成分占体重的百分比。身体成分的测量与评价，对了解人体的营养状况、科学指导膳食和预防某些疾病均有重要的作用。

据有关研究报道，我国青年男子体脂百分比一般在10%—15%，女子为20%—25%。随着年龄的增长体脂百分比会有所增加，中年时期最高。下表为各种身体状态下的体脂百分比。

表3-1-1　各种身体状态下的体脂百分比　　单位:%

身体状态	男	女
必需脂肪量	0—5	0—8
最少脂肪量	5	15
最佳健康状况	10—25	18—30
肥胖	>25	>30

我国目前对身体成分评价尚无统一标准。附下表为日本人用体脂百分比评价肥胖程度的标准，仅供参考。

表3-1-2　体脂百分比评价肥胖程度标准　　(%)

性别	年龄阶段（岁）	轻度肥胖	中度肥胖	高度肥胖
男	6—8	20	25	30
	9—11	20	25	30
	12—14	20	25	30
	15—18	20	25	30
	成人	20	25	30
女	6—8	25	30	35
	9—11	25	30	35
	12—14	25	30	35
	15—18	30	35	40
	成人	30	35	40

身体内的脂肪成分对于人体维持正常的生命活动和健康状况是必不可少的，因此阶段性地进行身体成分测量，对于自身的体重管理有重要意义，避免出现体脂含量过犹不及的危害。如下图所示。

在青少年进行自我体重管理的阶段，我们建议选用体重指数 BMI 和体脂百分比两个简单易行的测试指标，更加客观地反映青少年的健康状态。

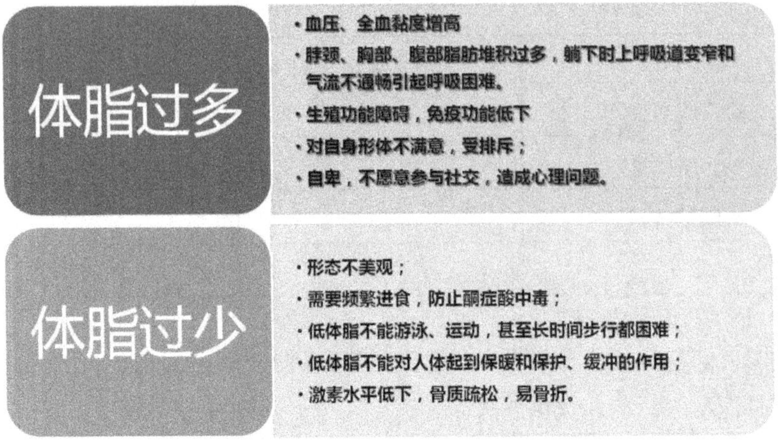

图 3－1－5

在我校，学生和教师可以携带学生卡完成健康基本测试，测试结果可记录并追踪，为青少年和教师实践体重管理提供客观保障。

第二节　体重管理的实施

一、青少年体重管理——自我量化的营养对策

2016 年中国营养学会推荐了中国居民平衡膳食宝塔，见图 3－2－1。

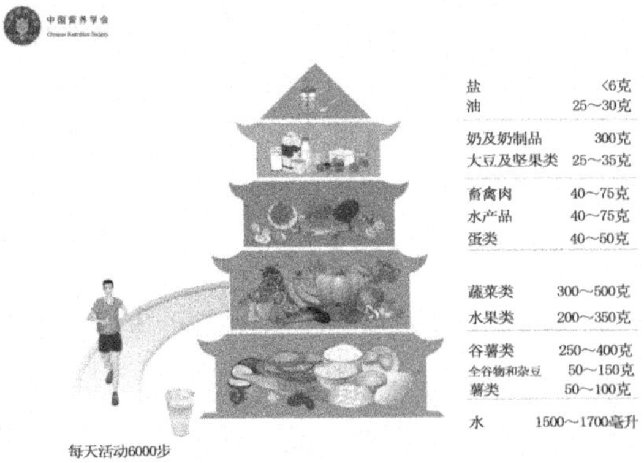

图 3－2－1　中国居民平衡膳食宝塔（2016）

中国营养学会针对 2 岁以上的所有健康人群提出 6 条核心推荐，分别为：食物多样，谷类为主；吃动平衡，健康体重；多吃蔬果、奶类、大豆；适量吃鱼、禽、蛋、瘦肉；少盐少油。

每天的膳食应包括谷薯类、蔬菜水果类、畜禽鱼蛋奶类、大豆坚果类等

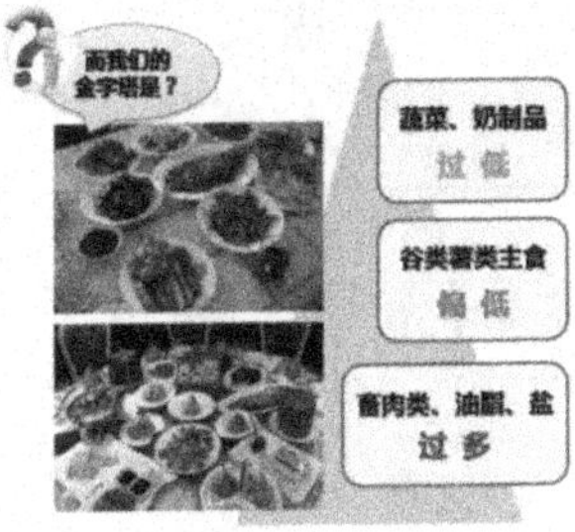

食物。各年龄段人群都应天天运动、保持健康体重。坚持日常身体活动，每周至少进行 5 天中等强度身体活动，累计 150 分钟以上。蔬菜水果是平衡膳食的重要组成部分，吃各种各样的奶制品，经常吃豆制品，适量吃坚果。鱼、禽、蛋和瘦肉摄入要适量。少吃肥肉、烟熏和腌制肉食品。成人每天食盐不超过 6 克，每天烹调油 25—30 克。足量饮水，提倡饮用白开水和茶水。

但我们的膳食结构仍存在不合理现象，豆类、奶类消费量依然偏低，脂肪摄入量过多，部分地区营养不良的问题依然存在，超重肥胖问题凸显，与膳食营养相关的慢性病对我国居民健康的威胁日益严重。

家庭结构对青少年饮食习惯影响很大，双亲抚养家庭、母亲学历高的家庭中，孩子各方面饮食行为习惯最好。中国营养学会推荐的中国居民膳食指南指出，早餐的能量占总能量的 30%，早饭不吃的话，会影响到学习质量。偏食行为在青少年中普遍存在，长期偏食，尤其是对动物类食品和蔬菜的厌恶，将会导致营养摄入极度不均衡，影响生长发育。青少年的居住家庭，也对他们的饮食习惯有影响。因此我们希望通过体重管理的理念和技术，帮助青少年学生们和家长们了解和掌握膳食结构以及营养均衡在现实生活中应该怎样实践才能更好地帮助他们保持健康的状态。

下面列出了我国普通青少年膳食中能量推荐摄入量，可以根据自己的实际情况参考。

表 3－2－1　我国普通青少年膳食中能量推荐摄入量

我国普通青少年膳食中能量推荐摄入量（单位：千卡/天）		
年龄（岁）	男	女
9	2000	1900
10	2100	2000
11—13	2400	2200
14—17	2900	2400

以男生为例：（一日三餐）平均一餐大约摄入 900kcal。

下表列出了常见食物营养成分及热量，可以根据自己的实际情况参考进行选择，科学地进行自我量化营养，管理自己的体重。

表 3-2-2　常见食物营养成分列表

每 100 克食物中营养成分					
食物种类	名称	总能量（kcal）	蛋白质（g）	脂肪（g）	糖（g）
主食	米饭	116.0	2.6	0.3	25.9
	馒头	221.0	7.0	1.1	47.0
	面包	312.0	8.3	5.1	58.6
	面条	284.0	8.3	0.7	61.9
	油条	386.0	6.9	17.6	51.0
肉类	猪肉（肥瘦）	395.0	13.2	37.0	2.4
	猪肉（瘦）	143.0	20.3	6.2	1.5
	牛肉（瘦）	106.0	20.2	2.3	1.2
	羊肉（瘦）	118.0	20.5	3.9	0.2
	鸡腿	181.0	16.0	13.0	0.0
	鸡翅	194.0	17.4	11.8	4.6
蛋类	鸡蛋	147.0	12.8	10.1	1.4
	鸭蛋	180.0	12.6	13.0	3.1
	鹅蛋	196.0	11.1	15.6	2.8
水、海产品	鱼肉	113.0	16.6	5.2	0.0
	虾肉	83.0	16.6	1.5	0.8
奶类	牛奶	54.0	3.0	3.2	3.4
	酸奶	72.0	2.5	2.7	9.3
	奶酪	328.0	25.7	23.5	3.5
豆类	豆腐	81.0	8.1	3.7	4.2
	豆浆	14.0	1.8	0.7	1.1

续表

每 100 克食物中营养成分					
食物种类	名称	总能量（kcal）	蛋白质（g）	脂肪（g）	糖（g）
蔬菜类	黄瓜	15.0	0.8	0.2	2.9
	西红柿	19.0	0.9	0.2	4.0
	白菜	15.0	1.4	0.4	2.1
	土豆	76.0	2.0	0.2	17.2
水果	苹果	52.0	0.2	0.2	13.5
	梨	44.0	0.4	0.2	13.3
	西瓜	25.0	0.6	0.1	5.8
	香蕉	91.0	1.4	0.2	22.0
食用油	食用油	899.0	0.0	99.9	0.0

二、青少年体重管理——自我量化的运动对策

图 3－2－2

提到体重管理，除了怎么控制“吃”之外，我们还应该更加关注怎么进行科学的“动”。

对于正处在生长发育阶段的中小学生来说，单纯地控制饮食（极低热量饮食）可能会对青少年的生长发育有一些不利的影响，因此，我们应该采用合理平衡的饮食结合运动的方式进行体重管理。

下表是 2003 年中国超重和肥胖症预防控制指南中列出的关于单独控制饮食（极低热量饮食）和合理饮食结合运动的某些参数对比。通过比较可以看出，平衡合理的饮食方式结合科学的运动，对于身体的各项功能状态，都有很好的影响，特别是对于青少年的生长发育阶段，既能够保证充足的营养供应，还能够预防超重、肥胖等潜在危险，对于管理自身体重意义重大。

表3-2-3 常见食物营养成分列表

指标	单独控制饮食（极低热量饮食）	合理饮食结合运动
心肺功能	降低	改善
瘦体重（FFM）	损失	增加或保持
体脂（%）	降低少	降低多
营养缺乏	容易发生	一般不会发生
肌肉和韧带力量	降低	改善
体力	下降	改善，耐力提高
静息代谢率	下降	保持或增加
精神状态	压力大	改善，对减重有信心
减重计划	不易坚持	容易执行和坚持
体重反弹	容易发生	不易发生

（一）量化运动四要素 FITT 原则

量化运动四要素 FITT 原则是由美国疾病预防控制中心（CDC）& 美国运动医学学会（ACSM）联合推荐，可以作为简单易行的参考对青少年自我量化运动进行指导和帮助。

F——运动频率：每周运动 3—5 次（或 5 次以上）。

I——运动强度：中等至较大强度。

60%—70% HRmax RPE 主观感觉疲劳程度稍累（13—15）。

T——运动时间：每天 30min，每周共 150min，逐渐增加至每天 60min，每周 300min。

T——运动方式：大肌肉群参与的有氧运动、肌肉力量训练（抗阻运动）和柔韧性练习。

这一原则里提到的运动频率、时间、方式比较好理解和实践，其中运动的强度是运动效果和安全的核心。

运动强度自测指标

（1）心率——HR

运动后，即刻心率 HR（10 秒钟）数 ×6，可以简单易行地评价当前运动时间内的运动强度。通常我们进行有氧运动的强度在 60%—80% HRmax，最大心率 HRmax = 220 - 年龄。比如 20 岁的人群，最大心率是 200 次/分，进行有氧运动强度，他的即刻心率应该维持在 120—160 次/分。

（2）RPE 主观感觉疲劳量表

RPE(Rating of Perceived Exertion) –Borg
主观感觉疲劳量表

RPE	主观运动感觉特征	
6		安静
7	Very ,very light	非常轻松
8		
9	Very light	很轻松
10		
11	Fairly light	轻松
12		
13	Somewhat hard	稍吃力
14		
15	Hard	吃力
16		
17	Very hard	很吃力
18		
19	Very very hard	非常吃力
20		

图 3–2–3

RPE 量表是瑞典科学家 Borg 于 1962 年提出的，故也有人称为 Borg 量表。其已经过大量实验被证明是科学、简易、实用的方法。它是利用运动中的自我感觉来判定运动强度。在 RPE 量表的 15 个点上每一单数各有不同的运动感觉特征，不同的运动感觉特征都具有相应的分值，如果各点乘以 10 倍以后，常与达到该点的心率大体上一致。有的学者还计算出相应的运动强度，由于两者有很好的相关性，因此，近年来得到广泛的应用。但按运动种类及对运动的熟练程度而有所不同，对习惯于运动的人可靠性较高。运动者的运动感觉得分在 12—15 分，说明运动强度是合理的。

目前，国外的运动医学医师认为，确定合理运动强度的最好方法，是把心率和 RPE 量表两种方法相结合来掌握自己的运动强度。

（二）选择适合自己的运动

1. 怎么慢跑更有效

穿着慢跑鞋；可自由负重

时间、频次：30—60 分钟，每周 3—5 次

强度：控制心率约 130—150 次范围内

呼吸控制：深、缓速呼吸（每三步呼气，每三步吸气）

图 3－2－4

运动强度的选择：

（1）渐进模式（2）单峰模式（3）双峰模式

采用这三种强度进行慢跑，不但可以充分热身，刺激不同肌肉群，还可以避免同一速度疲劳，增加运动时间，耗能增大。我们可以根据自身的实际情况，自由选择其中的任何模式进行组合训练。

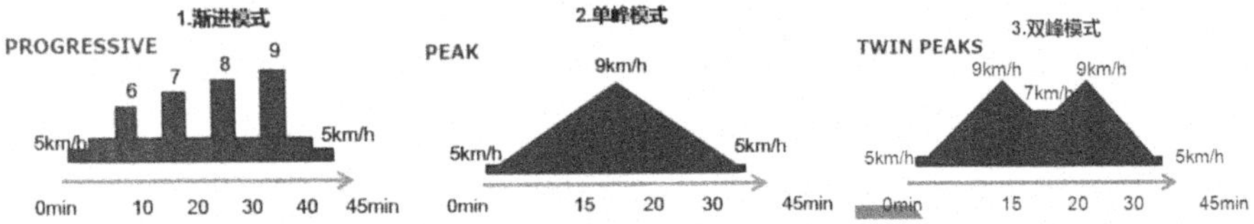

图 3－2－5

向大家介绍一种最近比较流行的阻力伞慢跑训练方式。

它以风阻增加肌肉做功，提高跑步效率，不但能够避免负重给关节增加压力，还能体验加速、减速不同刺激，避免匀速，更加时尚，更加专业。

通过这些不同的运动方式和运动强度的了解和掌握，可以帮助我们更好地坚持和科学地参与慢跑这项运动，提高我们进行体重管理的运动技术。

图 3－2－6

2. 肌肉力量训练

我们生活、学习、工作等日常活动中关节的稳定性、身体的灵活性、人的反应力、工作效率等，我们走得快、腰杆直、腿脚灵活、登高能力强等，这些功能的实现，很大程度上依赖于我们身体的肌肉。加强肌肉力量训练，可以使肌纤维增粗，改善神经肌肉控制，还可以增强肌肉的代谢能力，提高运动能力。

不同的肌肉力量训练强度和方式，能够起到不同的运动效果。在肌肉训练中，会经常提到 RM：Repetitio Maximum，最大重复次数。RM 是肌肉训练时的强度设定指标。RM 就是指单一肌肉一次收缩所能够产生的最大肌力。例如，刘某的 1RM 就代表竭尽全力只能举起 1 次的最大重量可能是 20 千克，同样是刘某的 8RM 就代表能举起 8 次的最大重量可能就是 10 千克。RM 在肌肉力量训练中代表的就是强度。下表会列出不同的肌肉力量训练 RM 强度，所能达到的不同训练效果。大家可以根据自己的实际需要，合理选择适合自己的训练强度。

表 3－2－4　不同重复次数的作用与效果

重复次数	作用与效果
1—3RM	以肌肉的爆发力训练的效果为主，也可增加肌肉围度
4—6RM	主要增加肌肉围度和力量
8—12RM	8—12RM 强化肌肉结构，一定程度增强肌肉力量
12—15RM	12—15RM 保持肌肉力量
15RM 以上	15RM 以上主要以肌肉耐力的训练

处于生长发育阶段的青少年，不宜进行强度较大的肌肉力量训练。可以根据自身的情况合理选择重复次数，建议选择 12—15RM，或者 15RM 以上的重复次数进行日常训练，提高我们的肌肉力量和能力。

3. 柔韧拉伸运动

柔韧拉伸是运动，也是一种积极性的休息。

小拉伸，大功效：

（1）舒缓肌肉、关节紧张、缓解疼痛。

（2）增加关节活动范围。

（3）纠正肌肉的不平衡。

（4）促进血液循环、减少水肿。

（5）配合深缓呼吸，摄入更多氧气，排出更多废气。

图 3-2-7

柔韧拉伸练习——利用自身重力，抗自身重力/关节形态改变，每个动作持续 20—30 秒或以上。

体重管理这一章节，主要通过介绍体重管理的自测指标，自我量化营养和运动，增强青少年的健康体重管理理念，提高青少年的体重管理健康技术。

第四章 青少年合理的营养、身体成分与健康

青少年时期是指从儿童发育到成年的过渡时期。在整个生长发育过程中具有一定的规律性。受到遗传、内分泌、营养、生活环境、疾病和体育活动等因素影响，会产生年龄、性别间的个体差异和不同特点，但是普遍存在一定的客观规律。儿童到成年生长发育速度是不相同的。儿童青少年一般有两个突增期：第一个突增期是在两岁以前；第二个突增期是在青春发育期，女孩为9—11岁，男孩为13—15岁。在此期间男女孩之间产生明显的性别差异。青春期阶段，女孩的发育侧重体脂的增长，男孩则侧重肌肉的增长。

合理的营养能为青少年的生长发育提供足够的营养素，使他们身心能够健康地发展，不合理的营养则会严重影响青少年的生长发育，如现今社会出现的“小胖子”群体，营养过剩不仅会导致肥胖，还有可能会伴随出现早熟等现象，营养不良则会阻碍生长发育，引起各种疾病。

第一节 运动营养概述

一、青少年运动营养需求

能量

根据青少年时期的生长发育特点，对于大多数青少年，这段时间的能量供给要考虑到能量正平衡，摄入的能量应该大于消耗的能量，这样才能够满足生长发育的需要。

我们青少年能量消耗一般有下面三种途径：

1. 基础代谢

人体在基础状态下的能量代谢，所消耗的能量满足人体最基本的生存需要。青少年基础代谢所需的能量占总能量的比例高于成人，其体重和体形的不同也会影响基础代谢，体形越高大，体表面积越大，身体向外界散热就越大，基础代谢也就越高。

2. 生长发育

青少年在生长发育中形成新的组织以及新陈代谢都需要热量，因此青少年摄入的热量必须要适当地增加。生长发育所用的热量占总热量的比例随着年龄的增长而下降，一般来说，9—17 岁时生长发育消耗的热量占总热量的 1%—2%。

3. 运动

运动消耗的能量在青少年能量消耗中占有重要部分，尤其是经常参加训练的青少年健身运动人群。运动的强度越大，时间越长，消耗的能量就越多。

我国普通青少年一般通过饮食摄入能量，推荐表如下：

表 4－1－1　我国普通青少年膳食中能量推荐摄入量　单位：千卡/天

年龄（岁）	男	女
9	2000	1900
10	2100	2000
11—13	2400	2200
14—17	2900	2400

（摘自：中国营养学会，中国居民膳食营养素参考摄入量，2000 年）

对于经常规律地参加体育训练的青少年，一般认为如果每天训练 2—4 小时，能量摄入应该比普通青少年多 300—900 千卡。

二、营养知多少

我们身体摄取、消化、吸收和利用食物中的养料，用来维持我们生命活动的整个过程，称之为营养。食物会经过口腔、咽、食管、胃、小肠、大肠的消化道，通过唾液、胃液、胆汁等消化液对食物进行消化，然后对消化产物进行吸收，吸收的营养物质通过血液运输到各个组织器官被利用，这个过程就是营养的过程。

我们吃的食物中对身体有生理功效的成分被称为营养素。目前，人体所需的营养素可分为糖、蛋白质、脂肪、维生素、矿物质、水、食物纤维 7 大类。它们的基本功能如下：

1. 糖、脂肪和蛋白质是人体活动能量的提供者，被称为三大能源物质。

2. 蛋白质、糖、脂肪、维生素、矿物质、水是构成身体组织的必需成分。

3. 水、维生素、矿物质、食物纤维主要是调节人体生理机能。

每一种食物都有其营养成分的特点，另外，营养素间的功能有些是不能替换的，许多营养素必须经常从食物中获得。我们青少年时期正处于生长发育的高峰期，因此更需要经常同时食用多种食物，来获得足量的各种营养素为我们的生长发育提供物质保障。

（一）蛋白质

1. 组成和分类

氨基酸是构成蛋白质的基本单位。

构成人体蛋白质的氨基酸可分为两类：

（1）必需氨基酸

我们人体不能合成，或者合成速度较慢不能满足身体需要，但它又是维持身体生长发育，合成机体蛋白质所必需的，这些必须由食物蛋白质供给的氨基酸称为必需氨基酸。

（2）非必需氨基酸

人体体内可以合成，而不是必须由食物蛋白质供给的，称为非必需氨基酸。

我们对食物中蛋白质的需要，实际就是对氨基酸的需要。食物中的蛋白质通过消化分解为氨基酸，然后被吸收并通过血液分布到身体的细胞中。

食物中各种必需氨基酸的相互比例称为氨基酸构成比例或相互比值，称为氨基酸模式。与人体需要完全相符的氨基酸模式称为理想氨基酸模式。鸡蛋蛋白质和人奶中的蛋白质是已知营养价值最好的蛋白质。

根据食物中蛋白质的氨基酸组成情况，营养学将蛋白质分为两类。

（1）完全蛋白质：含必需氨基酸种类齐全，比例适当，不但能够维持成人健康，也能促进儿童生长发育。

奶、蛋类、肉类、小麦、大米和玉米等中含有的某些蛋白质属于完全蛋白质。

（2）半完全蛋白质：含必需氨基酸比例尚齐全，但含量比例不当，可维持生命，但不能促进生长发育。

小麦中的麦胶蛋白属于半完全蛋白质。

2. 营养功效

（1）构成机体组织

蛋白质是一切细胞组织如骨骼、韧带、头发、指甲、皮肤和软组织（器官和肌肉）的主要成分，是生命的物质基础，是维持身体生长、更新和修补组织的必需材料。

（2）调节生理机能

蛋白质具有酶的催化作用，激素的生理调节作用，血红蛋白与肌红蛋白的输氧和贮氧作用等。

（3）增强机体的抵抗力

蛋白质是保护机体免受细菌和病毒侵袭的一种必要物质。如流感、病毒性肝炎、伤寒、百日咳的抗体形成，都与丙种球蛋白有关，高蛋白膳食可以增强肝脏对侵入机体的某些毒素的抵抗力。

（4）供给能量

蛋白质的主要功用不是供能，将其作为能量物质是不经济的。但是当糖和脂肪供给的热量不足或摄入氨基酸过多超过体内需要时，蛋白质供给热量。

3. 青少年选择食物中蛋白质的营养价值

（1）食物中蛋白质含量的多少是评定其营养价值高低的基础。含量越高，提供的蛋白质越多，营养价值就越高。

蛋白质含量较高的食物主要是动物性食物。牛奶中蛋白质含量虽然不高，但是牛奶摄入量较大，能够获得较多的蛋白质。如表 4－1－2 所示部分食物的蛋白质含量。

表 4－1－2 部分食物中的蛋白质含量 （%）

食物	含量	食物	含量	食物	含量
牛奶	3.3	大米	8.5	马铃薯	1.9
鸡蛋	12.3	小米	9.7	油菜	2.0
猪肉（瘦）	16.7	面粉	9.9	大白菜	1.4
牛肉（瘦）	20.2	玉米	8.6	菠菜	2.0
羊肉（瘦）	15.5	大豆	34.2	花生	26.2
鱼	12—18				

（2）蛋白质可被消化酶分解的程度越高，也就是蛋白质的消化率越高，身体可利用的也就越多，它的营养价值也就越高。如表4－1－3所示：

表4－1－3 几类食物蛋白质的消化率

食物	消化率（%）	食物	消化率（%）
奶类	97—98	谷类	66—82
肉类	92—94	豆类	60—96
蛋类	98	薯类	70—74
鱼类	98		

植物类食物蛋白质的消化率低于动物蛋白质。食物颗粒的大小与消化吸收有关，颗粒越大，消化率越低。此外，烹调方式与消化吸收也有关。蒸煮的食物一般可提高消化率，而高温煎炸的食物不仅会降低消化率，还会破坏氨基酸，降低营养价值。

鸡蛋和牛奶蛋白质中提供的必需氨基酸的数量比例很接近人体所需的数量比例，人体对它们的利用率很高。

根据食物中蛋白质营养价值的高低，通常将肉类、鱼类、蛋奶类、豆类食物称为优质蛋白质食物；谷类（大米、面制品）、杂粮称为普通蛋白质食物；水果、蔬菜称为低蛋白质食物。

对于青少年来说，为了满足生长发育和运动的双重需要，此阶段按单位体重计算所需蛋白质最多，蛋白质的相对供给量要高于成人。表4－1－4列出了我国普通青少年蛋白质推荐摄入量。

表4－1－4 我国普通青少年膳食蛋白质推荐摄入量 单位：克/天

年龄（岁）	男	女
9	65	65
10	70	65
11—13	75	75
14—17	85	80

（摘自：中国营养学会，中国居民膳食营养素参考摄入量，2000年）

（二）脂类

1. 组成与分类

脂肪包括中性脂肪与类脂质。

大多数类脂质是人体组织的构成部分，是一种在人体饥饿时也不会减少的组织脂肪。

中性脂肪包括动物性和植物性两大类油脂。如猪油、牛羊油、鱼肝油、奶油、豆油、花生油等。这是一类在人体饥饿时即会减少储藏量的脂肪。

构成脂肪的脂肪酸不同，有饱和脂肪酸和不饱和脂肪酸两类。

2. 营养功效

（1）供给能量

脂肪是高热能物质，产热量高于糖和蛋白质。皮下脂肪是身体脂肪贮存的主要组织。在供氧充足的条件下，脂肪是人体运动时的“燃料库”。

（2）构成机体组织

脂类是构成人体组织的重要成分。如细胞膜含有磷脂、糖脂和固醇组成的类脂层，脑和外周神经组织都含有磷脂，固醇是体内合成固醇类激素的重要脂质。

脂肪组织分布于皮下和心脏周围起着热垫和保护垫的作用，保护心脏和肌肉免受损伤。

（3）提供必需脂肪酸

必需脂肪酸具有促进发育，保护皮肤及调节脂质代谢等生理机能的作用。人体缺乏必需脂肪酸，就可能产生皮肤病、发育反常，危及人体健康甚至生命。

（4）促进脂溶性维生素的吸收

脂肪促进脂溶性维生素 A、D、E、K 的吸收利用。

（5）增加食物香味与饱腹感

烹调用油在加热过程中食物芳香性物质的溶出，会增加食欲。同时，脂肪能使食物浓缩，体积缩小，同样体积大小的食物，脂肪含量高的消化时间长。

3. 脂肪的营养价值

（1）含必需脂肪酸的油脂营养价值较高。植物油一般含不饱和脂肪酸较多，动物脂肪含饱和脂肪酸较多。饱和脂肪酸与胆固醇形成脂，易在动脉内膜沉积发生动脉硬化。

（2）含不饱和脂肪酸越多，熔点越低，消化率越高。牛、羊脂消化率低，植物油熔点低，消化率高。动物脂肪中几乎不含维生素，而肝脏中的脂肪含维生素 A、D。部分植物脂肪中含有维生素 E。

因此，猪油的消化率虽高，但不含维生素，脂肪酸质量较差，营养价值不高。牛羊脂肪的营养价值更差。植物油的消化率高，含必需脂肪酸多，维生素 E 较丰富，而且不含胆固醇，所以营养价值很高。

青少年应该多摄入含单不饱和脂肪酸较多的植物油，少吃含饱和脂肪酸较多的动物性脂肪。处于青春期的青少年，生长速度明显加快，吃进去的热量也会明显增多，但食物中脂肪提供的热量在总热量中的比例应该有所下降。2—7 岁的儿童脂肪提供热量占总热量的 30%—35%，7—17 岁的青少年其比例应该减少到 25%—30%。

（三）糖

1. 组成和分类

糖又称为碳水化合物，有单糖、双糖、低聚糖和多糖四种。

2. 营养功效

（1）功能热能

糖是最主要、经济及快速的能源物质。

身体 60% 的热能均由糖提供，凡短时间大强度运动时的热能绝大部分由糖氧化供给。而长时间小强度运动时，首先利用糖的氧化供能，可利用的糖耗竭时才动用脂肪。

（2）脑组织中没有能量储备，全靠血糖氧化供给能量。糖是大脑的主要能源，血糖水平正常才能保证大脑的功能。血糖降低脑功能就受到影响，会发生疲劳、头晕等低血糖症，降低到一定程度，就会产生饥饿感。

（3）脂肪在体内的彻底氧化必须需要糖的帮助才能完成。同时，体内的糖充足时，糖首先被利用作为能量的来源，因此对蛋白质有保护作用。糖还保护肝脏免受某些有毒物质（如酒精、细菌毒素等）的损害。

（4）糖参与构成身体的某些组织，维持正常生命活动。

我国营养学会建议普通青少年碳水化合物（糖）提供热量占总热量的比例应为 55%—65%。青少年运动训练人群的比例可以适当增加。

（四）维生素

维生素是维持人体正常生理功能所必需的有机化合物。基本可以分为水溶性维生素和脂溶性维生素。人体正常发育和生命活动维持都必须要求一定数量的维生素，需要量极少，但绝对不可缺少。维生素在体内不提供热能。

水溶性维生素：B 族维生素、C、叶酸等。

脂溶性维生素：维生素 A、D、E、K。

当身体缺乏某种维生素时，就会导致新陈代谢某些环节的障碍，影响正常的生理机能，甚至引起某种特殊的疾病。脂溶性维生素在体内排泄效率不高，摄入过多可在机体内蓄积以致产生有害影响（中毒）；水溶性维生素在体内排泄效率较高，一般不在体内蓄积产生毒性。

（五）矿物质

矿物质又称无机盐。根据矿物质在体内的含量高低，将这些无机盐元素分为常量元素及微量元素。

常量元素：钙、镁、钠、钾、磷、硫、氯 7 种。

微量元素：铁、碘、锌、铜、锰、硒、硅等。

矿物质是构成机体组织和维持正常生理功能所必需的营养素，但不提供能量。

（六）水

水是生命之源，是人体除氧之外赖以生存的最重要物质。一般情况下，人没有食物可以存活达一个月，而没有水只能活一周，由此可见水对机体的重要性。

水的营养功效如下：

1. 机体的重要成分

水是身体中含量最多的组成成分，占体重的 57%—60%。体内所有组织都含有水，如血液含水量为 90%，肌肉含水量为 70%，骨骼含水量为 12%—15%。儿童体内水的含量较大，但随年龄增长逐渐减少。一般男子比女子体内含水量高。脂肪组织含水量少，肥胖者体内的水分比瘦人少。

2. 促进营养素的消化、吸收和代谢

水是许多有机物和无机物的良好溶剂，有利于营养素的消化、吸收、代谢与排泄。

水是体内化学反应的介质，体内的一切代谢活动都必须借助水作为介质进行。人体的电解质酸碱平衡也靠水来维持。

3. 调节体温恒定对机体具有润滑作用

人体内各组织器官代谢强度不同，产生热量不等，容易形成身体局部体温不同。由于水有良好的导热作用，可将局部过高的热量吸收并通过血液循环将热量传递给体温较低的身体其他部位，使得组织器官的温度基本一致，维持体温的正常状态。

水是身体内关节、肌肉和器官的润滑剂，可减少体内组织运动的摩擦力，使器官运动灵活，防止损伤。随着年龄增长，水分的比例逐渐下降。

4. 体内物质的运输媒介

水的流动性好，通过循环系统遍布全身。人体对营养物质的吸收利用、代谢产物的排泄等，均是通过水的运输来进行的。

（七）膳食纤维

膳食纤维是食物中所含有的不被人体消化酶类分解，不为肠道吸收的多糖类成分的总称。

由于动物肌肉纤维可被机体消化吸收，所以纤维素主要是植物性纤维。虽然膳食纤维不被人体吸收，但可调节机体的某些生理功能。

膳食纤维的生理功能如下：

1. 刺激消化液分泌，促进肠蠕动，预防结肠癌。

2. 预防心血管病、糖尿病，减肥，以及有一定的解毒作用。

第二节　身体成分知多少

一、了解自己从身体成分开始

（一）身体成分

身体成分指人体的组成成分。从组织和器官水平测量身体成分是由 4 种组织构成的，即脂肪组织、骨骼肌、骨胳和内脏。骨骼肌、骨胳和内脏的重量又被统称为瘦体重。

准确评价身体成分时营养策略和健身运动的重要组成部分。过多的身体脂肪常常影响健康和运动效果，我们希望利用合理的营养和运动改变学生们的身体成分，获得合理的去脂体重，减少脂肪体重，以达到理想中的肌肉和脂肪成分含量。缺乏营养对身体成分影响的相关知识，盲目追求低体重，不仅会影响运动能力，还会损害身体健康。

1. 身体脂肪

身体脂肪分为基本脂肪和储存脂肪。

（1）基本脂肪

基本脂肪是维持人体正常生理功能需要的脂肪，包括心脏、肝脏、肺脏、脾脏、小肠、骨骼肌中的脂肪，以及中枢神经系统和骨髓中的脂肪。

女性基本脂肪还包括性别——特殊基本脂肪，特殊基本脂肪又称隐藏脂肪，这类脂肪包括乳腺和生殖器官的脂肪，身体下部的皮下脂肪以及肌肉之间等部位的脂肪，占总体重的5%—9%。

基本脂肪是人体生物代谢所必需的，基本脂肪低于正常范围会影响人体健康。在Behnke理论模型中，女性基本脂肪占体重的12%，男性基本脂肪占体重的3%。

（2）储存脂肪

储存脂肪是指胸腔、腹腔内保护内脏免受创伤的脂肪组织和储存皮肤下的大量脂肪组织。尽管男女储存脂肪的比例大致相同（男性为体重的12%，女性为体重的15%），但女性基本脂肪的重量相当于男性的4倍，因此总脂肪量女性多于男性。

2. 去脂体重与瘦体重

去脂体重是指体内所有无脂肪的化学成分和组织，包括水、肌肉、骨胳、连接组织以及内脏器官。

瘦体重是指去脂体重加身体基本脂肪。

3. 最低正常体重标准

最低正常体重标准是指维持人体健康水平和正常生理功能的最小体重。低于此标准将会对人体健康水平和生理功能造成不良影响。

最低正常体重标准相当于瘦体重，即从体重中减去储存脂肪，或者去脂体重加上基本脂肪。与男性最低正常体重标准相比，女性的最低体重标准中约含12%的基本脂肪。

一般瘦型女性的体脂百分比不应低于12%。体脂百分比低于12%是判断低体重的标准之一。

4. 身体成分与健康关系

体脂含量过犹不及。

体脂过多积累会造成肥胖，特别是储存脂肪堆积的部位会影响人体患病的危险程度。例如总脂肪量相同的肥胖者，若脂肪堆积在腰腹部，其患心血管疾病、血脂异常、高血压、糖尿病及中风的危险性高于脂肪堆积在臀部和大腿部的肥胖者。

体脂过少也会危害健康，人体会出现代谢紊乱、身体功能失调（如闭经），严重者可导致死亡。这些疾病除体脂过少外，瘦体重也减少。

（二）身体成分测量与评价

常用的指标体系：

1. 理想体重

公式计算如下：

理想体重（kg）= 身高（cm）- 105

正常体重 = 理想体重 ±10% 理想体重

体重超出理想体重的 10%—20% 称为超重；超出理想体重的 21%—30% 称为轻度肥胖；超出 31%—40% 为中度肥胖；超出 40% 以上称为重度肥胖。低于正常体重为低体重。

利用身高和体重对身体健康进行评价，优点是简便易行，不足是这种方法不能评价体形，不能反映肥胖相关疾病的发病率及身体成分的组成。如，一个人肌肉含量较多，他的体重已经超过了这种评价方法的标准，其身体成分很可能仍处于“低脂肪”的状态，就不能评价这个人是超重或肥胖，反而应该评价为健康的状态。因此，仅仅按照平均身高得出体重，有着明显的局限性。

2. 体重指数 BMI

体重指数 BMI 是用来评价人的体重是否正常的指标。计算公式如下：

BMI = 体重（kg）/身高的平方（m^2）

体重指数与理想体重比较显示，BMI 与身体脂肪和某些疾病有较高的相关性。

专家建议我国体重指数的正常范围是 18.5—23.9，24 ≤ BMI < 28 为超重，BMI ≥ 28 为肥胖。

BMI 的局限性在于不能评价身体成分以及与肥胖类型有关的身体脂肪分

布。骨胳、肌肉的重量增加，甚至因健身锻炼引起的血浆增加都可能影响BMI的计算结果。按照BMI的计算方式，那些拥有较多肌肉的人群会计算出较高的BMI值，这样就会作出不正确的评价和解释。

3. 身体成分测量和评价

身体成分测量方法有很多，比较常用的是生物电阻抗的测量方法。

非脂肪组织（体液）是良好的电导体，电流会随着电阻小的体液流动；而脂肪组织的导电性能差，电阻大，人体导电性阻抗的大小可反映身体中脂肪及瘦体重含量。根据这种关系可以准确推算出身体各构成成分的含量。

体成分测试法能够准确地反映身体的脂肪含量，区分是由于肌肉增多还是脂肪增多造成的体重增加。体脂百分比是指身体脂肪重量占总体重的百分比。男性体脂百分比的正常范围是15%—20%，女生为20%—30%。体成分测试能够直接测出身体脂肪含量，准确反映脂肪占人体体重的百分比，为科学的体重管理提供了客观依据。见表4－2－1显示了不同年龄人群的平均体脂百分比。

表4－2－1　不同年龄人群的平均体脂百分比

项目	新生儿	10岁		15岁		成年人	
体脂百分比（%）		男	女	男	女	男	女
	14	13	19	13	26	15	28

（引自《现代营养学》，2004）

体脂的变化有年龄、性别、身材、种族和遗传等方面的差别。青春期开始常伴有瘦体重的急剧增加，男孩的瘦体重增加更明显，而女孩的体脂增加较明显。

人体的理想身体成分状态受年龄和性别的影响较大，根据体脂百分比可将体成分划分为5个等级，见表4－2－2。

表4－2－2 根据体脂百分比划分身体成分等级

性别 年龄 （岁）	体脂 过少	非常好 （%）	很好 （%）	正常 （%）	体脂多 （%）	体脂过多 （%）
男≤19	<3	12.0	12.1—17.0	17.1—22.0	22.1—27.0	≥27.1
20—29	<3	13.0	13.1—18.0	18.1—23.0	23.1—28.0	≥28.1
30—39	<3	14.0	14.1—19.0	19.1—24.0	24.1—29.0	≥29.1
40—49	<3	15.0	15.1—20.0	20.1—25.0	25.1—30.0	≥30.1
≥50	<3	16.0	16.1—21.0	21.1—26.0	26.1—31.0	≥31.1
女						
≤19	<12	17.0	17.1—22.0	22.1—27.0	27.1—32.0	≥32.1
20—29	<12	18.0	18.1—23.0	23.1—28.0	28.1—33.0	≥33.1
30—39	<12	19.0	19.1—24.0	24.1—29.0	29.1—34.0	≥34.1
40—49	<12	20.0	20.1—25.0	25.1—30.0	30.1—35.0	≥35.1
≥50	<12	21.0	21.1—26.0	26.1—31.0	31.1—36.0	≥36.1

（引自 Werner W. K.，2003）

二、那些我们不忍直视的“脂肪”

肌肉和脂肪是身体组成的重要成分，两者也都对身体健康起着至关重要的作用。在一定程度上，我们都希望身体里肌肉的含量增加，瘦体重增加，但我们并不愿意让我们身体里的脂肪堆积起来。一方面影响每个人的身体形态；另一方面会对健康造成很多危害。

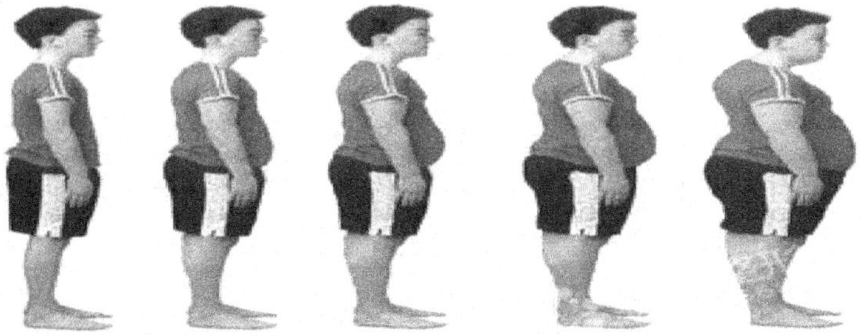

图4－2－1

唐朝名医孙思邈在《黄帝内经》“圣人不治已病治未病，不治已乱治未乱”的基础之上提出：“上工治未病之病、中工治欲病之病、下工治已病之病”，不难理解“上医治未病、中医治欲病、下医治已病”这几句话的深刻含义。因此，我们希望可以通过青少年合理的运动营养和身体成分监测评价能够预防儿童青少年的超重和肥胖，真正地做到“上医治未病”，也能够在发现有了肥胖问题时能够运用运动营养学的知识合理地介入运动和营养的干预，帮助青少年进行体重和体脂管理，不仅仅要对青少年进行这方面知识的普及，还会开设家长课堂，家校联手共同帮助儿童青少年养成健康的生活方式，科学合理地进行体重体脂的管理。

全球儿童肥胖率不断上升，欧美儿童超重率 20%—30%，肥胖率 5%—15%，我们国家卫生计生委《中国居民营养与慢性病状况报告（2015 年）》中指出，6—17 岁儿童青少年超重率为 9.6%，肥胖率为 6.4%，可以看出我们国家的儿童青少年肥胖现象比较严峻。

研究证实，肥胖是糖尿病、高血压、动脉硬化、脂肪肝等疾病的独立危险因素，也就是说单纯肥胖就可以引起这些疾病发生的危险性增高。国外大量的流行病学调查发现，肥胖与死亡率有着明显的关系。

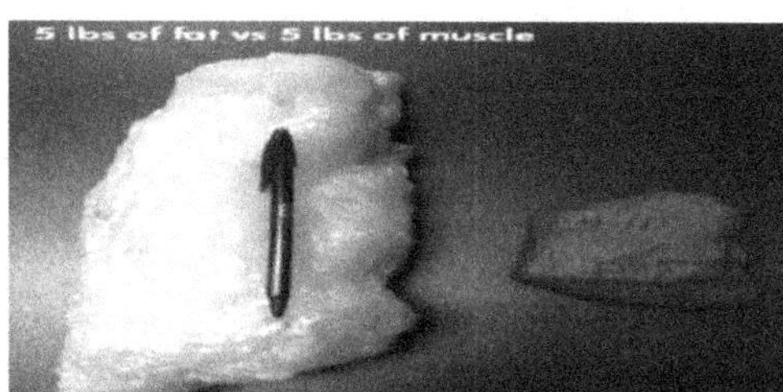

图 4－2－2

如图所示，同样重量 5 磅的脂肪和肌肉，脂肪的体积约是肌肉的 3 倍左右，也就是说相同重量的两个人，如果其中一个人体脂含量很高，另一个人肌肉含量高，虽然体重相同，但体脂含量高的人会比肌肉含量高的人体积大，看上去也更胖，身体状态也会稍差一些。

（一）体脂过高对我们的危害

1. 对心血管系统的影响

肥胖可引起血压增高、全血黏度增高；动脉粥样硬化风险增高，血总胆固醇增加，容易导致心脏节律的改变，增加心血管疾病的潜在危险。

正常的血管内径流经血液，为各组织器官输送氧气和营养物质等，如果血液中的脂肪含量不断升高，就会在动脉内皮上形成脂肪沉积斑块，持续下去，形成动脉粥样硬化，使得血管内径变小，血流降低，血管内壁压力增大，内皮变薄，易破，容易引起危险。

2. 肥胖对呼吸系统的影响

肥胖者的肺功能可能发生异常，表现为明显的储备容积减少和动脉血氧饱和度降低。由于在脖颈、胸部、腹部等部位脂肪堆积过多，使胸壁的运动受阻，在躺下的时候上呼吸道变窄和气流不通畅引起呼吸困难，引起睡眠中呼吸暂停。因血液二氧化碳浓度过高和血氧较低可抑制呼吸中枢，出现暂时窒息现象，发生睡眠呼吸暂停症和肥胖性低通气量综合征。

3. 肥胖对内分泌系统及免疫系统的影响

脂肪细胞不仅仅储存脂肪，还具有分泌功能。肥胖者血浆中胰岛素明显高于正常水平，中心性肥胖者（腹部蓄积性肥胖）的激素水平改变更大。肥胖人群中性激素平衡被破坏，伴有月经规律周期性降低和月经异常的频率增加。尤其对于腹部脂肪过多的女性常有排卵异常、雄激素过多，往往伴有生殖功能障碍。肥胖儿童免疫功能明显紊乱。

4. 超重和肥胖导致的社会和心理问题

现在由于社会观点、媒介宣传的影响，肥胖者会受到来自社会和环境的偏见和歧视。他们会对自身的体形不满意，总认为在社交中会受到排斥。从小就发胖的儿童容易产生自卑感，对各种社交活动和体育运动产生畏惧而不愿积极参与，久而久之恶性循环，会更加肥胖，因此造成不健康的身心。

（二）你怎么会一吃就多呢

好多儿童、青少年尤其是有超重或者肥胖问题的儿童、青少年，常常会有这个困惑："为什么我和他们一样仅仅就是吃饱而已，但怎么还是会发胖?""为什么我的胃像个无底洞一样吃了还是会饿呢?"关于吃东西会造成超重和肥胖的问题，我们就要重视在前面营养素章节中提到的"热量"这个名词。超重或肥胖发生的根本原因在于，我们身体摄入的热量长期大于身体的热量消耗，从而使多余的热量以脂肪形式储存，并最终导致肥胖。不良的饮食习惯很容易造成热量和脂肪超标，最终导致肥胖的发生。

简单地举个例子，如上图所示，我们的胃假设如图大小，一顿饭假设 400

图 4-2-3

大卡热量就可以满足我们的日常需求。我们用具有相同热量400大卡的油脂、鸡肉、蔬菜这三种食物来“喂饱”自己，分别看看热量相同种类不同的食物带给我们的“饱腹感”是不是一样。如果我们就是单纯“喝油”，400千卡的油仅仅在我们胃的底部铺了一层，我们胃的大部分还是空空的，这样我们还是会饿，还是会找吃的，这样就会额外吃进去更多的热量。如果我们就是吃鸡肉，400大卡的鸡肉只能在我们胃里占据三分之一的空间，我们也还是会饿，这样也会额外摄入过多的热量。如果我们单纯吃蔬菜，400千卡蔬菜把我们的胃填得扎扎实实的，我们的饱腹感也会很强烈，这样就不存在吃进去过多热量的现象。这个例子比较极端，因为不可能单纯进食一种食物，这样也不够科学，就是希望通过这个例子让大家了解为什么油炸类等不健康的食物容易吃多，就是因为同等热量下，油炸类食物的体积比较小，会让我们的饱腹感不够强烈，这样就会额外吃进去过多热量，又消耗不出去，就会转变为脂肪储存起来，长期下去造成超重和肥胖的发生。

（三）我们应该怎么吃吃吃呢

通过营养这一章节的学习，我们了解在体重管理的长期计划中，怎么“吃”和如何“动”一样重要。减脂是生活习惯，尤其是饮食习惯的改变过程。科学合理地“吃”就是控制或减少热量摄入，从而达到体重管理的目的。

1. “吃”进去的热量控制

将饮食“吃”进去的总热量降低到原来水平的85%左右，一般可将热量控制在30kcal/kg体重。如，一位50kg的人，总热量可控制在1500kcal。配合有氧运动如慢跑、快走、跳绳或游泳等，就可以在没有饥饿感的条件下实现热量的负平衡，体重会慢慢下降，以每月下降2—3kg（平均每周0.5—

0.7kg)，3—4 个月下降 4—6kg（扣除体重反弹后）为宜。但注意，对于 6—15 岁儿童青少年总热量摄入不能低于总需要量的 80%，16—20 岁不能低于 70%，以免影响生长发育。

2. 食物种类的选择

控制体重减脂期间，应当适当增加蛋白质，保证低糖和适量或少量脂肪。正常情况下，碳水化合物比例为 55%—60%，脂肪为 20%—25%，蛋白质为 15%—20%。减肥人群常存在“不吃肉”的误区。控制体重应该尽可能选择优质蛋白质，如用纯瘦牛羊肉、鱼虾等代替五花肉，用牛奶、豆浆代替饮料，用鸡蛋代替油饼油条等。此外，还要适当增加水果来补充机体必需的维生素和矿物质。

3. 增加高膳食纤维的摄入

保证食物的体积和数量，可以减少节食减肥带来的心理压力、饥饿感和恐惧感。膳食纤维丰富、体积大、饱腹感强、热量低的食物有豆制品、茎类蔬菜（如芹菜、小白菜、油菜）和瓜类蔬菜（如冬瓜、苦瓜、西葫芦）等。膳食纤维可以吸水膨胀，增强饱腹感，还能降低热量的摄入，对控制体重体脂非常有用。

4. 适当饮水，改变不良饮食习惯

如果限制喝水，减体重的速度会比较快，但是在减去的体重里，脂肪仅占 13%，水占 84%；而不限制饮水时，虽然体重降低的速度会慢一些，但在减去的体重中，脂肪占 25%，水占 75%，实际减去的脂肪量更多，减肥效果更好。每天保证 2000—2500ml 的饮水量。减少或禁止甜点、糖果、巧克力等零食和西式快餐，使用清蒸、水煮等烹调方法。

（四）减脂之前应该弄明白的那些事

1. 要进行科学专业的体成分测试，更准确地判断是否肥胖，留存基础体脂百分比等数据，在减脂过程中可以进行对比。

2. 尽量记录每天吃进去的总热量和消耗的总热量，合理安排自己的膳食营养和运动计划。

3. 确定自己的减脂目标和方案。

下表是不同减体重措施，如少吃不动和少吃多动的减重措施对健康指标的影响比较。

表 4 - 2 - 3

指标	单独控制饮食（极低热量饮食）	控制饮食结合运动
心肺功能	降低	改善
瘦体重（FFM）	损失	增加或保持
体脂	降低少	降低多
营养缺乏	容易发生	一般不会发生
肌肉和韧带力量	降低	改善
体力	下降	改善，耐力提高
静息代谢率	下降	保持或增加
精神状态	压力大	改善，对减重有信心
减重计划	不易坚持	容易执行和坚持
体重反弹	容易发生	不易发生

（引自《2003 年中国超重和肥胖症预防控制指南》）

由 4 - 2 - 3 表可以看出，饮食控制和科学运动相结合，才是达到理想减脂效果的最好的办法。

三、减肥那些容易让人误解的事

（一）快速减肥可信可试吗

经研究发现，快速减肥一般通过腹泻（脱水）的方式达到目的，所减轻的大部分只是身体的水分，对已存在的脂肪组织本身并无真正的作用，恢复饮食和喝水后体重很快就会反弹。

水分是我们身体重要的成分，脱水后，会使代谢紊乱，毒素在体内蓄积。腹泻还会使胃肠道功能失调，皮肤失去弹性，营养物质大量丢失。这种依靠腹泻（脱水）减肥，或者应该叫减重的人，往往会有头晕、乏力、抵抗力下降、精神萎靡等，严重者甚至会死亡。此外，快速减重之后往往会反弹，这样的循环反复往往会伤害身体，更可怕的是会让减肥的我们失去信心，对于控制体重形成更大的心理压力。WHO 规定，减肥应该遵循 0.5—1 公斤/周和均速减肥的原则，不应该操之过急。

（二）只要运动就能减肥

在激烈运动时，我们的热量消耗可以比安静时提高 10—20 倍，因此，运动减肥显然是有效的。但很多人都会有这样的体验，我为什么运动那么长时间，体重并没有减少，甚至还增加了呢？我们减肥遵循的最基本的原则就是消耗热量要大于摄入的热量，那么坚持运动会体重不降反而升高，很可能有两个原因，一是运动量和强度不够，没有达到热量的负平衡；二是运动后吃的东西很多，导致摄入热量大于消耗的热量。很多人觉得只要运动就能瘦，运动完之后也不控制，想吃多少吃多少，这样造成热量过多，运动了反而变得更重，因此，我们在减脂期间，坚持运动的同时，要适当控制饮食，才能更好地管理自己的体重。

（三）减肥不用练肌肉，而且哪胖多练练哪就行

如下图肌肉力量发展的年龄规律和性别特点所示，30 岁之后，肌肉力量随着年龄逐年下降，据相关研究表明，40 岁以后，我们的基础代谢率将以 1%—3% 的速度逐年下降，基础代谢率的降低很大原因是随着年龄增加导致的瘦体重的减少，肌肉力量训练能够增加肌肉的体积，从而提高瘦体重和基础代谢率，进而增加能量消耗。因此，在减脂期间，我们也要安排合理的时间进行肌肉力量的练习，才能更好地控制体重，减脂增肌。

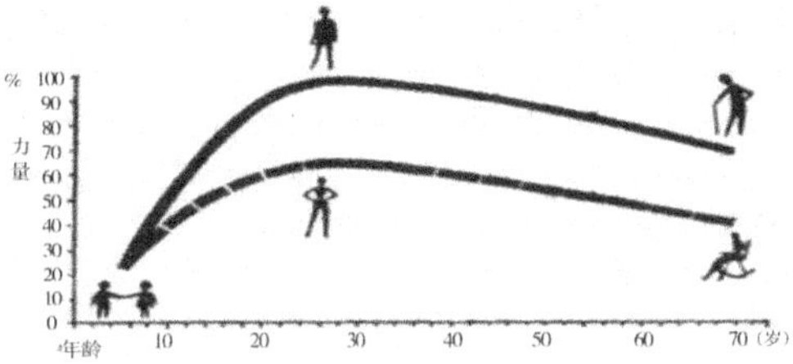

肌肉力量发展的年龄规律和性别特点

很多人觉得哪胖多练练哪就行，会看到很多腹部肥胖的人疯狂地在做仰卧起坐，希望能够减掉肚子上的脂肪，但效果并不明显。因为局部减肥几乎是不可能实现的。当我们要动员脂肪消耗热量的时候，脂肪是来自遍布全身的脂类物质，并非来自某一运动部位的脂肪。虽然仰卧起坐是对腹部肌肉很好的运动方式，但是不能使局部脂肪有效地消失。能够使那些“讨厌多余”的脂肪消失的办法，其实还是那句话，就是使运动消耗的热量大于从食物中吃进去的热量就行。因此，要想使局部脂肪消失，必须在全身运动（有氧运动）的基础上，加上局部的肌肉力量练习，会达到很好的减脂效果，此外，还要控制我们的饮食。

（四）多吃主食会变胖

我们经常听到减脂的人说不能吃主食，会影响减肥效果。主食就是我们在前面营养章节中讲到的“糖”——碳水化合物。过多摄入碳水化合物会增加热量，就会在体内转变成脂肪蓄积，但这也是因为能量过多摄入造成的，并不是糖这个物质造成的。在生物化学中，脂肪在体内分解是需要有糖的一些代谢产物参与才能被彻底氧化，当糖不足时，脂肪不能被彻底氧化分解，反而对减肥不利。因此，控制饮食这个环节中，应该避免高脂肪含量食物的摄入，不能过分限制主食的摄入。

（五）绝食是最快的减肥方法

研究表明，如果大幅度降低热量，身体就会产生自我保护状态，认为目前陷入“饥饿”的紧急状况，我们身体就会靠降低基础代谢率来保存热量，这就会影响减肥效果。此外，绝食还会增加内脏如肾脏、胃的负担，出现一些病理现象。

我们希望通过这一章讲解青少年合理的营养、体成分和健康，使大家更多地了解和掌握运动营养学的知识，对于有减脂需求的青少年，可以跳出一些误区，增强信心，管理自身体重。

第五章　青少年体态评估与运动
——脊柱篇

近年来，我国先后出台了多个针对青少年体育与健康教育的重要文件和指示，如《中共中央　国务院关于加强青少年体育增强青少年体质的意见》《青少年体育“十三五”规划》《“健康中国2030”规划纲要》等，由此可见，青少年的健康在全民健身以及在全面建成小康社会和建设健康中国中的作用将更加重要。

我国青少年体质与健康调研工作的数据显示，近年来，青少年体质健康状况有所好转，但形势依然严峻，青少年的体态问题引起广泛关注。小驼背、“龟丞相”“小熊腰”等问题一直在青少年的体态评估中存在着，为此，学校和家庭也越来越重视青少年的体态问题。

第一节　关注你的体态问题

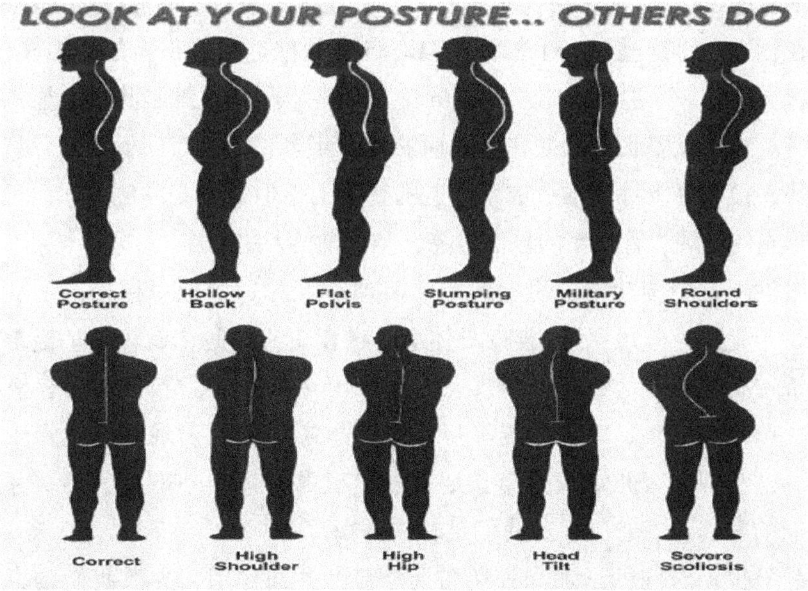

图5－1－1

正常情况下的脊柱由颈椎、胸椎、腰椎、骶椎四个部分组成。从侧面看，脊柱存在着四个生理性的弯曲，它们分别是：颈椎凸向前，胸椎凸向后、腰椎凸向前、骶椎凸向后。人体正常的生理弯曲对维持人体重心，缓冲震动保护机体，维持机体健康挺拔的体态等有重要的作用。

一、青少年运动的时间太少

青少年课业压力大，绝大部分时间都是坐着学习，再加上外出坐车，上下楼电梯，手机电脑等现代生活的便利，也同样剥夺了青少年很多运动的时间。青少年的骨骼肌肉系统（运动系统）正处于快速发展阶段，骨骼的长长和变粗以及肌肉的增加都是需要应力的作用，而运动恰好是提供应力最关键的因素。骨骼的 wolf 定律也证明了这一点，骨在需要的地方就生长，不需要的地方就吸收。即骨的生长、吸收、重建都与骨的受力状态有关。因此青少年长期静坐少动，势必会引起运动系统的骨骼肌肉等发育不均衡，造成不良体态。

二、长期错误姿势

现如今低头族太多，大街上、地铁里、商场、家里等，只要看得见人的地方，总能看到低着头玩手机的人，这在儿童青少年中也非常普遍。因为低头玩手机已经出现很多的事故，有些甚至是惨痛的教训。长时间低头玩手机，甚至在行进中、驾驶中玩手机，不但对自身颈椎造成了很大的压力和伤害，还危害周围的人，造成了本可避免的一些伤害事故，这都是我们不愿意看到的事实。对于骨骼肌肉正处在生长期的青少年来说，长时间低头、耸肩等不良姿势，很有可能对颈椎造成不可逆的伤害，不但影响身体健康，而且对于身体形态的美观、青少年的自信心等也会造成很大的影响。

屠洪刚《中国功夫》里唱到的“卧似一张弓，站似一棵松，不动不摇坐如钟，走路一阵风”，这样的身体形态在青少年中越来越少见。经常能够听见爷爷奶奶或其他长辈形容现在的青少年“站没有站相，坐没有坐相”。驼背、圆肩、探头、虎背熊腰等身体形态越来越多地出现在儿童青少年群体中，这与现如今儿童青少年长期很多错误的身体姿势有很大的关系，这样普遍的身体形态必须引起我们足够的重视。

静坐少动时间的增加和长期错误姿势的共同作用，导致我们的青少年骨骼肌肉发育异常，颈肩腰痛年轻化的现象也日益严重，更有部分人可谓是“二三十岁的人，五六十岁的腰”。由此出现各种各样不良的体态，这些体态又反作用于身体的生长发育，如此恶性循环，后果堪忧。因此，我们应该在最关键的生长发育期更加重视青少年的体态问题，并予以运动干预。

第二节　脊柱的重要性及容易出现的问题

一、身体的大“boss”——脊柱健康一定要搞上去！

日常生活中，我们的脊柱时刻受到来自各个方向的压力，几乎无法彻底休息。脊柱负责维持身体姿势，保护重要脏器，更是人体运动传送力量的枢纽，名副其实的活力大“boss”。我们这个大“boss”脊柱承上启下了身体的运动——向上承载上身的重量和活动，向下连接下肢的活动，一旦脊椎各部位发生异常情况，可能引发的问题就会遍布全身（包括：腿部的麻木、肩部的酸胀、颈部的不适等），甚至影响身体很多正常功能，如最严重的情况可能会导致身体瘫痪、卧床不起。因此，一定要将身体的大“boss”——脊柱的健康搞上去，这样，才能造福身体其他各器官。

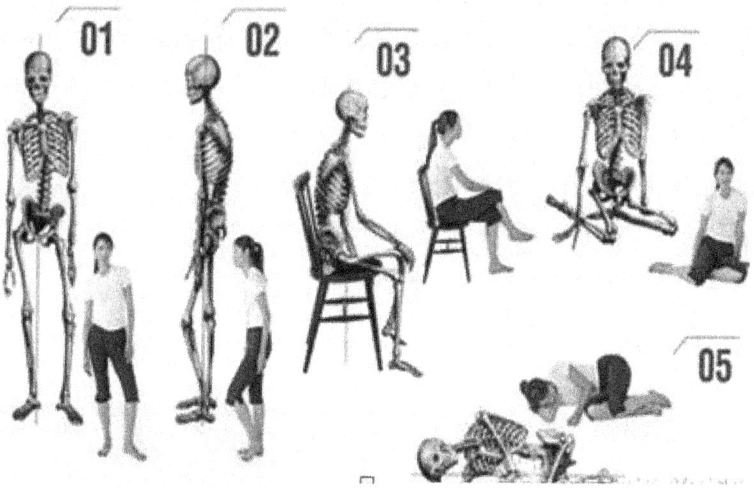

图 5-2-1

二、脊柱体态的问题

（一）颈部异常，不容忽视

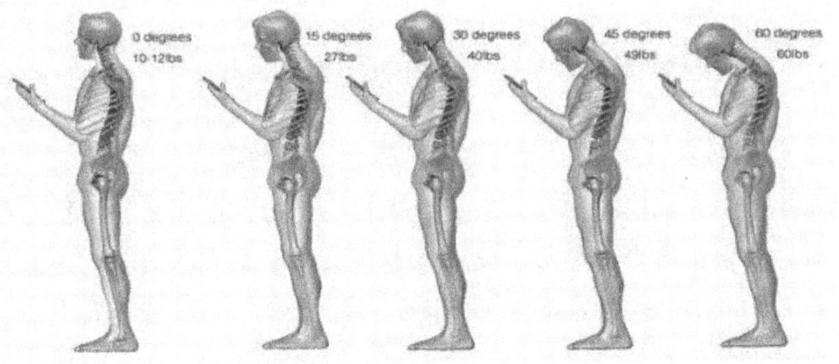

图5－2－2

长时间保持低头的姿势（比如：探头、耸肩、头部倾斜等），这种习惯性的姿势给了我们一种“正常舒适”的错觉，就造成了颈部肌肉骨骼某种不平衡的状态。

颈椎周围部分肌肉一直在受力，不断地累积着疲劳，而另一些肌肉却完全不需要受力或者只承受很小的力，这就是一部分肌肉在“代偿”另一部分肌肉的功能。长此以往的累积，最后颈椎周围长期受到压力的肌肉就会产生很难恢复的疲劳，发出无法承受的信号，“疼痛”就出现了。这样一部分肌肉代偿另一部分肌肉功能，短时间会使身体产生舒服的错觉，但事实上是在加速肌肉疲劳的累积，最后导致颈椎问题的出现，严重的可能造成身体其他功能的丧失，比如四肢麻木，无法正常活动等。

（二）驼背的“龟丞相”

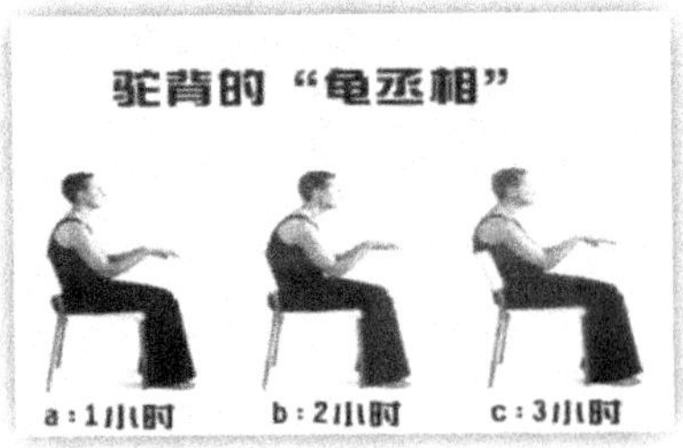

图5－2－3

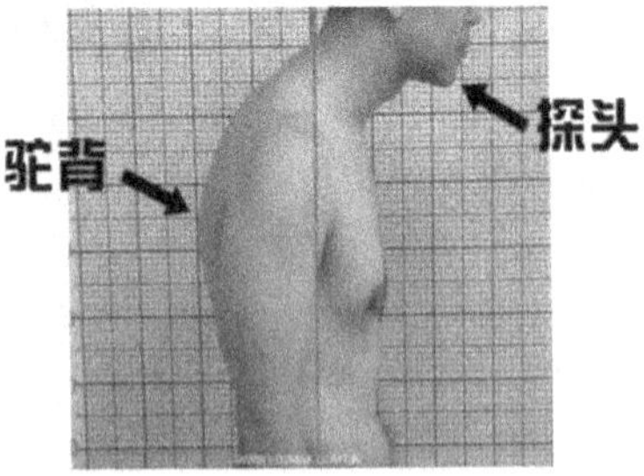

图5－2－4

深深低着的头，背着沉沉的书包，坐着慵懒的“葛优瘫”等常见的现象，使得儿童青少年中的“龟丞相”越来越普遍。

儿童青少年的骨骼有机物多于无机物，因此不易骨折，但是容易变形。此外，儿童青少年期肌肉力量也正在发育，不够强壮，就更容易受到不良姿势的影响。他们长时间低头含胸地学习，不受控制的手机依赖，静坐少动的“葛优瘫”等形态不良的姿势，非常容易发展成“龟丞相”的驼背。这样不仅影响形态美观，还会影响身体内脏的正常发育，导致胸腔变小，呼吸变浅等呼吸障碍。

（三）惊现“小熊腰”

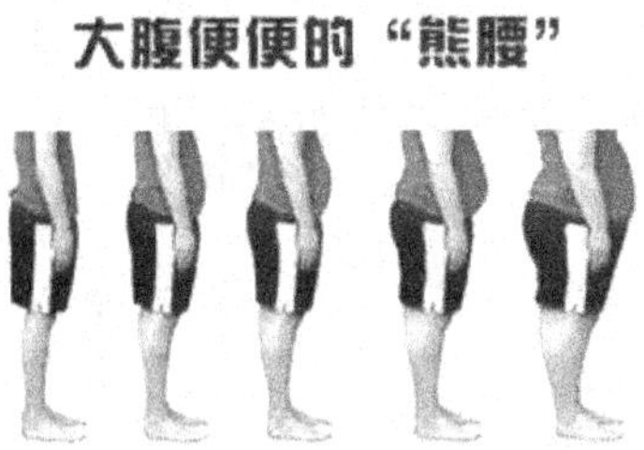

图 5-2-5

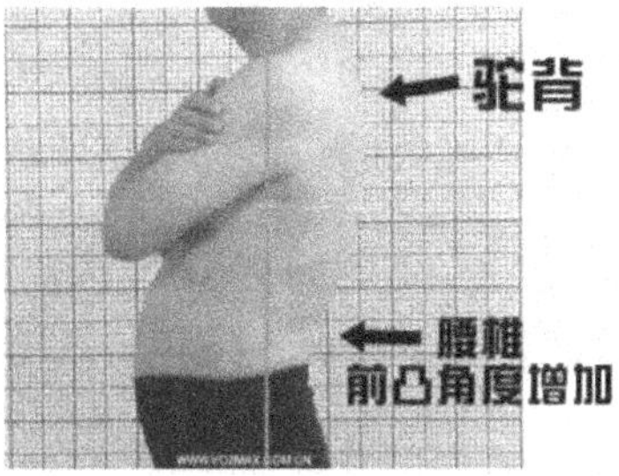

图 5-2-6

出门汽车进门电梯等生活的便利和无忧，导致现在出现了很多小胖墩。用“小熊腰”来形容现在部分儿童青少年的体态一点也不夸张。过多脂肪囤积在腰腹部，就会对腰椎造成很大压力，导致腰椎前凸角度增加，形成“小熊腰”。曾经用来形容青春期“亭亭玉立”的青少年的词语，对很多孩子来说就是一种奢望。“小熊腰”对挺拔的身姿来说无疑就是其中的败笔。腰腹部脂肪过多，肌肉力量又很薄弱，导致“小熊腰”的体态异常，使腰部问题更加低龄化。越来越多的青少年腰部肌肉劳损，腰椎盘突出的现象突出，我们应该加强腰腹部肌肉力量的锻炼以及科学的减脂训练。

（四）“猩猩胯”来袭

通过观察大家会看到很多孩子不会走路。走路时整个骨盆总是向前顶着走，像极了“大猩猩”。猩猩胯（骨盆前倾）就是腰椎前凸角度增加意味着骨盆前倾。这和腰腹臀部脂肪堆积过多、肌肉力量薄弱、长期错误的姿势也有很大的关系，会造成腰椎间盘压力增大以及腰部肌肉长时间劳损，也会引发腰椎的若干问题，对于美观也是一种影响，从而影响了青春期孩子们的自尊心，这样的身体形态对于青少年的“身”和“心”都是一种非常不利的影响和危害。

图 5-2-7

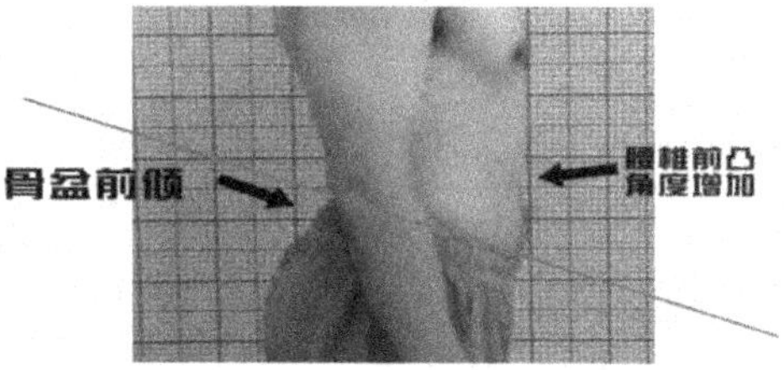

图 5-2-8

综上所述，脊柱这个大“boss”的健康对体态健康和青少年的心灵有着重要的影响，青少年应该避免长时间静坐少动和不良姿势的影响，利用青春期旺盛的新陈代谢，促进骨骼肌肉的生长发育，再现“站如松，坐如钟”挺拔矫健的身姿！

第三节　运动干预对策

一、静力性拉伸

研究指出，拉伸能够有效地放松肌肉，增加肌肉和韧带的延展性和弹性，减少肌肉僵硬，增加血液循环，使得营养成分能够到达各器官，并且加快代谢废物的排出。

静力性拉伸是用自身的力量或体重把肌肉拉开并保持一定的牵拉力。当肌肉拉伸到有一定的牵拉感时，维持 15—30 秒，重复 2—3 次，静力性拉伸重点在于动作的开始到完成要慢，不要令肌肉感到痛感，并注意配合呼吸。如下图列出了身体部分位置肌肉的静力性拉伸动作。

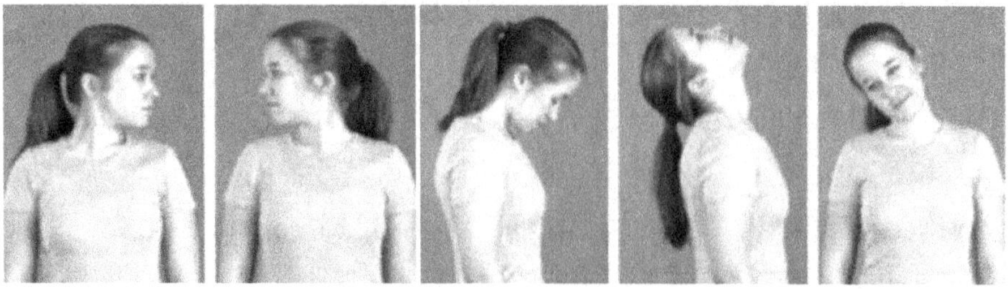

图 5-3-1　颈部肌肉静力性拉伸动作

图 5-3-2 手臂背部、腰部侧面、腹部肌肉静力性拉伸

二、弹力带力量训练

在肌肉力量训练模式里，传统的哑铃阻力恒定，在学生中使用也存在一定的安全隐患，而弹力带的阻力是从零开始，拉得越长阻力越大，学生们可以根据个体的情况选择适合自身的阻力负荷，弹力带训练更能体现个性化的训练目的，避免千篇一律的训练负荷，使肌肉力量训练更加有效。以下是增强肩背腰部的肌肉力量训练，可供参考。

（一）弹力带颈部拉伸

目标肌肉：颈部肌群

注意事项：弹力带绕过头部后侧，双手握紧弹力带，上臂与地面平行，背部挺直，肩胛骨回缩下降。保持颈部稳定状态维持 10 秒。

功能：拉伸并增强颈椎肌肉群。

图 5-3-3

（二）弹力带弓步上拉

目标肌肉：肩部三角肌；腹部肌群

注意事项：双手紧握弹力带，背部挺直，腹部收紧。前后开立呈弓步。

功能：增加肩部和腹部肌肉力量，增加核心稳定性。

图5-3-4

（三）弹力带颈后下拉

目标肌肉：斜方肌

注意事项：开始姿势时双手打开与肩同宽，背部挺直，腹部收紧，肩胛骨回缩下降。

功能：增强上背部肌肉力量，预防驼背。

图5-3-5

（四）弹力带划船

目标肌肉：背部肌群

注意事项：双手握紧弹力带，背部挺直，收紧腹部。

功能：增强背部肌肉力量。

图5-3-6

（五）弹力带腹肌训练

目标肌肉：腹部肌群

注意事项：双手握紧弹力带，背部挺直，收紧腹部。

功能：增强腹部肌肉力量。

总之，青少年阶段是神经系统和运动系统发育的重要时期，具有很强的可塑性，不同的运动项目或专项训练能够对青少年的身体健康产生不同的积

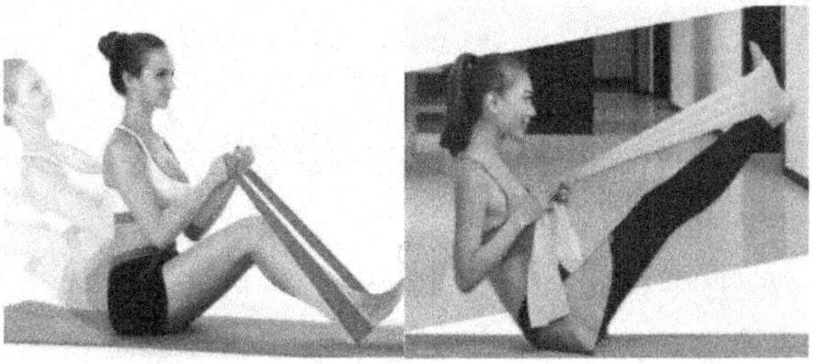

图 5－3－7

极影响。科学的运动可以提高学生们神经肌肉协调配合的能力，对于身体形态、灵敏性、肌肉力量、柔韧素质也都有一定程度的促进作用。此外，有研究显示，科学规律的体育运动还可以提高学生们对注意、抑制、计划、任务管理、监督、学习工作记忆等各种基本认知过程进行协调和控制的执行功能，因此，科学的运动对于学生们对社会环境的适应能力，约束自身行为，遵守社会和学校规范，学习的实效性都有非常积极的影响。

第六章　青少年的生长发育和身体素质

青少年的体质和健康成长一直备受关注，近年来，国家出台多份重要文件，强调培养青少年体育生活意识，增强青少年的身体素质，提高青少年的健康素养。但因为青少年自我锻炼意识不强，还没建立起很强的自律能力，缺乏对健康知识和技能的掌握。

想要形成一个良好的健康体育习惯，并不仅仅是外在的行为表现，还需要青少年在主观意识上接受并理解，进而才会在运动实践上得以延续。在这种主观能动意识的驱使下，才会形成不间断的行为意识，长期不间断地坚持下来，最后就会形成良好的体育生活方式。因此，本章节以青少年身体发育各阶段为出发点，详细讲述身体的生长成熟，如何更好地参与和完成体育运动的准备过程，以及身体素质的敏感期等健康知识和技能，希望青少年可以从本章学习和实践中更加了解自身，更科学安全高效地参与和完成各项体育运动，提高自己的健康素养。

第一节　青少年的生长发育

一、卖力的生长

普遍原则

1. 身体在不同阶段的生长速度不同

儿童青少年一般会经历快速和缓慢增长两个阶段。身体不同部位在不同的年龄阶段表现出不同的生长速度。例如出生时 50 厘米的女孩到 18 岁时可能身高达到 170 厘米，从出生到 18 岁的每年增加的身高不同，不同阶段有快有慢，直到达到成年身高。

我们的生长一般遵循这样的快慢规律：（1）婴儿期速度较快；（2）童年的早期和中期速度减慢趋于稳定；（3）青少年时期速度较快；（4）青春期中后期逐渐减慢，直至停止。

童年早期（2—6 岁）和童年中期（6—10 岁）儿童生长的特点是生长速度慢，较为稳定。但儿童早期腿的生长速度更快，6 岁时，儿童骨骼和肌肉的增加速度快于脂肪的增加，运动系统的发展为儿童提供了更好的运动能力基础。童年后期到青春期早期（10—15 岁）是一个快速生长期。女孩通常在 10—13 岁，身高可能会增长 20—23 厘米，体重增加 14—16 千克；男孩通常在 12—15 岁，身高可能增长 23—30 厘米，体重增加 16—20 千克。在 10—13 岁，女孩比男孩高是常见现象。在青春期中后期（15—20 岁），生长速度缓慢，体形稳定，大部分 17 岁的女孩和 21 岁的男孩已经达到成人身高。

2. 从头到尾的生长模式

身体不同部位生长速度也是不同的，这就导致了不同年龄阶段体形的不同。

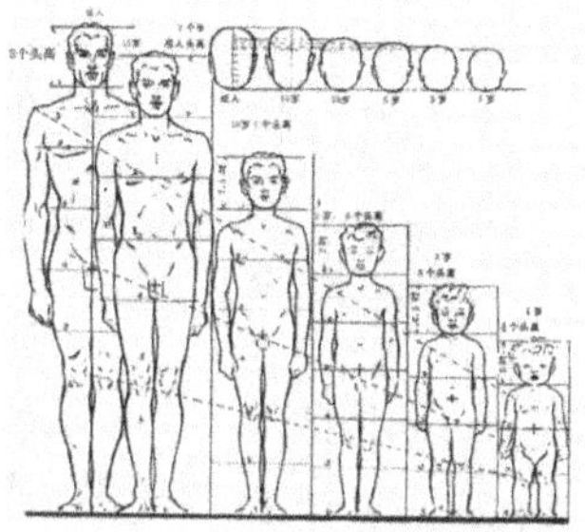

图 6－1－1　不同年龄的身体比例

如图 6－1－1 所示，刚出生时头部为身高的四分之一，但是成年之后只有身高的八分之一。还是学步期的孩子时，由于重心较高，总是向前倾斜蹒跚前进，随着年龄的增加，重心逐渐下移，头重脚轻也慢慢缓解。幼儿期和儿童期，保持平衡较为困难。

3. 由近及远，由中心向外围的生长

幼儿首先学会控制身体的中心部位，如头、脖子、肩膀和躯干，其次才是远端部分，如四肢协调等，精细运动技能控制的手指和脚趾肌肉是最后发展的。

总的说来，如表 6－1－1 所示的身体生长阶段，身体生长的各个阶段是以大量儿童样本为基础的，但每个人的生长模式和速度还是有差异的，我们应该遵循规律但不盲从规律，科学看待每个孩子的生长发育的不同阶段。

表 6－1－1　身体成长的阶段和模式

生长阶段	年龄范围	生长模式
妊娠期	怀孕到生产	1. 生长速度快； 2. 头部和躯干增长快于腿部。
婴儿期	出生—2 岁	1. 生长速度非常快； 2. 头部和躯干的增长相对较快。
童年早期	2—6 岁	1. 生长速度较慢； 2. 小腿的生长速度比头部和躯干快。
童年中期	6—10 岁	生长速度较慢，但有些孩子会出现中等快长期。
童年后期到青春期早期	10—15 岁	1. 生长速度非常快； 2. 性发育开始； 3. 体形和身体各部分的比例发生变化。
青春期中期	15—20 岁	1. 生长速度较慢； 2. 性发育趋于成熟； 3. 体形和身体各部分的比例继续变化。

二、期待的成熟

成熟是指逐渐达到生理成熟状态的过程，或指在身体、认知和情感上逐渐达到成年状态。骨骼成熟在人们拥有完全骨化的成人骨骼时出现，性成熟在人们拥有完全的生殖功能时出现。每个人都有独特的生物钟，而且每个人成熟的时间和节奏不一样。在时间方面，在个人生物钟的影响下，有些人早于或晚于其年龄实现成熟。生物钟的节奏不同体现在某些成熟阶段的时间长度上，如每个人的青春期时间长度不同，生长突增期的时间长度不同等。

同一个人的成熟过程也会与其实际年龄不同步。实际年龄是根据特定的出生日期计算出的年龄。生物年龄是指还要多久才达到完全成熟状态。实际年龄相同的儿童，他们的生物年龄可能相差 5 年，具体取决于个人的生物钟。如两个孩子实际年龄都是 12 岁，但对于生物年龄来说，一个的成熟标准达到了 14 岁，另一个可能才 10 岁。因此，对于一些青少年的体育竞技比赛来说，它们都是按照实际年龄组织的，这样的年龄分组比赛没有考虑到生物年龄的差异，让某些孩子处于了有利地位。

课外小知识：

家长会常常关心孩子能够长多高。现代的科学家和医生可以利用X光来评估骨骼的成熟度，以此科学地估算成年后的身高，也可以较为方便和可操作地借助人体测量公式来预测成年身高。依据是父母的身高和孩子当前的身高、体重和年龄。

1. 父母平均身高 = （父身高 + 母身高）/2

2. 男孩身高 = 父母平均身高 + 6.5cm　女孩身高 = 父母平均身高 - 6.5cm

3. 孩子的成年身高 = 男孩身高/女孩身高 ±10cm

如何在体育运动中评估青少年的成熟程度

现在国际国内很多青少年比赛中都是按实际年龄进行分组，这样也是相对于公平公正的方法。但作为体育工作者，我们都明白即使同龄组的孩子也存在着成熟程度的差异。成熟没办法直接进行测量，但我们可以通过常见发育评估方法的某些指标推断成熟程度。

1. 影像学评估骨龄

评估发育年龄的最佳方法是使用X线片来评估生长中儿童的骨骼成熟度。从软骨发育到骨化的骨骼这一过程使我们可以通过X射线检查观察到孩子骨骼的成熟程度。通常情况下，主要通过手部和腕部的骨头来评估骨骼成熟度。虽然骨龄评估是最可靠的方法，但是大多数青少年体育竞赛的组织方和父母不具备这些条件或者没有专门的知识，因此无法以这种方法来评估成熟度。

2. 性成熟标志

较为实用的方法是青少年体育运动的老师、教练和家长通过观察性成熟标记来评估孩子的成熟度。在童年后期和整个青春期（10—20岁），性成熟总伴随着一些身体特征的变化。青春期是童年和成年之间的过渡期间，包括第二性征的出现、生殖系统的成熟和青少年生长突增期。女孩通常会在9—14岁进入青春期，男孩会在10—16岁进入青春期。青春期通常会持续2—5年，也可能更长。青春期包括身体、心理和社会发展的过渡。

我们用第二性征即来区分两种性别的特征，但并非直接表现为生殖系统的一部分（第一性征是与生殖直接相关的身体结构，比如阴茎、睾丸和卵巢）。男孩的第二性征表现为：面部和身体长毛发，声音变沉，肌肉组织、体重和肩周长增加。女性第二性征表现为：乳房变大和体重增加。

青春期荷尔蒙的增加会导致孩子的脸部和身体长青春痘，而且还加重出汗和体味。

3. 身高体重的增长

第三种评估生物年龄的方法是跟踪记录下每个孩子的身高和体重的增长。平均生长最快时期分别是女孩 12 岁和男孩 14 岁，但这些都是平均值，每个孩子的成熟模式都是个性化的。因此跟踪儿童成长过程中的身高体重来预估孩子的生物年龄也是一种实用的办法。

总之，青少年普遍遵守的成熟模式：身高突增、第二性征的出现和体重的增长，其中脂肪和肌肉均增加。跟踪青少年的基本指标系统的评价成熟状态，更加科学地指导青少年参与体育运动和比赛。

三、成熟程度不同影响男孩女孩参与体育运动

根据生长速度和成熟程度，可分为三个成熟群体。早熟孩子的生理年龄比实际年龄大一年；晚熟孩子的生理年龄比实际年龄小一年。正常发育孩子的生理年龄与实际年龄相差不到一年。在组织青少年参与体育运动时，要特别注意早熟和晚熟的女孩和男孩，他们可能在参与运动时存在一些优势和劣势。

（一）早熟男孩

与同龄人相比，早熟男孩在身高和体重上超过他们，而且有更多的肌肉和更大的肩周长。早熟男孩在很多青少年体育运动中通常能够获得更多的认可和成功，提升了他们的自信心和积极性。但随着时间的推移，他们将逐渐失去这些优势。早熟者的身高先停止生长，而其他两种发育类别的孩子在较长一段时间内继续增长，此外，与其他两种类型相比，早熟男孩和女孩成年之后平均体重和体重/身高比更大，身材倾向于矮胖结实。

（二）晚熟男孩

晚熟男孩的身材更修长。虽然他们在发育方面滞后，但是他们的身体劣势是暂时的。研究表明晚熟男孩的运动能力在 18—30 岁都会提高，而早熟和正常成熟男孩的运动能力在该期间内变化不大或出现下降。

（三）早熟和晚熟女孩

早熟女孩的总体力量优势来自比较大的体形，早熟女孩显示出自卑、不满自己身体形象和更明显的社会性体格焦虑。晚熟女孩比早熟女孩有更长的、稳定的增长期，一般成年后更高。

休息一下↘

青春期笨拙?

有一种流行的说法是青春期由于身高的快速增长会导致孩子暂时失去某些运动协调能力，或者动作变笨拙。

生长突增期的快速长高，尤其是男孩，导致人们觉得男孩肌肉力量的增加跟不上身高的增长速度，这是正确的，然而，运动能力和协调的普遍下降并未得到研究证实。研究人员也发现没有任何证据证明运动协调削弱或者青春期笨拙。在青春期，有些孩子在某些运动任务上出现表现减弱的情况，这可能是双脚迅速增长暂时影响敏捷性和协调性，但这很罕见，也是暂时的。

涨知识↘

为什么女孩会提前进入青春期?

在美国、欧洲和中国等国家和地区，女孩初潮第一次月经的平均年龄不断下降。研究人员指出，女孩进入青春期年龄不断下降的原因有:

1. 越来越多的儿童超重。肥胖与女孩较早进入青春期有关。过多的脂肪会影响与青春期出现时间有关的激素的分泌调节;

2. 儿童增加动物蛋白质的摄入量与月经初潮提前有关。

3. 环境中的内分泌干扰性化学物质可能会模仿、抑制或改变自然的荷尔蒙。如塑料杯、水瓶和食物储存容器中含有的双酚 A 或 BPA。

4. 巨大的家庭压力和冲突与青春期提前有关;

5. 早熟在某些情况下是由药物引起的，因为有些药物影响早熟荷尔蒙的分泌。

这也被称为性早熟。为什么性早熟是问题呢?

根据目前的研究，性早熟与乳腺癌、肥胖、自卑、抑郁、焦虑和身材矮小（骨骺板过早闭合）有关。早熟的女孩更有可能参加危险的行为，包括吸烟、酗酒、暴力和性行为。

孩子出现早熟后家长该怎么办?

首先应该去看儿科医生，看是否有需要治疗的症状。其次将重点放在帮助女孩保持积极的身体活动和健康体重上。再次保护她们免受不良文化的影响。最后支持她们作出正确的选择，避免危险行为。支持并鼓励她们多参加体育运动。

第二节　青少年的身体素质

一、青少年身体素质发育特点与运动

我们人体是由八大系统组成的，它们分别是神经系统、内分泌系统、循环系统、运动系统、呼吸系统、消化系统、泌尿系统、生殖系统，其中与运动关系最为紧密的就是循环系统、运动系统和呼吸系统。

图6－2－1

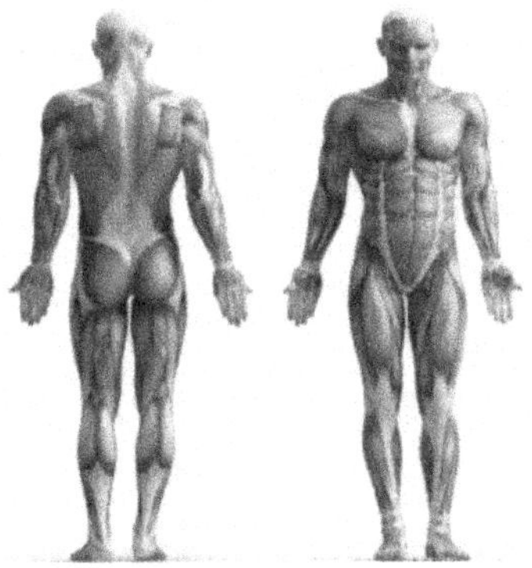

图6－2－2

（一）运动系统的发育特点

1. 儿童青少年的骨骼：软骨成分多，水分、有机物质多，无机盐少，骨密度差，骨富于弹性而坚固不足，不易骨折但易于发生弯曲和变形。儿童青少年应养成正确的身体姿势，长期处于不良体姿易导致骨变形和脊柱变形，不宜进行负重练习，可能会导致腿形、足弓等变化。可采用抗体重练习如跑、跳等，减少静止性力量练习。

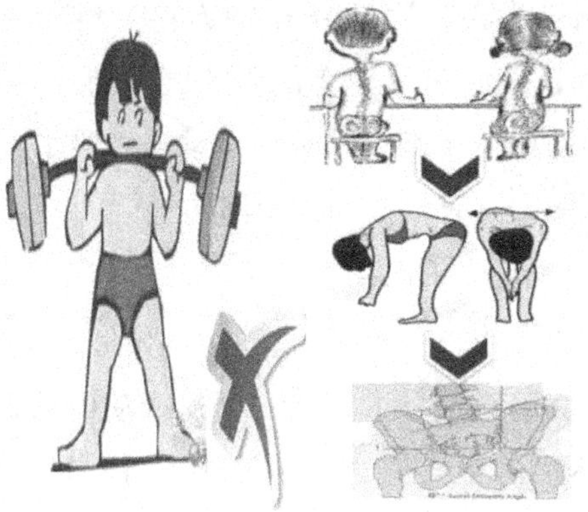

图6-2-3

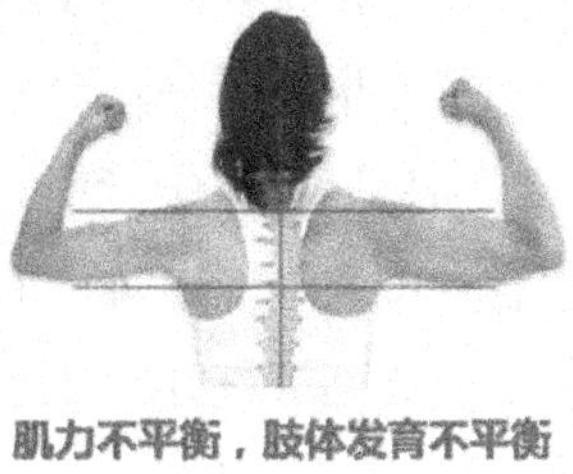

图6-2-4

此外，在青少年时期要注意身体的全面训练。多数运动项目动作非对称，肢体负荷不均匀。如乒乓球、羽毛球、投掷运动中的投掷手。因此，要加强弱侧肢体的锻炼。对基本技术的训练不要过于集中，应以分散、多种形式交替进行。

2. 儿童青少年的肌肉：肌肉中水分多，蛋白质、脂肪和无机盐少，收缩机能较弱，耐力差，易疲劳。肌肉和肌肉力量发展顺序：躯干肌先于四肢肌群，屈肌先于伸肌，上肢肌先于下肢肌，大块肌肉先于小肌肉。在生长加速期，肌肉纵向发展，长度增加较快，但仍落后于骨骼增长，力量和耐力差。生长加速期后，肌肉横向发展快，肌纤维增粗。因此，应根据儿童青少年肌肉发育特点，合理安排运动负荷，12 岁前，可做徒手操以及不负重跑跳练习为主。12—15 岁，肌肉体积力量开始增速，可辅以阻力和较轻的负重练习。选择适宜的练习方式如动力性力量练习（收缩放松交替进行）为主，静力性为辅。

（二）循环系统发育特点

儿童青少年血量占体重百分比略高于成人，心脏重量和容积小，心肌发育尚不完善，运动时主要靠增加心率来增加心输出量以适应运动需要。因此应合理运动负荷，适宜的短距离跑，减少长时间紧张性运动、身体消耗过大的耐力性运动，不宜做过多和过长的憋气，憋气易造成短时间心脏负荷过大。

（三）呼吸系统的发育特点

儿童青少年胸廓小，呼吸肌力弱，肺活量小，呼吸频率快，随着年龄增大，呼吸深度增大，可呼吸频率逐渐减小，肺活量增大。应注意呼吸与运动的配合，一般肢体伸展动作便于吸气，肢体屈曲动作便于呼气，胸廓肩带固定的动作便于腹式呼吸，腹肌用力的动作便于胸式呼吸。运动与呼吸的节奏：三步一呼，三步一吸等。增大呼吸深度，可有效地增大肺泡通气量。

（四）注意身体的全面锻炼

注意身体的全面锻炼，时间不要过于集中，应以分散、多种形式交替进行。除专业运动员之外，儿童青少年应避免过早进行单一项目或动作的训练，因为多数运动项目动作非对称，肢体负荷不均匀。如乒乓球、羽毛球、投掷运动中的投掷手、高尔夫挥杆动作等，都会造成身体一侧或部分负荷过大，力量相对过强，对侧较弱，易造成骨骼变形，身体损伤，同时要加强弱侧肢体的锻炼。

二、儿童青少年身体各项素质发展的敏感期

敏感期（sensitive period），是指特定能力和行为发展的最佳时期。在这段时期，所对应的身体素质能力发展相对迅速。

身体素质发展的敏感期大多集中在儿童青少年时期，如果错过了相应的敏感期，则所对应的身体素质发展将很难达到理想水平。

对普通儿童青少年而言，在其敏感期发展相应的身体素质，对日后的身体技能学习都将打下坚实的基础。

（一）力量素质

力量素质分为一般力量和专项力量。对于儿童青少年来讲，负荷过大的力量训练会阻碍其身体的生长发育，但并不意味着在儿童青少年时期就不能进行力量训练。适当的力量训练对儿童青少年的肌肉发育、肌肉力量、用力姿势都能形成良好的影响。

1. 一般力量发展的敏感期在12—15岁。在此阶段，着重发展全身肌肉组织和快速力量，强度不宜过大。主要采用动力性力量练习。在此敏感期的后期，可适当根据不同运动项目特点，加入该运动项目的专项力量练习，同样，负荷不宜过大。

2. 专项力量发展的敏感期在15—17岁。在此阶段，加大专项力量练习的比重，着重练习一些与提高某一运动项目的专项竞技能力相关的肌肉力量。以增大肌肉横截面积，提高肌肉间的协调能力为主。

（二）速度素质

速度素质，一般可分为反应速度、动作速度、位移速度。在儿童青少年时期，速度素质的发展着重于动作速率的提高。

1. 反应速度的敏感期在9—12岁。可通过各种反应训练刺激中枢神经系统，提高反应的速度。练习时间不宜过长。

2. 位移速度的敏感期在7—14岁（男）。在7—11岁，主要发展动作速度和频率。在12—14岁，在巩固已有的动作速度和频率的基础上，可通过发展肌肉力量来提高速度素质。

3. 动作速度更多取决于快肌的百分比及相关肌肉力量的大小。

（三）耐力素质

在儿童青少年时期，由于心血管系统和呼吸系统尚未发育完善，较宜采用有氧耐力训练，可以刺激相关系统更好地发育，但负荷不宜过大。

1. 一般耐力的敏感期在12—14岁。以有氧耐力练习为主，使心肺功能产生良性适应。

2. 专项耐力的敏感期在15—16岁。在此阶段可逐渐进行无氧耐力训练。

（四）柔韧素质

柔韧素质的敏感期较早，在儿童时期应着重注意柔韧素质的发展。其敏感期在5—9岁，在此阶段，柔韧素质会随着合理的训练得到较快的提高。在前期着重发展全身各部位的柔韧能力，宜从小培养柔韧素质。在后期同样要注重柔韧能力的训练，可以减少运动损伤的产生，同时要注意与力量训练相结合。

（五）灵敏素质

灵敏素质的敏感期在10—12岁，灵敏素质的训练不宜过长，注意与其他素质练习交替进行。协调性发展的敏感期在10—13岁，宜与专项技术动作相结合进行练习。

我们可以根据儿童青少年身体各项素质不同的敏感期，针对性地在某个时期提高该项身体素质的能力。抓住孩子们的敏感期，进行运动训练，一方面符合孩子的生长发育规律，可以科学地帮助他们提高身体各项运动素质；另一方面可以在特定时期更加高效地增强某一项身体素质，收到事半功倍的效果。

三、如何鼓励儿童青少年坚持运动，享受运动的快乐

（一）运动的心理学作用和生理学基础

从心理学角度讲，很多爱好坚持跑步的人都有一种感受，每天工作学习都已经很累了，但运动之后反而觉得很愉悦，很轻松，这种现象就叫作跑步者的愉悦感（runner's high）。这种心理现象是有生理学基础的，长时间连续性达到一定量的运动后，并通过有节律的深缓呼吸，肌糖元用尽，身体会产生脑内啡肽、去甲肾上腺素、多巴胺，作用于大脑，产生欣快感，从而鼓励和坚持运动。

对于儿童青少年，培养运动习惯，鼓励坚持运动应该做到以下几点：

1. 运动的方式应该多样有兴趣，如体育游戏或类似游艺竞技的体育项目。

2. 运动量应该逐渐递增。如果开始阶段运动的量和强度过大，身体容易疲劳，儿童青少年就容易产生畏难情绪，不易坚持。

3. 家人或者伙伴的鼓励和陪伴非常重要。如果一个肥胖儿童，晚餐吃完后自己去运动，而父母坐在沙发上看电视，相比孩子的运动也坚持不了多久。

通过逐渐递增、方式多样和有人陪伴的运动让儿童青少年更有信心去完成设定的运动量，他们也会在此期间体会达到目标的成就感，从而不断提升自我表现的满意度，增强自信心，从内心体会到运动的愉悦。

（二）运动一会儿就累了怎么办？怎么坚持

俄国生理学家、高级神经活动生理学的奠基人巴甫洛夫曾提出积极性休息学说。当对某项工作感到疲劳时，如果换一种方式继续工作会比传统的静态休息更能消除疲劳。生理学解释是当大脑某一区域细胞因工作活动处于兴奋时，其周围的细胞便处于抑制状况。人为地转换活动内容和方式，就能使另一群细胞处于兴奋状态，而原先兴奋的细胞便转入抑制，从而加速疲劳的消除，精力越来越旺盛。如何鼓励儿童青少年坚持运动，快速消除疲劳感的一个重要方法就是不断更换运动方式，跑步如果累了，可以做瑜伽，既放松了身心，又延长了运动时间，一举两得。再如肌肉力量练习后，可以慢跑和拉伸运动，加快身体内乳酸的代谢和消除，还可以放松肌肉。此外，还可以更换不同趣味性的运动方式，增加儿童青少年对运动的新鲜感和兴趣，达到同样延长运动的效果。

（三）刚开始运动就气喘吁吁，还怎么运动

对于不经常参加体育锻炼的儿童青少年或是肥胖儿童，在运动刚刚开始，

就气喘吁吁，感觉呼吸困难，无法再坚持运动，这是什么原因呢？以跑步举例来说，不只是肥胖儿童，成年人在一次中长距离跑时，可能在刚跑200—300米就会感觉呼吸困难，很难坚持下去，达到了生理的“极点”。其实，此时身体并没有力竭，而是我们的呼吸肌累了。

呼吸肌是身体唯一夜以继日工作的骨骼肌，也是运动中最易被忽略的部分。呼吸肌和躯干运动肌群能量和氧气都来源于血液供应。在安静时，呼吸肌血供较少，而当剧烈运动时，呼吸肌的血供显著增加。我们通过特定的呼吸肌训练，提高呼吸肌肉群的生理功能，一方面可以使呼吸肌功能改善，延缓、推迟呼吸肌疲劳的产生；另一方面可以改变血液的重新分配，使上下肢运动肌群获取的血供增多，呼吸肌对血供需求减少，这样身体运动就更高效。

锻炼呼吸肌，可以在跑步或快走时深缓呼吸，同时配合步伐节奏，如三步一呼，三步一吸。平时可以多做呼吸肌的简单练习。用鼻吸气，用嘴呼气，呼气时可将嘴收紧呈口哨形，同时快速用力呼气，达到锻炼呼吸肌的效果。经过呼吸肌的锻炼，可以增强心肺功能，有利于摄取更多的氧气，就不会在刚开始运动就气喘吁吁了。

（四）利用“互联网+”提升儿童对运动的兴趣

大数据研究显示，“90后”“00后”喜欢用手机打卡、签到等时尚的方式完成目标，目前有很多运动软件及硬件运动手环等，依据用户习惯不同，有很多App，有跑步的、约跑的、走路的、记录步数的等。还有keep、nike trianing等App以肌肉练习为主的。运动完之后打卡，晒美照，自我前后比较等，都有助于儿童青少年坚持运动。运动是具有群体效应的，通过“互联网+”可穿戴设备，可以鼓励儿童青少年互相借鉴，共同勉励坚持运动。

本章节的内容主要介绍了青少年生长发育成熟发展各阶段的特点及一些注意事项，在这些阶段我们应该了解青少年骨骼和肌肉的发育，青少年自己更应该了解自己，这样可以更科学合理地参与适合自己的体育运动，也更有针对性地、有信心地提高自己的运动成绩和效果。

第七章　青少年体育运动中的心理问题和运动损伤

第一节　青少年体育运动中的心理问题

孩子们参与体育运动很多是出于好玩，再加上体育运动的竞争性质，也让运动充满了挑战和刺激，因此也往往会由于竞争的因素产生压力。甚至由于要参与某项比赛，参与某次运动会，压力过大，训练过多，导致孩子们产生倦怠、失望，甚至放弃了自己喜欢的运动，这是很可惜的事情。所以本章节讨论的一个重点，就是孩子们在体育运动中的心理问题该如何避免或者纾解，让孩子们能够产生适当的压力和动力，在成功和失败中调整自己的心态，热爱体育运动，能够持之以恒地坚持下去。

在体育运动中，需要循序渐进、变化和不断恢复，当然也需要一定的压力。在学习新的运动技能、课堂测验、参与运动会或者更大的比赛时，都会存在运动中的压力感，我们都需要适宜的压力才能得到充分的发展。伴随压力而来的担忧和焦虑，会让我们心理不舒服，但正是这种感觉，促使我们做好各种准备，比如认真学习，希望可以掌握新的运动技能；认真参与每次训练，希望在测验中获得好的运动成绩；加强训练，让身体不断超越自己，在运动会或更大的比赛中获得肯定，完成自己的目标等，这些都是压力带给我们的前进动力。因此，适当的压力可以增强我们的行动力。

对于青少年时期的孩子们来说，在体育运动中这些小的压力相当于“预防接种”。有助于在他们成长过程中，起到对压力刺激的抗体作用，逐步使孩子们适应压力，调整自己，在体育运动的学习和竞争中获得经验，建立更高级别的压力应对措施，也有助于其他方面压力的预防和缓解，以更积极的心态参与学习和生活。

压力的自白

压力的产生是体育运动中竞争过程的一部分。就像刚才说到的那样，学习新的运动技能，参加体育测验，参加运动会等重大比赛等，期望获得好的成绩和家长老师的肯定，还要做好各种准备迎接学习和比赛。测验和比赛中还要应对紧张，最后技能的获得好坏，测验或比赛结果的好坏，也会使孩子们经历开心和自豪，或者失望和焦虑。所以说压力是一个过程，从参与运动的开始一直到运动结束后，甚至影响更长的时间，而且是多方面地影响着孩子们在运动中的表现。我们要深入认识这样复杂又持续的压力真相，从而帮助孩子们在经历这个过程时理性地管理压力。

压力产生过程的四个阶段（Adapted from McGrath，1970）。

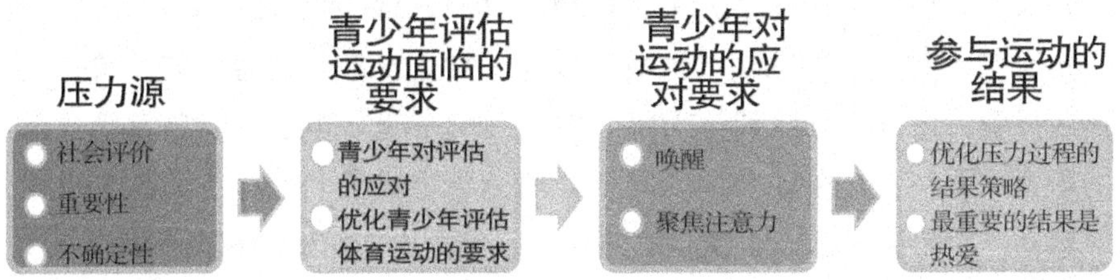

图 7－1－1

第一阶段：压力源。可能是需要新学习的一项体育技能，可能是随堂测验，参加运动会比赛等，还有就是父母和老师的期望，这些都有可能是压力的来源。

第二阶段：青少年评估运动所面临的要求。青少年根据自身的能力将即将面临的学习、测验或比赛评估成一项充满机遇的挑战或是一个可怕的威胁。评估不同，产生的心理反应不同，继而会影响运动的表现。

第三阶段：青少年对运动的应对要求。运动中青少年在身体、心理和行为上的应对表现。是否能够正确看待学习或比赛中的紧张，从而更好地应对有压力的运动。

第四阶段：参与运动的结果。对青少年而言，什么是这一个过程的结果？是在运动结果后更喜欢体育运动还是有些害怕参与运动和比赛？是否有成就感或者学到了新的东西的满足感？

压力的结果会给青少年形成一种心理上的反馈，从而影响青少年对下一次参与运动产生的反应，因此这个过程是连续的、循环的。当然我们希望孩子们能够形成积极的循环过程，从运动中能够收获成长和管理自己的压力情绪。如果形成负面的循环，孩子们会畏惧学习运动技能，害怕参加测验或比赛，或导致运动性紧张和焦虑，从此远离运动，这都是我们不想看到的压力过程。因此我们要帮助青少年在参与体育运动中更理性地管理压力。

（一）压力源

青少年的压力源基本上有三个，分别是社会评价、重要性和不确定性。

社会评价：体育运动涉及与对手进行公开的社会比较，接受他人的社会评价，将自己的表现水平公开接受评审，是青少年体育运动中具有挑战性的压力源。

社会评价的角度和方向越来越多，孩子们感受到的压力就越来越复杂。有研究表明，参与个人运动项目比团队项目面临更大的焦虑（Martens，Vealey & Burton，1990）。在个人运动项目中，青少年更容易受到直接的评价，而在团体项目中，评价会分散到整个团队中，大家一起分担了运动项目给自身造成的压力。此外，存在社会评价的场合都会导致孩子们产生压力，不仅仅是体育运动，有研究显示，表演独奏的孩子的焦虑比任何运动都严重。

重要性：参与体育运动的重要程度也会对压力有影响。对个人意义很大或更重要的事一般会带来更大的压力。有很多因素增加了青少年体育运动的重要性，比如家人的期待、自己目标的设定等。越重要，给青少年造成的压力和焦虑就会越大。

不确定性：两种方式会让青少年参与体育运动存在压力。一是对于自己能否在运动中表现得很好，让父母和老师满意，让队友肯定，不拖累团队，这些都是不确定的；二是孩子们因为不熟悉比赛的内容，没有太多训练的经验，而感到紧张。

如何减少或优化青少年在参与体育运动中所面临的压力源，使他们合理管理自己的情绪，在运动中表现出更好的自己，是我们应该关注和解决的。

1. 老师或家长应该多与孩子们沟通，帮助他们分析在运动中的角色和能力定位，将参与体育运动或比赛的不确定性告诉他们。引导孩子们在这个过程中专注于做好该做的事情，可以失误，运动或竞赛本来就充满了挑战和不确定，尽力发挥自己的水平，能够在过程中获得快乐是最重要的。

2. 老师/教练或家长应该淡化结果或成绩重要性的提示。我们应该帮助青少年建立关于成功与失败的健康观点，让他们在有压力的情况下更好地完成体育运动。健康的成功失败观能够让青少年在参与体育运动中享受运动，集中精力，做好自己该做的，管理好自己的压力情绪。

3. 在学习运动技能或参与比赛时，应该强调孩子们要追求个性化的进步目标，也就是说每个孩子参与体育运动的目标应该是根据自己的身体状态和运动能力等而制定的，不同的孩子目标不同，同一个孩子在不同阶段的运动目标也是不同的。我们应该鼓励孩子们为了达到目标要付出努力，如果结果好，应该为进一步的目标做好准备；如果结果不尽如人意，那应该从失误中吸取教训。整个运动过程应该在适应的压力下更侧重于孩子们的自我完善，把更多注意力集中在自己可以控制可以通过努力改变的目标上，而不是漫无边际的担忧和焦虑。

（二）青少年运动前对要求的评估

压力过程的第二个阶段就是运动前孩子们对所面临的要求的评估，是将这次参与的体育运动看成是一个挑战还是负担？如果孩子们希望学到新的运动技能，追求运动能力的不断提升和个人在运动中的成长，那么他们会认为参与体育运动是一种良性的挑战，反之就是一种负担和威胁。

1. 青少年对要求评估的应对

应对是指个人有意识地尝试管理他们认为有压力的、影响到自己幸福的情形。不同的应对方式产生的效果是不一样的。积极应对是青少年学习和使用能够帮助他们解决问题或者减少和管理压力的一种应对策略，与简单的躲避、退出或者只是缓和负面情绪相比，积极应对让孩子们可以更好地调节自己（Nicholls，Perry，Jones，Morley & Carson，2013）。在压力过程的每个阶段，孩子们都需要使用应对技能，例如在身体和心理上做好准备（阶段2），在比赛中管理好压力情绪（阶段3），调整对于比赛结果的想法和情绪（阶段4）。

2. 优化青少年对运动要求的评估

儿童青少年的某些个性特征影响他们对体育运动竞争性要求的评估。心里总想着失败的青少年，更关注可怕的消极后果，忽略了这些其实也是一种挑战，也是会获得成功体验的另一种结果。消极的或者过分追求完美表现或者过度担心失误，都是倾向于将竞争和社会评价视为负担威胁的人格特征，这是一种特质焦虑。

什么原因增加了青少年的特质焦虑，没有一个明确的答案，但是似乎与孩子们过早参与和体验社会性成功与失败有密切关系。首先，作为老师和家长，应该向他们解释清楚竞争中存在不安情绪是正常的，是学习技能或者比赛的一部分，要接受并正视它。其次，在日常的学习和训练中，应该让孩子们反复面对各种不同类型的压力，让他们习惯在压力状态下更好地表现自己，建立他们的“心理韧性”。再次，引导青少年找到一种对于压力的响应方法，比如深呼吸，做能够使他们专注的事情等，找到适合青少年自己的响应方法很重要。最后，向青少年明确地表示，他们可以失误可以犯错误，因为参与运动就是要享受运动，学习新的技能，提高运动能力的新的过程，只要做好自己可以控制的，即使失误也是一种学习，都值得被正确对待。

（三）青少年对运动的应对

唤醒和聚焦注意力

唤醒是一种身体和心理准备就绪状态，在特定时刻个人觉得自己准备得如何。每个人实现最佳运动表现所需的唤醒水平可能不同，对于不同体育运动项目实现最佳表现的唤醒水平也不同。如射击可能需要低水平唤醒，足球可能需要高水平唤醒，最佳的唤醒水平在相同项目的不同阶段也不同。如篮球罚球时需要低水平唤醒，进攻时需要高水平唤醒等。为了让青少年理解不同唤醒水平影响运动的表现，我们要帮助青少年了解什么时候需要亢奋，什么时候需要平静下来，找到最适合自己的唤醒水平，可以获得更好的运动表现。

聚焦注意力需要青少年在参与体育运动中管理好自己的注意力。例如比赛中的压力常常会让孩子们分心，缺乏比赛经验、情绪控制能力差等，都使得他们容易分心。我们应该引导孩子们将注意力焦点保持简单，集中在当前任务或下一场比赛上。这需要老师和家长多与孩子们沟通和鼓励，正向地积极引导孩子们的注意力。

（四）压力的结果

压力的结果也很重要，因为它也是一种反馈，会影响孩子们未来参与运动的动力和对新的压力过程的评估和应对。我们都希望压力的结果是积极的，可以让孩子们个人得到健康成长的经历。

1. 作为家长和老师，应该鼓励孩子们养成“成长心态”，将具有竞争性的表现看成不断尝试掌握技能，通过努力提升自己能力的一部分。新的学习过程实际上就是一连串的成功和失败组成的，要正视并接受。

2. 我们也需要帮助孩子进行归因。积极归因会让他们觉得参与运动的可控性，即使经历失败也可以提高技能或者变得更好。积极的归因可以从心理上巩固成功的体验，还能给孩子们提供失败后的希望，为将来的更好和进步重新出发。

3. 帮助孩子们明确参与体育运动，不论是学习新的技能还是竞赛，最重要的结果是发展对体育运动的热爱。完全沉浸在运动中，付出很多精力和努力却不自知，不再担心别人的评价和期望，专注和享受于运动当下，使我们的身心得到愉快的放松的体验，这才是我们参与体育运动的最重要的结果。

第二节　青少年体育运动中的损伤

在青少年的体育运动中，因为要快速有力地移动身体以及尝试不断超越自己完成体育运动目标，还有一部分会有身体接触的运动如篮球、足球等，发生运动损伤的概率会很大，也会很常见，包括扭伤和拉伤。作为家长和老师，我们都应该明白这一点。但我们可以根据自己的专业知识和能力，尽可能地帮助青少年在参与体育运动中避免这一风险，防止运动损伤的发生。本章节的另一个重点就是提高大家关于青少年发生运动损伤的认识，更深入了解运动损伤的发生和预防，从而以更加理性的态度和科学的方式对待运动损伤，共同帮助青少年在体育运动中获得更好的体质发展。

一、青少年运动损伤的特征

与成年人相比，青少年某些不成熟的身体差异，使他们更容易发生运动损伤。青少年的头部相对于身体的其他部位更容易受到伤害。青少年的骨骼肌肉正在生长，也较容易出现过劳性的损伤。

1. 挫伤、扭伤和拉伤是最常见的青少年运动损伤。

2. 青少年参与的体育运动中，受伤概率最大的是篮球、冰球和体操等。

3. 青少年的身材大小和运动能力相匹配时，受伤概率降低。

4. 青少年体育运动中的损伤大致以两种不同的方式发生：

（1）突发性大创伤，主要力量作用在身体的一个部位上，如篮球跳起着地踩在对方脚上导致的踝关节扭伤等。

（2）反复性小创伤，长期、反复出现在身体的一个部位上，而且超出身体自身恢复和修复能力。如网球中的网球肘、游泳中的游泳肩等。

过劳性损伤是青少年运动中最常见的损伤。过劳性损伤是小创伤，它是身体部位（比如骨骼、肌肉、韧带等）反复受到压力而且没有足够的时间来愈合或恢复导致的损伤（Brenner，2007）。

二、青少年运动损伤的原因

青少年参加运动导致运动损伤的原因大致可以分为环境因素和自身因素两类。见表7－2－1。

表7－2－1 青少年运动损伤的风险因素

体育运动环境因素	青少年自身因素
重复次数过多，训练量过大	不正确的动作技术
训练进度过快	解剖结构不对称或不平衡
缺乏恢复和休息的时间	有过受伤经历
地面过硬或过软	身体素质或健康状况不佳
不适合自己的运动装备（特别是鞋子）	青春期身体各系统正在向成熟发育
来自父母、老师和同伴的过度压力	不健康的女性运动员三联征 完美主义或强迫型人格

这里重点解读一下由于青少年自身因素造成的运动损伤。

1. 在练习动作时，青少年采用不正确的技术，很容易导致运动损伤。如投掷动作不规范，很可能导致肩关节和肘关节损伤。

2. 某些青少年的身体解剖结构不对称或不平衡，可能导致身体部位的劳损大于正常水平。比如扁平足、两腿长度不一致，膝外翻或膝内翻等。

3. 曾经发生过损伤可能让青少年参加运动时容易旧伤复发或者习惯性损伤。

4. 当青少年身体状态不佳或者体质较差时，很容易发生运动损伤。

5. 青春期的青少年身体各系统正在逐步发育至成熟，尤其是骨骼肌肉所能应对的应力不如成年人，容易发生运动损伤。

6. 不健康的女性运动员三联征，即饮食失调、月经失调和骨质疏松症，使女生更容易发生运动损伤。饮食失调和闭经增加了女生应力性骨折的风险（Loud，Gordon，Micheli & Field，2005）。

7. 某些青少年强烈的完美主义和强迫型人格特征，可能导致过度训练和过度追求完美，隐藏身体由于运动不当发出的信号，导致运动损伤。

三、克服运动损伤潜在因素的措施

1. 家长和老师应该引导青少年认识和主动告知运动过程中的疼痛和不适，这很可能是运动损伤出现的征兆。

2. 青少年参与体育运动的准备活动和专项辅助活动十分重要，尤其是对易损伤部位的活动，不但可以增强局部血液循环，肌肉伸展性和弹性，提高应激能力，还可以调整心理状态，减少压力和紧张等。

3. 加强易损伤部位肌肉和韧带的力量练习。为了防止髌骨软骨病就应该加强股四头肌的练习，使髌骨通过股四头肌的作用，发挥更大的稳定膝关节的功能。一些项目容易造成腰部损伤，因此要加强腰腹肌力量，增强核心区域的力量能够增强脊柱的稳定性并预防运动损伤。

4. 根据青少年的生长发育特点，要科学安排运动量，避免过多的易损伤动作的练习和局部负担过量的现象。

5. 在参与运动中，应该使用多样化的方法来锻炼不同的技能和肌肉群，高难度和低难度的活动交替进行，让青少年在每一次的运动中有时间得到恢复。

四、常见的青少年运动损伤

（一）骺板损伤

因为青少年正处在生长发育阶段，影响身体内长骨（上肢和下肢）纵向和横向生长的运动损伤比较严重，所以会导致生长中断或骨头畸形，但绝大部分情况下不会导致生长停滞。

所有的长骨都有一个称为骨骺的部位，那就是圆形的骨端。骨头长长的中间部分是骨干，骨端逐渐变粗的部位称为干骺端。在正在生长的儿童青少年身上，生长板位于骨骺与干骺端之间。生长板由软骨组成，软骨是有弹性的柔软物质，随着新骨组织的生长而变长。

当骨骼结束生长，生长板就会骨化，而骨骺与干骺端融合形成完整骨化的骨头。长骨的生长是一个复杂的生物学过程。急性创伤（如骨折）或长期过劳都可能导致生长板损伤。生长板是孩子的薄弱环节，也许成年人常见的崴脚扭伤，在孩子那里很可能就变成了踝关节骨折，因此，如果发现青少年看起来轻微的扭伤，也应该让医生检查一下。

（二）前十字交叉韧带损伤

前十字交叉韧带是膝盖下方的两条呈十字形交叉的韧带。韧带是将骨头和骨头连接在一起并起到稳定关节作用的结缔组织。前十字韧带位于膝盖前部。它的作用是通过防止胫骨（小腿骨）向前滑动到股骨（大腿骨）下方来稳定膝关节，同时也限制了膝关节的旋转运动。在保证膝盖稳定性方面它提供了大约90%的作用。虽然它很小，但是作用很重要。如果它受到损伤，会让人感到疼痛，而且膝盖会变得不稳定。发生撕裂的前十字韧带不能重新缝合在一起，需要从身体其他部位移植组织来构造新的前十字韧带。

导致前十字韧带损伤的动作有激烈的身体接触碰撞，膝盖的过度伸展或弯曲，立定急转方向，突然减速以及跳跃着地。研究显示，不正确的运动动作会导致前十字韧带损伤。如错误的跳跃方式，着地时屈膝幅度小，整个脚面着地而不是脚尖先着地，这样会导致膝关节承受更大的压力。此外，以直立姿势转弯或转向也有可能导致损伤。与男生相比，女生的肌肉力量较小，更多地使用股四头肌来保持稳定，这样导致前十字韧带面临更大的压力。女生在急转方向和旋转改变方向时膝关节弯曲较少，膝关节外翻较多。生物力学专家发现，很多女孩的跑步姿势与男孩不同，膝盖弯曲较少而且步态较直。她们跳跃着地的冲击力更重，还不能很好地减速。这些原因使得女孩更容易发生前十字交叉韧带损伤，因此在组织女生参加体育运动时，要更加注意动作的正确性。

预防前十字交叉韧带损伤的项目包括热身、拉伸、灵敏协调性运动。重点是正确的动作技术。在慢跑热身时，孩子们应该保持臀部、膝关节和脚踝直线对齐，不要将膝关节外翻或者脚跟往外撇。做弓箭步动作时，将膝关节保持在脚踝上方，避免前膝关节外翻。在反复跳跃中，应该以脚掌轻柔着地，膝关节弯曲且位于臀部上方。年龄较小的儿童应该做两腿着地，进入青春期之后再进行单腿跳跃。作为老师和家长，应该在孩子们跳跃或深蹲时，时时提醒孩子们注意“着地要屈膝要轻柔”“膝盖在脚踝上方，不要超过脚尖”，让他们知道感觉到哪种动作姿势是具有生物力学效应的，哪种姿势是不正确的，是会导致受伤的。

（三）青少年脑震荡

大脑是我们身体内非常重要的组织器官。它不同于其他部位，如膝、肘关节等损伤后可以打石膏、缝合、冰敷或绷带进行治疗，大脑受伤之后只能休息，只能寄希望于它会自己痊愈，但是往往脑部损伤有时不能痊愈。

脑震荡是脑部被击中、碰撞、摔倒和冲击导致的神经功能短期受损的伤害（Moser，2012）。与体育运动有关发生的脑震荡通常是由加速和减速引起的。打击头部属于加速造成的脑震荡，减速导致的脑震荡是指头部撞到一个相对固定的物体上，如撞到了篮球场的地板上。

儿童青少年的大脑比成人的大脑更容易受到脑震荡。青少年的髓鞘化脑轴突发育不完善，头的相对比例较大，颈部肌肉较少，颅骨更薄，而且运动技能和身体控制能力较差。儿童青少年脑震荡症状出现较晚，而且孩子可能没有意识到危及生命的损伤，或者他们为了玩会隐瞒症状。曾经得过脑震荡的青少年再次得脑震荡的概率上升4—6倍。严重的冲击会扰乱大脑的电化学平衡，使大脑进入危急模式，大脑很聪明，会立即将所有能量（血糖）用来保护自身和试图治愈损伤。发生这种情况时，其他的大脑功能（记忆、注意力和运动控制等）的能量供应就被截断了，因此这些功能就受到了损害。整个修复过程需要一段时间，这就意味着脑震荡后，孩子们不可以玩游戏，使用电脑、手机、做作业、看书和看电视也要节制，以使大脑得到充分全面的休息。

家长和老师可以通过身体、认知、情绪和睡眠这四方面观察孩子们是否遭受了脑震荡，这四方面的任何方面都可能表明发生了脑震荡。身体方面，头痛是最常见的症状，意识丧失的发生率小于10%，其他包括恶心、呕吐、平衡和视觉问题、疲劳、对光线敏感以及眩晕等。认知方面，包括精神迷糊或反应变慢，难以集中注意力和记忆，不清楚最近发生的事，回答问题变慢或重复回答。情绪方面，包括易怒、悲伤、紧张和情绪化。睡眠方面，出现嗜睡、入睡困难以及睡眠时间减少（Halstead & Walter，2010）。

五、运动损伤的预防原则与方法

运动损伤的预防可分为一级预防、二级预防和三级预防。

一级预防的重点是提高健康水平，防止损伤的发生。

二级预防的重点是早期诊断和正确治疗，阻止功能丧失。

三级预防的重点是减少或纠正存在的功能障碍，防止潜在疾病的发生（即康复）。

人体合理的运动生物力学结构是预防损伤的最主要因素，此外，其他有助于预防损伤的重要因素是以下几点。

（一）准备活动

准备活动一般包括慢跑、跳跃、牵拉等。准备活动可以加速肌肉的血流，加大神经肌肉敏感度，降低关节韧带等的硬度，改善心血管对运动的反应，减少撕裂伤的可能性，使心理放松，精神集中。准备活动时间一般15—30分钟，主观测定准备活动的强度是有些出汗但不感到疲劳。

（二）伸展

大幅度顺利运动关节的能力，是良好机能的重要表现。加大关节的柔韧性可以减少肌肉韧带的损伤及肌肉的酸痛。柔韧对提高运动成绩、防止损伤的作用越来越被人们重视。

伸展法分为静态牵拉、震荡牵拉及本体感觉神经肌肉促进法（PNF）。

1. 静态牵拉法是缓慢柔和的，持续时间为30—60秒，运动幅度以感觉不难受为宜，这是提高柔韧性最好的方法。例如小腿三头肌静态牵拉法：站立位，脚置于支持台面上，脚跟悬空，重心下降使足跟低于脚趾平面进行静态持续拉伸。

2. 震荡牵拉法是肌肉韧带被拉伸到接近极限时再由弹射力进一步牵拉，是一种动态柔韧性。缺点是由于急速的弹射力可以使肌肉反射性收缩，加大损伤可能性。

3. 本体感觉神经肌肉促进法（PNF）是变换收缩和放松达到伸长肌肉、肌腱、韧带的目的。

伸展牵拉的原则是：①准备活动后做拉伸活动；②运动前后拉伸肌肉；③拉伸肌肉时要慢而柔和；④肌肉拉伸到紧张但不感觉疼的位置（感到疼痛可能会引起肌纤维拉伤）。

（三）合理安排运动量和强度

运动量过多强度过大是受伤的常见潜在因素，科学合理地安排运动负荷是预防损伤的基础。应该遵循以下原则：

周期性原则；特定性原则；超负荷原则；个体性原则。

（四）充分的恢复

过量的运动训练是青少年常见的引起运动损伤的重要因素。因此及时采用恢复手段恢复青少年的身体状态是非常重要的。放松恢复的方法主要有：整理活动、按摩、营养补给、心理放松等。

（五）心理调整

心理因素不仅影响着心血管系统、呼吸系统的功能，而且也会影响运动中和运动后的新陈代谢。过度心理紧张会使肌肉紧张影响技术动作的发挥，影响身体协调性，加大损伤的危险性。

注意力不集中也是造成损伤的因素之一，使青少年的反应能力下降等。

因此要调整好青少年参与体育运动的心理状态。

（六）营养

营养不良加大损伤的危险性。糖供应不足、蛋白质和脂肪分解增加，尤其是当身体动用蛋白质分解进行供能时，会影响肌肉，导致软组织损伤。不及时补充水分会使血液黏稠性增加造成肌肉损伤，水分也可以影响关节液，进而影响关节软骨，因此要合理注重营养素的补充。

（七）运动保护器材

正确选择和使用运动保护器材对防止多种损伤的发生具有重要作用。除了在直接接触和对抗性运动项目中保护器材十分重要，在非直接接触项目（如网球）中保护器材也十分重要。

任何时候，保护器材的选择和购买在健康防护安全等级中都是主要的决定因素。

（八）预防损伤的功能锻炼

这些功能锻炼包括：力量、柔韧性、运动感觉、本体感受功能训练。预防损伤的功能锻炼是保证动作正确高效完成和预防运动损伤的基础。

主要包括：

1. 加强容易受伤关节的肌肉力量训练。关节周围强大的肌群可以使得关节稳定性加强，部分分担运动中关节承受的负荷，从而起到预防损伤的作用。如强大的三角肌对肩关节有保护作用，腰腹肌群对腰椎的保护功能等。

2. 增强核心区稳定性训练。核心区是由骨盆和脊柱及周围组织构成。核心区是完成各种动作的核心环节。所有的肢体运动都是以核心区为轴心进行的。核心区力量与运动技术，完成动作的质量与腰痛，以及四肢特别是下肢的损伤有高度相关性。如果核心区力量不够，会出现肢体的代偿负荷，增加四肢运动的负担，引起身体局部运动负荷突然加大导致损伤，如肌肉、肌腱、韧带撕裂甚至骨折等。这样也会影响运动表现和成绩。

六、运动损伤的急救

运动损伤现场急救的基本原则：

（一）保证生命安全

如果出现意识障碍，在迅速呼叫急救人员的同时，随即进行重要的生命体征检查。检查包括气道、呼吸、循环、功能和暴露，即 ABCDE 五个方面。

1. A = 气道（Airway）。气道通畅是保证呼吸功能正常的基本条件，应首先检查气道是否通畅。

2. B = 呼吸（Breathing）。通过倾听有无呼吸声音，感觉有无气流通过伤者的口鼻和观察胸部有无起伏简单作出判断，如果呼吸停止应立即进行人工呼吸。

3. C = 循环（Circulation）。通过检查脉搏的方式检查血液循环是否正常。一般检查手腕部的桡动脉和颈部的颈动脉搏动情况。如果伤者的呼吸和心跳都正常，便可以进行下一步的损伤检查。

4. D = 功能障碍（Disability）。通过伤者的神志水平、瞳孔大小和反应、眼睛运动和运动反应来简单进行神经系统检查。尽量记录最初的检查结果，便于与后来的检查进行对比。

5. E = 暴露（Exposure）。应该暴露伤者的受伤部位，以便观察出血、骨折和挫伤等病变。

（二）控制大出血

完成生命体征的基本检查后，要检查有无大出血。当身体的组织被切伤、刺伤或撕裂等，都可能引起外出血；当肌肉拉伤、内脏破裂等可能发生内出血。任何的动脉出血或无法控制的静脉出血都会危及生命。当发生严重出血时，应该立即采取以下步骤处理：①寻求急救人员帮助；②用消毒纱布或洁净的棉布覆盖伤口；③用手直接按在伤口的纱布上；④抬高受伤的部位；⑤需要时处理休克。

（三）控制可能恶化的情况

当发生骨折、脊柱损伤、大出血时，除了损伤本身带来的伤痛外，还有可能导致更加严重的问题。如骨折不进行临时固定可能导致骨折断端损伤周围的血管和神经，脊柱损伤后不进行合理的固定和搬运导致脊髓损伤，或者出血无法控制，会导致失血性休克等。因此，当身体某部位受伤后，在保护好受伤部位的同时，还要注意减少周围组织器官损伤的可能。

（四）固定受伤肢体

骨折、关节脱位和半脱位、二度和三度的韧带撕裂必须用夹板进行固定，以防止组织的进一步损伤。

（五）处理慢性出血

固定损伤部位后，应及时处理刺伤、裂伤或切伤后的局部出血。

七、常见运动损伤

（一）擦伤

小面积擦伤可用1%—2%红汞液涂抹，无须包扎。大面积污染较重的擦伤，先用生理盐水冲洗伤口，然后在1%盐酸利多卡因局部麻醉下，用毛刷轻轻刷洗，清除沙粒等异物，敷上凡士林纱布，加盖消毒纱布并用绷带加压包扎。伤口应该每日或隔日换药，必要时应遵医嘱服用抗生素。

（二）肌肉拉伤

1. 处理：肌纤维部分断裂在伤后早期进行冰敷、加压包扎，将患肢放于肌肉松弛的位置。48 小时后开始按摩，手法要轻缓。怀疑有肌肉肌腱完全断裂者，应在局部加压包扎固定患肢的情况下，立即送医院确诊，必要时手术治疗。

2. 预防：加强易伤肌肉的力量和伸展性练习。做好科学的准备活动。合理安排运动负荷，纠正改进动作技术上的缺点都是预防拉伤的措施。

（三）肩袖损伤

肩袖损伤指肩部肌腱、韧带及滑囊等的创伤性炎症。

1. 处理：急性期使肩袖肌群松弛可以减轻疼痛。急性期后进行按摩治疗。最后运拉上肢，活动肩关节，严重者应立即送医院确诊，及早进行手术修补。

2. 预防：加强肩部肌肉的力量练习。

（四）急性腰扭伤

由于腰部用力超过腰部软组织的生理负荷量所造成程度不同的纤维断裂或小关节微动错缝，称为急性腰扭伤，俗话说是“闪腰”或“岔气”。

1. 处理：急性疼痛期应卧床休息，腰部垫一薄枕以便放松腰肌。轻度扭伤要休息 2—3 天，较重扭伤需要休息 1 周左右。

按摩对部分腰扭伤效果较好。伤者俯卧位，脚下垫枕头，腰部放松用掌根做揉、推压、按压等手法，力量逐渐由轻到重。

2. 预防：加强腰背肌力量训练，充分做好准备活动。抬重物时应屈腿直腰再起立，以免肌肉筋膜拉伤。

（五）腰背肌劳损

腰背肌劳损指腰部肌肉与韧带经常反复地受到牵扯或持续处于紧张状态，

使其组织结构产生微细变化并逐渐积累形成的慢性损伤。

1. 处理：按摩促进血液循环，理顺肌纤维，剥离粘连，加速炎症消退，缓解肌肉痉挛。手法应该轻快柔和，忌用暴力，以免加重损伤。

体疗加强腰腹肌力量和伸展性锻炼，提高脊柱的稳定性、灵活性，松解局部组织的粘连。

2. 预防：从事腰部静力性工作的人、静坐少动的人群、经常坐在教室里学习写作业的青少年，要经常坚持做腰腹肌群的力量练习，每次运动后要做腰部肌肉的拉伸动作，放松紧张的肌肉。腰部损伤应及时治愈。

（六）踝关节损伤

1. 处理：伤后立即冷敷，加压包扎，抬高患肢，固定休息。受伤24—48小时后，可在踝关节周围以轻轻地推摩、揉捏等手法按摩，严重者要及时送医。

2. 预防：做好准备活动，培养自我保护能力，提高踝关节周围肌肉力量。

通过这一章节的学习，希望青少年们对运动损伤有一个基本的认识和了解，不因噎废食，也不盲目训练。运动损伤对青少年的影响较大，不但会影响运动能力，还可能影响学习任务，给孩子们带来严重的心理生理影响。因此，我们应该对运动损伤有一些基本的认识，提高警惕性，改进参加体育运动的方式方法，提高参与运动训练的效果，把运动损伤的发生率及其危害降到最低限度。

第八章　家长和青少年体育运动

青少年强则国家强，拥有强健的体质，不仅是青少年健康成长和幸福生活的最基础保证，同时也是决定我国未来的经济、文化、政治实力的重要因素。影响青少年体质健康水平的因素很多，家庭、学校和社会等理念和环境都时时刻刻地影响着青少年的身体健康。青少年的基本生活在生活方式、体育锻炼习惯、学校体育教育、居住环境等方面影响着体质健康水平。青少年时期是身心健康发展的关键时期，同时也是培养良好体育锻炼习惯的最佳时期。研究表明，家庭成员的职业特点、文化程度、教育方式、体育消费观念和体育锻炼习惯等对青少年从小养成良好的体育态度、培养坚持体育锻炼的习惯有着特殊的作用。本章节以家庭为主要对象，论述其在青少年体育运动习惯中的作用，以及对青少年终身体育的形成、身心全面发展具有的重要意义。

第一节　家长与青少年的运动

一、父母与孩子之间关系的基础

（一）育儿方式

育儿方式是父母与子女沟通的总体方式，基于父母认为父母与孩子之间应该保持什么样的关系的态度和价值观（Darling & Steinberg，1993）。育儿方式基于响应性和要求性（Baumrind，1989）。响应性是父母支持孩子的自主性和响应他们需求的程度，要求性是家长设置限制并期望孩子遵守规则和成熟行为的程度。不同的响应性和要求性的组合产生了四种育儿方式。

权威育儿方式：响应性和要求性都很高。它需要设置高标准和限制、尊重孩子、与孩子讲道理以及关爱和响应孩子的情感需求。

专制育儿方式：父母苛刻，很少响应孩子的需求。他们强调无理由服从，而且没有任何跟孩子讲道理的想法。

放任育儿方式：父母的响应性很高，但是要求性很低。他们不愿执行规则和标准，因此没有什么组织纪律可言，喜欢让孩子自己管自己。

疏忽育儿方式：父母既不苛刻，也不响应孩子的需求，他们不介入孩子的体育运动，也不提供支持。

权威育儿方式得到更为积极的结果，为儿童青少年带来更高的生活满意度、学术能力、自尊以及更低的健康风险行为（Horn & Horn，2007）。

（二）父母的角色

在青少年体育运动中，父母承担着三个重要角色：管理者、模范者和解答者。

管理者：父母的一个重要管理角色，就是让孩子接触各种体育运动和身体活动。童年就是尝试的时期，孩子要尝试许多不同的活动，以找到最适合他们的活动。父母在为孩子提供各种各样的体育活动尝试机会中起到特别重要的作用，特别是在青春期之前，该时期需要发展基本运动技能。

模范者：做好孩子的榜样，树立标准或者提供模仿或比较的例子。父母在身体活动和体育运动经验、道德行为和生活技能等上面的模范作用已被证明会影响到孩子观念和行为。家长对参与体育运动的价值和效用的信念影响到孩子的运动能力感知，对参与体育运动的重视程度，以及他们实际参与体育运动的水平（Clark，2008；Fredricks & Eccles，2005）。

解答者：父母在情感上的支持和鼓励是父母解答者角色的重要方面。父母的情感支持在帮助孩子应对失败和竞争压力上能够起到很好的缓冲作用。

二、家长在青少年体育运动中的正面行为

大多数青少年父母提供帮助和支持孩子们参加体育运动。研究表明，在青少年体育运动比赛中，大约三分之二的家长行为是正面和适当的，而有三分之一父母是不恰当的（Bowker，et al.，2009）。

（一）孩子们想要什么

孩子们想要的是支持而不是压力，当然也不想要过高的期望。孩子更喜欢父母显示出尊重和支持，使用积极的肢体语言，评论他们的努力和态度而不是成绩和表现。更不是在旁边大声对他们说话，指导他们应该怎么做，或者发出负面评论。

青少年在参与体育运动的不同时间里喜欢的父母行为不一样。在比赛前，希望父母帮助他们在身体上做好准备。在比赛期间，喜欢父母鼓励，关注努力而不是结果，控制自己的情绪，避免指指点点等。在比赛结束后，青少年

希望得到关于表现的正面反馈，但是要求这些反馈是诚实中肯的。

（二）适得其反的父母行为

好心的父母的正面意图往往变成消极的结果。“我为你感到自豪”这似乎是一个支持性的评论，但是它可能给孩子埋下压力的种子。它可能会让青少年产生继续好好表现的压力，以便满足父母的期望或获得父母的认可和自豪。父母应该关注归因和孩子个人可控制的行为，避免通过评判和施加压力来让孩子表现得更好，而是强调您喜欢看到孩子参与与努力奋斗的过程。“你一定会赢得比赛”这使青少年背负过高的期望，并且比赛前关注结果并不是一个好的心理策略，会给青少年造成压力和焦虑。父母应该帮助青少年专注于参与比赛过程和准备就绪的感觉。在比赛前分心和做其他事情远比父母说教、分析和注重结果的鼓气讲话要好。

此外，父母过多指导会带来压力，减少运动乐趣。有证据表明，来自父母的过度压力会导致低自尊、焦虑、职业倦怠和躲避父母认为“对你好”的活动（Fraser - Thomas，Cote & Deakin，2008a；Gould，et al.，2008）。父母应该找到最佳的敦促方式或指导行为，这不仅可以激发孩子挑战更大的成就，还可以支持他们的自主性和避免过大的压力。敦促力度太重或太轻，都不如适度的敦促让孩子在体育运动中取得更好的成绩。一项关于各种体育运动青少年的研究表明，更多家长指导行为加上表扬努力和情感支持，会让孩子在体育运动中取得更大的成功（Wuerth，Lee & Alfermann，2004）

不同阶段的青少年参与体育运动时对父母的需求是不同的，家长的参与程度随着时间而变化。父母应坚定不移地提供情感支持，对于面临比赛压力的青少年运动员，恰当的家长行为起到重要的缓和作用，例如情绪控制和适当的反应。

每次坐飞机都会听到这样的话语：“如果飞机失去舱压，请先戴好自己的氧气面罩，然后再给孩子戴上。”这是一个很好的育儿技巧，但我们作为父母的本能是先满足孩子的需求。然而研究清楚地表明，86%的儿童受到父母负面压力的影响（Novotny，2012）。青少年家长需要重新专注自己的“氧气面罩”，不仅仅是为了个人的利益，也是为了孩子的利益。如果家长未能先戴好自己的“氧气面罩”，不能控制调整好自己的情绪，那么就不能很好地教育孩子。我们非常理解家长愿意为了孩子作出的牺牲，但我们更认为家长如果认真考虑自己的需求和整个家庭的需求，避免出现有风险的牺牲和心理不健康的做法，同时还能营造出更好的青少年体育运动文化。

第二节　青少年体育运动

一、青少年在体育运动中的道德和生活技能培养

在参与体育运动的过程中，青少年不断去理解、体验、认可和接受运动中所蕴含的道德行为、体育精神和生活技能。在体育运动中，榜样的模范、对积极行为的表扬、对消极行为的惩罚，以及通过团队合作中学到的生活经验和教训，都对青少年健康素养的培养至关重要，他们会在运动中逐渐理解公平竞争和做有道德的人的意义，并最终付诸实践。

（一）成熟的干预计划典范

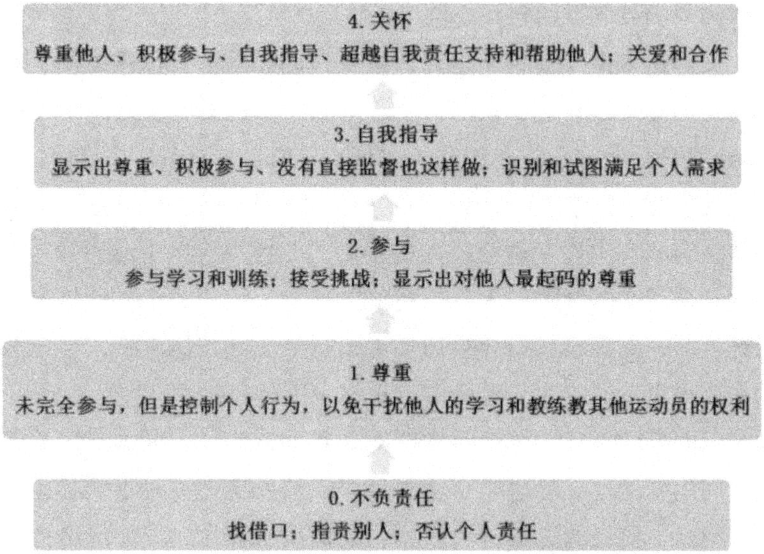

图 8－2－1

学校中通过身体活动进行的个人与社会责任教育，道德和生活技能发展干预的典范是唐·海尔森（2011）的 TRSR。如图 8－2－1 所示，海尔森采用道德推理等级来让学生思考如何从不负责任的个人（级别 0）逐步变成负责任、有爱心和自我指导的个人（级别 4）。研究表明，海尔森的个人与社会责任教育方法能够提升生活技能和道德行为，并且让学生能够转移和应用到生活场景中。

（二）体育运动中青少年道德和生活技能发展的应用对策

研究表明，青少年是可以体会和接受在体育运动中存在的道德和生活技

能的，并能够进行学习和应用的。作为老师和家长，我们可以做的就是利用体育运动尽可能多地引导和传递给青少年有关体育的精神、道德和技能，从小处着手，关注细节，考虑用简单、创新的方法来培养青少年社会和道德技能，同时发展体育运动的技能，身心兼顾，共同发展。

1. 作为家长和老师，应该考虑你想让孩子成为什么类型的模范，并为此准备。在运动中，要和孩子们讨论体验到的体育道德，不断提醒孩子们以积极的方式去思考和行动。此外，作为成年人，我们要和孩子们一起践行道德。仔细思考适当的方式来管理沮丧和愤怒、应对挫折、体面的输，并接受裁判有时略显不公平的裁决。

2. 如果有条件的话，邀请知名的运动员给青少年进行演讲。演讲内容简短幽默睿智，能够吸引青少年，又可以在一定程度上积极引导他们从成功模范的故事里体验体育道德和技能。比如他们如何克服障碍，或者他们是如何作出错误的选择并因此经历了惨痛的经验教训等。这些可以与演讲者简单交流，确保我们对于青少年的目标是一致的。演讲后给青少年提问的机会，进一步加强与模范的对话和交流。

3. 奖励具有体育精神的行为，并惩罚敌对、欺骗和不尊重行为。强调个人对结果的责任。当青少年在体育运动中的行为产生负面结果时，永远不要替他解围或者纵容，要向青少年明确这样负面的结果是由于他/她行为直接或间接导致的，他/她自己要为这样的结果负相应的责任。

4. 可以在青少年健康素养培养计划中设计一个体育精神主题，如“有尊严的获胜”“努力公平快乐的比赛”“团结”等，并为主题设计宣言，明确规定所有参与体育运动的人员（包括青少年运动者、家长们、教练们、旁观者、啦啦队等）可以有的行为和不被接受的行为。

5. 在青少年体育运动中，可以采用合作性比赛和活动，帮助孩子们学会生活技能，比如合作、团队精神、接受、沟通、包容好而解决分歧和冲突。合作性比赛应该是青少年健康素养发展的一部分，但我们不能用它取代青少年的竞争性比赛。因为体育运动的竞争性不仅考验青少年运动员的性格，而且通过这些考验可以使青少年能够学习和发展道德行为、体育和生活技能。

不管努力发展哪个领域的技能（比如音乐和学术），总是会涉及社会和道德学习。孩子必须学会与他人合作，尊重规则，有效沟通，适当地响应失望，坚持跨越障碍，以及在生活中追求大多数目标时要控制好自己的情绪。

体育运动中有大量涉及道德和生活经验技能的学习，体育比赛本质就是为了目标而努力奋斗，其间要经历长期刻苦的训练、层出不穷的困难、难以避免的伤痛等，这些都是磨炼意志，增强自信心，体验成功必不可少的。只有经历了这些，才会对成功有更深刻的体验，才会更加理解道德、生活技能和体育技能所带来的更为深远的意义。

因此，作为家长和老师，我们应该在体育运动中看到这些潜在的教育机会，设计和实施一些道德和生活技能的考验，帮助青少年做好准备迎接这些挑战和考验，通过体育运动促进儿童青少年道德和生活技能的发展，不断分类分阶段地增强他们的健康素养。

第九章 青少年功能性体能训练

第一节 真正体能训练

一、体能训练的概念

由于对象和目的的不同，对体能训练的概念从不同角度需要作出的界定也不尽相同。2000 年出版的田麦久教授主编的体育院校通用教材《运动训练学》中认为，体能发展水平是由身体形态、身体机能及运动素质构成的。还有体能学者认为，体能是机体在先天遗传与后天训练的基础上所形成的、在各项活动中承受负荷与适应环境变化的能力。它包括身体形态、身体功能、运动素质和健康水平，其中运动素质是体能的核心。

《辞海》中体能的定义是：人体各器官系统的机能在体育活动中表现出来的能力，包括力量、速度、灵敏、耐力和柔韧等基本身体素质以及人体的基本活动和运动能力。从目前对体能训练的研究来看，存在多个概念的交叉与融合，它还是一个不确定的概念。我们可以从广义上理解，体能包括身体形态、身体机能、运动素质、适应能力等。在日常生活中，体能与人的健康水平、工作能力有着密切的联系，而在体育活动中则与人的运动能力有关。体能是人体在大脑神经中枢调控下，通过肌肉的活动反映出来的机能能力。每个人的体能状况存在明显的个体差异性。

体能训练就是充分发展、动员与运动成绩密切相关的力量、速度、耐力、柔韧、灵敏等身体素质，从而影响和促进个体身体形态和机能状态的改善，提高个体的健康水平。

体能是一个系统的概念。构成体能的要素主要有身体形态、生理机能、运动素质和健康水平。结构要素决定功能，功能改善结构要素。

身体素质是体能的外在表现，形态和机能是决定和影响身体素质的基础条件，健康水平则是这些要素的保障条件。身体形态和生理机能是最底层；健康水平位于中间层；运动素质在最顶层。身体形态和生理机能影响运动素质，反过来运动素质可以直接影响身体形态和机能，等等，体能构成各要素之间多维度多层次的相互联系相互制约，任何一个要素存在问题都会对整个体能功能的发挥产生影响。

二、体能训练的基础

我们无论从事哪项体育运动，肌肉都会以不同的负荷强度、收缩速度和持续时间工作，并表现出不同的类型的肌肉力量。肌肉力量是肌肉收缩时产生张力或既产生张力又产生长度变化，使身体发生位移的机能能力。肌肉力量训练是身体素质训练中重要的一部分，也是体能训练的核心要素。

（一）肌肉力量的决定因素

一般情况下，肌肉力量的大小取决于以下结果和功能因素。

1. 肌肉的横截面积；

2. 单位横截面积的肌纤维密度；

3. 同时收缩的肌纤维数量；

4. 肌纤维的收缩速度；

5. 神经纤维的传导速度；等等。

（二）肌肉收缩的形式

肌肉对单个刺激发生机械反应称为单收缩。

1. 向心收缩

特点：张力大于外加阻力，肌纤维长度缩短。

作用：肌肉运动的主要形式，是实现动力性运动的基础（如挥臂、高抬腿等）。

2. 离心收缩

特点：张力小于外加阻力，肌纤维长度拉长。

作用：缓冲、制动、减速、克服重力。如：蹲起运动、下坡跑、下楼梯、从高处跳落等动作，相关肌肉群做离心收缩可避免运动损伤。

3. 等长收缩

特点：张力等于外加阻力，肌纤维长度不变。

作用：支持、固定、维持某种身体姿势。其固定功能还可为其他关节的运动创造适宜条件。如：站立、悬垂、支撑等动作。

这三种肌肉的收缩形式，在收缩速度相同情况下，离心收缩产生的张力最大（比向心收缩大50%，比等长收缩大25%）。在能量代谢方面，离心收缩能量消耗低，耗氧量少，但离心收缩产生的肌肉酸痛最显著，等长收缩次之，向心收缩最轻。

第二节　青少年功能性体能训练

一、功能性体能训练的理念

（一）更强调多关节、多平面的训练

在日常生活中，多关节动作的运用比单关节的动作更多；在体育运动中，所有动作都是在两个或两个以上的平面内完成的，所以，青少年的功能性体能训练应该强调多个关节和多个平面的训练项目。

（二）要把平衡控制和本体感受纳入功能训练的重要内容

青少年功能性体能训练更加强调身体躯干核心部位的控制、平衡和稳定。在功能性体能训练中，应优先注重身体核心部位的训练。

（三）强调全身动作的一体化和控制下的动态平衡性

在体育运动中，没有一个动作是由一块肌肉单独发力所能完成的，我们的动作大致有减速、维持稳定和加速等过程。它们分别通过肌肉的离心收缩、等长收缩和向心收缩来完成。

功能性体能训练可以通过动作幅度、身体控制力、平衡能力和一般稳定性来反映。

二、功能性体能训练的优势

（一）重视整体训练

传统的体能训练强调独立的、单一维度的练习获得绝对力量和肌肉体积最优化。但在实际运动中，中枢神经系统通过优化选择肌肉是在三个方向的综合运动，如果仅仅局限在一个方向的话，对提高整体的运动能力和成绩来说效果太小。青少年身体功能性训练是希望可以更加贴近实际生活和运动的，发展他们的灵活性、核心力量、神经肌肉协调性、爆发力、柔韧性、快速反应能力以及肌肉力量。

（二）重视多平面的功能训练

人体是在三个解剖面冠状面、矢状面和水平面上运动的。将斜向旋转、屈伸、水平旋转组合在一起并融入核心区训练中，可以设计出真正符合运动项目的多关节、多维度、全幅度的练习，这样有利于提高整体的身体素质，减少运动损伤的发生。

（三）强调肌肉功能最优化

以正确的身体姿态进行的功能训练可以使运动效果最优化，减少肌肉不平衡，减少关节功能障碍等。

运动是神经系统控制的复杂活动。神经－肌肉系统对训练强度具有敏感的选择性适应，长期低强度的刺激无法使肌肉的快肌纤维得到训练，而只能使慢肌纤维得到优先发展。身体功能性训练重视神经－肌肉整体的功能优化，强化神经对肌肉在多个维度、全方位幅度以及大范围内的速度等条件下的高效，有助于青少年速度、灵活协调性、平衡能力的提高。

（四）重视爆发力的训练

爆发力主要是肌肉拉伸－缩短模式的训练，通过离心收缩后快速向心收缩来完成。快速离心收缩储存的弹性势能可以产生比肌肉在安静状态下更强的力量和更快的速度。离心收缩和向心收缩之间的时间越短，储存的弹性势能越多，转化成向心的力就越大。

青少年功能性体能训练重视训练的质量和实效性。功能性训练提倡训练和恢复应该同步化，在训练中实现健康素质的巩固提高，有效预防运动损伤，在健康中进行更高效的训练。此外，青少年功能训练更加强调在不稳定状态下进行的核心区训练。四肢在不稳定状态下进行抗阻肌肉练习时，稳定性肌肉（核心区深层的小肌肉群）的激活程度得到提高，并且强调青少年身体素质整体均衡协调发展。具体要求是身体左右两侧肌肉和关节的力量、前后两侧主要肌肉群的力量、人体上肢和下肢一定力量比率要均衡。因此，青少年功能性体能训练可以提高体育运动的效率，同时能有效预防运动损伤，使青少年更加均衡协调地发展身体各素质，将人体作为整体更贴合实际运动环境以提高身体健康水平。

三、青少年功能性体能训练应注意的问题

（一）运动项目的特征分析

在功能性体能训练之前，要对进行的运动项目本身进行项目特征分析。如进行游泳、排球等运动项目的功能性体能训练，首先要对游泳和排球的项目特征进行分析。游泳项目因为处于水中不稳定性较强，因此特别要求腰腹核心区力量要足够强大和稳定；排球运动需要整体协调配合和灵敏反应能力较强，因此需要针对性地进行神经肌肉快速协调配合能力的功能性

体能训练等。只有充分掌握运动过程规律，才能够设计具有运动项目特点的功能训练方法和手段，才能有效达到运动训练的目的，提高运动项目的成绩和效果。

（二）以传统体能训练为基础

发展功能训练必须先进行基础力量训练。在开始阶段，先练习一些简单的内容，避免强度、难度过大，造成不必要的伤害。有了一定的基本素质基础后，再逐步加大、加难功能训练练习内容。

（三）循序渐进，合理运用

选择青少年阶段可以承受的训练。要了解青少年青春期这个阶段他们身体各个系统尤其是运动系统的发育规律和特征，考虑他们身体肌肉、神经和骨的承受能力，认知现状，循序渐进地安排训练方式与训练量。处于青春期的青少年，身心变化较大而且复杂，容易反复，因此既要耐心细致，又要严格要求。

四、运动项目的能量代谢系统简介

不是所有的运动项目都是在同一个能量代谢条件下完成的，或者说所有的项目并不是在同一能量代谢条件下完成的。不同的项目代谢特点不同，有的项目以有氧代谢为主，有的项目以无氧代谢为主。有氧耐力项目和超耐力项目（如马拉松和铁人三项）属于有氧系统供能，短距离跑和快速力量项目（如投掷、最大力量的高翻和硬拉）都属于磷酸原系统供能，也有许多运动属于有氧与无氧联合供能。在同一个运动项目中能量代谢形式的迅速变化主要取决于外部条件，当进行短距离冲刺时，主要是无氧代谢；然而在间歇时又变成了有氧代谢（如足球运动）。

ATP 是人体的能量分子，它是通过有氧和无氧能量系统产生的。在运动过程中，所有肌纤维都把 ATP 分子作为燃料产生能量。但运动项目能力供应系统并不是单一的，只是所需比例不同而已。以下列出了我们人体三大供能系统。

（一）磷酸原系统

$ATP \longrightarrow ADP + Pi + E$

$CP + ADP \longrightarrow C + ATP$

特点：无氧代谢；供能速度极快；

能源：CP；

ATP 生成很少；

肌肉中储量少，最大强度运动持续供能时间 6—8 秒；

用于短跑或任何高功率、短时间活动。

（二）糖酵解系统

肌糖原 + ADP + Pi ⟶乳酸 + ATP

特点：无氧代谢；供能速度快；

能源：肌糖原；

ATP 生成有限；

终产物乳酸可导致肌肉疲劳；

用于 2—3 分钟的最大强度运动。

（三）有氧氧化系统

$$\left.\begin{matrix}\text{糖}\\\text{脂肪}\\\text{蛋白质}\end{matrix}\right\} + ADP + Pi + O_2 \longrightarrow CO_2 + H_2O + ATP$$

特点：有氧代谢，供能速度慢；

能源：糖、脂肪、蛋白质；

没有导致疲劳的副产品；

用于耐力或长时间的活动；

在运动过程中能量的供应是先动用 ATP，然后是乳酸供能，最后是有氧供能。

功能性体能训练应该针对每一位参与运动的青少年的生理需求和所处的运动位置，采取针对性的功能训练，如足球运动中，中场球员、前锋和守门员之间，在能量供应上有很大差别，因此，不但要考虑运动项目的能量代谢特点，还要考虑运动时的位置，以及不同能量代谢系统在整个运动中不同的贡献率。

第三节　青少年灵活性与稳定性训练

一、“关节联动”基本理论

人体有很多重要的关节，不同关节有着不同的功能需求，因此要根据每个关节特殊的功能需求进行相应的体能训练，见表9－3－1。

表9－3－1 人体关节的主要功能需求

关节	主要功能需求
踝关节	灵活性（矢状面）
膝关节	稳定性
髋关节	灵活性（多平面）
腰椎	稳定性
胸椎	灵活性
肩胛骨	稳定性
盂肱关节	灵活性

人体内的关节的灵活性和稳定性是交替的。踝关节需要在矢状面上提高灵活性，膝关节需要提高稳定性，再向上髋关节需要灵活性，一直到盂肱关节构成了灵活与稳定相互交替的关节链。关节功能的缺失会影响到这一关节的上位或者下位的关节功能。例如，如果髋关节不够灵活，那么腰椎就会变得灵活，然而，髋关节和腰椎都有原本的定位，当需要灵活的关节变得不灵活，这时原本稳定的关节就得变得灵活，来补偿原本需要灵活的关节的灵活性，久而久之，需要稳定的关节就会变得不稳定，就会产生疼痛，发生病变。这样的例子还有很多，如踝关节灵活性不够，可能导致膝关节痛；髋关节的灵活性不够，可能导致下背痛；胸椎关节的灵活性不够，可能导致颈肩痛或者下背痛；踝关节不灵活会将落地时产生的冲击力传递到膝关节。在篮球运动中，运动鞋的硬度与起跳和制动的数量之间存在着直接的联系，最终结果是直接影响髌骨关节综合征的发病率。这主要是我们极力去保护不稳定的踝关节而导致的结果，伴随有膝关节疼痛的篮球（业余）运动员都有相应的踝关节的灵活性问题。原本踝关节是需要灵活性的，可是我们现在的鞋子过分地保护踝关节，使踝关节的灵活性丧失，最终导致膝关节疼痛。

灵活度指的是在没有外力的情况下，关节自主积极地运动的范围，适当的灵活性的发展一定要在稳定性之前优先发展。当灵活性发展到能够自主运动到适当的位置时，就需要稳定性的发展，之后灵活性和稳定性训练可以加到动作训练中。

在自然状态下，人体不会缺乏灵活性和稳定性。Bill Hartman 认为，灵活性是制造所需动作的能力，稳定性是避免出现你不想要的动作的能力。

“关节联动”不能直接用在每个人身上，首先必须进行正确的评估。如一般情况下，髋关节需要提高灵活性的训练，但有些人的髋关节灵活性过强，因此需要提高稳定性。又比如膝关节在矢状面的灵活性（屈、伸）不足，受伤的风险就会提高。严格来说，我们需要提高它在冠状面和水平面的稳定性，以及它在矢状面上的灵活性。

因此，所有的关节都需要一定的灵活性和一定的稳定性。关键是理解每个关节需要多大的灵活性和稳定性，在体育运动训练中使关节灵活性和稳定性协调一致地发挥作用，同时减少受伤的风险。

二、青少年功能性动作筛查测试

功能性动作测试（FMS）是可以综合检查人体灵活性和稳定性，发现人体动作代偿和不对称的一种测试方法，逐渐在体育、消防、军队和大众健身领域得到广泛运用。它是低成本、易操作、同时具有较高信度和效度的测试方法。

FMS 是评价个体基本动作模式的一种测试方法，它由反映人体灵活性和稳定性的 7 个基本测试动作组成，包括深蹲、跨栏步、直线弓步蹲、肩部灵活性、直腿高抬、控体俯卧撑和转体稳定性。其中，肩部灵活性、控体俯卧撑和转体稳定性动作，还各附带有一个疼痛排查动作。

FMS 不仅仅是体育运动的基础，还是人类运动的基础。这些运动与婴儿或者是初学走路孩子的运动密切相关，如移动、转动、扭动、行走、爬行以及伸手等。FMS 里的几个动作看似简单，但是需要具备很好的灵活性和控制能力。如果青少年不能正确地运动，那么通过 FMS 筛查的方法可以检测到一个运动模式中的限制性因素，或者是通过观察他们左右功能对称问题发现一些重要问题，这样或许可以降低发生运动损伤的风险，提高整体运动能力。通过观察青少年在基础运动模式中存在左右不对称问题，检测他们是否能够在运动过程中表现得灵活自如，并控制身体。往往有时候最基本的问题，会影响运动效果，给身体带来不必要的压力，甚至会导致运动损伤的出现。

FMS 由 7 个基本测试动作组成，具体量化评分标准如下：

表 9-3-2　人体关节的主要功能需求

序号	动作	分数	评分标准
1	深蹲	3	上身与胫骨平行或接近垂直；股骨低于水平线；膝与脚呈一条直线；圆棍在脚的正上方。
		2	不能完全满足以上条件，但仍能完成动作。补充：如果垫了木条最高只能得 2 分。
		1	躯干与胫骨不平行；股骨没有低于身体水平线；膝与脚不呈一条直线；腰部明显弯曲。
		0	测试过程中身体任何部位出现疼痛。
2	上踏步	3	髋、膝、踝在矢状面上呈一条直线；腰部没有明显的移动；圆棍与栏架保持平行。
		2	髋、膝、踝在矢状面上不呈一条直线；腰部有移动；圆棍与栏架不平行。
		1	脚碰到栏板；身体失去平衡。
		0	测试过程中身体任何部位出现疼痛。
3	直线弓箭步	3	圆棍仍保持与头、腰椎或骶骨接触；躯干没有明显移动；圆棍和双脚仍处于同一矢状面；膝盖接触木板。
		2	圆棍不能保持与头、腰椎或骶骨接触；可以观察到躯干移动；双脚没有处于同一矢状面；膝盖不能接触木板。
		1	身体失去平衡。
		0	测试过程中身体任何部位出现疼痛。
4	肩部灵活性	3	距离在一个手掌长以内。
		2	距离在一个手掌长至一个半手掌长。
		1	距离超出一个半手掌长。
		0	测试过程中身体任何部位出现疼痛。

续表

序号	动作	分数	评分标准
5	直腿主动上抬	3	标记点位于大腿中点与髂前上棘间。
		2	标记点位于大腿中点与膝关节中点间。
		1	标记点在膝关节中点以下。
		0	测试过程中身体任何部位出现疼痛。
6	躯干稳定俯卧撑	3	在规定姿势下能很好地完成动作 1 次。
		2	在降低难度的姿势下能完成动作 1 次。
		1	在降低难度的姿势下也无法完成动作。
		0	测试过程中身体任何部位出现疼痛。
7	扭转/旋转稳定性	3	进行重复动作时躯干与木板保持平行；肘和膝接触时同木板在同一线上。
		2	能够以对角的形式正确完成动作。
		1	用对角的形式也不能正确完成动作。
		0	测试过程中身体任何部位出现疼痛。

（一）深蹲

蹲是很多运动项目都需要完成的一个动作。正确完成这一动作对受测者的整个身体结构要求都非常高。这一动作可以评价髋、膝和踝关节的双侧均衡性和功能灵活性。通过观察举在头顶的木杆，可以评价肩和胸椎的双向性、对称灵活性。

测试标准：

1. 两脚左右分开，略宽于肩，屈肘 90 度（于头上方）手握住圆棍两端。之后手臂伸直，将圆棍最大限度举过头顶（注意肩关节和肘关节）。

2. 身体缓慢下降，完成深蹲姿势。整个过程中脚跟不能离开地面（如果无法实现，可在脚跟处垫一块木条），脸和胸部面向正前方，棍子应最大限度地举过头顶，重复完成 2—3 次蹲起动作。

注：a为3分动作正面图；b为3分动作侧面图；c为2分动作正面图；d为1分动作正面图

图 9－3－1

（二）上踏步

该测试要求测试者髋部与躯干在完成踏跳动作时具有正确的协调性和稳定性，同时也要有单腿站立的稳定性。踏步测试可以评估髋关节、膝关节和踝关节双侧功能灵活性、稳定性和整个身体足够的平衡能力。

测试标准：

1. 双脚并拢，脚趾处于栏架正下方。

2. 调整栏架与测试者胫骨粗隆同高，圆棍置于肩上。

3. 测试者缓慢跨过栏架，脚跟贴近地面，同时支撑腿保持直立，重心放在支撑腿上。

4. 缓慢回到起始姿势。测试最多重复 3 次。

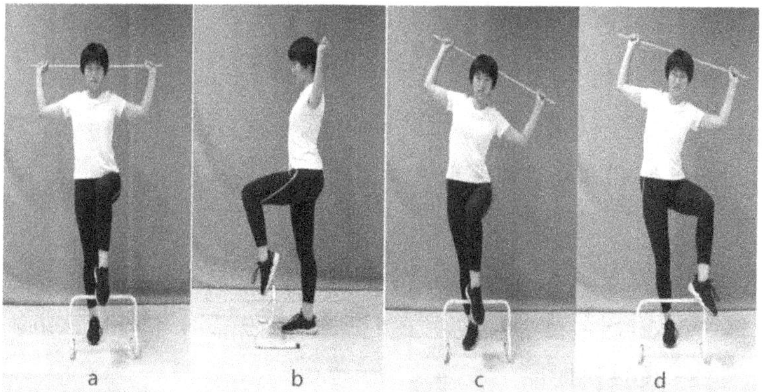

注：a为3分动作正面图；b为3分动作侧面图；c为2分动作正面图；d为1分动作正面图

图 9－3－2

（三）直线弓箭步

该测试模拟旋转、减速和侧向的动作，并对此进行评价，评估躯干、肩部、髋和踝关节的灵活性和稳定性、股四头肌的柔韧性和膝关节的稳定性。

测试标准：

1. 测量测试者地面至胫骨粗隆长度，记为A。

2. 测试者右脚置于木板的末端，双手握圆棍置于背后，左臂在上，右臂在下。确保圆棍接触到头、腰椎或骶骨。

3. 将标尺置于测试者脚趾末端，并在木板上做出与长度A的点进行标记。

4. 测试者左脚在木板上跨出一步，脚跟在标记处，然后降低后腿的膝盖直至接触木板。两只脚应在一条直线上，脚尖指向运动方向。

注：a为3分动作正面图；b为3分动作侧面图；c为2分动作正面图；d为2分动作侧面图

图9－3－3

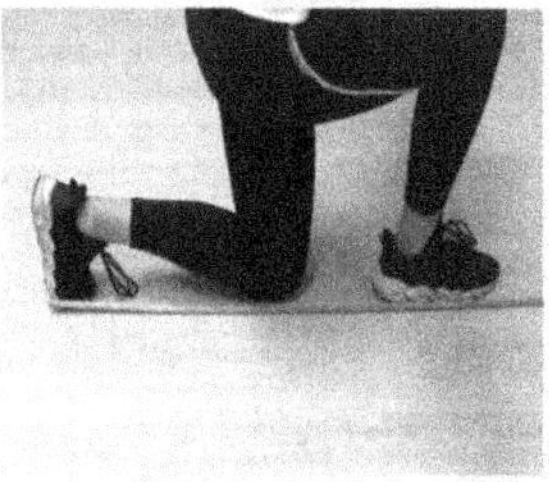

注：两只脚应在一条直线上，脚尖指向运动方向

图9－3－4

（四）肩部灵活性

通过这项测试可以评估双侧肩的运动范围。完成规定动作时，也需要正常的肩胛骨灵活性和胸椎的伸展和灵活性。

测试标准：

1. 测定测试者手腕末端到中指的长度。

2. 测试者双手握拳置于背后，左臂在上，右臂在下，尽量接近，测量最近的两个骨性突起间的距离。

排除性测试1：肩部灵活性排除性测试（肩部撞击测试）

肩部撞击测试为肩部灵活性测试，用于观察测试者肩部疼痛症状。如果测试者在测试过程中感到疼痛，则记为“—”。

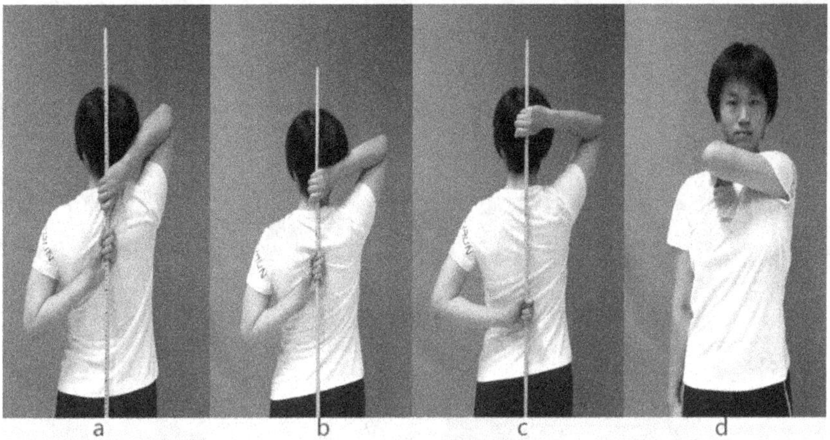

注：a为3分动作背面图；b为2分动作背面图；c为1分动作背面图；d为肩部疼痛排除动作

图 9 –3 –5

（五）直腿主动上抬

这个动作可以测试在躯干保持稳定的情况下，下肢充分分开的能量。可以评价在骨盆保持稳定、对侧腿主动上抬时，腘绳肌腱与腓肠肌 – 比目鱼肌的柔韧性。这种柔韧性不同于一般测试的被动柔韧性，测试者需要表现出良好的对侧腿髋关节灵活性以及腰腹下部肌肉的稳定性。

测试标准：

1. 测试者双手置于身体两侧，掌心向上，头平躺在地上；膝下垫一块木板。

2. 被测腿上抬，踝背屈，膝关节伸直。测试过程中异侧腿应始终贴近地面。

3. 当测试者腿抬到最高点时，穿过踝关节中点与地面作垂线，记录垂线在地面上的位置。最多重复 3 次。

排除性测试 2：伏地起身测试

即使得到 3 分，也应进行腰部伸展测试，在完成俯卧撑的撑起姿势时，可以测量脊柱的伸展性。在腰部伸展过程中，出现疼痛，则躯干稳定性测试成绩为 0 分。

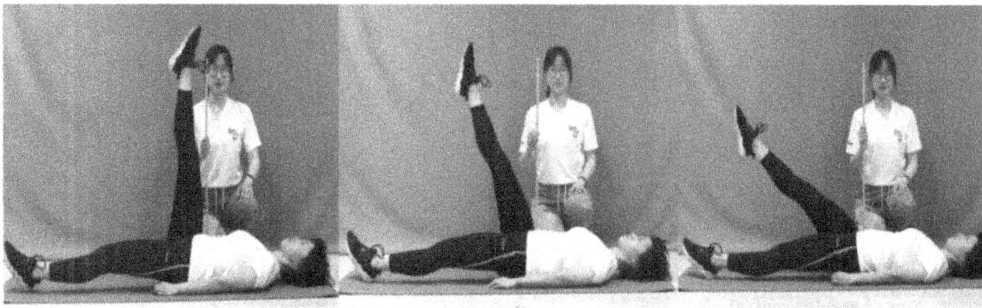

注：a为3分动作侧面图；b为2分动作侧面图；c为1分动作侧面图

图 9－3－6

图 9－3－7　排除性测试 2：伏地起身测试

（六）躯干稳定俯卧撑

通过这项测试可以评价上肢进行闭合运动时，测试者从前后两个维度上稳定脊椎的能力。人体在完成很多动作时都需要躯干保持稳定以均衡地将力量从上肢传至下肢，或从下肢传到上肢。如篮球比赛中跳起抢篮板球时运动的动作，就是这种力量传递的例子。如果躯干不能保持足够的稳定性，力量就会在传递过程中减弱，从而导致功能性下降并使外伤的可能性大大提高。

测试标准：

1. 测试者俯卧，双脚并拢，双手分开比肩略宽，躯干与膝均着地。

2. 男测试者的拇指与头顶在一条线上，女测试者拇指与下颌呈一条线。

3. 从适当位置开始，测试者向上撑起，整个身体同时抬起。

排除性测试 3：跪姿伸展测试

即使测试得到 3 分，测试后还要进行腰部弯曲检测。为了检测脊柱的弯曲能力，测试者先四肢撑地，背部隆起，臀部触到脚后跟，且胸与大腿接触，双手放于身体前方，做到最大限度的伸展，腿和脚趾绷直。如果出现疼痛，记为0分。

a　　　　　　b　　　　　　c

注：a为3分动作侧面图；b为2分动作侧面图；c为疼痛排除动作

图9－3－8

图9－3－9　排除性测试3：跪姿伸展测试

（七）扭转/旋转稳定性

这些测试需要测试者有良好的神经肌肉协调能力，以及将力量从身体的某一部分转移到另一部分的能力。这一测试可以评价在上下肢同时进行运动时，躯干在多个维度上的稳定性。很多运动中的动作都需要躯干保持稳定均衡地将力量从下肢传至上肢，或从上肢传至下肢。例如跑步的爆发性动作以及稳定，或搬运重物等。如果躯干在进行此类活动中不能保持足够的稳定性，力量在传递过程中就会减弱，从而导致运动表现下降并使损伤的可能性增加。

测试标准：

1. 测试者四肢撑地，一侧肩与躯干上方和髋关节成90度，膝和躯干下方成90度，踝保持趾屈。

2. 放置一块木板，要求双手和双膝都触及木板。

3. 测试者抬起一侧的手和腿，抬起侧的肘、手、膝应与木板呈一条直线，躯干与木板保持在同一水平面上。随后弯曲抬起侧的肩和膝，要求肘触及膝。

注：a为3分动作同侧肘膝相触；b为3分动作同侧上下肢伸展；c为2分动作对侧肘膝相触；d为2分动作同侧上下肢伸展；e为1分动作；f为疼痛排除动作

图 9 –3 –10

FMS 是一项评价技术，它试图通过测试功能性动作来发现青少年灵活性和稳定性方面的不平衡。这项技术可以放大青少年动作补偿的问题，从而使我们更容易发现问题之所在。也正是这些动作上的瑕疵会导致运动链系统出现故障，并使青少年在活动时动作效率不高，并有受伤的风险。

在很多情况下，青少年肌肉柔韧性和力量的不平衡性，以及损伤史等问题是很难被发现的，这些问题已经被公认为运动损伤的最大潜在因素，可以通过 FMS 测试得以确认。及早发现这些问题，就可以减少运动损伤的可能性，并最终提高运动效果和质量。功能性动作筛查不是绝对的，只是揭示人类最基本运动表现形式的一个方法——自由运动的能力。

三、FMS 动作模式矫正练习方法

如果 FMS 最基本的功能性动作模式出现问题，FMS 评分较低或者某个动作完成不了，可以通过以下方法进行矫正练习。

（一）深蹲矫正练习

1. 弯腰双手触趾深蹲

动作要点：脚后跟后面垫一块辅助的木板或瑜伽软垫，身体前面放一个波速球，身体呈深蹲姿势，背要伸直，两手触球，弯腰双手触趾深蹲。然后，两手离球缓慢抬起至双耳两侧，见图9－3－11。

注意：缓慢起来时前脚尖不要抬起，保持原状，背要挺直，不要前伸。

图9－3－11

2. 弯腰双手触趾

动作要点：前脚掌踏在木板或瑜伽软垫上，身体直立，双手上举，缓慢屈背去触脚尖，弯腰双手触趾，见图9－3－12。

注意：屈髋时背要伸直，膝盖不要弯曲。

图9－3－12

（二）跨栏步矫正练习

1. 跨步髋外旋

动作要点：身体垂直站立，一侧腿外旋打开放在跳箱（有一定高度）上，泡沫轴要压在小腿下侧，髋外旋打开，见图9－3－13。

注意：支撑腿要随动作进行弯曲。

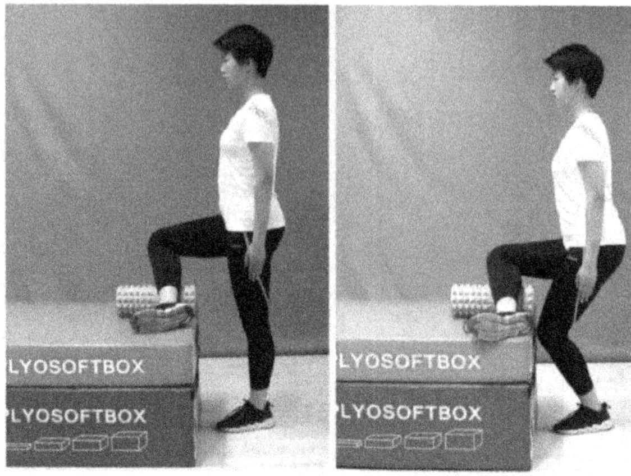

图 9－3－13

2. 跨步躯干扭转

动作要点：一只脚踏在跳箱（有一定高度）上，支撑脚不要抬起，两手上举，双手握住药球（合适的重量），同时躯干扭转，支撑脚与踏在跳箱上的脚保持原状，见图 9－3－14。

注意：躯干扭转时保持上身直立。

图 9－3－14

（三）直线弓步蹲矫正练习

1. 抱单腿背桥

动作要点：身体平躺在瑜伽垫上，两腿弯曲，一手抱住一侧腿膝盖下方拉向腹部，另一侧脚后跟着地，抬起前脚掌，缓慢呈背桥，见图9-3-15。

注意：背要直，支撑脚要稳。

图9-3-15

2. 单膝跪地屈髋肌拉伸

动作要点：身体呈单膝跪姿，一手握住木杆，跪在垫子上的腿做屈髋时，另一侧腿的膝关节不要超过脚尖，保持木杆的垂直，见图9-3-16。

注意：脊柱正直，膝关节不超过脚尖。

图9-3-16

（四）主动直腿上抬矫正练习

1. 单腿屈髋

动作要点：身体垂直站立，双手背后上下握住木杆，木杆紧贴头部、背部，然后缓慢身体前倾，见图9-3-17。

注意：单腿站立时，支撑腿膝盖不要弯曲，背要伸直，保持稳定。

图9－3－17

2. 单膝跪地扭转

动作要点：单膝呈跪姿，双手横握木杆置于头后，身体脊柱保持直立，膝关节不要超过脚尖，上身转动，下身保持原状，见图9－3－18。

注意：扭转时始终保持髋关节的中立位。

图9－3－18

3. 单腿下落

动作要点：身体平躺在瑜伽垫上，双腿放在支撑架上与地面垂直。动作开始时，一侧腿紧贴支撑架，另一侧腿缓慢下落紧贴地面。下落时，腿要伸直，不要弯曲。之后缓慢抬起，反复进行，见图9－3－19。

注意：抬起及下落过程中腿部始终保持伸直。

图 9－3－19

（五）躯干稳定俯卧撑矫正练习

1. 屈腿俯卧支撑

动作要点：肘关节支撑，呈平板支撑。屈一侧腿时，要保持身体的平板支撑，见图 9－3－20。

注意：不要屈背，支撑腿伸直。

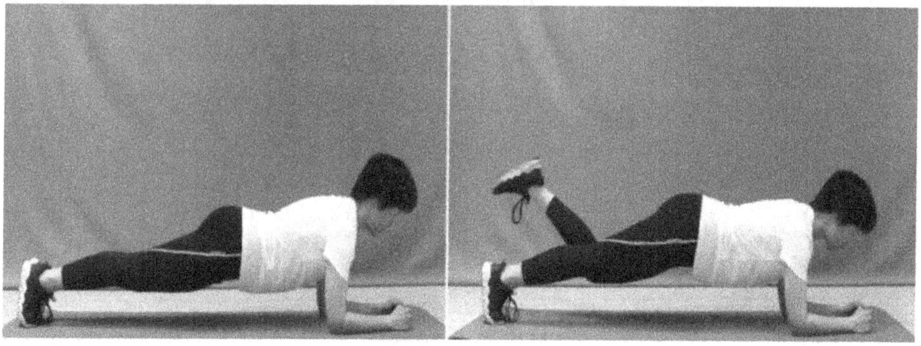

图 9－3－20

2. 登山式变体

动作要点：身体呈俯卧撑登山式，抬头前看，背要伸直，右腿屈髋、屈膝 90 度，后腿充分蹬直，交替依次进行，见图 9－3－21。

注意：髋关节不要旋转。

图 9－3－21

（六）肩部灵活性矫正练习

1. 屈膝左右转动

动作要点：双腿屈膝成 90 度，膝关节处夹住泡沫轴，双手平放在地面，肩胛骨触地，然后腰部左右缓慢摆动。摆动到两侧时，双腿尽量保持接近地面，但不能接触地面，见图 9－3－22。

注意：双侧肩部要紧贴地面，不要离地抬起。

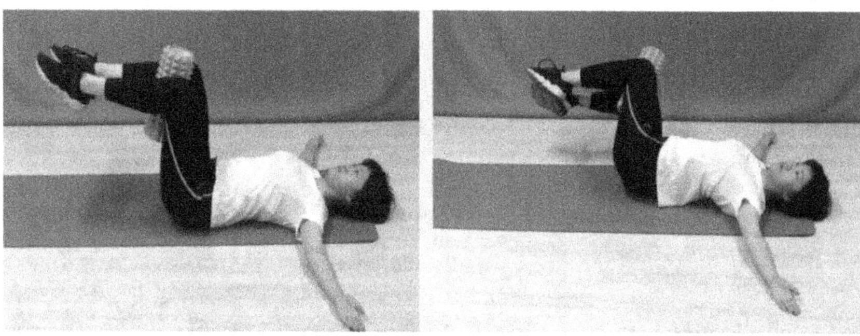

图 9－3－22

2. 胸椎扭转

动作要点：身体侧卧在瑜伽垫上，双腿夹紧泡沫轴，小腿与大腿成 90 度，双手叠放在一起，然后向另一侧转动，上身至肩胛骨触地。一手伸直，一手指向斜上方，下身保持原状，见图 9－3－23。

注意：髋关节的位置始终不变。

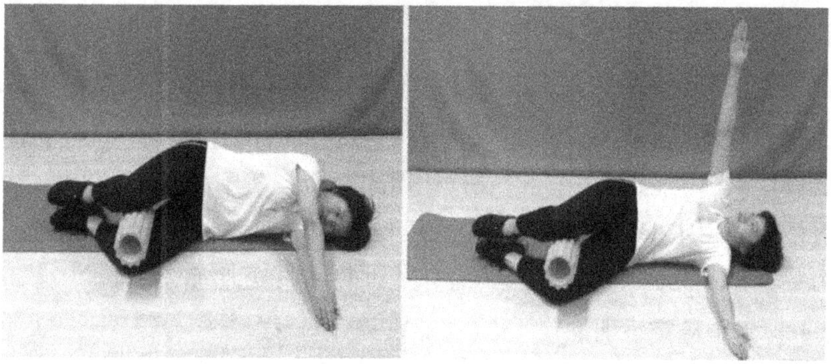

图 9-3-23

第四节 青少年身体姿势与功能训练

一、姿势习惯和活动习惯

青少年长期的某种姿势和活动习惯影响运动方式。如有些青少年长期背着过重的书包或是习惯性的低头前倾导致驼背等。这样长期形成的不良体态，在运动时，就会出现含胸、腰背不能伸直等姿势，限制青少年自身运动的表现。

姿势或习惯是指在休息或者活动时的身体姿势。我们的姿势不仅仅包含脊柱的姿势，如驼背等，还包含四肢的姿势。胳膊和腿有时候也会处在不良姿势状态下，如有些人站着的时候膝关节过伸；有些人习惯用一侧腿站立，另一侧腿休息；有些人则膝关节弯曲站立等。有些姿势或习惯是有效率的、正确的，但有些是没有效率甚至是错误的。我们有时候感觉很自然的动作却不是正确的，而感觉非常笨拙别扭的动作却是正确的。例如跷二郎腿和“葛优瘫”，觉得很自然很舒服，却是不正确的姿势。保持后背伸直肩胛骨向后收紧，很费劲但却是正确的姿势，是矫正驼背的姿势。因此，千万不要认为感觉自然舒服的动作就是最好的姿势或者运动。

此外，当我们某块肌肉或者韧带有拉伤、挫伤或者有肌腱炎时，这些地方的肌肉在运动中就会改变动作模式避免使用它们，形成代偿。那么经过一段时间就形成了一种动作模式，那就是忽视或尽量少地使用这块特定的肌肉，如果不进行功能性的训练，这块薄弱的肌肉就会“被保护”得越来越薄弱，造成身体运动中的不平衡不协调，甚至导致更严重的运动损伤。因此，我们在损伤后的恢复期要进行康复练习和功能性练习。

二、下肢平衡和力量训练

这里提到的平衡性训练是指发展身体左右两侧之间动作的对称性，以及改善与提高身体灵活性和稳定性之间的平衡。灵活性和稳定性的关系看似相互矛盾，但实际上它们必须同时发挥作用才能创造更有效率的运动。

灵活性和稳定性的改善会提升青少年的运动意识，特别是身体的左右平衡能力的意识。灵活性和稳定性，是体能训练和康复训练的基础。

（一）单腿稳定性训练

下蹲过程中出现下肢稳定性问题时，主要原因是臀中肌太弱，臀中肌往往是人们容易忽视的肌肉。它的主要作用是在跑步、跳跃或下蹲等单腿运动中稳定下肢。屈腿髋外展和直腿髋外展两种简单练习可以教会我们如何练习臀中肌。

1. 屈腿髋外展

侧身躺下，膝关节弯曲 90 度，屈髋 45 度。脚底与脊椎呈一条直线。将一侧腿部抬起，髋外展时保持双脚在一起，不要转动腰椎。臀部和肩部要在一条线上，所有动作都从臀部开始。注意，这个动作并不是转体，腰椎要保持不动，必须将大腿外展，反方向动作一致，见图 9－4－1。

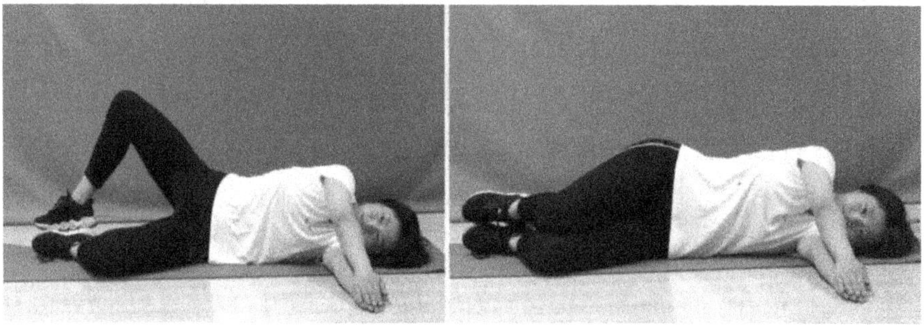

图 9－4－1

2. 直腿髋外展

侧躺，两条腿伸直，身体在一条直线上。动作开始，将上面的腿向高处提。反方向动作一致，见图 9－4－2。

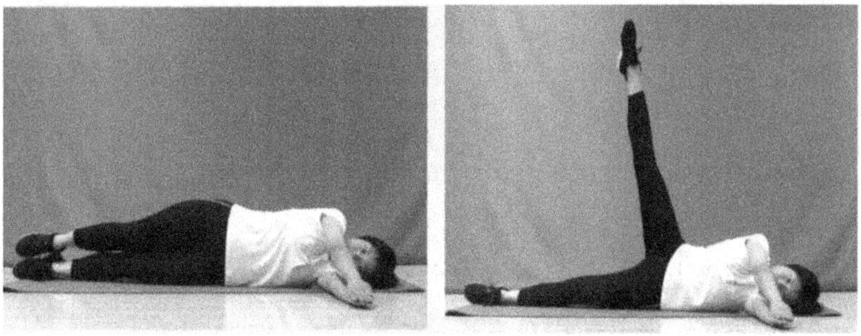

图 9－4－2

以上是开展下肢肌肉力量训练的基础，深蹲和单腿练习是发展速度和力量的关键点。但在坐姿或仰卧的状态下，无法全面发展平衡性、柔韧性和力量，还需进一步配合其他体能训练共同完成肌肉力量的综合提升。

（二）下肢肌肉力量训练

下肢肌肉力量通常以深蹲开始，深蹲反映了力量、柔韧和潜在损伤的重要信息。它可以评定髋关节和踝关节的柔韧性，以及腘绳肌和下肢的一般力量。

例如：深蹲到大腿与地面平行时出现困难，说明髋关节、踝关节和腘绳肌柔韧性不足。

这里解释一下膝关节主导的深蹲与踝关节主导的深蹲。

股四头肌力量较弱的青少年下蹲时，会通过膝关节超过脚尖来试图降低重心，直到达到踝关节活动范围的限制，这种踝关节主导的深蹲，导致膝关节过度屈曲，膝关节角度大于135度。

膝关节为主导的深蹲就是限制膝关节活动范围，膝关节不超过脚尖，达到大腿与地面平行。

完全深蹲就是大腿上部与地面平行，最好不要练习半蹲或四分之一蹲，因为不完整的深蹲不能完全发展臀肌、腘绳肌和下背部肌群，并且会使重量更重，下背部受伤的概率加大。

1. 徒手下蹲姿势

两臂前平举，手与肩在同一高度。挺胸，脊柱伸直。两脚距离大约与肩同宽，脚尖稍微向外转，大约10—15度。

下蹲时深吸气，集中精神向后坐，并将身体重心置于脚踝上。保持手部与肩部齐平。

缓慢下蹲，直到大腿上部与地面平行。刚开始练习时，不要有负重，重点强调深蹲动作的正确。

下蹲时，膝关节应在脚趾之上，膝关节不要内扣，可以使膝关节适当沿着脚尖的方向向外打开一点。

站起时缓慢呼气，胸部外挺，将重心放在上身，臀部抬起向前倾，脚踝向下使劲，见图 9－4－3。

注意：正确的姿势会使深蹲很安全。对于初学者来说，为了减少和避免运动损伤，开始时一定要利用自身重量掌握正确的动作和技巧，只有动作技巧正确后才可以适当增加一些负重完成练习（如手握哑铃等）。

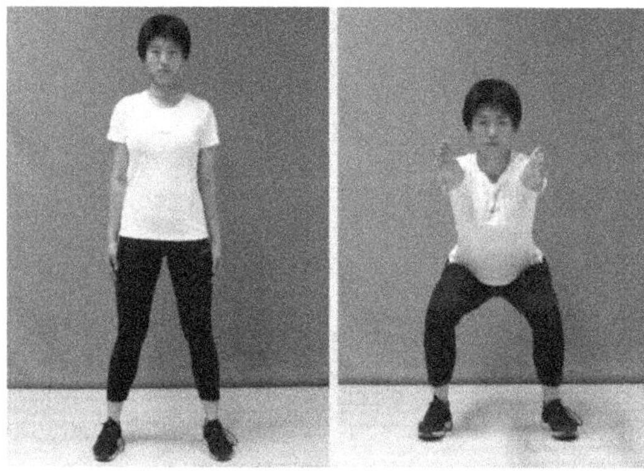

图 9－4－3

2. Bosu 球下蹲

Bosu 球下蹲是在不稳定的状态下完成的深蹲动作，见图 9－4－4。

初学者刚开始可以只是在 Bosu 球上站立维持稳定平衡，待能力提高后，按照徒手深蹲基本动作要求完成 Bosu 球下蹲，这一动作对于下肢力量和稳定协调平衡等能力的提升有很大帮助。

图 9－4－4

三、核心区训练

身体稳定性和灵活性是动作幅度和动作控制的基础，对稳定性和灵活性的训练首先从脊柱开始。脊柱必须充分灵活以适应不同的位置和运动，脊柱也必须要充分的稳定来支撑身体和能量的传递。具有爆发力、速度、灵敏和快速移动等情形的动作都要求四肢活动自如，同时要求脊柱保持稳定、高位和直立状态。当脊柱保持稳定，四肢就可以自如地进行靠近或远离身体的运动，可以说脊柱的稳定性对于提高动作效率非常重要。

当腰腹肌群、髋部肌群和背部肌群同时协同收缩就会形成一个具有强大功能的区域，叫作“核心区域”。核心训练的目的就是将身体的力量、灵活、协调和爆发力等素质都集中到身体最强大的区域，即髋部和躯干部。

不要仅仅去练腰腹肌群，更要关注核心部位。髋关节必须灵活、躯干必须强壮，强大的臀肌与核心肌群协同工作才能产生更大的能量。在核心训练中，关键在于练习大肌肉群和深层的小肌肉群，以达到提高平衡和稳定的作用。核心区训练方法所包括的训练手段一般都是采取将身体部位支撑于不稳定的表面（如：瑞士球、平衡球、小蹦床、平衡盘等），维持身体在不稳定状态下的姿态。练习核心稳定性的手段有很多种，如减小与地面的支撑面积、在平衡木上的动作练习、在三维空间里的单脚站立、突然改变重心的移动等。

（一）臀肌训练

1. 蹲起

目的：发展股四头肌、腘绳肌、臀大肌、臀中肌、臀小肌稳定肌群。

动作：直立，双脚开立，脚尖朝前，与肩同宽，挺胸收腹，两臂自然下垂。下蹲，膝盖不要超过脚尖，大腿与地面平行，双手前平举，见图 9－4－5。

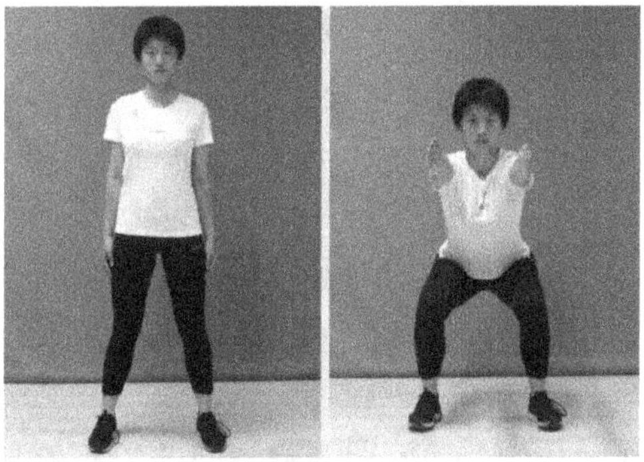

图 9－4－5

注意：膝关节不要超过脚尖，重心向后，注意调整呼吸。

2. 箭步蹲起

目的：发展股四头肌、腘绳肌、臀大肌、臀中肌、臀小肌、踝关节、躯干稳定肌群。

动作：双脚前后站立，双脚内侧呈一条直线，髋部朝前，双手叉腰。弓步下蹲，髋关节、膝关节成90度，见图9－4－6。

注意：膝关节不要超过脚尖，膝盖不要内扣，髋部不要旋转，注意调整呼吸。

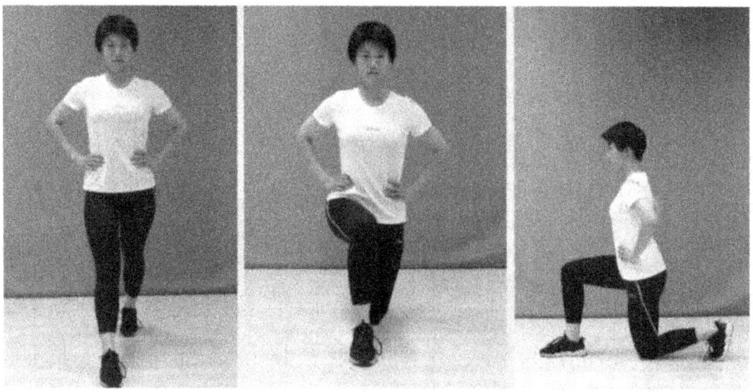

图9－4－6

3. 侧弓步蹲起

目的：发展单侧股四头肌、腘绳肌、臀大肌力量，臀中肌、臀小肌、踝关节、躯干稳定肌群，并牵拉伸直侧下肢大腿内侧肌群。

动作：双腿开立，间距两肩宽，脚尖朝前，膝关节正直。沿一侧下蹲，双手前平举，下蹲腿与地面平行，见图9－4－7。

注意：膝关节不要超过脚尖，膝关节不要内扣，注意调整呼吸。

图9－4－7

4. 侧卧直腿开合

目的：发展臀部肌群、大腿外展肌群。

动作：侧卧在垫子上，身体保持直立，双手自然前伸，双腿自然伸直，并拢。身体保持直立，缓慢抬起上方腿，见图 9－4－8。

注意：动作完成过程中，合腿时控制速度，注意调整呼吸。

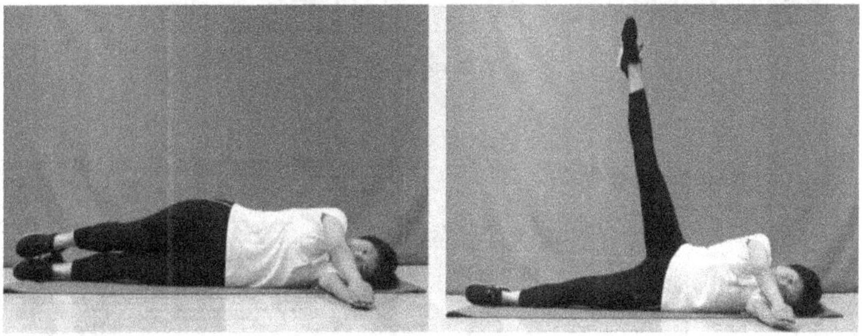

图 9－4－8

5. 俯卧腿后伸

目的：发展伸髋肌群、躯干稳定肌群。

动作：俯卧支撑垫子上，身体保持直立，膝关节保持 90 度，腰背挺直。以右侧为例，身体保持直立，慢慢向后上方抬起右腿，见图 9－4－9。

注意：动作完成过程中，回到起始动作过程中控制速度，注意调整呼吸。

图 9－4－9

6. 俯卧屈腿外展

目的：发展外展、外旋髋肌群、躯干稳定肌群。

动作：俯卧支撑垫子上，身体保持直立，膝关节保持 90 度，腰背挺直，屈膝，缓慢外展一侧腿，见图 9－4－10。

注意：动作完成过程中，回到起始动作过程中控制速度，注意调整呼吸。

图 9 –4 –10

7. 开合跳

目的：发展大腿外展肌群、臀部肌群。

动作：发展身体直立，双臂侧平举、跳跃，双臂经体侧至头顶交叉上举，双脚打开与肩同宽，膝关节不要弯曲，见图 9 –4 –11。

注意：动作完成过程中，双手在头顶完成制动，注意调整呼吸。

图 9 –4 –11

8. 下蹲转单腿站立

目的：发展股四头肌、腘绳肌、臀大肌力量、臀中肌、臀小肌稳定肌群。

动作：身体直立，双脚打开，屈膝半蹲，膝关节不要超过脚尖，重心向后。一侧腿收起，单腿站立，见图 9 –4 –12。

注意：动作完成过程中，膝关节不要超过脚尖，躯干尽可能稳定，注意调整呼吸。

图 9 –4 –12

9. 俯撑原地登山

目的：发展屈髋肌群、小腿后群肌肉力量。

动作：俯撑，双臂支撑与地面成直角。身体支撑时，要挺直腰部，抬起左腿，大腿尽量贴近腹部，同时身体重心不能有起伏，左右腿一次交替，见图 9－4－13。

注意：动作完成过程中，动作幅度加大，身体保持稳定，注意调整呼吸。

图 9－4－13

10. 弹力带俯撑伸髋

目的：发展伸髋肌群、躯干稳定肌群。

动作：俯撑，手和膝撑于地垫，手臂位于肩关节正下方，屈髋屈膝 90 度，弹力带/环置于膝关节下。单侧伸髋使得大腿平行于地面，弹力带/环保持张力，见图 9－4－14。

注意：动作完成过程中，注意躯干保持稳定，回到起始动作过程中控制速度，调整呼吸。

图 9－4－14

11. 弹力带蹲起

目的：发展股四头肌、腘绳肌、臀大肌力量、臀中肌、臀小肌稳定肌群。

动作：自然站立，脚尖朝前，双脚打开略宽于肩，双臂自然置于两侧，弹力带放于膝关节下方。双手前平举下蹲，重心向后，屈曲膝关节 90 度，抬头下颌微收，保持弹力带张力，见图 9 –4 –15。

注意：动作完成过程中，膝关节不要超过脚尖，躯干尽可能竖直，注意调整呼吸。

图 9 –4 –15

12. 实心球仰卧背桥

目的：发展伸髋肌群、躯干稳定肌群。

动作：仰卧于地垫，双手胸前交叉抱肩，屈髋 45 度、屈膝 90 度，双脚打开同肩宽，固定在瑞士球上，挺髋，保持瑞士球稳定，保持肩、髋、膝一条直线，见图 9 –4 –16。

注意：动作完成过程中，保持稳定，注意调整呼吸。

图 9 –4 –16

13. 单脚支撑弹力带屈伸外展髋

目的：股四头肌、腘绳肌、臀大肌力量、臀中肌、臀小肌稳定肌群、踝关节稳定肌群。

动作：双脚并拢，自然站立，弹力带固定于踝关节，单脚保持平衡，另一只脚分别屈髋、伸髋、外展髋关节，保持膝关节伸直，保持身体正直平衡，见图9－4－17。

注意：动作完成过程中，身体尽可能稳定，注意调整呼吸。

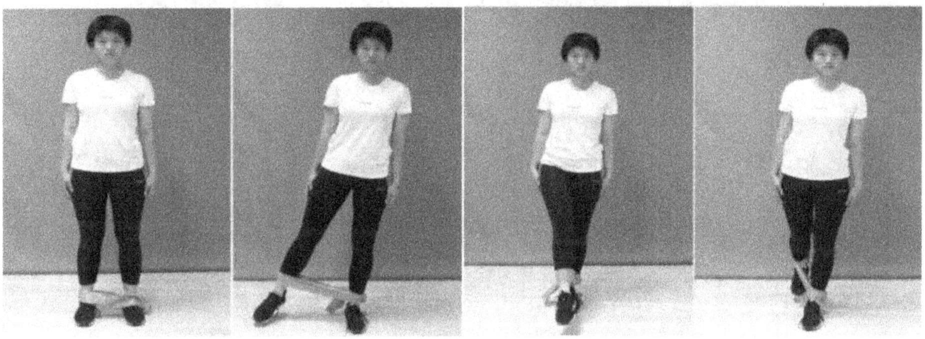

图9－4－17

14. 单腿支撑弹力带内收髋

目的：发展大腿内收肌群、踝关节稳定肌群。

动作：双脚并拢，自然站立，弹力带固定于单侧踝关节，另一侧置于固定物或同伴辅助固定。单脚保持平衡，另一只对抗弹力带完成内收动作，保持膝关节伸直，保持身体正直平衡，见图9－4－18。

注意：动作完成过程中，身体尽可能稳定，调整呼吸。

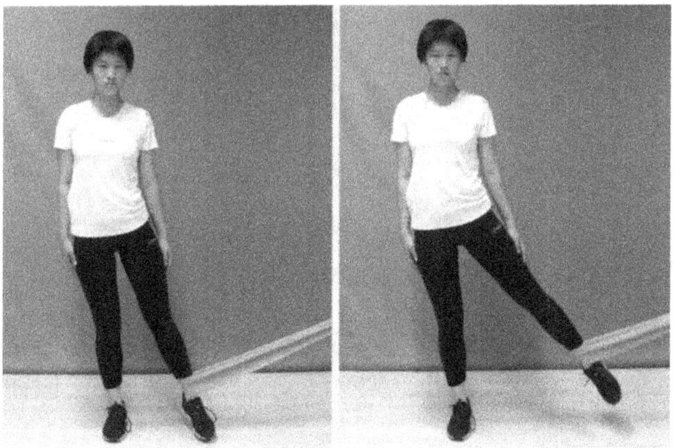

图9－4－18

15. 弹力带仰卧屈髋

目的：发展屈髋肌群、躯干稳定肌群。

动作：仰卧于垫上，单侧下肢屈髋屈膝，弹力带固定在脚面，双手自然放于两侧，充分屈髋，保持弹力带张力，见图9－4－19。

注意：动作完成过程中，躯干稳定，回到起始动作要控制速度，调整呼吸。

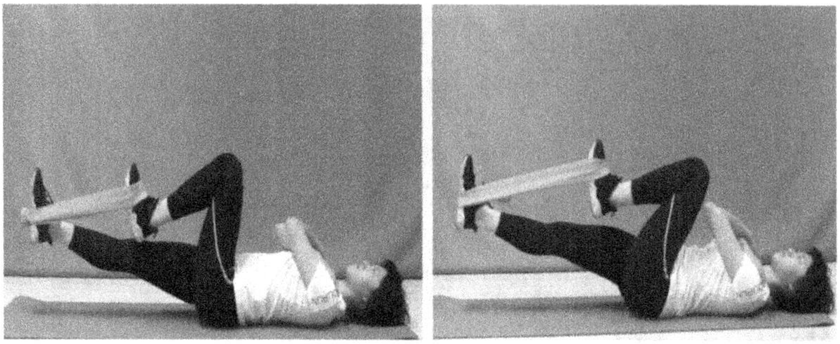

图9－4－19

（二）脊柱训练

1. 屈臂肘撑

目的：发展核心力量。

动作：双肘双脚着地，支撑身体。头、肩、髋、膝、踝呈一条直线，见图9－4－20。

注意：动作完成过程中，身体保持稳定，呈一平面，骨盆无旋转，注意调整呼吸。

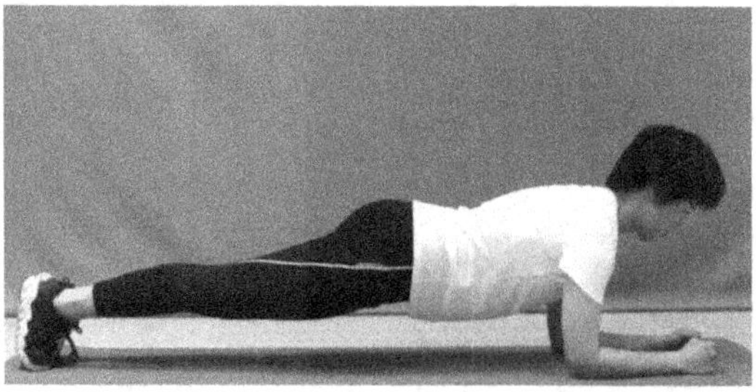

图9－4－20

2. 俯卧两头起

目的：发展竖脊肌、腰背部肌群。

动作：俯卧于地面，肩关节外展90度，屈肘90度，下肢伸直，头胸部抬起，下肢向上伸，髋抬起下肢，肩胛骨向内扣，臀部、膝关节加紧，保持身体稳定，见图9－4－21。

注意：动作完成过程中，身体稳定，调整呼吸。

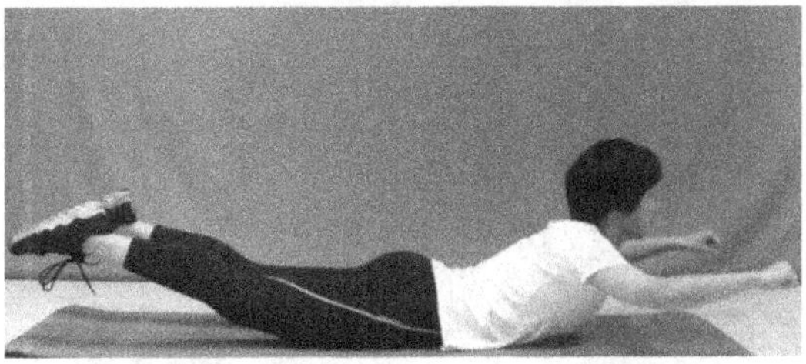

图 9－4－21

3. 侧撑

目的：发展核心力量，侧链为主。

动作：侧卧于地面，单腿、单肘撑于地面，撑起身体。肩关节外展 90 度打开，靠近地面一侧躯干保持一条直线，见图 9－4－22。

注意：动作完成过程中，身体无旋转，保持稳定，调整呼吸。

图 9－4－22

4. 肩水平外旋

目的：发展肩部灵活性。

动作：直立，双脚与肩同宽，挺胸收腹，大臂垂直地面紧贴躯干，肘关节屈，小臂垂直地面，掌心向上指向前方。完成肩关节外旋至终末端，保持 2 秒，见图 9－4－23。

图 9－4－23

5. 微屈躯干肩外旋

目的：发展肩关节灵活性，胸椎灵活性。

动作：大腿微屈俯身站姿，挺胸收腹，大臂抬起平行地面，小臂垂直地面，双手臂小臂相对合拢。完成肩关节外旋至终末端，保持 2 秒，见图 9－4－24。

注意：动作完成过程中，要缓慢，终末端保持稳定，注意调整呼吸。

图 9－4－24

6. 侧卧手触脚

目的：发展躯干稳定性，肩髋灵活性。

动作：侧卧于地面，单腿、单肘撑于地面，撑起身体。非支撑手臂外展，同侧下肢外展，手尽量触碰脚，见图 9－4－25。

注意：动作完成过程中，要缓慢，头保持中立位，注意调整呼吸。

图 9－4－25

7. 超人异侧伸展

目的：发展躯干稳定性，肩髋灵活性。

动作：俯卧于支撑垫，身体保持平直，膝关节保持 90 度，腰背挺直。以右侧为例，先右手和左腿缓慢伸开，身体保持平直，再用右肘碰左膝，见图 9－4－26。

注意：动作完成过程中，身体保持稳定，注意调整呼吸。

图 9-4-26

8. 仰卧转髋

目的：发展躯干稳定性，髋灵活性。

动作：仰卧在垫子上，身体保持平直，抬腿屈膝 90 度，身体保持平直，缓慢向左、向右转动髋关节，见图 9-4-27。

注意：动作完成过程中，身体保持稳定，注意调整呼吸。

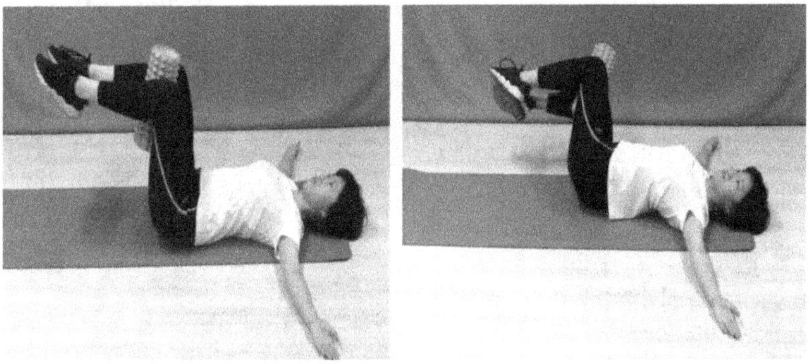

图 9-4-27

9. T 字俯卧撑

目的：躯干稳定性，肩关节稳定性。

动作：双手双脚撑地，身体保持直立，向上抬起一侧手臂，伸直，见图 9-4-28。

注意：动作完成过程中，身体保持稳定，注意调整呼吸。肩部如有疼痛，则停止该项训练。

图 9 –4 –28

10. 弹力带硬拉

目的：腰背部肌肉。

动作：双脚并拢，躯干前屈，腰部收紧，抬头下颌微收，脚踩弹力带并用手拉住，拉住弹力带伸展躯干呈直立位，见图 9 –4 –29。

注意：动作完成过程中，腰部肌肉收紧，注意调整呼吸。

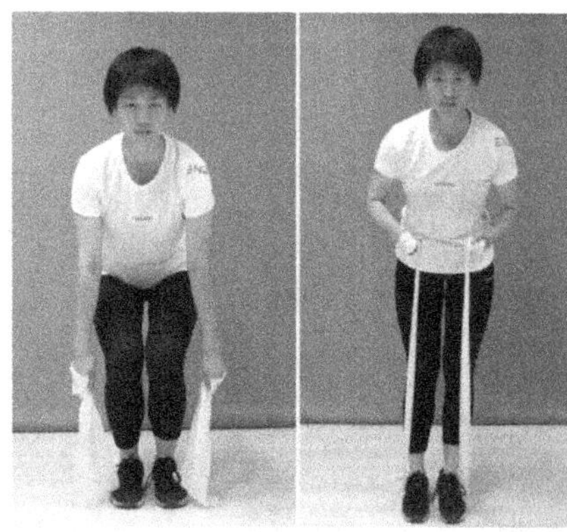

图 9 –4 –29

11. V 字坐姿弹力带外展髋

目的：腰部肌群，上固定下髋关节灵活性练习。

动作：坐位于地面，腰部收紧挺直，双手尽量平行于地面悬空，若无法完成可置于地面，屈曲髋关节约 30 度，弹力带固定在膝关节。V 字形坐姿保持稳定平衡的前提下，外展髋关节，使弹力带保持一定张力，保持稳定，见图 9 –4 –30。

注意：动作完成过程中，身体保持稳定，注意调整呼吸。

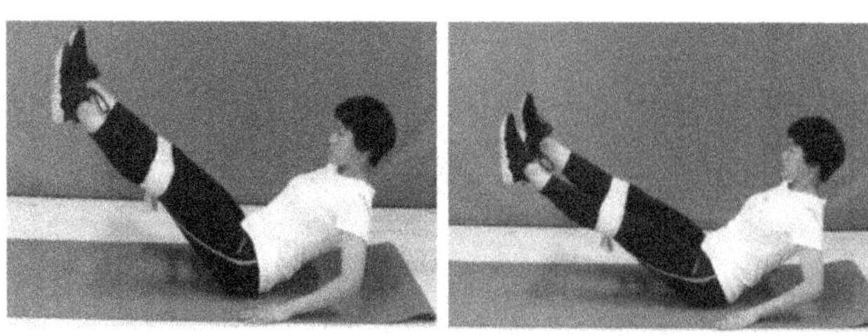

图 9 –4 –30

（三）核心区稳定球训练

1. 药球成俯撑

动作：上体直立跪在垫上，持药球置于胸部，保持躯干直立并将球推给同伴，球一出手，立即完成一个俯卧撑，见图 9－4－31，同伴再将球还给练习者，重复进行完成规定次数。

注意：动作标准，快速有力。

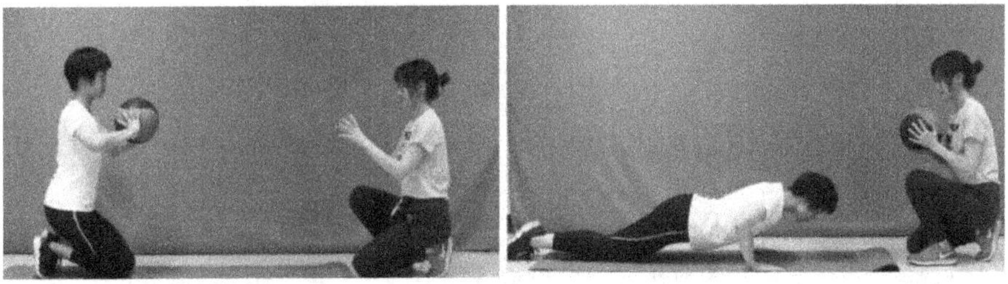

图 9－4－31

2. 持球弓步屈膝下蹲

动作：双脚站立同臀宽，双手抓住药球置于体前。向前迈一大步，髋关节和膝关节弯曲约 90 度，前面的膝关节不要超过脚尖，左右摆动药球后，前脚收回到开始姿势，见图 9－4－32。

注意：保持头部和背部在中立位置直立，肩膀和臀部在任何时候应保持直立。不要让膝盖超过脚尖，后腿膝关节不要与地面接触。

图 9－4－32

3. 持球转体

动作：两脚前后站立与肩同宽，手和胳膊轻微弯曲持药球，摆动药球至右侧后，再将药球绕到左侧，腰背部向相反方向扭转，见图9－4－33。

注意：保持躯干直立，最大限度地进行正确肌肉用力。

图 9－4－33

4. 持球侧卧摆动

动作：侧卧在 Bosu 球上伸展两腿保持平衡，持药球在头部上方并向上抬起，再向下放回药球到初始位置，重复此动作，反方向重复此动作，见图 9－4－34。

注意：双脚始终着地，同时避免屈髋。

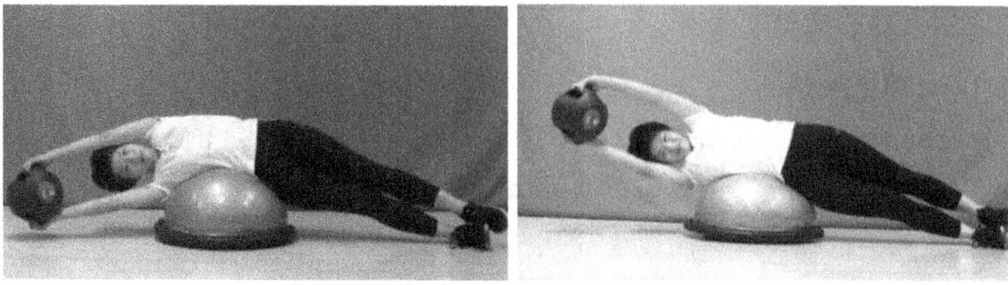

图 9－4－34

5. 仰卧屈膝持球臀桥

动作：仰卧在垫子上，双手握住药球，大腿与小腿之间约成 90 度，两臂向上举手到胸前，抬高臀部，脚后跟撑地，见图 9－4－35。

注意：腹部臀部收紧，腹部不要塌下去。

图 9－4－35

6. 仰卧单腿两头起

动作：一腿膝关节弯曲躺在垫子上，双手持球放在头上方，肘关节在视线之外，头在中间，收缩腹部，抬高肩部离开垫子，伸展两臂，同时抬高一条腿指向天花板，将药球触碰到抬高腿的脚尖，再返回到开始姿势，见图 9－4－36。

注意：保持头部和背部在中立位置。过伸或屈曲可能造成伤害。

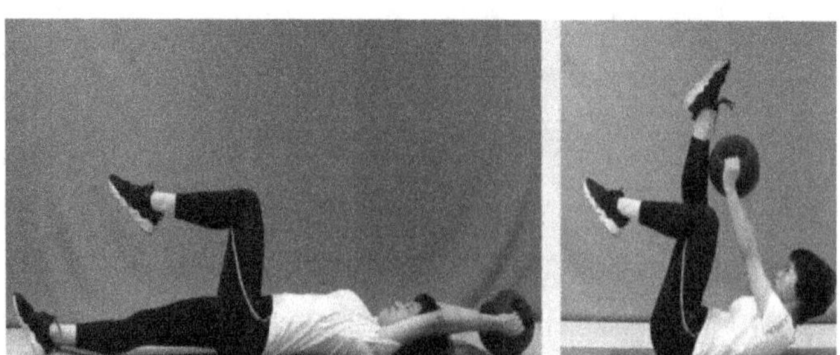

图 9－4－36

（四）其他训练

1. 俯撑平板支撑

动作：俯卧用脚趾和手肘维持平衡，同时，保持从脚跟到头部为一条直线，见图 9－4－37。

注意：前侧链肌群持续收紧。

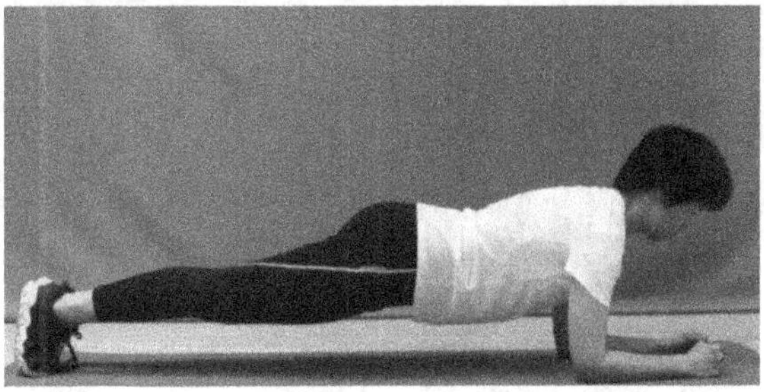

图 9－4－37

2. 单侧臂肘撑

动作：身体侧面着地，然后左肘撑起，使身体从头到脚保持一条直线。重复另一侧肘关节侧撑，见图9－4－38。

注意：侧链肌群持续收紧。

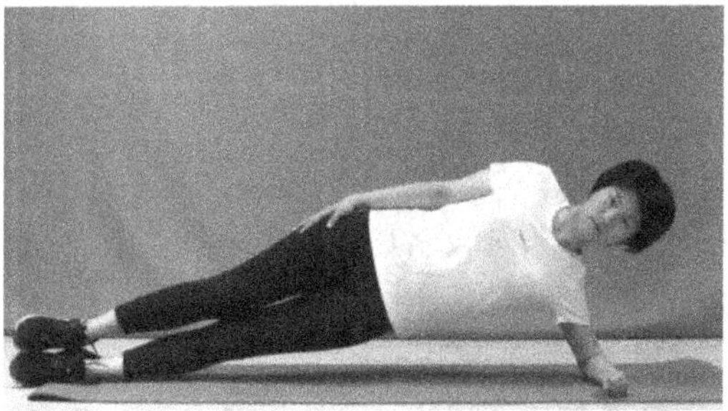

图 9－4－38

3. 仰卧臀桥

动作：仰卧，举起双腿与躯干成 90 度，然后臀部抬高，头、肩膀和手臂触地。可以通过双手握药球增加难度，见图 9－4－39。

注意：背侧链肌群持续收紧，注意髋关节的控制。

图 9－4－39

4. 仰卧屈腿提臀起

动作：仰卧，屈髋90度，踝关节背屈。将臀部抬高，头、肩膀和手臂触地，见图9－4－40。

注意：核心肌群主动发力，还原过程中做离心收缩，速度要慢。

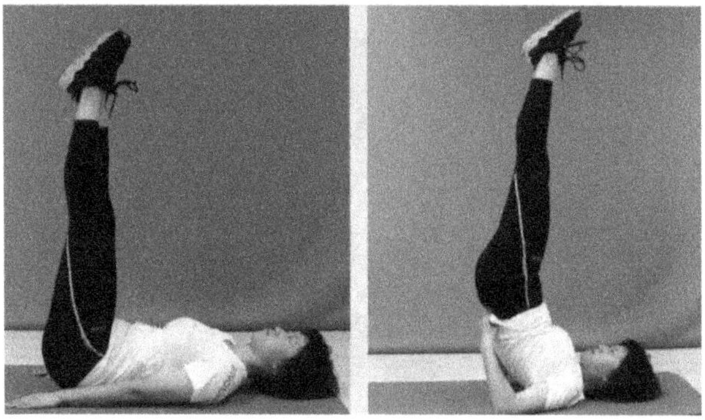

图9－4－40

5. 坐姿持球躯干摆动

动作：坐于垫上，并使身体与臀部、大腿与小腿之间弯曲的角度为90度，抓住药球或小哑铃左右摆动，摆动时应靠近躯干，见图9－4－41。

注意：保持臀部不要随着肩部旋转。

图9－4－41

四、爆发力和灵敏训练

（一）爆发力和灵敏测试

爆发力并不是力，而是功率。是指在最短时间内使器械或人移动到尽量远的距离的能力。例如，两个人最大卧推都可以推动50kg的杠铃，具有相同的力量能力，但通过进一步分析可能会发现，其中一人完成一次完整的卧推动作只需要2—3秒，而另一人完成同样重量的完整卧推动作需要10—15秒。

他们表现出相同的力量，但是利用时间少的功率——爆发力更大。又比如重量相同的两位学生完成深蹲动作时，蹲起的重量相同，但是在弹跳能力上表现不同，弹跳水平高的具有较好的爆发力。因此，爆发力不是通过获得的力量来衡量，而是通过利用所获得力量的能力表现出来，并且使力量变得更有效、更协调、动作更顺畅。

灵敏训练必须以良好的力量为基础，速度训练必须以耐力训练为基础。对于灵敏性最准确的定义应该是"有控制下的反应"。好的灵敏性体现在进行投掷、游泳等运动时，动作精准而有爆发力。还体现在当进行跑、跳或篮球侧切等运动时，能够快速地加速、减速或改变方向。

爆发力测试有垂直纵跳，灵敏性测试包括 T 形测试、六边形测试。

1. 爆发力测试——垂直纵跳

纵跳是体育运动基本动作之一，分为原地纵跳和助跑纵跳。这里提到的爆发力测试纵跳是原地没有手臂预摆的起跳动作，是人体在中枢神经系统的控制下，依靠身体各环节的协调配合，发挥下肢肌群的最大爆发力，以达到最佳纵向起跳效果的技术动作。

也可以测试左右两腿的单腿垂直纵跳的高度，双腿之间的差距不能高于15%，如果差距高于15%，那就明显存在左右侧力量不平衡的问题。为了测试安全，单腿测试时，单脚起跳，双脚落地。

2. 灵敏性测试——T 形测试

摆放标志物见图 9－4－42。测试者从 A 点出发快速跑到 B 点并触摸标志物，然后侧向并步到 C 点，用左手触及标志物，然后迅速向 D 点侧向并步移动，用右手触及标志物再迅速回到 B 点，然后后退跑回 A 点。由 B—C—D—B 过程中，脸始终朝向一个方向。必须按要求完成测试，否则需要重新开始。取 3 次中的最好一次成绩作为测试成绩。

3. 灵敏性测试——六边形测试

在防滑的地面上画一个六边形，每边长 60 厘米，两边夹角 120 度，测试者开始测试时站在六边形的中心，在整个测试过程中测试者的脸始终朝着一个方向。听到开始口令，测试者双脚跳过自己正前方的边线，然后快速跳回到圆心，按照顺时针的方向依次跳过 6 条线 3 周为一个完整的测试。必须按照要求完成测试，否则重新开始。取 3 次中最好的一次成绩记录。如果落在线上、失去平衡或者是垫步等情况出现视为失败，休息 1—2 分钟，需重新开始测试。

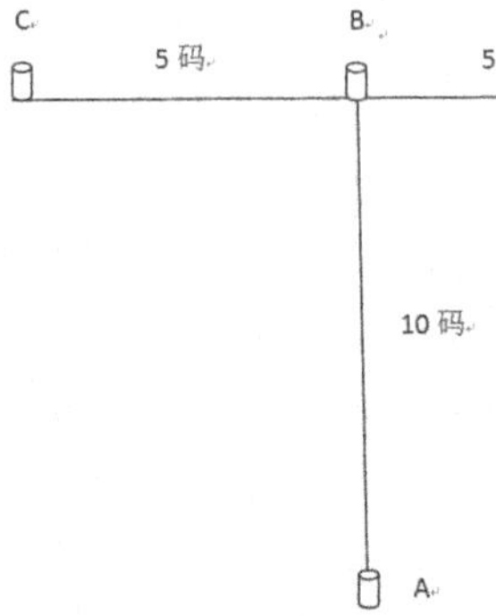

图9－4－42

（二）爆发力训练

1. 多边形跳跃

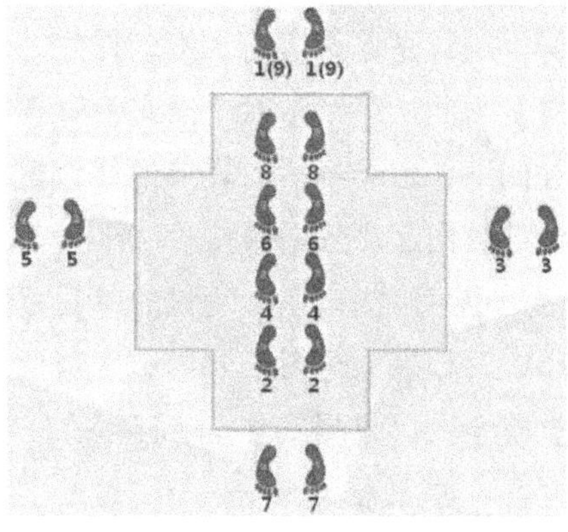

图9－4－43

目的：提高下肢快速收缩恢复能力与神经控制肌肉能力。

动作：正向站于由栏架摆放的规则图形内，身体保持正直。

按照既定路线进行跳进跳出，身体始终面朝一个方向；膝盖微屈缓冲落地；背向、侧向跳跃时注意身体姿态的保持与控制。可通过改变栏架高度、起跳节奏路线等增减难度，见图9－4－43。

2. 踏下伸展跳

图9－4－44

目的：提高神经肌肉的协调配合能力和下肢爆发力，见图9－4－44。

动作：站立在跳箱上，单腿缓慢踏下。下落过程中呈滚筒式落地，主动缓冲，手臂制动；下肢爆发用力迅速蹬地、摆臂向前上方跳跃，稳定落地。落地－起跳阶段转换迅速，形成拉长－缩短循环周期。可通过变换不同跳箱高度增减训练难度。

3. 跳箱正向剪步跳

目的：基础爆发力训练方法；提高整体协调配合能力、神经控制肌肉能力、下肢爆发力与离心收缩能力；保持姿态能力。

动作：左侧屈髋屈膝，成90度踏上跳箱，右腿支撑，双臂在身体两侧制动。双腿爆发用力蹬伸，摆臂迅速，高高跃起，在空中用剪刀步伐交换，滚筒式落地，交换跳跃，重复。髋关节、膝关节保持中立位；落地－起跳阶段转换迅速，形成拉长－缩短循环周期。可以通过不同跳箱高度和动作节奏来增减动作难度，见图9－4－45。

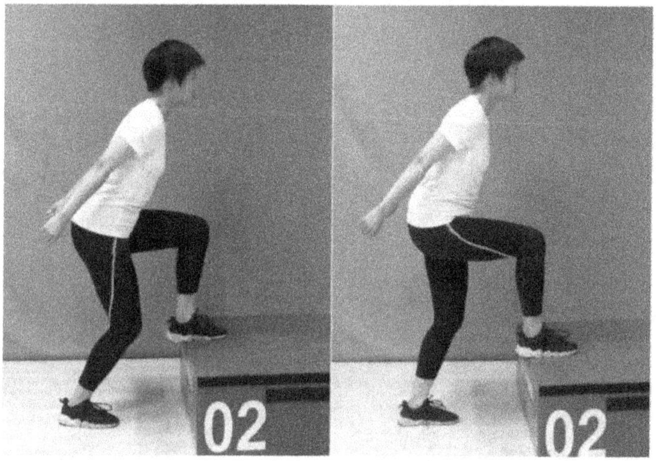

图9－4－45

4. 跳箱侧向剪步跳

目的：基础爆发力训练；提高整体协调配合能力、神经控制肌肉能力与下肢爆发力与离心收缩能力；保持姿态能力。

动作：右腿屈髋屈膝，成90度侧向踏上跳箱，左腿支撑，双臂在身体两侧自然摆动。双腿爆发用力蹬伸，摆臂迅速，高高跃起，在空中用剪刀步伐交换，滚筒式落地，交换跳跃，重复。髋关节、膝关节保持中立位；落地－起跳阶段转换迅速，形成拉长－缩短循环周期。可以通过不同跳箱高度和动作节奏来增减动作难度，见图9－4－46。

图 9 –4 –46

5. 跳箱连续跳跃

目的：提高神经肌肉的协调配合能力、下肢爆发力与跳跃空间感知能力。

动作：站立在跳箱上。起跳，双脚缓冲落地至两跳箱中间位置，落地双脚呈滚筒式落地，手臂制动；下肢爆发用力迅速蹬地、摆臂向前上方跳跃，跳过前方跳箱，稳定落地。可通过跳箱不同高度和个数来增减训练难度，见图 9 –4 –47。

图 9 –4 –47

6. 无预摆剪步跳跃

目的：提高神经肌肉的协调配合能力、臀肌主动收缩能力、下肢爆发力与离心收缩能力、躯干稳定性。

动作：双手叉腰；前屈腿 90 度，膝关节与第二脚趾垂直；后伸腿，大腿与地面垂直，膝关节尽量贴近前屈腿足踵，膝盖离地 5 厘米；髋关节中立位。下肢协调配合，爆发用力，高高跃起，在空中用剪刀步伐交换；缓冲落地；交换跳跃，循环往复，见图 9 –4 –48。

图 9－4－48

7. 绳梯开合俯卧撑

目的：提高上肢爆发力训练、上肢离心收缩能力，神经肌肉的协调配合能力与躯干稳定性。

动作：平板俯卧撑姿势于绳梯末端（出发位置）。

四肢协调用力，开撑于绳梯第 1 格外侧，迅速撑地，合撑于绳梯第 2 格内侧；循环向前。可以通过改变俯卧撑形式、节奏等增减训练难度，见图9－4－49。

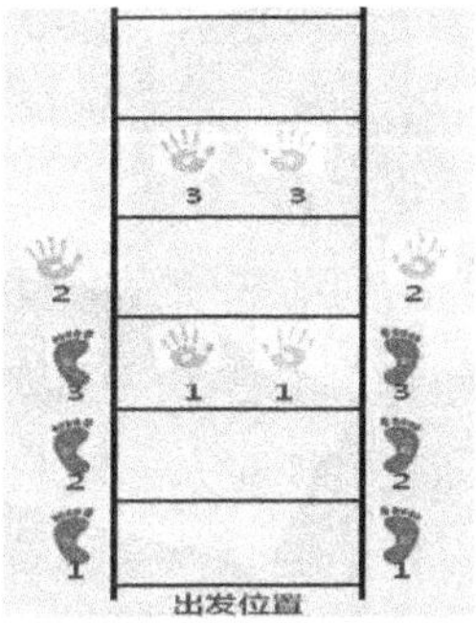

图 9－4－49

（三）灵敏训练

灵敏就是快速改变身体方向的能力。大多数（并非全部）场地上的项目都需要灵敏素质。青少年在运动中，必须要对外界刺激快速作出调整和改变方向的反应。灵敏素质主要是视觉和判断能力，以及身体能力。青少年灵敏素质的发展需要在短时间内快速制动身体，并重新起动。因此，身体质量是影响变向能力的主要因素。质量大的物体必须付出更大的力量去制动和起动。下面介绍几种灵敏素质训练方法。

1. 格内双脚交替前进

目的：频率基础练习，纠正动作，形成正确的身体姿态。

动作：正向站于绳梯末端（出发位置），身体保持正直。

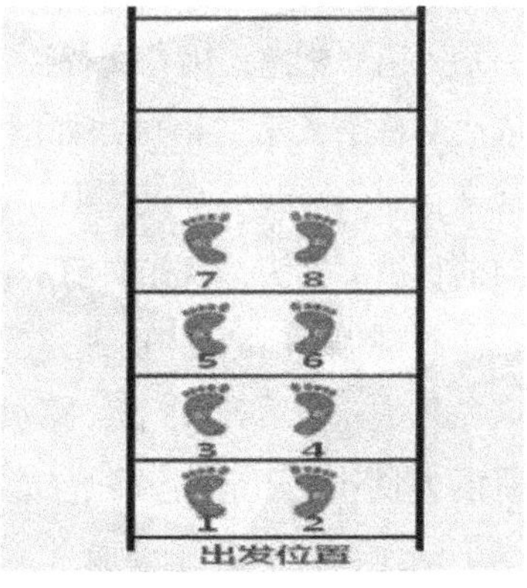

图 9－4－50

向前运动，一格内两次踏频，见图 9－4－50，双臂自然摆动，眼睛目视前方，躯干正直，略微前倾；髋关节保持中立位。

2. 格内双脚交替后退

目的：频率基础练习，纠正动作，形成正确的身体姿态与空间感觉能力。

动作：背向站于绳梯末端（出发位置），身体保持正直，见图 9－4－51。

后退运动，一格内两次踏频，双臂自然摆动，眼睛目视前方，躯干正直，略微前倾；髋关节保持中立位。

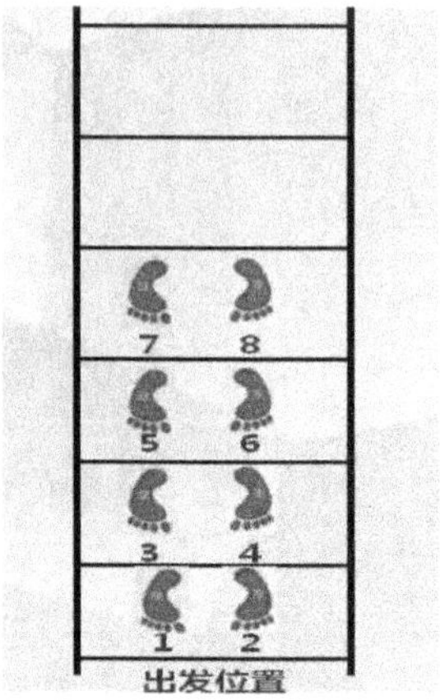

图 9－4－51

3. 格内格外双脚交替前进

目的：基础练习，培养灵敏性及节奏感。

动作：正向站于绳梯末端，身体保持正直（出发位置）。

向前运动，格内格外两次踏频，见图 9－4－52，随着动作熟练，可以加快下肢摆动速度；双臂自然摆动，目视前方，躯干正直。略前倾，髋关节中立位。

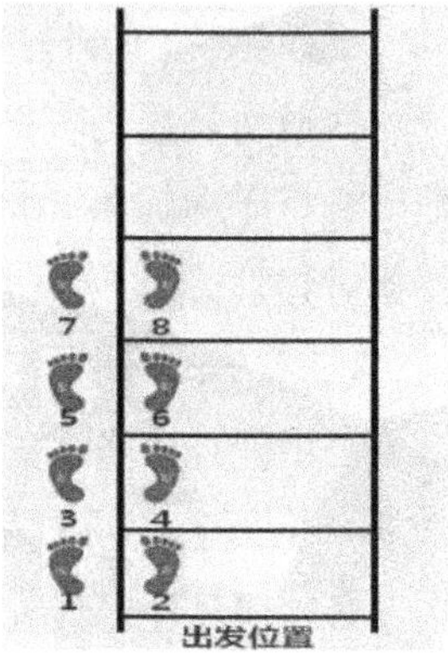

图 9－4－52

4. 双脚交替开合前进

目的：提高腰椎稳定性、躯干稳定性、神经控制肌肉能力，协调配合能力与下肢外展、内收肌群的快速收缩能力。可调整动作频率、节奏等来增减运动强度，得到个性化的练习效果。

动作：正向站于绳梯末端（出发位置）。双脚交替踏入第一格内，接着交替迈向第二格两边外侧，然后依次交替踏入第二格内，如图 9－4－53 所示，双脚交替开合向前。髋关节保持中立位，下肢协调配合使身体向前行进。抬头，目光向前平视，双臂自然摆动。

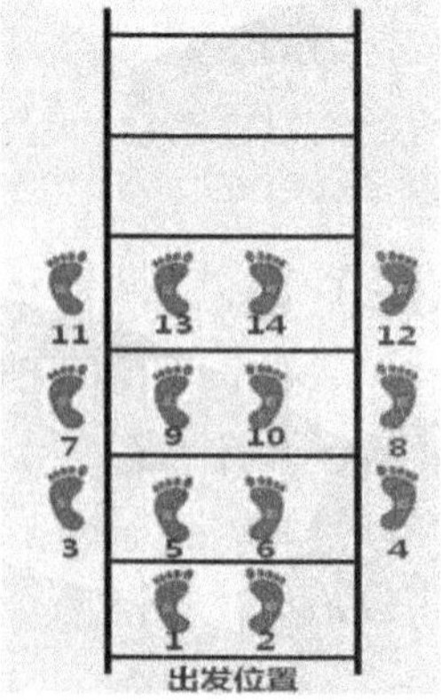

图 9－4－53

5. 双脚单脚交替前进

目的：提高踝关节、膝关节运动的稳定性、下肢肌群力量、上下肢协调配合能力；躯干稳定性。

动作：正向站于绳梯末端（出发位置）。双脚同时迈向第一格左右两侧，接着右脚跳入第一格内，左侧大小腿折叠不着地，然后双脚落于第二格左右两侧，之后左脚跳入第二格内，见图 9 – 4 – 54，按照这样的规律，依次双脚单脚交替向前进。过程中保持躯干稳定，髋关节中立位。可通过改变动作节奏、频率等来增减运动强度。

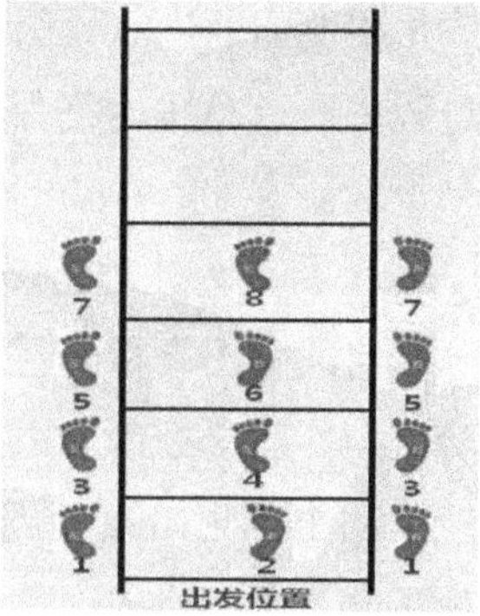

图 9 – 4 – 54

6. 外脚单进向前进

目的：培养空间感知能力及节奏感，提高神经控制肌肉及运动的协调配合能力。

动作：正向站于绳梯末端（出发位置），身体保持正直。双脚同时跳向第一格左侧，接着左脚跳入第一格内，然后双脚同时跳向第二格右侧，然后右脚跳入第二格内，按照这样的规律依次单双脚前进，见图 9 – 4 – 55 所示，循环往复。

双臂自然摆动，眼睛目视前方；躯干始终保持正直，略微前倾。

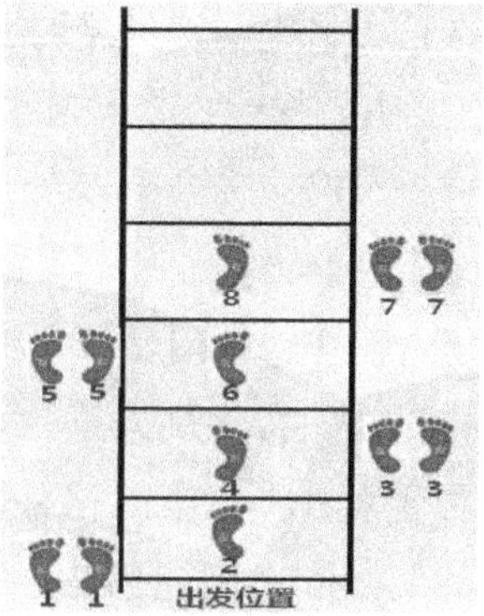

图 9 – 4 – 55

7. 双脚轮站向前进

目的：空间感知能力及节奏感，提高神经控制肌肉及协调配合能力。

动作：正向站于绳梯末端（出发位置），身体正直。

左脚跳入第一格外左侧，右脚跳入第一格内，接着左脚跳入第一格内，右脚跳入第一格外右侧。然后左脚跳入第二格内，接着双脚同时一脚在第二格左侧，一脚跳入第二格内，按照这样的规律，如图 9 – 4 – 56 所示依次双脚轮站向前进。双臂自然摆动，目视前方；躯干正直，略前倾；髋关节中立位。

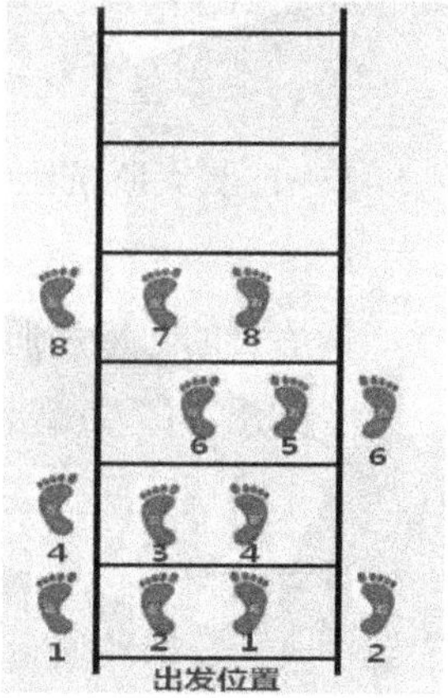

图 9 – 4 – 56

8. 双脚格内侧向前进

目的：空间感知能力及节奏感，下肢肌肉快速收缩能力，踝关节灵活性。

动作：侧向站于绳梯末端（出发位置）。双脚先后跳入第一格内，身体保持正直。接着按照先后交替双脚依次跳入第二格内，按照这样的规律依次双脚格内侧向前进。见图9－4－57，循环往复。前进过程中要求身体始终保持正直并面向前侧，双臂紧贴裤线。

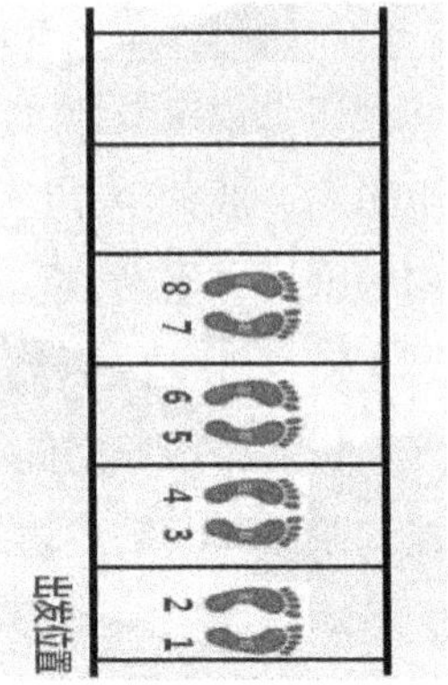

图9－4－57

9. 格子内外进出侧行

目的：提高神经控制肌肉能力，上下肢协调配合能力，躯干控制能力与下肢肌肉快速收缩能力。

动作：侧向站于绳梯末端（出发位置）。双脚依次踏入第一格内，然后向后退向第二格外，再依次进入第二格内，按照这样的规律依次进行格子内外进出侧向前进，见图9－4－58，循环往复。身体保持正直，双臂自然摆动，身体保持正直。

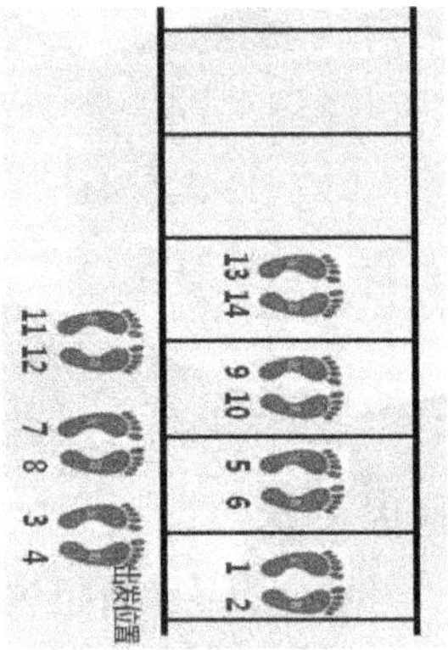

图9－4－58

10. 格子内外侧向V形跳

目的：提高下肢外展、内收肌群的主动收缩能力及控制力。

动作：侧向站于绳梯末端（出发位置），身体保持正直。右脚跳入第一格内，左脚在第二格外，接着变换右脚在第二格外，左脚第二格内，按照这样的规律依次侧向前进，见图9－4－59，循环进行。可通过调整动作频率、节奏等来增减运动强度，提高神经控制肌肉及协调能力。

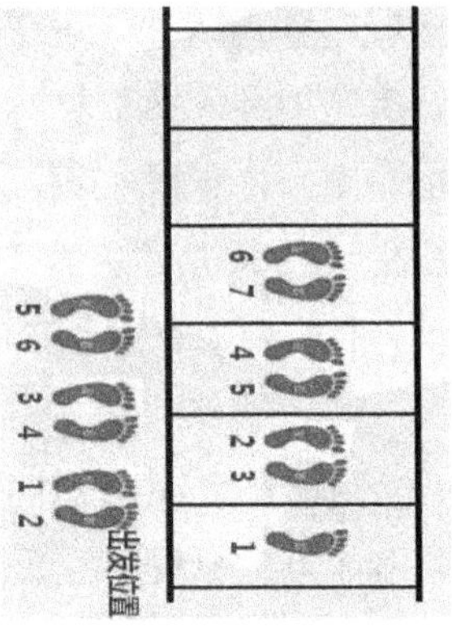

图9－4－59

五、身体各大肌群的抗阻训练

（一）胸大肌抗阻训练

1. 健身球仰卧哑铃飞鸟

锻炼目的：增加肌肉力量和肌肉耐力。

身体位置：双脚自然开立，将身体躺在健身球上，双手对握，闭握住哑铃。

姿态与稳定：全脚掌着地，大小腿接近90度，骨盆中立，背部贴紧健身球，腹部收紧，肩胛骨后缩下降，肘关节微曲，腕关节中立，见图9－4－60。

运动轨迹：由下至上。

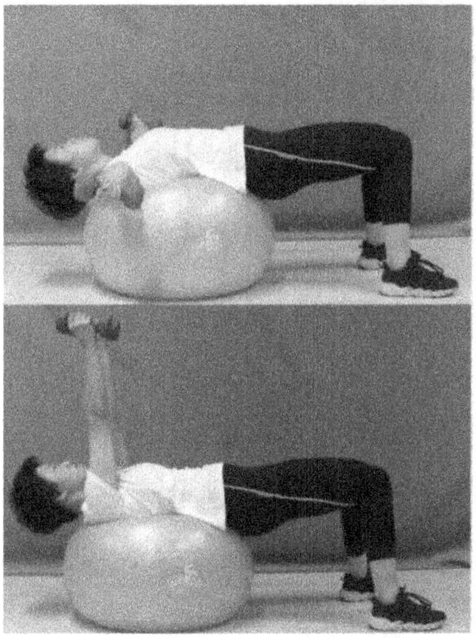

图 9-4-60

动作幅度与安全提示：向下至大臂与地面平行，肘关节可略低于肩关节；向上至手臂与躯干垂直，胸大肌充分收缩。

向下时过分下降可能会造成肩关节的损伤；向上时避免肘关节的超伸，避免损伤。

动作速度：向下 2—4 秒；向上 2—4 秒。

呼吸方法：向上呼气，向下吸气。

2. 弹力带站姿胸前平推

锻炼目的：增加肌肉力量和肌肉耐力。

身体位置：双脚自然开立站立，双手握住弹力带两端。

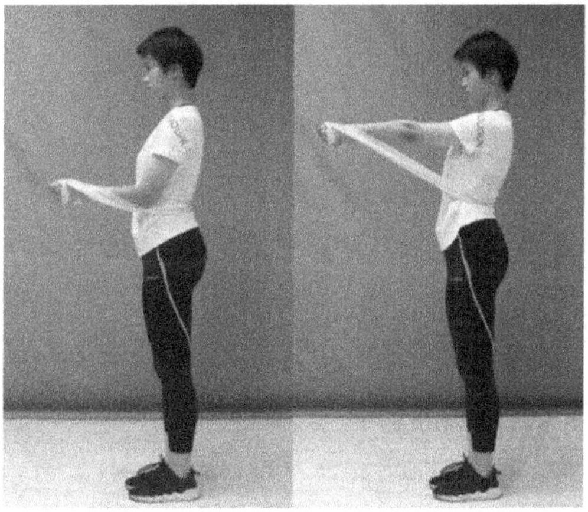

图 9-4-61

姿态与稳定：挺直背部，腹部收紧，骨盆中立，肩胛骨后缩，肘关节弯曲，腕关节伸直，见图 9-4-61。

运动轨迹：由后向前。

动作幅度与安全提示：向后时肘关节约为 90 度，上臂与肩同高；向前至手臂与躯干垂直，胸大肌充分收缩。

过分向后可能会造成肩关节的损伤；向前时避免肘关节的超伸，避免损伤。

动作速度：向前 2—4 秒；向后 2—4 秒。

呼吸方法：向前呼气，向后吸气。

3. 俯卧撑

锻炼目的：增加肌肉力量和肌肉耐力。

身体位置：双脚自然开立呈俯身姿态，双手支撑在肩膀正下方，略微靠外。

姿态与稳定：双脚脚尖支撑地面，双脚伸直，腹部收紧，背部打直；双臂垂直于地面，肘关节微屈，腕关节后伸，见图9－4－62。

运动轨迹：由下至上。

动作幅度与安全提示：向上至手臂自然伸直，胸大肌充分收缩；向下至上臂和前臂接近90度；向上时肘关节微屈，不要超伸。

动作速度：向下2—4秒；向上2—4秒。

呼吸方法：向上呼气，向下吸气。

图9－4－62

4. 健身球俯卧撑

锻炼目的：增加肌肉力量和肌肉耐力。

身体位置：双脚自然开立呈俯身姿态，双脚位于健身球上，双手支撑在肩膀正下方，略微靠外。

姿态与稳定：双脚支撑在健身球上，双腿伸直，腹部收紧，保持平衡，背部打直；双臂垂直于地面，肘关节微屈，腕关节后伸，见图9－4－63。

运动轨迹：由下至上。

动作幅度与安全提示：向上至手臂自然伸直，胸大肌充分收缩；向下至上臂和前臂接近90度；向上时肘关节微屈，不要超伸。

动作速度：向下2—4秒；向上2—4秒。

呼吸方法：向上呼气，向下吸气。

图9－4－63

（二）背阔肌抗阻训练

1. 单臂哑铃俯身划船

锻炼目的：增加肌肉力量和肌肉耐力。

身体位置：单腿跪于长凳上，单手支撑，支撑手与躯干垂直；另一手闭握哑铃，肘关节微屈。

姿态与稳定：挺直背部，腹部收紧，骨盆中立，肩胛骨后缩，肘关节弯曲，腕关节伸直，见图 9－4－64。

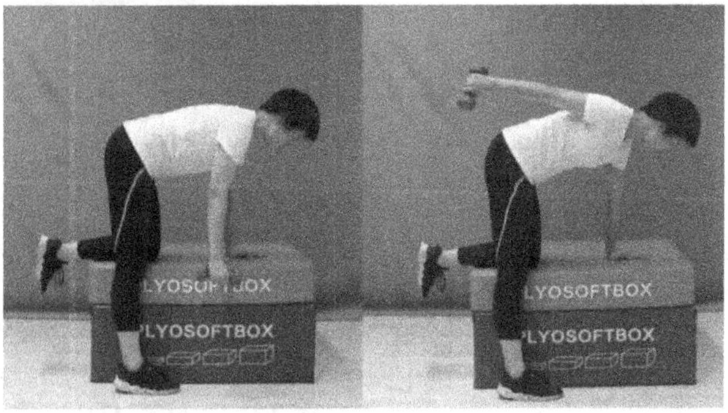

图 9－4－64

运动轨迹：由下至上。

动作幅度与安全提示：向下时肘关节不能超伸；向上时肘关节成 90 度，上臂夹紧靠近躯干，背阔肌充分收缩。

向下时肘关节不能超伸，避免损伤肘关节；向上时不要过分上抬，避免损伤肩关节。

动作速度：向上 2—4 秒；向下 2—4 秒。

呼吸方法：向上呼气，向下吸气。

2. 弹力带坐姿划船

锻炼目的：增加肌肉力量和肌肉耐力。

身体位置：双腿伸直坐于垫上，脚尖朝上，将弹力带绕过双脚，双手锁紧弹力带的两端。

姿态与稳定：骨盆中立，挺直背部，收紧腹部，保持身体的稳定，肩胛骨后缩，起始位置将弹力带位于膝关节上方。

运动轨迹：由前向后。

动作幅度与安全提示：前方时肘关节微屈，膝关节不能弯曲，向后时上臂夹紧，尽量靠近躯干，背阔肌充分收缩，肘关节可以略后于肩关节。

过分向后可能会造成肩关节的损伤；向前时避免肘关节的超伸，避免损伤，见图9－4－65。

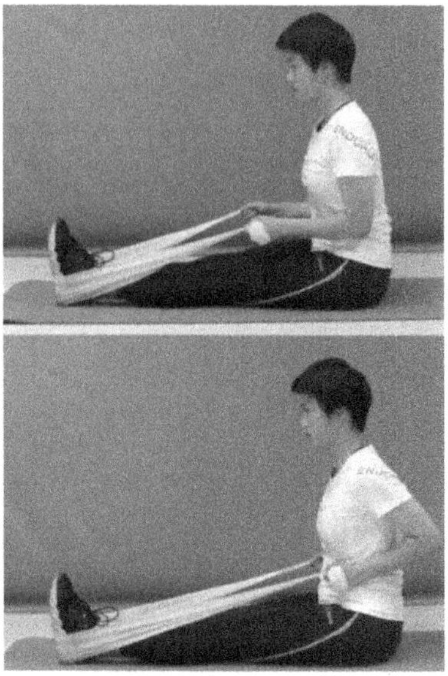

图9－4－65

动作速度：向前2—4秒；向后2—4秒。

呼吸方法：向后呼气，向前吸气。

（三）三角肌抗阻训练

1. 健身球哑铃坐姿推举

锻炼目的：增加肌肉力量和肌肉耐力。

身体位置：双脚自然开立坐于健身球上，双手正握闭握住哑铃。

姿态与稳定：骨盆中立，挺直背部，收紧腹部，保持身体的稳定，肩胛骨后缩。肘关节成90度，上臂与肩同高，腕关节伸直，见图9－4－66。

图9－4－66

运动轨迹：由下至上。

动作幅度与安全提示：向下至上臂与肩同高，肘关节接近90度，向上时肘关节伸直，三角肌充分收缩。上臂夹紧尽量靠近头部；向上时避免肘关节的超伸，避免损伤。

动作速度：向下2—4秒；向上2—4秒。

呼吸方法：向上呼气，向下吸气。

2. 哑铃站姿前平举

锻炼目的：增加肌肉力量和肌肉耐力。

身体位置：双脚自然开立站立，双手正握闭握住哑铃。

姿态与稳定：挺直背部，腹部收紧，骨盆中立，肩胛骨后缩，肘关节弯曲，腕关节伸直，见图9-4-67。

运动轨迹：由后向前。

动作幅度与安全提示：向后至肘关节伸直；向前至手臂与躯干垂直，三角肌充分收缩。

过分向前可能会造成肩关节的损伤；向后时避免肘关节的超伸造成损伤。

动作速度：向前2—4秒；向后2—4秒。

呼吸方法：向前呼气，向后吸气。

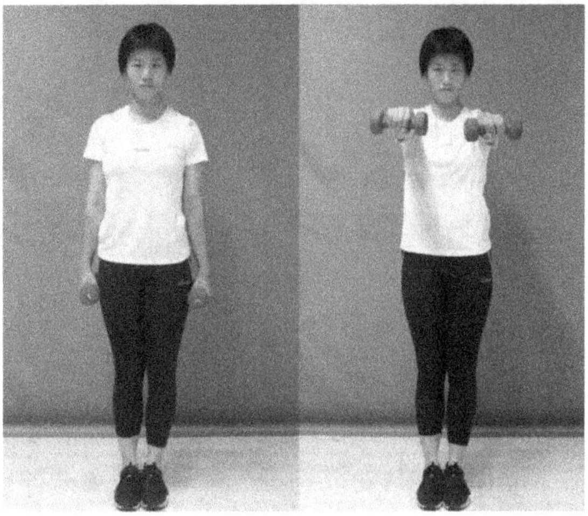

图9-4-67

3. 哑铃站姿侧平举

锻炼目的：增加肌肉力量和肌肉耐力。

身体位置：双脚自然开立站立，双手对握闭握住哑铃。

姿态与稳定：挺直背部，腹部收紧，骨盆中立，肩胛骨后缩，肘关节弯曲，腕关节伸直，见图9-4-68。

运动轨迹：由下向上。

动作幅度与安全提示：向下至肘关节伸直；向上至手臂与肩同高，三角肌充分收缩。

过分向上可能会造成肩关节的损伤；向下时避免肘关节的超伸造成损伤。

动作速度：向上2—4秒；向下2—4秒。

呼吸方法：向上呼气，向下吸气。

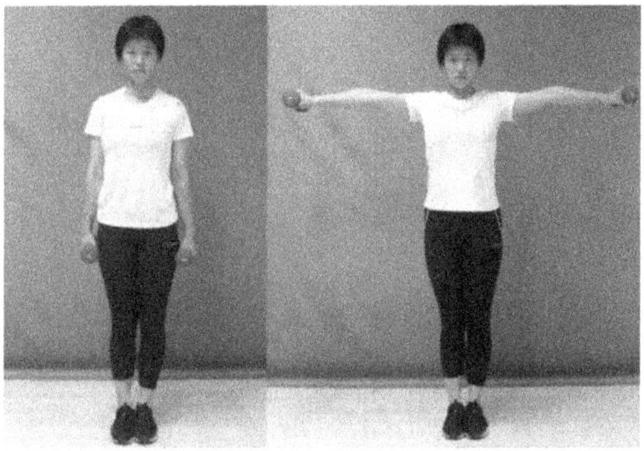

图9-4-68

4. 健身球哑铃坐姿侧平举

锻炼目的：增加肌肉力量和肌肉耐力。

身体位置：双脚自然开立坐于健身球上，双手对握闭握住哑铃。

姿态与稳定：骨盆中立，挺直背部，收紧腹部，保持身体的稳定，肩胛骨后缩。肘关节微屈，腕关节伸直，见图9－4－69。

图9－4－69

运动轨迹：由下至上。

动作幅度与安全提示：向下至肘关节伸直；向上至手臂与肩同高，三角肌充分收缩。

过分向上可能会造成肩关节的损伤；向下时避免肘关节的超伸造成损伤。

动作速度：向上2—4秒；向下2—4秒。

呼吸方法：向上呼气，向下吸气。

5. 哑铃俯身飞鸟

锻炼目的：增加肌肉力量和肌肉耐力。

身体位置：双脚自然开立，俯身，膝关节微屈，双手对握，闭握住哑铃。

姿态与稳定：双脚自然开立，骨盆中立，收紧腹部，肩胛骨后缩，肘关节微屈，腕关节中立，见图9－4－70。

运动轨迹：由下至上。

动作幅度与安全提示：向下至肘关节伸直；向上至上臂与肩同高，三角肌充分收紧。

向下时避免肘关节的超伸，避免损伤。向上时肘关节弯曲。

动作速度：向下2—4秒；向上2—4秒。

图9－4－70

呼吸方法：向上呼气，向下吸气。

6. 弹力带站姿侧平举

锻炼目的：增加肌肉力量和肌肉耐力。

身体位置：双脚自然开立站立，将弹力带置于双脚下面，双手握住弹力带的两端。

姿态与稳定：挺直背部，腹部收紧，骨盆中立，肩胛骨后缩，肘关节弯曲，腕关节伸直，见图9－4－71。

运动轨迹：由下向上。

动作幅度与安全提示：向下至肘关节伸直；向上至手臂与肩同高，三角肌充分收缩。

过分向上可能会造成肩关节的损伤；向下时避免肘关节的超伸造成损伤。

动作速度：向上2—4秒；向下2—4秒。

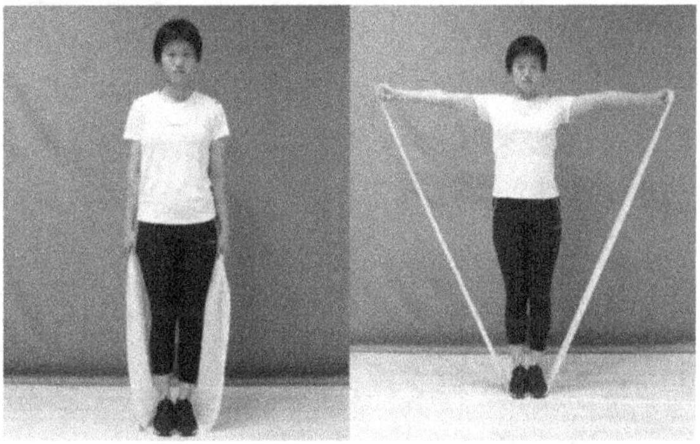

图9－4－71

呼吸方法：向上呼气，向下吸气。

（四）肱二头肌抗阻训练

1. 哑铃站姿弯举

锻炼目的：增加肌肉力量和肌肉耐力。

身体位置：双脚自然开立站立，双手反握闭握住哑铃。

姿态与稳定：挺直背部，腹部收紧，骨盆中立，肩胛骨后缩，肘关节弯曲，腕关节伸直，见图9－4－72。

运动轨迹：由后向前。

动作幅度与安全提示：向后至肘关节伸直；向前至肘关节90度，肱二头肌充分收缩。

向后时避免肘关节的超伸造成损伤；向前时上臂较紧靠近躯干，腕关节伸直，避免损伤。

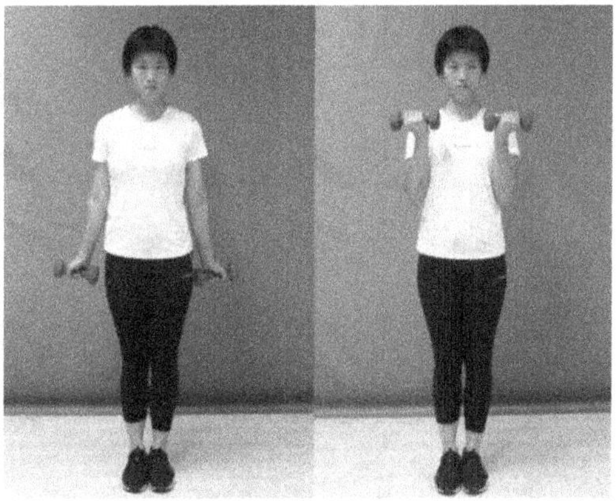

图9－4－72

动作速度：向前2—4秒；向后2—4秒。

呼吸方法：向前呼气，向后吸气。

2. 哑铃站姿交替弯举

锻炼目的：增加肌肉力量和肌肉耐力。

身体位置：双脚自然开立站立，双手反握闭握住哑铃。

姿态与稳定：挺直背部，腹部收紧，骨盆中立，肩胛骨后缩，肘关节弯曲，腕关节伸直，见图9－4－73。

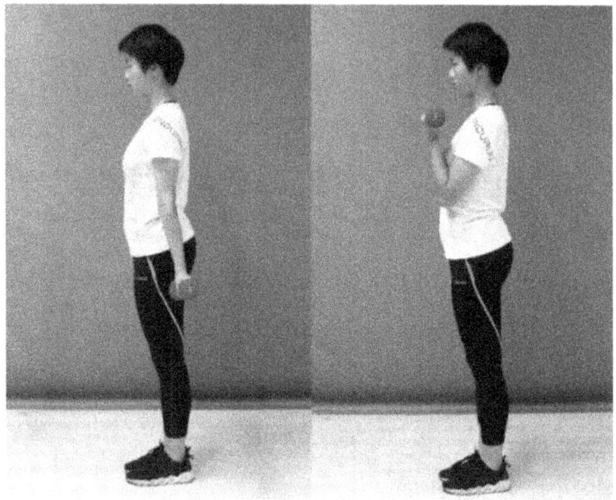

图9－4－73

运动轨迹：由后向前。

动作幅度与安全提示：单手向后至肘关节伸直；单手向前至肘关节90度，肱二头肌充分收缩。

向后时避免肘关节的超伸造成损伤；向前时上臂较紧靠近躯干，腕关节伸直，避免损伤。

动作速度：向前2—4秒；向后2—4秒。

呼吸方法：向前呼气，向后吸气。

3. 健身球哑铃坐姿弯举

锻炼目的：增加肌肉力量和肌肉耐力。

身体位置：双脚自然开立坐于健身球上，双手反握闭握住哑铃。

姿态与稳定：挺直背部，腹部收紧，骨盆中立，肩胛骨后缩，肘关节弯曲，腕关节伸直，见图9－4－74。

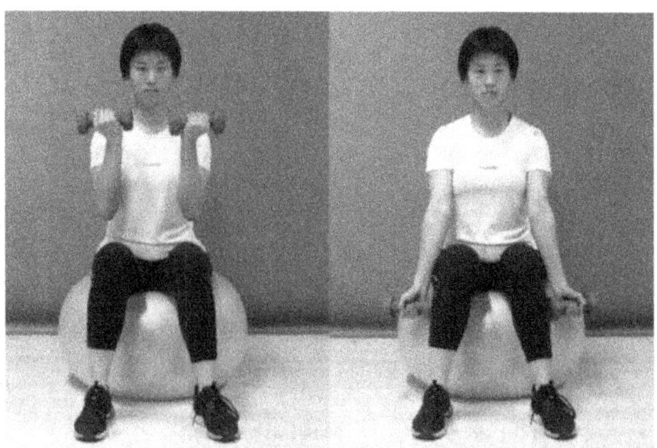

图9－4－74

运动轨迹：由后向前。

动作幅度与安全提示：向后至肘关节伸直；向前至肘关节90度，肱二头肌充分收缩。

向后时避免肘关节的超伸造成损伤；向前时上臂较紧靠近躯干，腕关节伸直，避免损伤。

动作速度：向前2—4秒；向后2—4秒。

呼吸方法：向前呼气，向后吸气。

4. 弹力带站姿弯举

锻炼目的：增加肌肉力量和肌肉耐力。

身体位置：双脚自然开立站立，弹力带位于双脚下，双手握住弹力带两端。

姿态与稳定：挺直背部，腹部收紧，骨盆中立，肩胛骨后缩，肘关节微屈，腕关节伸直，见图9－4－75。

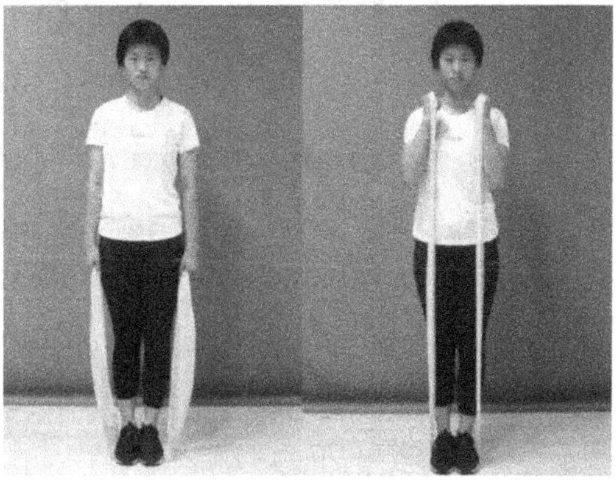

图9－4－75

运动轨迹：由后向前。

动作幅度与安全提示：向后至肘关节伸直；向前至肘关节90度，肱二头肌充分收缩。

向后时避免肘关节的超伸造成损伤；向前时上臂较紧靠近躯干，腕关节伸直，避免损伤。

动作速度：向前2—4秒；向后2—4秒。

呼吸方法：向前呼气，向后吸气。

（五）肱三头肌抗阻训练

1. 哑铃坐姿颈后臂屈伸

锻炼目的：增加肌肉力量和肌肉耐力。

身体位置：双脚自然开立坐于长凳上，双手十指交叉锁住哑铃。

姿态与稳定：挺直背部，腹部收紧，骨盆中立，肩胛骨后缩，肘关节弯曲，腕关节伸直，见图9－4－76。

运动轨迹：由下向上。

动作幅度与安全提示：向下至肘关节90度；向上至肘关节伸直，肱三头肌充分收缩。

向上时避免肘关节的超伸造成损伤；过分下降可能造成肩关节损伤。

动作速度：向上 2—4 秒；向下 2—4 秒。

呼吸方法：向上呼气，向下吸气。

图 9－4－76

2. 单臂哑铃坐姿颈后臂屈伸

锻炼目的：增加肌肉力量和肌肉耐力。

身体位置：双脚自然开立坐于长凳上，单手正握闭握住哑铃。

姿态与稳定：挺直背部，腹部收紧，骨盆中立，肩胛骨后缩，肘关节弯曲，腕关节伸直，见图 9－4－77。

运动轨迹：由下向上。

动作幅度与安全提示：向下至肘关节 90 度；向上至肘关节伸直，肱三头肌充分收缩。

向上时避免肘关节的超伸造成损伤；过分下降可能造成肩关节损伤。

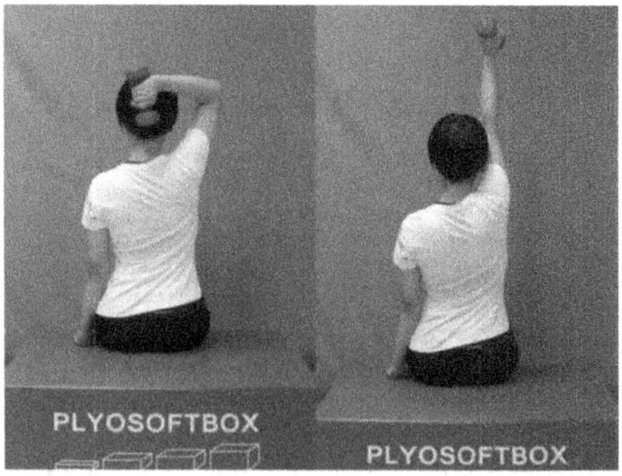

图 9－4－77

动作速度：向上 2—4 秒；向下 2—4 秒。

呼吸方法：向上呼气，向下吸气。

3. 健身球单臂哑铃坐姿颈后臂屈伸

锻炼目的：增加肌肉力量和肌肉耐力。

身体位置：双脚自然开立坐于健身球上，单手正握闭握住哑铃。

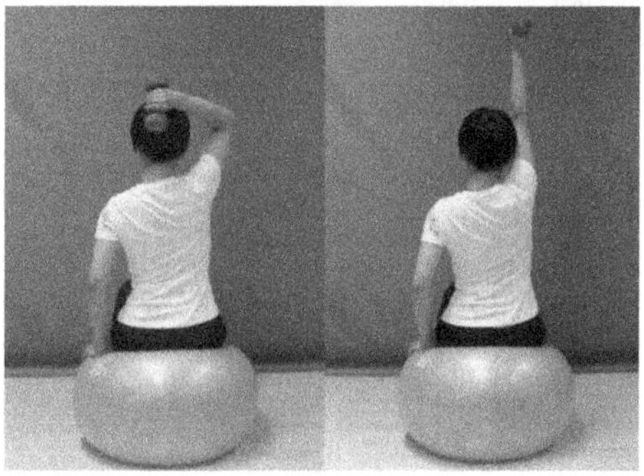

图 9－4－78

姿态与稳定：挺直背部，腹部收紧，骨盆中立，肩胛骨后缩，肘关节弯曲，腕关节伸直，见图 9－4－78。

运动轨迹：由下向上。

动作幅度与安全提示：向下至肘关节 90 度；向上至肘关节伸直，肱三头肌充分收缩。

向上时避免肘关节的超伸造成损伤；过分下降可能造成肩关节损伤。

动作速度：向上 2—4 秒；向下 2—4 秒。

呼吸方法：向上呼气，向下吸气。

4. 单臂哑铃俯身臂屈伸

锻炼目的：增加肌肉力量和肌肉耐力。

身体位置：单腿跪于长凳上，单手支撑，支撑手与躯干垂直；另一手闭握哑铃。

图 9－4－79

姿态与稳定：挺直背部，腹部收紧，骨盆中立，肩胛骨后缩，肘关节弯曲成 90 度，上臂夹紧，腕关节伸直，见图 9－4－79。

运动轨迹：由下至上。

动作幅度与安全提示：向下时肘关节弯曲接近 90 度；向上时肘伸直，上臂夹紧靠近躯干，肱三头肌充分收缩。

向上时不要过分上抬，避免损伤肩关节，肘关节也不要超伸避免损伤。

动作速度：向上 2—4 秒；向下 2—4 秒。

呼吸方法：向上呼气，向下吸气。

5. 弹力带颈后臂屈伸

锻炼目的：增加肌肉力量和肌肉耐力。

身体位置：双脚自然开立站立，双手在背后拉住弹力带的两端。

姿态与稳定：挺直背部，腹部收紧，骨盆中立，肩胛骨后缩，双手背后拉住弹力带，位于上面的一只手尽量靠近身体，见图9－4－80。

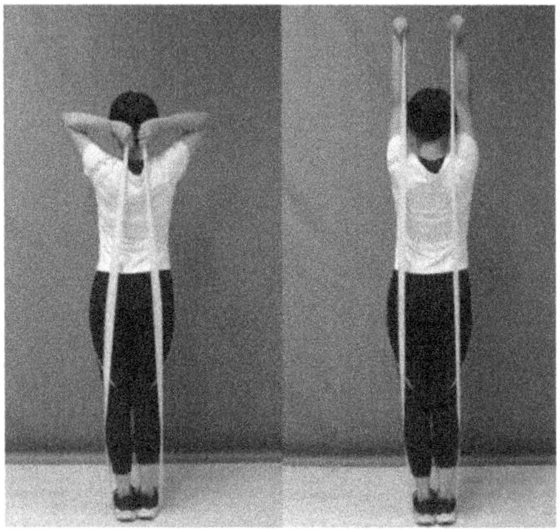

图9－4－80

运动轨迹：由下向上。

动作幅度与安全提示：向下至肘关节90度；向上至肘关节伸直，肱三头肌充分收缩。

向上时避免肘关节的超伸造成损伤；过分下降可能造成肩关节损伤。

动作速度：向上2—4秒；向下2—4秒。

呼吸方法：向上呼气，向下吸气。

（六）腹直肌抗阻训练

1. 健身球仰卧屈体

锻炼目的：增加肌肉力量和肌肉耐力。

身体位置：双脚自然开立，将身体躺在健身球上，双手位于耳朵两侧。

姿态与稳定：全脚掌着地，大小腿接近90度，骨盆中立，背部贴紧健身球，腹部收紧，见图9－4－81。

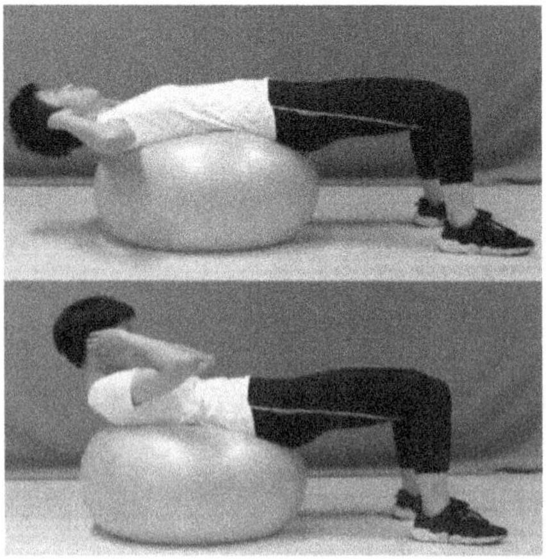

图9－4－81

运动轨迹：由下至上。

动作幅度与安全提示：向下至肩胛骨贴紧健身球，头不要过分下降；向上至腹直肌充分收缩，肩胛骨充分离开健身球。

手不要抱在头后，避免颈椎受伤，向上幅度不要过大，腰椎不要离开健身球，不要预先抬起臀部，防止借力；向下时不要过分下降。

呼吸方法：向上呼气，向下吸气。

2. 仰卧屈体

锻炼目的：增加肌肉力量和肌肉耐力。

身体位置：身体平躺在垫上，双手位于耳朵两侧。

姿态与稳定：全脚掌着地，大小腿接近 90 度，骨盆中立，背部贴紧垫子，腹部收紧，见图 9－4－82。

运动轨迹：由下至上。

动作幅度与安全提示：向下至肩胛骨贴紧垫子，头不要接触垫子；向上至腹直肌充分收缩，肩胛骨充分离开垫子。

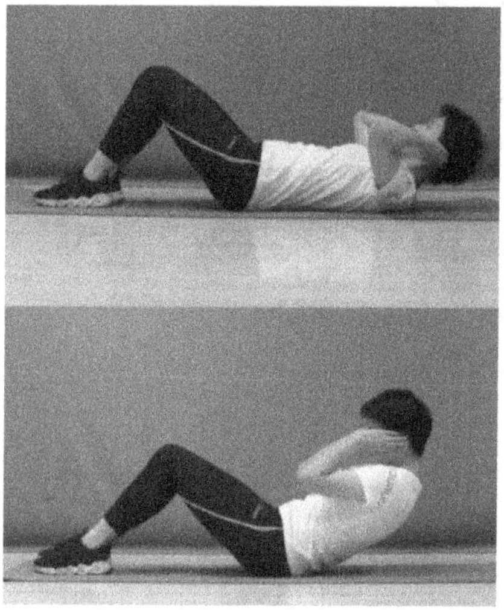

图 9－4－82

手不要抱在头后，避免颈椎受伤，向上幅度不要过大，腰椎不要离开垫子，不要预先抬起臀部，防止借力，见图 9－4－82。

呼吸方法：向上呼气，向下吸气。

3. 仰卧举腿

锻炼目的：增加肌肉力量和肌肉耐力。

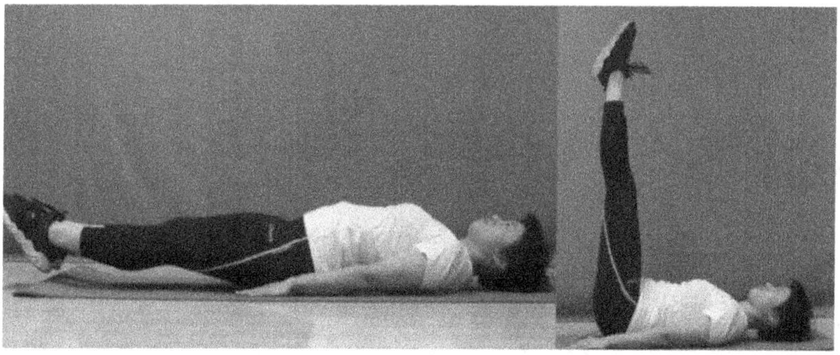

图 9－4－83

身体位置：身体平躺在垫上，双手位于身体两侧。

姿态与稳定：骨盆中立，背部贴紧垫子，腹部收紧，下颌微收，如图9－4－83。

运动轨迹：由下至上。

动作幅度与安全提示：向下至双腿落于垫上；向上至腹直肌充分收缩，双腿抬高与躯干垂直。

向上幅度不要过大，臀部和腰椎不要离开垫子，手臂放松，防止借力。

呼吸方法：向上呼气，向下吸气。

（七）腹外斜肌抗阻训练

仰卧屈体转体

锻炼目的：增加肌肉力量和肌肉耐力。

身体位置：身体平躺在垫上，双手位于耳朵两侧。

姿态与稳定：全脚掌着地，大小腿接近90度，骨盆中立，背部贴紧垫子，腹部收紧，见图9－4－84。

运动轨迹：由下至上转体。

动作幅度与安全提示：向下至肩胛骨贴紧垫子，头不要接触垫子；向上转体至腹外斜肌充分收缩，一侧肘关节接近对侧膝关节，肩胛骨充分离开垫子。

图9－4－84

手不要抱在头后，避免颈椎受伤，向上幅度不要过大，腰椎尽量不要离开垫子，不要预先抬起臀部，防止借力。

呼吸方法：向上呼气，向下吸气。

（八）腹横肌抗阻训练

1. 直体支撑

锻炼目的：增加肌肉力量和肌肉耐力。

身体位置：双脚自然开立呈俯身姿态，肘关节弯曲90度，前臂支撑在肩膀正下方，略微靠外。

姿态与稳定：双脚脚尖支撑地面，双脚伸直，腹部收紧，背部打直；上臂垂直于地面，肘关节弯曲，见图9－4－85。

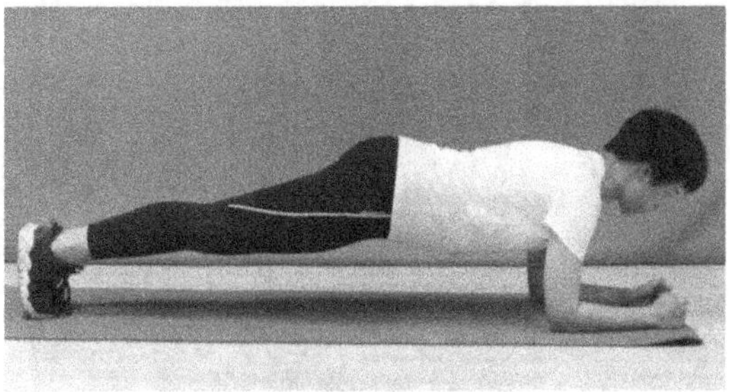

图9－4－85

运动轨迹：静态支撑。

动作幅度与安全提示：维持肘关节90度，腹横肌充分收缩；腹部收紧，背部不要下塌。

呼吸方法：正常呼吸。

2. 健身球直体支撑

锻炼目的：增加肌肉力量和肌肉耐力。

身体位置：双脚位于健身球上，呈俯身姿态，肘关节弯曲90度，前臂支撑在肩膀正下方，略微靠外。

姿态与稳定：双腿支撑健身球，双脚伸直，腹部收紧，背部打直；上臂垂直于地面，肘关节弯曲，见图9－4－86。

图9－4－86

运动轨迹：静态支撑。

动作幅度与安全提示：维持肘关节90度，腹横肌充分收缩；腹部收紧，背部不要下塌。

呼吸方法：正常呼吸。

3. 单腿直体支撑图

锻炼目的：增加肌肉力量和肌肉耐力。

身体位置：单腿支撑呈俯身姿态，肘关节弯曲90度，前臂支撑在肩膀正下方，略微靠外。

姿态与稳定：单脚脚尖支撑地面，双脚伸直，腹部收紧，背部打直；上臂垂直于地面，肘关节弯曲，见图 9－4－87。

图 9－4－87

运动轨迹：静态支撑。

动作幅度与安全提示：维持肘关节 90 度，腹横肌充分收缩；腹部收紧，背部不要下塌。

呼吸方法：正常呼吸。

（九）臀大肌抗阻训练

哑铃深蹲

锻炼目的：增加肌肉力量和肌肉耐力。

身体位置：两脚自然站立，与肩宽或微宽于肩，脚尖微外展。

姿态与稳定：全脚掌着地，膝关节微屈，骨盆中立，收腹挺胸，肩胛骨后缩下沉，头颈处于中立位，目视前方，见图 9－4－88。

图 9－4－88

运动轨迹：由下至上。

动作幅度与安全提示：向上至臀大肌充分收缩，膝关节伸直或接近伸直；向下时还原到大腿与地面平行。

向下时膝关节的垂直点不要超过脚尖，膝关节要对应脚尖外展的方向，在这个过程中注意背部挺直，不要弓背弯腰。

动作速度：向上 2—4 秒，向下 2—4 秒。

呼吸方法：向上呼气，向下吸气。

（十）股四头肌抗阻训练

1. 哑铃深蹲

锻炼目的：增加肌肉力量和肌肉耐力。

身体位置：两脚自然站立，与肩宽或微宽于肩，脚尖微外展。

姿态与稳定：全脚掌着地，膝关节微屈，骨盆中立，收腹挺胸，肩胛骨后缩下沉，头颈处于中立位，目视前方，见图 9－4－89。

图 9－4－89

运动轨迹：由下至上。

动作幅度与安全提示：向上至臀大肌充分收缩，膝关节伸直或接近伸直；向下时还原到大腿与地面平行。

向下时膝关节的垂直点不要超过脚尖，膝关节要对应脚尖外展的方向，在这个过程中注意背部挺直，不要弓背弯腰。

动作速度：向上 2—4 秒，向下 2—4 秒。

呼吸方法：向上呼气，向下吸气。

2. 哑铃剪蹲

锻炼目的：增加肌肉力量和肌肉耐力。

身体位置：两脚自然站立，与肩宽或微宽于肩，脚尖微外展。

姿态与稳定：全脚掌着地，膝关节微屈，骨盆中立，收腹挺胸，肩胛骨后缩下沉，头颈处于中立位，目视前方，见图 9－4－90。

图 9－4－90

运动轨迹：由下至上。

动作幅度与安全提示：向上至臀大肌充分收缩，膝关节伸直或接近伸直；向下时向前单腿迈步，膝关节接近 90 度。

向下时膝关节的垂直点不要超过脚尖，膝关节要对应脚尖外展的方向，在这个过程中注意背部挺直，不要弓背弯腰。

动作速度：向上2—4秒，向下2—4秒。

呼吸方法：向上呼气，向下吸气。

3. 健身球深蹲

锻炼目的：增加肌肉力量和肌肉耐力。

身体位置：两脚自然站立，与肩宽或微宽于肩，脚尖微外展，背靠健身球。

姿态与稳定：全脚掌着地，膝关节微屈，骨盆中立，收腹挺胸，肩胛骨后缩下沉，头颈处于中立位，目视前方，背部贴紧健身球，见图9－4－91。

图9－4－91

运动轨迹：由下至上。

动作幅度与安全提示：向上至臀大肌充分收缩，膝关节伸直或接近伸直；向下时还原到大腿与地面平行。

向下时膝关节的垂直点不要超过脚尖，膝关节要对应脚尖外展的方向，在这个过程中注意背部挺直，不要弓背弯腰。

动作速度：向上2—4秒，向下2—4秒。

呼吸方法：向上呼气，向下吸气。

4. 哑铃单腿深蹲

锻炼目的：增加肌肉力量和肌肉耐力。

身体位置：单腿站立，双手握住哑铃。

姿态与稳定：膝关节微屈，骨盆中立，收腹挺胸，肩胛骨后缩下沉，头颈处于中立位，目视前方，见图9－4－92。

图9－4－92

运动轨迹：由下至上。

动作幅度与安全提示：向上至臀大肌充分收缩，膝关节伸直或接近伸直；向下时还原到大腿与地面平行。

向下时膝关节的垂直点不要超过脚尖，膝关节要对应脚尖外展的方向，在这个过程中注意背部挺直，不要弓背弯腰。

动作速度：向上2—4秒，向下2—4秒。

呼吸方法：向上呼气，向下吸气。

5. 健身球仰卧屈膝

锻炼目的：增加肌肉力量和肌肉耐力。

身体位置：平躺于垫子上，双腿伸直放在健身球上。

姿态与稳定：收紧腹部，维持身体稳定。肩胛骨后缩下沉紧贴健身球，下颌微收，见图 9 – 4 – 93。

运动轨迹：由下至上。

动作幅度与安全提示：向上至臀大肌充分收缩，膝关节弯曲；向下时还原到膝关节伸直或接近伸直。

图 9 – 4 – 93

向下时膝关节避免过伸造成损失，在这个过程中注意背部紧贴垫子，收紧腹部维持平衡。

动作速度：向上 2—4 秒，向下 2—4 秒。

呼吸方法：向上呼气，向下吸气。

6. 健身球单腿仰卧屈膝

锻炼目的：增加肌肉力量和肌肉耐力。

身体位置：平躺于垫子上，单腿伸直放在健身球上。

姿态与稳定：收紧腹部，维持身体稳定。肩胛骨后缩下沉紧贴垫子，下颌微收，见图 9 – 4 – 94。

运动轨迹：由下至上。

动作幅度与安全提示：向上至臀大肌充分收缩，膝关节弯曲；向下时还原到膝关节伸直或接近伸直。

图 9 – 4 – 94

向下时膝关节避免过伸造成损伤，在这个过程中注意背部紧贴垫子，收紧腹部维持平衡。

动作速度：向上 2—4 秒，向下 2—4 秒。

呼吸方法：向上呼气，向下吸气。

（十一）腓肠肌抗阻训练

单腿直立哑铃提踵

锻炼目的：增加肌肉力量和肌肉耐力。

身体位置：站立于固定物边上，一只手轻轻扶着固定物，另一只手握住哑铃，单腿站立。

姿态与稳定：单腿前脚掌踏实地面，膝关节伸直，骨盆保持中立，收腹挺胸，肩胛骨后缩下沉，头处于中立位，目视前方，见图 9－4－95。

运动轨迹：由下至上。

动作幅度与安全提示：向上至腓肠肌充分收缩，脚后跟远离地面，向下还原到脚后跟接近地面，但不要完全踏实地面。

前脚掌踏实地面，不是脚尖，为防止受伤，向上时幅度不要过大，不要过快。

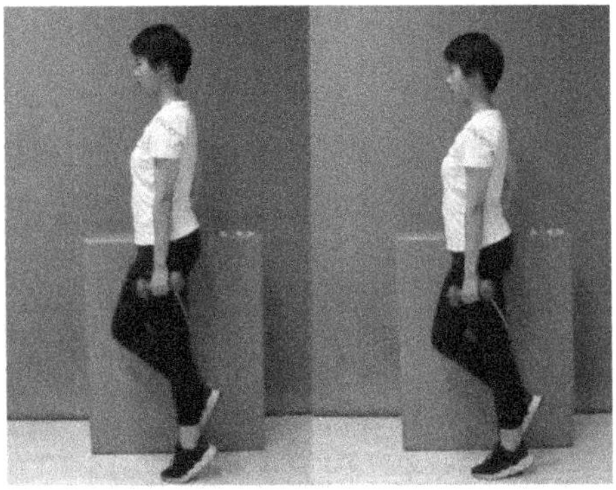

图 9－4－95

动作速度：向上 2—4 秒，向下 2—4 秒。

呼吸方法：向上呼气，向下吸气。

当学生在进行力量抗阻训练时，保护其不受到任何伤害，是老师的首要任务。一般情况下，在杠铃、哑铃等自由重量练习时需要施加保护，因为这些练习容易失控，导致受伤。

在学生进行练习时，如因力量不足，不能完成规定次数时，老师应在适当时机给予帮助和保护。

以下练习特别需要进行保护，分别为头上练习（如哑铃坐姿推举等练习）、面部朝上的仰卧练习（如杠铃或平板卧推、杠铃仰卧臂屈伸等练习）和杠铃置于颈后的练习（如杠铃下蹲等练习），见图 9－4－96。

在头上练习和仰卧练习中，老师一定要注意调整好自己和学生的位置，老师的高度要高于学生。

在头上或仰卧哑铃练习中，老师要注意把手靠近学生的腕部，接近哑铃的位置，而不是肘部。

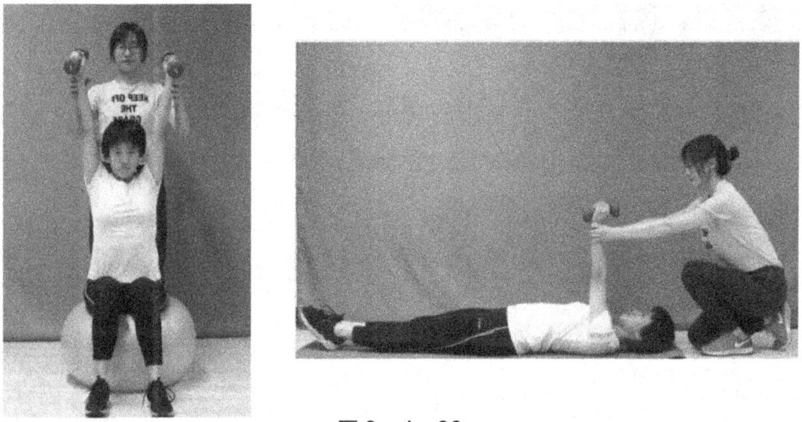

图 9－4－96

六、各大肌群拉伸伸展训练

1. 胸大肌、三角肌前束的主动伸展

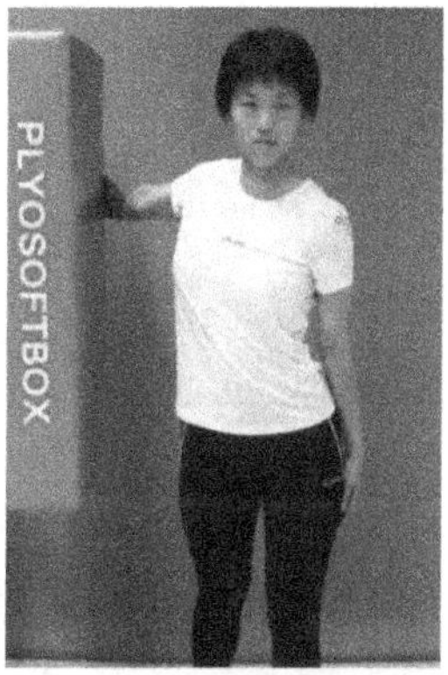

训练目的：提高肌肉的延展性、柔韧性和弹性。

动作要点：前后迈步，前面的腿弯曲，后面腿伸直，肘关节弯曲接近 90 度，前臂贴紧墙壁，向前进行伸展，伸展练习为静力性伸展，见图 9－4－97。

伸展强度：胸大肌和三角肌有微微酸痛的感觉。

伸展时间：15—30 秒。

伸展呼吸：不憋气，匀速正常呼吸。

2. 胸大肌、三角肌前束的被动伸展（一）

训练目的：提高肌肉的延展性、柔韧性和弹性。

动作要点：双脚自然开立坐于长凳上，双手向后交叉位于头部后方，教练双手扶住学生的肘关节，向后伸展。伸展练习为静力性伸展，见图 9－4－98。

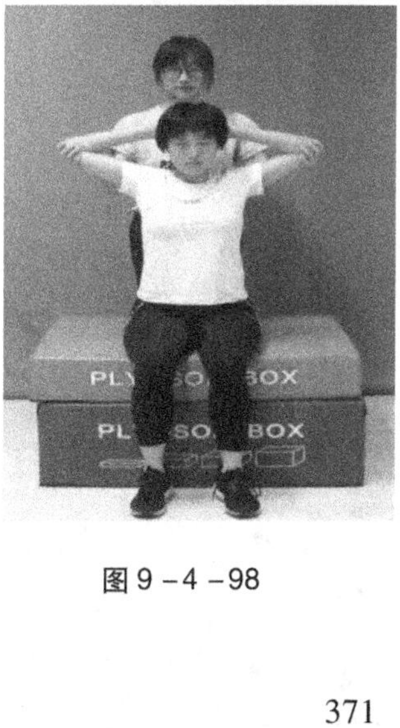

图 9－4－98

伸展强度：胸大肌和三角肌有微微酸痛的感觉。

伸展时间：15—30 秒。

伸展呼吸：不憋气，匀速正常呼吸。

3. 胸大肌、三角肌前束的被动伸展（二）

训练目的：提高肌肉的延展性、柔韧性和弹性。

动作要点：双脚自然开立坐于长凳上，双手放松，教练双手握住学生的肘关节，向后伸展。伸展练习为静力性伸展，见图 9－4－99。

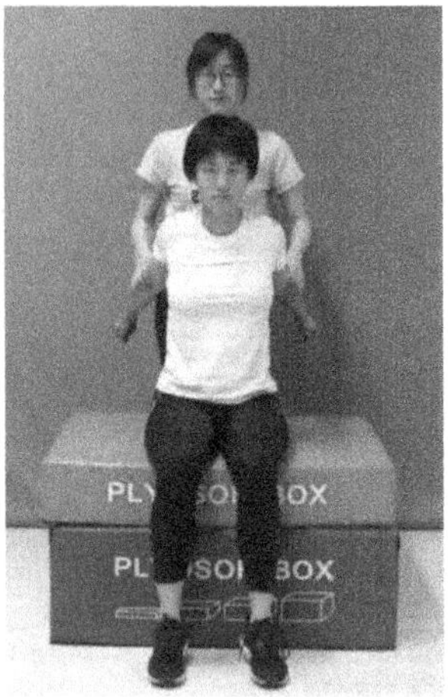

图 9－4－99

伸展强度：胸大肌和三角肌有微微酸痛的感觉。

伸展时间：15—30 秒。

伸展呼吸：不憋气，匀速正常呼吸。

4. 肱二头肌的主动伸展（一）

训练目的：提高肌肉的延展性、柔韧性和弹性。

动作要点：前后迈步，前面的腿弯曲，后面腿伸直，单手伸直，手掌贴紧墙壁，向前进行伸展，伸展练习为静力性伸展，见图 9－4－100。

图 9－4－100

伸展强度：肱二头肌有微微酸痛的感觉。

伸展时间：15—30 秒。

伸展呼吸：不憋气，匀速正常呼吸。

5. 肱二头肌的主动伸展（二）

训练目的：提高肌肉的延展性、柔韧性和弹性。

动作要点：双脚自然开立站立，手臂展开内旋向后伸，稍向上抬效果更明显。伸展练习为静力性伸展，见图 9－4－101。

伸展强度：肱二头肌有微微酸痛的感觉。

伸展时间：15—30 秒。

伸展呼吸：不憋气，匀速正常呼吸。

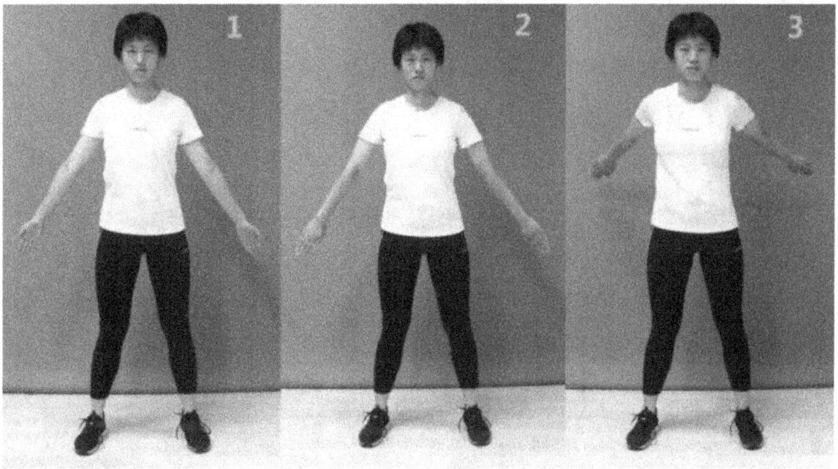

图 9－4－101

6. 背阔肌的主动伸展练习

训练目的：提高肌肉的延展性、柔韧性和弹性。

动作要点：双脚自然开立站立，挺直腰背，收紧腹部，双手伸直俯身，手臂贴住墙壁，向下进行伸展。伸展练习为静力性伸展，见图 9－4－102。

伸展强度：背阔肌有微微酸痛的感觉。

伸展时间：15—30 秒。

伸展呼吸：不憋气，匀速正常呼吸。

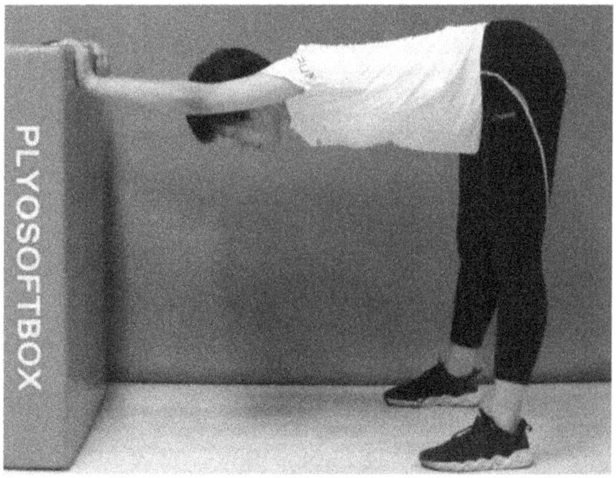

图 9－4－102

7. 三角肌后束的主动伸展练习

训练目的：提高肌肉的延展性、柔韧性和弹性。

动作要点：双脚自然开立站立，一侧手辅助另一侧手臂的肘关节向对侧拉伸。伸展练习为静力性伸展，见图9－4－103。

伸展强度：三角肌有微微酸痛的感觉。

伸展时间：15—30秒。

伸展呼吸：不憋气，匀速正常呼吸。

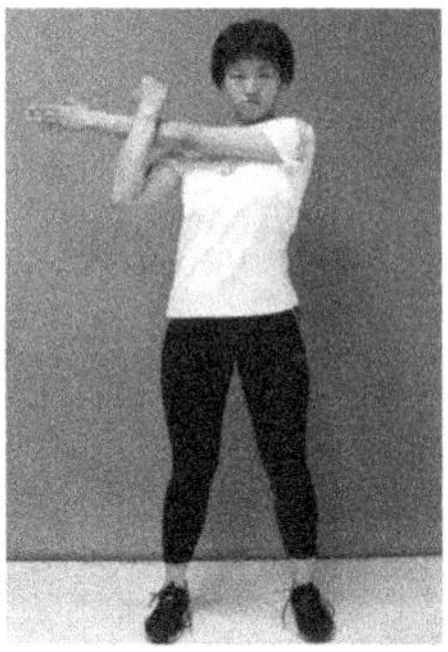

图9－4－103

8. 肱三头肌的主动伸展练习

训练目的：提高肌肉的延展性、柔韧性和弹性。

动作要点：双脚自然开立站立，一侧手辅助另一侧手臂的肘关节向后拉伸。伸展练习为静力性伸展，见图9－4－104。

伸展强度：肱三头肌有微微酸痛的感觉。

伸展时间：15—30秒。

伸展呼吸：不憋气，匀速正常呼吸。

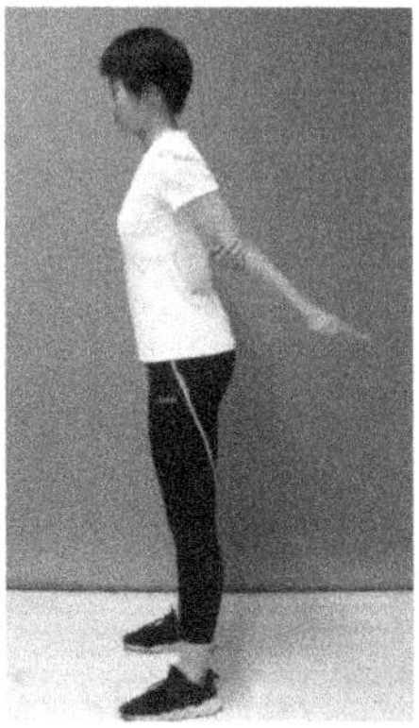

图9－4－104

9. 竖脊肌主动伸展练习

训练目的：提高肌肉的延展性、柔韧性和弹性。

动作要点：学生双腿跪于垫上，弓背呈C形，骨盆后倾坐于脚跟，双手伸直向前，前臂接近垫子进行拉伸。伸展练习为静力性伸展，见图9－4－105。

图9－4－105

伸展强度：竖脊肌有微微酸痛的感觉。

伸展时间：15—30秒。

伸展呼吸：不憋气，匀速正常呼吸。

10. 腹直肌主动伸展练习

训练目的：提高肌肉的延展性、柔韧性和弹性。

动作要点：学生俯卧于垫上，双腿伸直，双肘支撑在垫上，如果要求效果明显可以双手支撑在垫子上，抬起胸、腹进行拉伸。伸展练习为静力性伸展，见图 9－4－106。

图 9－4－106

伸展强度：腹直肌有微微酸痛的感觉。

伸展时间：15—30 秒。

伸展呼吸：不憋气，匀速正常呼吸。

11. 斜方肌和胸锁乳突肌的主动伸展练习

训练目的：提高肌肉的延展性、柔韧性和弹性。

动作要点：双脚自然开立站立，一侧手自然下垂，另一侧手扶住头部向同侧拉伸。伸展练习为静力性伸展，见图 9－4－107。

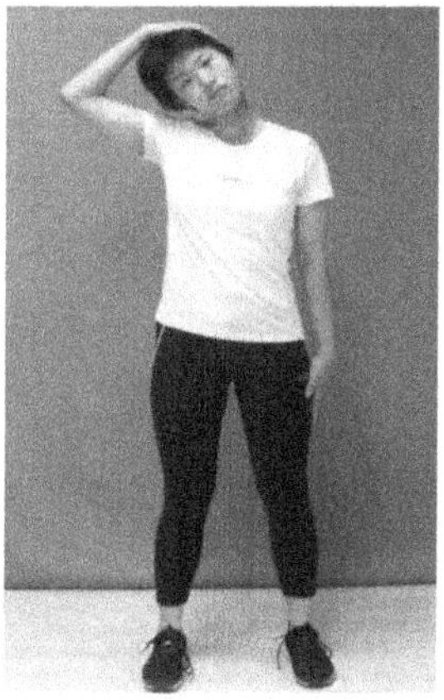

图 9－4－107

伸展强度：斜方肌和胸锁乳突肌有微微酸痛的感觉。

伸展时间：15—30 秒。

伸展呼吸：不憋气，匀速正常呼吸。

12. 臀大肌主动伸展练习（一）

图 9－4－108

训练目的：提高肌肉的延展性、柔韧性和弹性。

动作要点：身体仰卧，一侧腿屈膝，双手抱住膝关节下方，向下拉伸，另一侧腿保持伸直。伸展练习为静力性伸展，见图 9－4－108。

伸展强度：臀大肌有微微酸痛的感觉。

伸展时间：15—30 秒。

伸展呼吸：不憋气，匀速正常呼吸。

13. 臀大肌主动伸展练习（二）

训练目的：提高肌肉的延展性、柔韧性和弹性。

动作要点：身体站立，一侧腿微屈；另一侧腿架在对侧腿膝关节上，单手扶墙向下拉伸。伸展练习为静力性伸展，见图 9－4－109。

图 9－4－109

伸展强度：臀大肌有微微酸痛的感觉。

伸展时间：15—30 秒。

伸展呼吸：不憋气，匀速正常呼吸。

14. 臀大肌被动伸展练习（一）

训练目的：提高肌肉的延展性、柔韧性和弹性。

动作要点：身体仰卧，一侧腿屈膝尽量靠近躯干，另一侧腿架在对侧腿上，两手放松放于身体两侧，教练一手保护屈膝腿的膝关节下方，一手保护另一侧腿的膝关节向下拉伸。伸展练习为静力性伸展，见图 9－4－110。

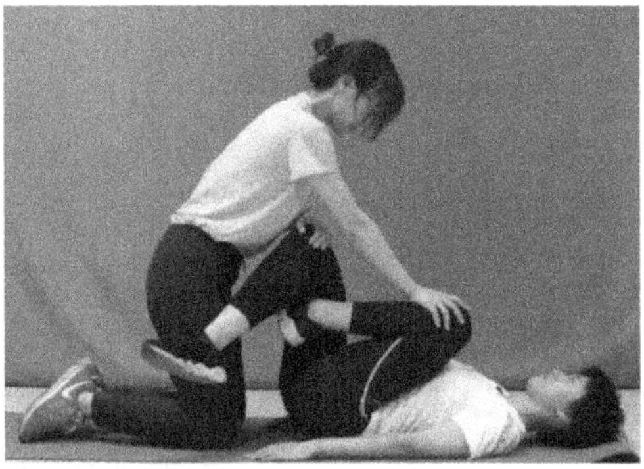
图 9－4－110

伸展强度：臀大肌有微微酸痛的感觉。

伸展时间：15—30 秒。

伸展呼吸：不憋气，匀速正常呼吸。

15. 臀大肌被动伸展练习（二）

训练目的：提高肌肉的延展性、柔韧性和弹性。

动作要点：身体仰卧，一侧腿伸直，另一侧腿跨过伸直腿向对侧拉伸，教练一手保护拉伸腿的膝关节，一手扶住对侧的肩关节，防止肩部离开地面，降低拉伸效果。双手保护向下拉伸，伸展练习为静力性伸展，见图 9－4－111。

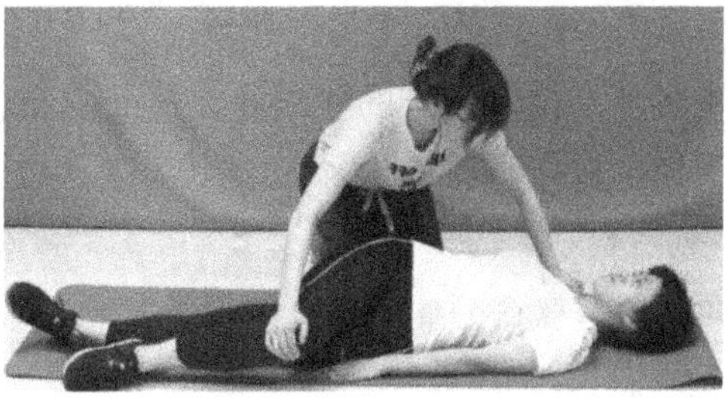

图 9－4－111

伸展强度：臀大肌有微微酸痛的感觉。

伸展时间：15—30 秒。

伸展呼吸：不憋气，匀速正常呼吸。

16. 髂腰肌主动伸展练习

训练目的：提高肌肉的延展性、柔韧性和弹性。

动作要点：单腿跪地，双手叉腰，另一侧腿的大小腿成 90 度支撑地面，躯干与地面垂直向前拉伸。伸展练习为静力性伸展，见图9－4－112。

图 9－4－112

伸展强度：髂腰肌有微微酸痛的感觉。

伸展时间：15—30 秒。

伸展呼吸：不憋气，匀速正常呼吸。

17. 股四头肌主动伸展练习（一）

训练目的：提高肌肉的延展性、柔韧性和弹性。

动作要点：身体直立，一腿支撑地面，另一腿充分折叠，一手扶墙；另一侧手放于折叠腿的踝关节上部进行拉伸，伸展练习为静力性伸展，见图 9－4－113。

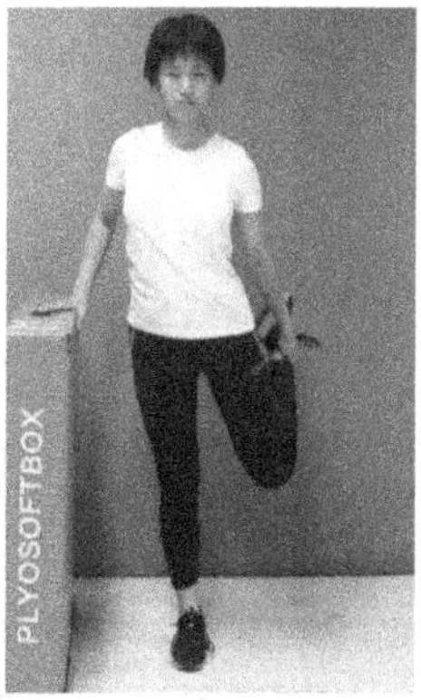

图 9－4－113

伸展强度：股四头肌有微微酸痛的感觉。

伸展时间：15—30 秒。

伸展呼吸：不憋气，匀速正常呼吸。

18. 股四头肌主动伸展练习（二）

训练目的：提高肌肉的延展性、柔韧性和弹性。

动作要点：身体侧卧，位于下方的腿微屈，另一腿充分折叠，一手伸直放于头部下方，另一侧手放于折叠腿的踝关节上部进行拉伸，伸展练习为静力性伸展，见图 9－4－114。

伸展强度：股四头肌有微微酸痛的感觉。

伸展时间：15—30 秒。

伸展呼吸：不憋气，匀速正常呼吸。

图 9－4－114

19. 股四头肌被动伸展练习

训练目的：提高肌肉的延展性、柔韧性和弹性。

动作要点：身体俯卧，一腿伸直，另一腿充分折叠，教练一手保护折叠腿的踝关节上部，另一侧手扶住折叠腿的膝关节上部，向上拉伸，伸展练习为静力性伸展，见图 9－4－115。

伸展强度：股四头肌有微微酸痛的感觉。

伸展时间：15—30 秒。

伸展呼吸：不憋气，匀速正常呼吸。

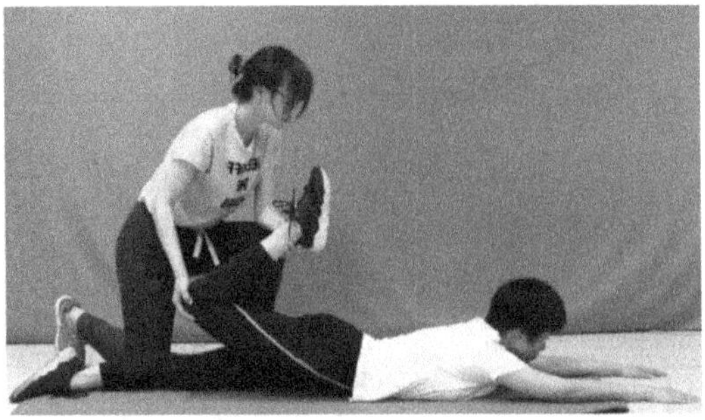

图 9－4－115

20. 腘绳肌主动伸展练习（一）

训练目的：提高肌肉的延展性、柔韧性和弹性。

动作要点：身体仰卧，一腿伸直，另一腿向上抬起，双手交叉抱住抬起腿的膝关节向上拉伸，伸展练习为静力性伸展，见图 9－4－116。

图 9－4－116

伸展强度：腘绳肌有微微酸痛的感觉。

伸展时间：15—30 秒。

伸展呼吸：不憋气，匀速正常呼吸。

21. 腘绳肌主动伸展练习（二）

训练目的：提高肌肉的延展性、柔韧性和弹性。

动作要点：坐于垫上，一腿伸直，另一侧腿弯曲，脚靠近伸直腿，双手放于伸直腿的膝关节下方，躯干向下尽量接近伸直腿进行拉伸，伸展练习为静力性伸展，见图 9－4－117。

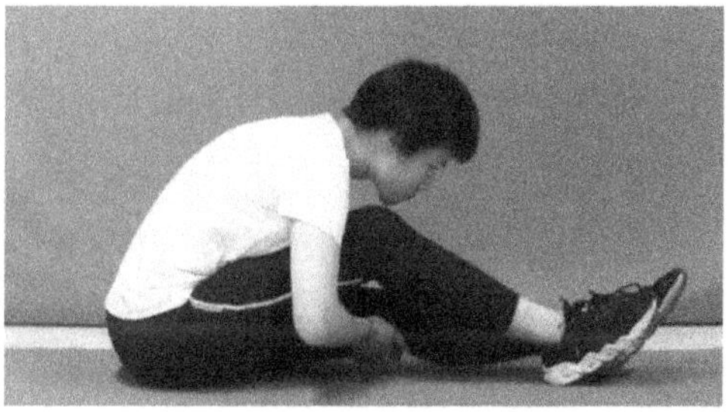

图 9－4－117

伸展强度：腘绳肌有微微酸痛的感觉。

伸展时间：15—30 秒。

伸展呼吸：不憋气，匀速正常呼吸。

22. 腘绳肌被动伸展练习

训练目的：提高肌肉的延展性、柔韧性和弹性。

动作要点：身体仰卧，一腿伸直，另一腿向上抬起，教练双手交叉抱住抬起腿的膝关节，保护膝关节不超伸，向前拉伸，伸展练习为静力性伸展，见图 9－4－118。

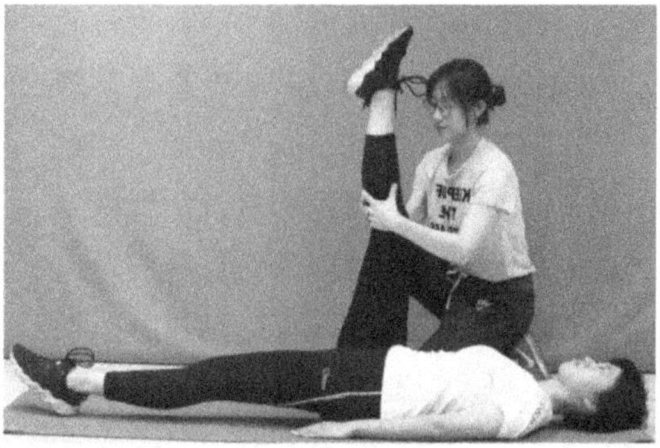

图 9－4－118

伸展强度：腘绳肌有微微酸痛的感觉。

伸展时间：15—30 秒。

伸展呼吸：不憋气，匀速正常呼吸。

23. 小腿三头肌主动伸展练习（一）

训练目的：提高肌肉的延展性、柔韧性和弹性。

动作要点：身体直立，一腿微屈向前跨一步，另一侧腿伸直向后，双手扶墙，后面的腿尽量向下拉伸，伸展练习为静力性伸展，见图 9 - 4 - 119。

图 9 - 4 - 119

伸展强度：小腿三头肌有微微酸痛的感觉。

伸展时间：15—30 秒。

伸展呼吸：不憋气，匀速正常呼吸。

24. 小腿三头肌主动伸展练习（二）

训练目的：提高肌肉的延展性、柔韧性和弹性。

动作要点：身体直立，一脚前脚掌抵住墙根，另一侧腿直立，双手扶墙，尽量向下拉伸，伸展练习为静力性伸展，见图 9 - 4 - 120。

伸展强度：小腿三头肌有微微酸痛的感觉。

伸展时间：15—30 秒。

伸展呼吸：不憋气，匀速正常呼吸。

图 9 - 4 - 120

本章节较为详细地讲述了青少年的功能性体能训练，其中涉及概念、理念、生理基础、优势、测试标准、注意事项及各项训练的理论和实践。青少年在他们自己特定的时期根据自身的发育特点，进行功能性的体育运动或身体训练，不但可以帮助青少年提高速度、灵活、平衡性、协调性等能力，还能够有效地促进身体发育尤其是运动系统的发育，此外，还可以挖掘青少年运动的潜力，缩短基础体能训练向专项化体能训练过渡的时间。

青少年功能性体能训练以生理结构为基础，从运动实践出发，设计出多关节多角度的训练实践，使更多需要参与运动的肌肉动员起来，均衡发展肌肉力量和耐力，有效预防运动损伤。在功能性体能训练中，大多数需要在不稳定的支撑点上进行，因此身体是作为一个整体“链”在参与运动，身体上每个环节都是动作完成的一链，都需要被重视，这也是本章内容所要传递的理念，环环相扣的身体是一个复杂的系统，认真地参与任何一项体育运动都为时不晚，所以，青少年们，行动起来吧，用自己掌握的健康知识和技能，不断提升自身的健康素养，影响自己也影响周围的人，提高生活质量和学习效率，健康快乐地享受学习、生活和运动。

参考文献

中文文献

[1] 鲁保华. 中小学心理健康教育课程的价值取向与模式简析 [J]. 教学与管理，2009 (03).

[2] 黄国英，雷玉霞. 学校心理健康教育课程教学设计初探 [J]. 教育学术月刊，2009 (09).

[3] 方双虎. 学校心理健康教育课程建设的困境与出路 [J]. 中国教育学刊，2007.

[4] 陈文琦. 中学心理健康教育课程的建设策略 [J]. 教学与管理，2008.

[5] 黄俊霞，姚本先. 中小学心理健康教育课程目标：概念、问题及策略 [J]. 中小学心理健康教育，2012 (03).

[6] 黎龙辉，刘良华. 我国中小学心理健康教育发展的历史与现状——基于文献研究的思考 [J]. 中小学心理健康教育，2006 (05).

[7] 中小学心理健康教育指导纲要（2012 年修订版）[J]. 中小学心理健康教育，2013 (01).

[8] 傅宏. 心理健康教育该做什么——《中小学心理健康教育指导纲要》目标与任务解读 [J]. 基础教育参考，2013 (04).

[9] 武文军. 学校心理健康教育课设计模式的构建 [J]. 中小学心理健康教育，2007 (12).

[10] 冯航贞，叶颖. 美国中小学心理健康教育课程设置——以马里兰州为例 [J]. 中小学心理健康教育，2015 (08).

[11] 胡诗颖. 我国中小学心理健康教育课程的教学目标和内容 [J]. 中小学心理健康教育，2015 (03).

[12] 吕玉. 高中心理健康教育与研究性学习的整合 [J]. 教育科学研

究，2010（3）：66－69.

［13］李义本．关于“中小学生心理健康”课偏差问题的思索［J］．辽宁教育学院学报，2000，17（1）：70－73.

［14］靳岳滨．关于中学心理教育课程建设的若干思考［J］．中国教育学刊，1999（5）：29－31.

［15］黄石卫．中小学心理健康教材建设的几点思考［J］．课程·教材·教法，2003（7）.

［16］李金宝，康立恒．促进农村留守儿童心理健康的思路与路径［J］．中国农村卫生事业管理，2014，34（4）：448－449.

［17］刘鹏．中学生心理健康教育课程的实施［J］．西部素质教育，2015（2）：98.

［18］张玉萍．新课程背景下中学生心理健康教育的基本策略［J］．中国校外教育，2015（10）：100.

［19］詹浩波．中学心理健康教育课程的基本价值取向［J］．当代教育论坛，2006（12）.

［20］潘裕岳，程戈鹏．中小学心理健康教育模式的探索：发展式心理辅导［J］．中小学心理健康教育，2009（03）.

［21］叶子青，叶一舵．学校心理健康教育三十年：历史演进与未来走向［J］．福建师范大学学报（哲学社会科学版），2020（02）.

［22］俞国良．心理健康教育学：心理学与教育学的交叉融合研究［J］．教育研究，2018（09）.

［23］俞国良，侯瑞鹤．论学校心理健康服务及其体系建设［J］．教育研究，2015（08）.

［24］叶一舵．现代学校心理健康教育研究［M］．开明出版社，2003.

［25］杨晨．简论马克思主义生态自然观的内涵及现实意义［J］．学理论，2013（32）：50－51.

［26］林隆雨．马克思主义视域下我国生态文明建设的实践探索［J］．广西科技师范学院学报，2020－06－15（3）：85－87.

［27］陈昕．智慧教育生态环境下的高职教师 TPACK 专业能力现状分析［J］．劳动保障世界，2018（27）：46－48.

［28］贾得坤．当前生态教育对教师能力的要求［J］．课程教育研究，

2020（20）：218.

［29］寒山．“森林教室”里的生态教育［J］．青春期健康，2019（15）：14－15.

［30］姚鸿恩．体育保健学［M］．人民体育出版社，1996：148.

［31］孙庆祝．体育测量与评价［M］．高等教育出版社，2006.

［32］谭思洁，刘洵．体适能评价与运动处方［M］．人民体育出版社，2006.

［33］孙麒麟，顾圣益．体育与健康教程［M］．大连理工大学出版社，2008.

［34］陈君石，黄建始．健康管理师［M］．中国协和医科大学出版社，2007.

［35］杨则宜．运动营养学［M］．人民体育出版社，2008.

［36］上官志毅，陈冬梅，黄婷婷，徐忠慧，解丽．PDCA 循环在国内护理领域应用的新进展［J］．护理管理杂志，2009.

［37］宋健，张永宏．PDCA 循环在国内医院科研管理领域应用研究进展阐述［J］．中华医学科研管理杂志，2015.

［38］夏俊彪，程传银，王庆军．PDCA 循环：关于优化成果导向体育课程方案的研究［J］．成都体育学院学报，2016.

［39］王安利．运动医学［M］．人民体育出版社，2008.

［40］Stephen J. Virgilio，儿童身体素质提升指导与实践［M］．第 2 版．人民邮电出版社，2017.

［41］Robin S. Vealey，Melissa A. Chase. 青少年体育运动指导与实践［M］．人民邮电出版社，2017.

［42］王瑞元，孙学川，熊开宇．运动生理学［M］．人民体育出版社，2002.

［43］曲绵域，于长隆．实用运动医学［M］．第 4 版．北京大学医学出版社，2003.

［44］杨锡强．儿科学［M］．第 6 版．人民卫生出版社，2004.

［45］于传鑫，李诵丝．实用妇科内分泌学［M］．第 2 版．上海医科大学出版社，2004.

［46］中国营养学会．中国居民膳食营养素参考摄入量［M］．中国轻工

业出版社，2000.

［47］陈文彬．诊断学［M］．第6版．人民卫生出版社，2004.

［48］叶任高．内科学［M］．人民卫生出版社，2005.

［49］姚泰．生理学［M］．人民卫生出版社，2005.

［50］吴在德，吴肇汉．外科学［M］．人民卫生出版社，2004.

［51］全国体育学院教材委员会．运动医学 体育院校通用教材［M］．人民体育出版社，2002.

［52］冯连世，冯美云，冯炜权．优秀运动员身体机能评定方法［M］．人民体育出版社，2003.

［53］国家体育总局．国民体质测定标准手册［M］．人民体育出版社，2003.

［54］杨静宜，等．运动处方［M］．高等教育出版社，2005.

［55］范振华，周士枋．实用康复医学［M］．东南大学出版社，2002.

［56］矫玮．运动损伤双语教程［M］．北京体育大学出版社，2003.

［57］王瑞元，孙学川，熊开宇．运动生理学［M］．人民体育出版社，2002。

［58］陈明达，于道中．实用体质学［M］．北京医科大学、中国协和医科大学联合出版社，1993.

［59］国家体育总局编．国民体质测定标准手册（成年人部分）［M］．人民体育出版社，2003.

［60］田野．运动生理学高级教程［M］．高等教育出版社，2003.

英文文献

［1］Yi Ding, Yi – Lung Kuo, Don Van Dyke. School Psychology in China (PRC), Hong Kong and Taiwan. School Psychology International, 2008.

［2］Yi – Duo Ye, Bi – Ji Fang. The development of school psychological services in the Chinese mainland: A Chinese perspective. School Psychology International, 2010.

［3］Abbott, A., Button, C., Pepping, G. & Collins, D. (2005). Unnatural selection: Talent identification and development in sport. Nonlinear Dynamics, Psychology and Life Sciences, 9, 61 – 88.

[4] ACSM's Guidlines for Exercise Testing and Prescription. 7th edition. U. S. A. :Lippincott Willams & Wikins,2006.

[5]ACSM,ACSM's Health - Reilated Physical Fitness Assessment. Lippincott Williams & Wilkins,2005.

[6]Powers,S. K. Total Fitness. 1999.

[7]Abbot,A. ,& Collins,D. (2002). A theoretical and empirical analysis of a "state of the art" talent identification model. High Ability Studies,13,157 - 178.

[8] Abramson, L. Y. , Seligman, M. E. P. & Teasdale, J. D. (1978). Learned helplessness in humans:Critique and reformulation. Journal of Abnormal Psychology, 87,49 - 74.

[9]Adie,J. W. ,Duda,J. L. & Ntoumanis,N. (2012). Perceived coach - autonomy support,basic need satisfaction and the well and ill - being of elite youth soccer players: A longitudinal investigation. Psychology of Sport and Exercise,13,51 - 59.

[10]Adirim,T. A. & Cheng,T. L. (2003). Overview of injuries in the young athlete. Sports Medicine,33,75 - 81.

[11]Allen,V. L. 1996. The out - of - school fitness connection. Teaching Elementary Physical Education,7(1):15 - 17.

[12]American College of Sports Medicine(ACSM). 2006. ACSM's guidelines for exercise testing and prescription. 7th ed. Philadelphia: Lippincott Williams & Wilkins.

[13]American Heart Association. 2010b. Risk factors and coronary heart disease and stroke. Dallas:Author.

后　记

2010年至今，学校开展了系统而深入的健康教育，扎实推进“健康第一”的教育理念。十年时间，我们经历了多少学生从少年走向青春，从青春走向更辽阔的社会生活；欣喜地看到他们以健康的身体、乐观的心态、饱满的精神，开启更加美好的人生旅程。

这十年，正是民族走向复兴、实现强国之梦的伟大时代。在基础教育不断深化的改革中，我们担负起时代的使命，把“健康”每一个学生当成国家、民族的大业。回望这十年的健康教育，清晰地看到它独特的教育价值和时代价值烙印在每一个孩子身上。

当学生们主动“健康”、关爱他人、关注自然、自觉劳动、服务社会的时候，我们看到了有人文情怀、科学精神、健康身心的博雅学子，更看到了脑健身强的健康中国人，看到了能担起家国重任、创造民族未来的一代新人。

在为孩子们骄傲的同时，我们衷心感谢为学校健康教育默默奉献的前辈们！感谢学校健康教育顾问张厚粲老师一直以来给予我们的悉心指导和专业引领！

衷心感谢为学校健康教育开展多元合作的伙伴们！你们的前瞻研究和跨界视野，都带给我们很多启发和创造。

最后，衷心感谢多年来为健康教育辛勤耕耘的教师们！在十年或更长的时间中，为了孩子们的健康，你们以严谨的科学态度深入地调查研究、大胆地进行实践创新，从未雨绸缪，到风雨兼程。

你们以平实、谦逊、坚韧，成就了这般真实而绚烂的美好事业。每一个孩子的健康成长，见证；学校的长足发展，铭记。

要建构现代中小学生健康教育理论体系，强壮一代中国人，没有现成的路，山高路远，前途漫漫，我们一直在路上。

是为后记。

王蕾

2020年10月，北京